PROPERTY OF THE
NORTH YORK BOARD
OF EDUCATION

Name	Class	Year
Natalie Walsh	3E	92/93
Erika Petersons	3F	93/94
Janine Good	2B	94/95
Ron Zotman	3L	95/96
Yuri Elkaim	3H	/96

OBJECTIFS

Langue et littérature:
une approche thématique

Paulette Collet
University of Toronto

Frank Milani
Metropolitan Separate School Board

Copp Clark Pitman Ltd.
A Longman Company
Toronto

ISBN 0-7730-4708-5

Editing: Barbara Krever
Art direction: Falcom Design
Typesetting: Compeer Typographic Services Ltd.
Printing and binding: Friesen Printers

Copp Clark Pitman Ltd.
2775 Matheson Blvd. East
Mississauga, Ontario
L4W 4P7

Printed and bound in Canada

TABLE DES MATIÈRES

AVANT-PROPOS

Objectifs: Langue et littérature est destiné d'abord aux étudiant(e)s du cours préuniversitaire et conviendrait aussi pour la 10ᵉ ou 11ᵉ année de l'immersion. Les auteurs ont visé à encourager la communication entre étudiant(e)s et entre étudiant(e)s et professeur.

Objectifs sera accompagné d'un cahier d'exercices qui contiendra aussi des articles de revues et de journaux, d'enregistrements faits par des acteurs canadiens et français et d'un cahier pédagogique où figureront le corrigé, des renseignements bibliographiques, des suggestions pour des activités de groupe, des outils pédagogiques.

Le manuel, agrémenté de photos, est organisé selon l'approche thématique préconisée par le ministère, chaque unité illustrant deux thèmes antithétiques et susceptibles d'intéresser les jeunes. Nous avons tenté de donner à l'élève un aperçu de la littérature des pays francophones à travers le monde et de leur culture.

Outre les textes (roman/nouvelle, poésie, théâtre) destinés à une lecture intensive, le manuel contient des sujets de présentations orales, de discussions, de débats et de devoirs écrits. Certains de ces sujets sont relativement simples, d'autres plus complexes. *Objectifs* respecte, bien entendu, les exigences du C.P.O.; mais de plus, il comprend une révision complète des grandes règles grammaticales qui sont liées, autant que possible, aux extraits. Le livre est conçu de telle façon que le professeur soit libre d'exclure de son enseignement certains textes ou certaines sections.

Faire parler, faire écouter, faire lire, faire écrire: voilà les buts que se propose *Objectifs*.

P.C. et F.M.

U·N·I·T·É·1

LE PAYS ET L'ÉTRANGER

Le pays, c'est le lieu d'origine, où les êtres, la langue et les coutumes nous sont familiers. Il arrive qu'on adopte un pays autre que celui de sa naissance; mais l'adaptation ne se fait pas sans peine. Le mot «pays» signifie d'ailleurs aussi une personne originaire de la même région.

L'étranger, c'est le contraire du pays : un lieu inconnu, peuplé de gens, d'étrangers, dont les coutumes et, souvent, la langue nous semblent étranges — somme toute, un endroit où nous sommes dépaysés.

O CANADA et LA MARSEILLAISE

Les paroles de «O Canada» sont du juge Sir Adolphe-Basile Routhier (1839-1920). Écrivain politique, il est l'auteur d'essais critiques, de récits de voyage, de poèmes, de romans, peu lus de nos jours. La musique est de Calixa Lavallée (1842-1891), un des compositeurs canadiens les plus célèbres.

Les paroles et la musique de «la Marseillaise» sont l'oeuvre de Claude Joseph Rouget de Lisle (1760-1836). Intitulée d'abord «Chant de guerre pour l'Armée du Rhin», «la Marseillaise» a été composée à Strasbourg en avril 1792, alors que la Prusse et l'Autriche venaient de déclarer la guerre à la France et que le succès de la Révolution était menacé par des forces extérieures et intérieures. Le bataillon marseillais en a fait son chant de guerre, si bien qu'on l'a bientôt appelé «l'Hymne des Marseillais» et enfin, «la Marseillaise». Celle-ci a été définitivement adoptée comme hymne national français en 1879.

Les nations ressentent le besoin de chanter l'amour de la patrie dans un hymne national. Tout pays civilisé a le sien. Nous donnons ici les deux premières strophes de ceux du Canada et de la France.

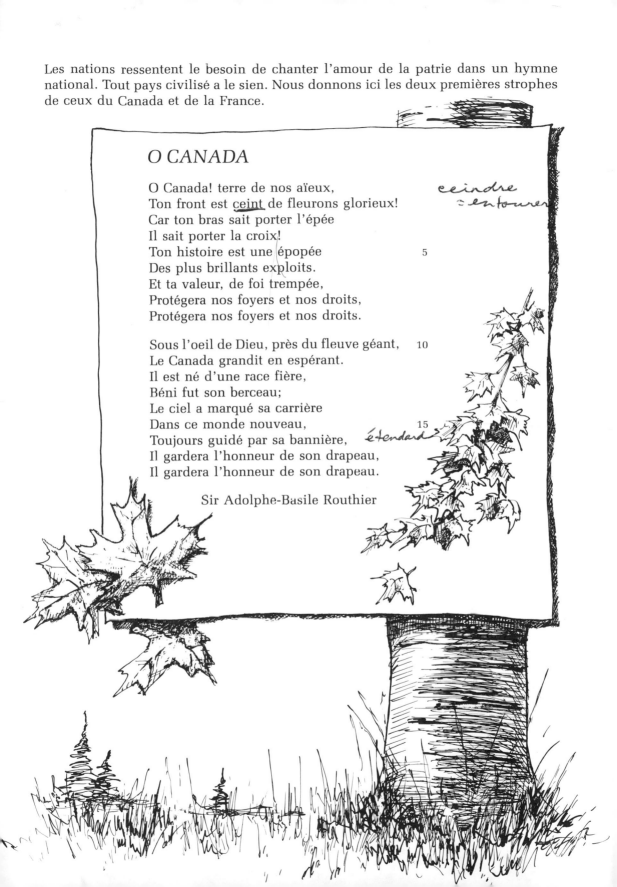

O CANADA

O Canada! terre de nos aïeux,
Ton front est *ceint* de fleurons glorieux!
Car ton bras sait porter l'épée
Il sait porter la croix!
Ton histoire est une épopée   5
Des plus brillants exploits.
Et ta valeur, de foi trempée,
Protégera nos foyers et nos droits,
Protégera nos foyers et nos droits.

Sous l'oeil de Dieu, près du fleuve géant,   10
Le Canada grandit en espérant.
Il est né d'une race fière,
Béni fut son berceau;
Le ciel a marqué sa carrière
Dans ce monde nouveau,   15
Toujours guidé par sa bannière,
Il gardera l'honneur de son drapeau,
Il gardera l'honneur de son drapeau.

Sir Adolphe-Basile Routhier

*ceindre
= entourer*

étendard

LA MARSEILLAISE

Allons, enfants de la Patrie,
Le jour de gloire est arrivé!
Contre nous de la tyrannie
L'étendard sanglant est levé!   (bis)
Entendez-vous dans les campagnes   5
Mugir ces féroces soldats?
Ils viennent jusque dans nos bras
Égorger nos fils, nos compagnes.

Refrain
Aux armes[1], citoyens, formez vos bataillons!
          Marchons! Marchons!   10
Qu'un sang impur abreuve nos sillons!

Amour sacré de la Patrie,
Conduis, soutiens nos bras vengeurs!
Liberté, Liberté chérie,
Combats avec tes défenseurs!   (bis)   15
Sous nos drapeaux, que la victoire
Accoure[2] à tes mâles accents!
Que tes ennemis expirants
Voient ton triomphe et notre gloire!

Aux armes, etc.

Claude Joseph Rouget de Lisle

---

[1] Prenez les armes, courez aux armes.
[2] **accoure** (subjonctif) — Sorte d'impératif à la 3e personne.

COMPRÉHENSION ET APPRÉCIATION
O CANADA

1. Quelle figure de style Routhier utilise-t-il pour parler du Canada?
2. Exprimez en vos propres mots:
   «ton bras sait porter l'épée,
   Il sait porter la croix» (vers 3-4).
3. Expliquez la métaphore **de foi trempée** (vers 7).
4. Quel est **le fleuve géant** (vers 10)?
5. Que signifie ici **berceau** (vers 13)?
6. Expliquez brièvement la différence entre une **histoire** et une **épopée** (vers 5).

LA MARSEILLAISE

1. Quel est le sens du mot **enfants** (vers 1)?
2. Expliquez, en vos propres mots, les vers 3 et 4.
3. Qu'est-ce que le verbe **mugir** (vers 6) évoque? Pourquoi le poète l'a-t-il choisi ici?
4. Quel mot indique que la Marseillaise a été composée à l'époque de la Révolution française?
5. D'où est tirée l'image des **sillons** (vers 11)? Que signifie le vers 11?
6. Que signifie ici l'adjectif **mâles** (vers 17)?

7. Les deux hymnes contiennent des expressions ayant trait à la guerre. Lequel, à votre avis, est le plus violent? Relevez les noms et les adjectifs qui suggèrent la violence.
8. Dans les deux hymnes, il est question de courage et de gloire. Toutefois, un élément important de l'hymne canadien ne se trouve pas dans «la Marseillaise». Quel est cet élément? Relevez les allusions pertinentes.

VOCABULAIRE ET STRUCTURES

1. Trouvez, dans les textes, des expressions équivalentes à celles qui suivent:
   a) **le drapeau**
   b) **cruels**
   c) **tuer**
   d) **femmes**
   e) **ancêtres**
   f) **courage**

2. De quel mot est dérivé **fleuron** («O Canada»—vers 2)? Trouvez cinq autres mots de la même origine.

3. Trouvez deux mots de la même origine que:
   a) **ceint** («O Canada»—vers 2)
   b) **espérant** («O Canada»—vers 11)
   c) **tyrannie** («la Marseillaise»—vers 3)
   d) **bataillon** («la Marseillaise»—vers 9)
   e) **liberté** («la Marseillaise»—vers 14)

4. Relevez, dans les textes, un dérivé de:
   a) **sang** («la Marseillaise»—vers 11)
   b) **gloire** («la Marseillaise»—vers 19)

5. Trouvez deux homonymes de:
   a) **foi** («O Canada»—vers 7)
   b) **sang** («la Marseillaise»—vers 11)
   Employez chacun de ces mots dans une phrase qui en illustre clairement le sens.

6. Quel est l'infinitif de:
   a) **ceint** («O Canada»—vers 2)
   b) **né** («O Canada»—vers 12)
   c) **soutiens** («la Marseillaise»—vers 13)
   d) **combats** («la Marseillaise»—vers 15)

7. Relevez tous les verbes à l'impératif.

Un peu de sel . . . .

Il était une fois
Une marchande de foie
Qui vendait du foie
Dans la ville de Foix.
Elle me dit, «Ma foi,
C'est la dernière fois
Que je vends du foie
Dans la ville de Foix,
Car les gens de Foix
N'achètent plus de foie».

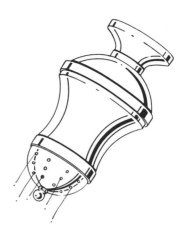

RAPPEL: LES PRONOMS PERSONNELS

◄────── FORMES ATONES ──────►

SUJET	OBJET DIRECT	OBJET INDIRECT	PRONOMS RÉFLÉCHIS	PRONOMS TONIQUES
je	me (m')	me (m')	me (m')	moi
tu	te (t')	te (t')	te (t')	toi
il	le (l')	lui	se (s')	lui
elle	la (l')	lui	se (s')	elle[1]
nous	nous	nous	nous	nous
vous	vous	vous	vous	vous
ils	les	leur	se (s')	eux
elles	les	leur	se (s')	elles

1. Il porte **l'épée**. ──→ Il **la** porte. (objet direct)

   Nous protégeons **nos enfants**. ──→ Nous **les** protégeons. (objet direct)

   Elle n'a pas vu **les soldats**. ──→ Elle ne **les** a pas vus. (objet direct)

   Il a remis **les drapeaux aux citoyens**. ──→ Il **les leur** a remis. (objet direct + objet indirect)

   Il ne donne pas **les drapeaux à Pierre et à moi**. ──→ Il ne **nous les** donne pas. (objet indirect + objet direct)

   > Le pronom personnel, objet direct ou indirect, précède directement le verbe. On utilise la forme **atone**, c'est-à-dire qui n'est pas accentuée.

[1]La forme tonique de **se** est **soi**. **Soi** ne s'utilise qu'avec les pronoms indéfinis.

2. Elle **m'**écrit souvent. L'avez-vous vu?
   Ils **s'**assoient. Je **t'**attendrai.
   Elle ne **m'**en a pas apporté.

   > Devant une voyelle ou un **h** muet, **me**, **te**, **le**, **la**, **se** deviennent:
   > **m'**, **t'**, **l'**, **l'**, **s'**.

3. Ordre des pronoms personnels objets — forme atone

me (m')					
te (t')		le	lui		
se (s')	devant	la	devant	devant y	devant en
nous		les	leur		
vous					

4. On emploie la **forme tonique** (accentuée) du pronom dans les cas suivants:

   (a) **Eux**, **ils** aiment se battre; **moi**, **j'**aime la paix.
       Je ne **l'**aime pas, **lui**.

   > pour renforcer le pronom sujet ou objet.

   (b) Qui a grandi? — **Lui**.   Qui avez-vous vu? — **Eux**.

   > quand le pronom sujet ou objet est employé sans verbe.

   (c) Jacques, **elle** et **moi**, nous irons voir le fleuve.
       J'ai vu Marie et **elle**.

   > quand le verbe a plusieurs sujets ou objets.

   (d) J'ai pensé à **toi**.   Je suis d'accord avec **eux**.

   > après une préposition.

   (e) C'est **lui** qui nous a soutenus.   Ce sont **elles** qui les ont protégés.

   > après **c'est**, **ce sont**.

   (f) Ils sont plus forts que **moi**.

   > après **que**, dans une comparaison.

   (g) **Moi-même**, je suis fâché!   Tu l'as dit **toi-même**.

   > devant **même** auquel il est relié par un trait d'union.

APPLICATION

Remplacez les mots en caractères gras par des pronoms personnels. Faites les changements voulus:

MODÈLES: C'est **Jean** qui porte **la croix**.
                    C'est **lui** qui **la** porte.

                    Nos ancêtres ont inspiré **mon père et moi**.
                    Ils nous ont inspirés.

1. Le Canada a donné un foyer **à mes parents**.
2. Qui a écrit **cet hymne**? — **Routhier**.
3. **Mon amie** a écrit **cette lettre au président**.
4. Je conduirai **Marie et toi** à la campagne.
5. **Le peuple** admire beaucoup **leur triomphe**.
6. Entendez-vous **le chant de guerre**?
7. Ils ont offert **le cadeau à ma soeur et à moi**.
8. **Ces soldats**, je les crois honnêtes.
9. Me prêterais-tu ta bicyclette? — Non, mais je prêterais volontiers **ma bicyclette à ton frère**.
10. **Le soldat** demande **l'hospitalité à ses compatriotes**.
11. A-t-elle montré **sa belle bannière à Sylvie et à toi**?
12. **Nos camarades** envoient toujours une carte postale **à mon mari et à moi**.

RAPPEL: L'IMPÉRATIF

Pour la conjugaison des temps, voir l'appendice.

1. **Marchons**!   **Formez** vos bataillons.
          Combats avec tes défenseurs.

Le **mode impératif** s'emploie pour donner un ordre ou exprimer une prière. Il s'emploie uniquement à la 2e personne du singulier et aux 1re et 2e personnes du pluriel.

Remarque:

Célèb**re** ton triomphe.   Soutien**s** notre combat.
March**e** plus vite.   Fini**s** ton travail.

À la 2e personne du singulier, les verbes en **-er** n'ont pas de **-s** final.

2. Soutiens-**nous**.   Donnez-**la-moi**.
   Apporte-**la-lui**.   Lève-**toi**.
   Parle-**leur-en**.

Après un impératif affirmatif, le pronom personnel **suit** le verbe et y est relié par un trait d'union. Les formes toniques **moi**, **toi** sont employées à la 1re et à la 2e personnes. Cette règle s'applique également aux verbes réfléchis. (Voir l'appendice.)

3. Amène-**m'y**.   Donnez-**m'en**.   Va-**t'en**.

Devant **y** et **en**, **moi**, **toi** deviennent **m'**, **t'**.

Attention!   Vas-y.   Porte**s**-en.

4. Forme et ordre des pronoms personnels après l'impératif affirmatif

le la les l'	devant	moi (m') toi (t') lui nous vous leur	devant y	devant en

Remarque:

Ne **me** l'apportez pas.
Ne **m'y** amenez pas.
Ne **leur en** parle pas.

Après l'impératif **négatif**, on utilise la forme et l'ordre normaux des pronoms personnels.

APPLICATION

A. Mettez les infinitifs à la deuxième personne du singulier de l'impératif. Faites les changements voulus:

MODÈLE: Elle lui dit de se lever.
          Lève-toi!

1. Elle lui dit de porter le sac.
2. Elle lui dit de protéger les citoyens.
3. Elle lui dit de lever le drapeau.
4. Elle lui dit de soutenir les défenseurs du pays.
5. Elle lui dit de chanter «O Canada».
6. Elle lui dit de s'asseoir.
7. Elle lui dit de s'en aller.
8. Elle lui dit de porter la bannière.
9. Elle lui dit de bénir les enfants.
10. Elle lui dit de garder le drapeau.
11. Elle lui dit de guider les soldats.
12. Elle lui dit de regarder le fleuve.

B. Faites l'exercice ci-dessus en mettant l'infinitif à la deuxième personne du pluriel, au négatif:

MODÈLE: Elle lui dit de se lever.
          Ne vous levez pas.

C. Remplacez les expressions en caractères gras par le pronom personnel qui convient. Faites les changements voulus:

MODÈLE: Apportez **la bannière au professeur**.
          Apportez-**la-lui**.

1. Donnez **la foi à l'enfant**.
2. Envoyez-nous **la lettre**.
3. Ne racontez pas **les exploits aux enfants**.
4. N'apportez pas **l'étendard aux citoyens**.
5. Protégeons **nos compagnes**.
6. Bénissez **les enfants**!
7. Donne **le sac au soldat**.
8. Fais ce geste pour **ta patrie**.
9. Écris-nous **les nouvelles**.
10. Mettez **la croix** au mur.
11. Apportez **de la gloire à votre pays**.
12. Envoyez **le drapeau aux soldats**.

DISCUSSION À BÂTONS ROMPUS

1. À votre avis, le Canada devrait-il se préparer à la guerre, malgré les dépenses que cela représente?
2. Les femmes devraient-elles faire partie de l'armée?
3. Pensez-vous qu'il soit sage de jouer les hymnes nationaux aux matches de hockey?

SUJETS POUR DÉBATS

1. Le pour et le contre de l'esprit nationaliste.
2. Le pour et le contre du service militaire obligatoire.
3. La violence est toujours inexcusable.

DEVOIRS ÉCRITS

1. Inventez l'hymne national du pays de vos rêves.
2. Quels sont, à votre avis, les qualités et les défauts respectifs de «O Canada» et de «la Marseillaise»?

PRÉSENTATIONS ORALES

1. Mon héritage culturel (mes origines, mes coutumes, ma langue maternelle, le drapeau de mes ancêtres, etc.).
2. Présentez à la classe un hymne national francophone, autre que «la Marseillaise» et «O Canada».

TRAVAIL D'ÉQUIPE

1. Chaque étudiant(e) définira par écrit ce que signifie pour lui (elle) le mot **patrie**. Les définitions seront discutées et comparées afin d'en écrire une qui conviendra à tout le monde.
2. Vous préparerez une brochure publicitaire visant à encourager l'immigration au Canada. Vous parlerez du besoin de main-d'oeuvre, de la stabilité de l'économie, de la fertilité du sol, des richesses culturelles, des facilités d'accès à l'éducation, etc.

NATASHQUAN

Gilles Vigneault, né à Natashquan en 1928, est un des chanteurs québécois les plus célèbres, à la fois au Canada et à l'étranger. Il chante surtout son amour de la terre québécoise et des gens de son pays.

Les hymnes nationaux encouragent l'amour du pays en tant que nation. Mais le pays n'est pas seulement une entité politique. C'est parfois le village où l'on est né, la ville où l'on a grandi. Pour beaucoup d'écrivains français, c'est Paris; pour le poète Gilles Vigneault, c'est Natashquan.

NATASHQUAN

Natashquan pour moi
C'est l'grand nord avec ses neiges
Natashquan c'est loin d'ici
Natashquan pour moi
C'est le ciel à perte d'ailes   5
Natashquan   Natashquan

J'arriverai par la grand'baie
Porté par le grand vent
À la risée[1], à la bordée[2]
Comme au premier temps   10
Mouillerai dans l'anse
Près de terre au nord du quai
Sur les chemins de mon enfance
Avant que d'y débarquer
Natashquan   Natashquan   15

Natashquan pour moi
C'est l'grand nord avec ses neiges
Natashquan c'est loin d'ici
Natashquan pour moi
C'est le ciel à perte d'ailes   20
Natashquan   Natashquan

Bancs de poissons et coquillages
J'en savais causer
Aux grands troupeaux de nuages
Bien apprivoisés   25
Un si beau langage
Ici ne me sert à rien
J'étais libre et je suis en cage
Et ce soir je m'en souviens

Natashquan pour moi   30
C'est P'tit Pierre avec sa barge
Natashquan pour toi c'est loin
Natashquan pour moi
C'est Jean-Jean qui pêche au large
Natashquan   Natashquan   35

Et quand l'hiver tendra ses pièges
Poudreries[3] et verglas

---

[1] petite brise soudaine (terme de marine)
[2] en zigzaguant
[3] mot québécois: neige soulevée par le vent

On ira voir tomber les neiges
Sur ce pays-là
Planter des balises   40
Et claquer du fouet dans l'air
Claque jusqu'à la banquise
Tous mes chiens de blanc désert

Natashquan pour moi
C'est rafale à perte trace,   45
Natashquan pour toi c'est froid
Natashquan pour moi
C'est tempête à perte d'homme
Natashquan   Natashquan

Respirer l'air venu des Îles   50
À même le matin
Lavé de houle à deux cents milles
Propre comm' du pain
Causer de la pluie
Au nez d'un soleil tout frais   55
Tel je vivais, telle est la vie
Où je me retrouverais

Natashquan pour moi
C'est la route et c'est la porte
Natashquan c'est mon pays   60
Natashquan pour moi
C'est ma chanson qui t'apporte
Natashquan   Natashquan

Extrait de Gilles Vigneault, *Quand les bateaux s'en vont*, Montréal, Nouvelles Éditions de l'Arc, 1965, pp. 13-15.

COMPRÉHENSION ET APPRÉCIATION

1. Quel effet crée la répétition du mot Natashquan?
2. Vigneault utilise souvent des tournures elliptiques (raccourcies, où certains mots manquent). Relevez-en trois.
3. Qu'est-ce que Natashquan évoque pour le poète?
4. Quelle image évoque le vers 43?
5. Que pensez-vous de l'expression «Au nez d'un soleil tout frais» (vers 55)? Expliquez votre réponse.
6. Que représentent ici **la route** et **la porte** (vers 59)?
7. Comment, selon Vigneault, l'interlocuteur (le **toi** du poème) imagine-t-il Natashquan?
8. Relevez un vers où s'exprime la solidarité du poète avec les humains en général.
9. Selon le poème, de quoi vivent les gens à Natashquan?
10. Le vocabulaire utilisé ici se rattache surtout à un élément. Quel est cet élément?

VOCABULAIRE ET STRUCTURES

1. Justifiez l'emploi de la forme tonique du pronom dans **pour moi** (vers 1), **pour toi** (vers 32).
2. «Avant que d'y débarquer» (vers 14); «J'en savais causer» (vers 23). Que dirait-on plus couramment?
3. Trouvez, dans le texte, un exemple d'expressions antithétiques (signifiant le contraire l'une de l'autre).
4. Quel est l'infinitif de:
   a) **sert** (vers 27)   b) **me souviens** (vers 29)   c) **vivais** (vers 56)
5. **Poudrerie** (vers 37) est un mot à la fois expressif et poétique.
   a) Employez-le dans une phrase qui en démontre clairement le sens.
   b) Trouvez deux autres mots de la même famille.
6. Trouvez trois mots de la même famille que chacun des mots suivants:
   a) **vent** (vers 8)   c) **temps** (vers 10)   e) **libre** (vers 28)
   b) **bordée** (vers 9)   d) **débarquer** (vers 14)

Un peu de sel . . . .

Nul n'est prophète en son pays.

Aux pays des aveugles, les borgnes sont rois.

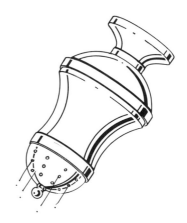

RAPPEL: **CE** ET **IL** + **ÊTRE**

1. **Il** est pêcheur.   **Elles** sont intelligentes.

> **Il(s)**, **elle(s)**, qui remplacent un nom, sont sujets de **est (sont)** lorsque le verbe est suivi **directement** d'un nom ou d'un adjectif.

2. **Il est difficile d'**aller jusqu'à la banquise.
   Il est vrai que Vigneault aime Natashquan.

> **Il** est le sujet de **être** quand le verbe est suivi d'un adjectif qualifiant une idée qui n'a pas encore été exprimée. L'adjectif est alors suivi de **de** + infinitif ou de **que** + proposition substantive.
>
> $$\text{Il} + \text{est} + \text{adjectif} \left\} \begin{array}{l} + \text{ de } + \text{ infinitif} \\ + \text{ que } + \text{ proposition substantive} \end{array} \right.$$

Remarque:

C'est agréable **de** voyager.
C'est vrai **qu'**il a débarqué à Natashquan.

> Dans le français parlé, on emploie d'habitude **ce** au lieu de **il**.

3. **C'**est un bon chanteur.   **C'**est **moi**.
   C'est la route.   **C'**est **celui-ci**.
   C'est mon pays.   **Ce** sont **eux**. (familier: **C'**est eux.)
   C'est Vigneault.   **Ce** sont **elles**. (familier: **C'**est elles.)

> **C'**, **ce** sont utilisés comme sujets quand le verbe est suivi d'un nom précédé d'un article ou d'un adjectif, d'un nom propre, d'un pronom ou d'un adverbe. La forme **tonique** du pronom personnel (**moi**, **toi**, **lui**, **elle**, **eux**, **elles**) est alors employée. (voir p.15)

Remarque:
(Lui,) **Il** est Petit-Pierre; **l'autre** est Jean-Jean.

> Il peut y avoir des exceptions à cette règle, lorsqu'on tient à renforcer le pronom.

4. Respirer l'air venu des Îles, **c'est** agréable.
        (**c'** = respirer l'air venu des Îles)
   Est-il vrai qu'il arrive demain? — Oui, **c'**est vrai.
        (**c'** = qu'il arrive demain)

> **Ce**, **c'** sont employés devant **être** lorsqu'ils remplacent une idée qui a déjà été exprimée.

APPLICATION

Remplacez le tiret par **il(s)**, **elle(s)**, **ce**, **c'**, selon le cas:

MODÈLES: _____ est le Grand Nord.
           C'est le Grand Nord.

           _____ est dangereux de pêcher au large.
           Il est dangereux de pêcher au large.

1. Natashquan, _____ est la liberté.
2. _____ n'est pas facile d'y débarquer.
3. _____ est Gilles Vigneault qui a écrit la chanson.
4. _____ sont chanteuses.
5. _____ sont de bons pêcheurs.
6. Parler de la pluie quand le soleil brille, _____ est amusant.
7. _____ est heureux qu'elle aime la neige.
8. Regarder tomber la neige, _____ est agréable.
9. Aller jusqu'à la banquise, _____ est difficile.
10. _____ sont Canadiennes.
11. _____ n'est pas sa chanson, _____ est la mienne.
12. Lui, _____ aime la neige ici parce que _____ est belle.
13. _____ est le fouet qui claque.
14. _____ est probable que nous irons pêcher au large.

DISCUSSIONS À BÂTONS ROMPUS

1. Quels sentiments éveille en vous la lecture ou l'audition de «Natashquan»?
2. Quelles caractéristiques peuvent expliquer le succès de cette chanson?
3. Qu'y a-t-il de particulièrement canadien dans cette chanson?

SUJETS POUR DÉBATS

1. Le pour et le contre de l'immigration.
2. Le patriotisme peut encourager la xénophobie (l'hostilité envers les étrangers).
3. Le Canada devrait accepter tous les réfugiés.

DEVOIRS ÉCRITS

1. Écrivez une centaine de mots sur ce que vous considéreriez le pays idéal.
2. Écrivez une critique du poème (ou de la chanson) pour un journal : idées, vocabulaire, rythme (musique, interprétation), etc. (environ 100 mots).
3. Trouvez des exemples d'amour du pays dans la chanson moderne.

PRÉSENTATIONS ORALES

1. Documentez-vous sur Natashquan (situation géographique, histoire, climat, vie économique, etc.) et présentez votre documentation à la classe avec illustrations à l'appui.
2. Présentez à la classe une autre chanson de Gilles Vigneault.

TRAVAIL D'ÉQUIPE

Un groupe d'étudiant(e)s interviewera une chanteuse (un chanteur) ou une actrice (un acteur) francophone. L'équipe préparera une liste de questions avant l'interview qui sera enregistrée pour la classe.

L'ALOUETTE

Jean Anouilh, né à Bordeaux en 1910, a été, dans les années 50 et 60, un des dramaturges les plus joués, tant en France qu'à l'étranger. Ses oeuvres pessimistes opposent souvent la pureté de la jeunesse à la corruption de l'âge adulte. Parmi ses pièces les plus célèbres, citons *Antigone* (1944), *L'Alouette* (1953), *Becket ou l'honneur de Dieu* (1959), *Cher Antoine* (1969). Anouilh est mort en octobre 1987.

Lynne Griffin dans le rôle de Jeanne d'Arc.

Le patriotisme n'est jamais plus intense que lorsque le pays est envahi par une nation étrangère. Alors, on va parfois jusqu'à haïr celui qui occupe un territoire qui ne devrait pas lui appartenir et tous s'unissent pour chasser l'envahisseur. Mais on n'y réussit pas toujours, car c'est le plus fort — et non le plus juste — qui a raison. Ainsi, à la fin du XVe siècle, la France, épuisée, voyait les Anglais occuper une partie de plus en plus vaste de son territoire.

JEANNE D'ARC RENCONTRE LE ROI CHARLES VII

Jeanne d'Arc est une jeune bergère à qui des voix célestes, dans une vision, ont ordonné de libérer la France du joug anglais. *contrainte matérielle ou moral*

Dans l'extrait qui suit, elle vient annoncer au roi Charles VII qu'Orléans sera délivrée par elle et qu'il sera sacré roi à Reims. Charles a décidé de se cacher parmi la foule de courtisans et de placer sur le trône un page afin de mettre Jeanne à l'épreuve.

> *Tout le monde s'est groupé autour du trône où se tient le petit page; Charles est dans la foule. Jeanne entre toute seule, toute petite, toute grise, dans son simple costume, au milieu des armures et des hauts hennins[1] . . . On s'écarte, lui frayant un chemin jusqu'au trône. Elle va pour se prosterner, hésite, toute rouge, regardant le page . . .* 5

LA REINE YOLANDE[2], *lui glisse à l'oreille.* Il faut se prosterner, petite, devant le roi.

> *Jeanne se retourne vers elle, affolée, la regarde avec une expression presque douloureuse sur le visage, puis soudain elle regarde* 10 *tous ces gens muets qui l'épient, et s'avance en silence dans la foule qui s'écarte. Elle va jusqu'à Charles qui essaie de l'éviter; quand il voit qu'elle va l'atteindre, il se met presque à courir pour se faufiler derrière les autres, mais elle le suit, courant presque elle aussi, le traque dans un coin et tombe à ses genoux.* 15

CHARLES, *gêné dans le silence.* Qu'est-ce que vous me voulez, Mademoiselle?

JEANNE Gentil[3] Dauphin, j'ai nom Jeanne la Pucelle. Le roi des Cieux vous fait dire par moi que vous serez sacré et couronné dans la ville de Reims et vous serez lieutenant du Roi des Cieux, qui est roi de 20 France!

CHARLES, *gêné* Heu . . . Voilà qui est bien, Mademoiselle. Mais Reims est aux Anglais, que je sache[4]. Comment y aller?

---

[1] chapeaux très hauts et pointus
[2] belle-mère de Charles
[3] **Gentil** a ici le sens de **noble**.
[4] pour autant que je sache; d'après ce que je sais

JEANNE, *toujours à genoux.* En les battant, gentil Dauphin—de force, bien sûr! Nous commencerons par Orléans et après nous irons à Reims. 25

LA TRÉMOUILLE[5], *s'approche.* Mais, petite folle, n'est-ce pas ce que cherchent à faire tous nos grands capitaines depuis des mois? Je suis leur chef, j'en sais quelque chose. Et ils n'y parviennent pas.

JEANNE, *s'est relevée.* Moi, j'y parviendrai.

LA TRÉMOUILLE Je voudrais bien savoir comment! 30

JEANNE Avec l'aide de Notre-Seigneur Dieu qui m'envoie.

LA TRÉMOUILLE Parce que Dieu, aux dernières nouvelles, a décidé de nous faire reprendre Orléans?

JEANNE Oui, Messire[6], et de chasser les Anglais hors de France.

LA TRÉMOUILLE, *ricane.* Voilà une bonne pensée! Mais il ne peut pas faire 35 ses commissions lui-même? Il avait besoin de toi?

JEANNE Oui, Messire.

L'ARCHEVÊQUE, *s'approche.* Jeune fille . . .
(Jeanne le voit, se prosterne et baise le bas de sa robe. Il lui donne sa bague, la relève d'un geste.) Vous dites que Dieu veut délivrer le 40 royaume de France. Si telle est sa volonté, il n'a pas besoin de gens d'armes . . .

JEANNE, *bien en face.* Oh! Monseigneur, Dieu n'aime pas les fainéants. Il faudra que les gens d'armes bataillent un bon coup et puis, Lui, donnera la victoire. 45

CHARLES, *qui la regarde troublé, demande soudain.* À quoi m'avez-vous reconnu? Je n'avais pas ma couronne . . .

JEANNE Gentil Dauphin, ce petit rien du tout sur votre trône, avec votre couronne et votre pourpoint, c'était une bonne farce, mais on voyait bien que ce n'était qu'un petit rien du tout . . . 50

CHARLES Vous vous trompez, Mademoiselle, c'est le fils d'un très grand seigneur . . .

JEANNE Je ne sais pas qui sont les grands seigneurs . . . C'est tout de même un petit rien du tout auprès de vous qui êtes notre roi.

---

[5] la Trémouille = le connétable, commandant de l'armée
[6] formule respectueuse (= *Sir*)

CHARLES, *troublé* Qui t'a dit que j'étais ton roi? Moi non plus, je ne paie   55
pas de mine[7] . . .

JEANNE Dieu, gentil Dauphin, qui vous a désigné depuis toujours, à travers
votre père et votre grand-père et toute la suite des rois, pour être le
lieutenant de Son royaume.

L'Archevêque et la Trémouille échangent un regard agacé. L'Arche-   60
vêque s'avance.

L'ARCHEVÊQUE Monseigneur, les réponses de cette fille sont en effet intéressantes et font preuve d'un certain bon sens. Mais dans une matière
aussi délicate, il convient d'être circonspect, de s'entourer des plus
sévères précautions. Une commission de sages docteurs devra lon-   65
guement l'interroger et l'examiner . . . Nous statuerons alors, en Conseil, sur leur rapport et nous verrons s'il est opportun d'accorder à
cette fille une audience plus longue. Il n'est pas nécessaire, aujour-
d'hui, qu'elle vous importune davantage. Je vais moi-même lui faire
subir un premier interrogatoire. Venez, ma fille.   70

CHARLES Non, par exemple! *(Il arrête Jeanne.)* Ne bougez pas, vous. *(Il se*
retourne vers l'Archevêque, prenant la main de Jeanne pour se donner
du courage.) C'est moi qu'elle a reconnu. C'est à moi qu'elle s'est
adressée. Je veux que vous me laissiez seul avec elle, tous.

L'ARCHEVÊQUE Mais, Altesse, il n'est pas décent que de but en blanc[8] . . .   75
Le souci de votre sécurité même . . .

CHARLES, *à ce mot, a un petit peu peur, mais il regarde Jeanne et se*
reprend. J'en suis seul juge. *(Il récite.)* À travers mon père, mon
grand-père et cette longue suite de rois . . . *(il cligne de l'oeil à Jeanne).*
C'est bien ça? . . . *(Il se retourne vers les autres, imperturbable.)* Sor-   80
tez, Messieurs, le roi l'ordonne. *(Tous s'inclinent et sortent. Charles*
garde son attitude noble un instant, puis soudain pouffe de rire.)
Ils sont sortis! Tu es une fille épatante! C'est bien la première fois que
je me fais obéir . . . *(Il la regarde soudain, inquiet.)*
Ce n'est pas vrai tout de même ce qu'il a tenté d'insinuer? Tu n'es pas   85
venue pour me tuer? Tu n'as pas un couteau sous ta jupe?
(Il la regarde, elle sourit, grave.) Non. Tu as une bonne bille[9]. Au
milieu de tous ces forbans de ma cour, j'avais fini par oublier ce que
c'était, une bonne bille . . . Vous êtes beaucoup à avoir une bonne tête
comme ça, dans mon royaume?   90

---

[7] je n'ai pas belle apparence
[8] sans préparation, tout à coup
[9] bille = tête: expression familière

JEANNE, *sourit toujours, grave.*   Plein[10], Sire.

CHARLES   Seulement, je ne vous vois jamais . . . Des brutes, des prêtres ou des putains—voilà tout ce qui m'entoure . . . *(Il se reprend)* Il y a ma petite reine qui est bien gentille, mais elle est bête . . .

(Il se remet sur son trône, les pieds sur l'accoudoir, et soupire.)   95
Bon. Maintenant, tu vas commencer à m'ennuyer. Tu vas commencer à me dire qu'il faut que je sois un grand roi, toi aussi . . .

JEANNE, *doucement.*   Oui, Charles.

CHARLES, *il se relève, il a une idée.*   Écoute, il va falloir que nous restions enfermés ensemble au moins une heure pour les impressionner . . . Si   100
tu me parles de Dieu et du royaume de France pendant une heure je ne tiendrai jamais . . . Je vais te faire une proposition. On va parler de tout autre chose pendant ce temps-là. *(Il demande soudain:)* Tu sais jouer aux cartes?

JEANNE, *ouvre de grands yeux.*   Je ne sais pas ce que c'est.   105

CHARLES   C'est un jeu très amusant qu'on a inventé pour papa; pour le distraire pendant sa maladie. Tu vas voir, je vais t'apprendre. Moi c'est arrivé à m'ennuyer comme le reste depuis le temps que j'y joue, mais toi qui n'as pas encore l'habitude, cela va sûrement t'amuser beaucoup. *(Il va fourrager dans un coffre.)* J'espère qu'ils ne me l'ont pas   110
volé. On me vole tout ici. Et, tu sais, cela vaut très cher un jeu de cartes. Il n'y a que les très grands princes qui en ont. Moi, c'est un reste de papa. Je n'aurai jamais assez d'argent pour m'en acheter un autre . . . Si ces cochons-là me l'ont volé . . . Non, le voilà. *(Il revient avec les cartes.)* Tu sais qu'il était fou, papa? Il y a des jours où je   115
voudrais bien être son fils pour être sûr que je suis le vrai roi . . . Il y a des jours où je me dis qu'il vaudrait mieux que je sois un bâtard, pour ne pas craindre de devenir fou comme lui vers la trentaine.

JEANNE, *doucement.*   Et entre les deux, qu'est-ce que tu préférerais, Charles?

CHARLES, *se retourne surpris.*   Tiens, tu me tutoies? On en voit de si drôles   120
aujourd'hui[11]! C'est un jour très amusant. J'ai l'impression que je ne vais pas m'ennuyer aujourd'hui; c'est merveilleux!

JEANNE   Tu ne t'ennuieras plus jamais maintenant, Charles.

Extrait de Jean Anouilh, *L'Alouette*, Paris, Éditions de la Table Ronde, Folio, 1953, pp 87-95.

[10] beaucoup
[11] On voit des choses étranges aujourd'hui.

COMPRÉHENSION ET APPRÉCIATION

1. Quelle impression veut créer le dramaturge au moyen des costumes?
2. Pourquoi l'expression de Jeanne est-elle **douloureuse** (ligne 10) lorsque la reine Yolande lui parle à l'oreille?
3. Quels traits de caractère se révèlent chez Jeanne dès ses premières répliques à Charles et à la Trémouille?
4. Sur quel ton la Trémouille parle-t-il à Jeanne?
5. Quel geste de Jeanne montre son respect pour l'Église?
6. Quelle réplique montre que Jeanne ne croit guère aux miracles?
7. Quelles sont les paroles de Jeanne qui ont le plus impressionné Charles? Qu'est-ce qui le montre?
8. Montrez que Charles, encouragé par Jeanne, agit de plus en plus courageusement.
9. Charles et Jeanne s'entendent bien, s'amusent même ensemble. Comment cela s'explique-t-il?
10. Quelle était la maladie du père de Charles?
11. Quelles sont les qualités qui manquent à Charles pour faire un bon roi?
12. Trouvez Reims et Orléans sur la carte. Quelle distance sépare approximativement ces deux villes? Pour quel produit Reims est-elle célèbre?
13. À votre avis, quels sont les deux personnages qui parlent le français le plus éloquent? Choisissez quelques phrases ou expressions pour illustrer votre réponse.

VOCABULAIRE ET STRUCTURES

1. Trouvez, dans la tirade de l'Archevêque (lignes 62-70), des expressions équivalentes à celles qui suivent : **prouvent**; **il est bon**; **déciderons**; **vous gêne**; **prudent**.
2. Expliquez le sens du pronom **me** dans la phrase : «Qu'est-ce que vous me voulez?» (ligne 16).
3. Trouvez, dans le texte, deux mots de la même famille que **folle**. Quels autres mots de la même origine connaissez-vous?
4. Quel est le sens du préfixe dans **archevêque**? Trouvez quatre autres mots formés à l'aide de ce préfixe.
5. Quel est l'infinitif de **suit** (ligne 14)? Faites deux phrases qui illustrent deux sens différents de cet infinitif.
6. Quelles expressions ou idées le pronom **y** remplace-t-il (lignes 23, 28, 29, 108)?
7. Trouvez l'expression parallèle à **la trentaine** (ligne 118) pour 20 ans, 40 ans, 70* ans, 100 ans.
8. «Si tu me parles . . . ne tiendrai jamais . . . » (lignes 101-102) Remplacez le présent par un imparfait et faites le changement voulu.
9. Le verbe **subir** (ligne 70) est utilisé en français pour indiquer l'imposition d'une expérience désagréable. Trouvez cinq noms souvent employés avec ce verbe.

---

*ATTENTION!

Un peu de sel . . . .

Connaissez-vous cette pittoresque expression:
«Il attend que les alouettes lui tombent
toutes rôties dans le bec»?

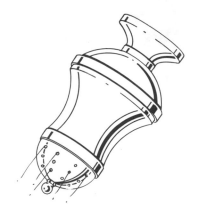

DU NOUVEAU: LE SUBJONCTIF

Le subjonctif est un mode:
- (a) employé dans les propositions subordonnées
- (b) généralement introduit par **que**

Il dépend de verbes (parfois sous-entendus) ou conjonctions exprimant:
- (a) le doute
- (b) l'attente
- (c) l'émotion
- (d) la volonté
- (e) la concession

Le subjonctif comprend **quatre temps**:
- (a) le présent
- (b) le passé
- (c) l'imparfait
- (d) le plus-que-parfait

Ces deux derniers temps sont littéraires et ne sont plus employés dans la conversation, sauf dans un but humoristique. Il faut, toutefois, être à même de les reconnaître.

LES FORMES DU SUBJONCTIF PRÉSENT

1. **Il faut que** les gens **bataillent**.
   Il n'est pas nécessaire qu'elle **parle** au roi.
   Je veux que vous me **laissiez** seul avec elle.

Le présent du subjonctif est formé du:
   radical de la 3ᵉ personne du pluriel du présent de l'indicatif

   +

   les terminaisons: -e, -es, -e, -ions, -iez, ent

Modèles:

Présent de l'indicatif	Présent du subjonctif
(a) ils **chant** -ent	que je **chant** -e que tu **chant** -es qu'il **chant** -e qu'elle **chant** -e que nous **chant** -ions que vous **chant** -iez qu'ils **chant** -ent qu'elles **chant** -ent
(b) ils **finiss** -ent	que je **finiss** -e que tu **finiss** -es qu'il **finiss** -e qu'elle **finiss** -e que nous **finiss** -ions que vous **finiss** -iez qu'ils **finiss** -ent qu'elles **finiss** -ent
(c) ils **rend** -ent	que je **rend** -e que tu **rend** -es qu'il **rend** -e qu'elle **rend** -e que nous **rend** -ions que vous **rend** -iez qu'ils **rend** -ent qu'elles **rend** -ent

Remarque:

Les formes de là 1re personne et de la 2e personne du pluriel (nous, vous) du subjonctif présent sont identiques à celles de l'imparfait de l'indicatif.

2.

AVOIR	ÊTRE	ALLER
que j'aie	que je sois	que j'aille
que tu aies	que tu sois	que tu ailles
qu'il ait	qu'il soit	qu'il aille
qu'elle ait	qu'elle soit	qu'elle aille
que nous ayons	que nous soyons	que nous allions
que vous ayez	que vous soyez	que vous alliez
qu'ils aient	qu'ils soient	qu'ils aillent
qu'elles aient	qu'elles soient	qu'elles aillent

FAIRE	SAVOIR	POUVOIR
que je fasse	que je sache	que je puisse
que tu fasses	que tu saches	que tu puisses
qu'il fasse	qu'il sache	qu'il puisse
qu'elle fasse	qu'elle sache	qu'elle puisse
que nous fassions	que nous sachions	que nous puissions
que vous fassiez	que vous sachiez	que vous puissiez
qu'ils fassent	qu'ils sachent	qu'ils puissent
qu'elles fassent	qu'elles sachent	qu'elles puissent

VOULOIR	VALOIR	FALLOIR
que je veuille	que je vaille	qu'il faille
que tu veuilles	que tu vailles	
qu'il veuille	qu'il vaille	
qu'elle veuille	qu'elle vaille	
que nous voulions	que nous valions	
que vous vouliez	que vous valiez	
qu'ils veuillent	qu'ils vaillent	
qu'elles veuillent	qu'elles vaillent	

Seuls les neuf verbes conjugués ci-dessus sont irréguliers au subjonctif présent.

LE SUBJONCTIF APRÈS FALLOIR ET SES SYNONYMES

Il faut que vous vous **prosterniez** devant le roi. ⎱ Les deux actions

Il faudra que nous l'**interrogions**. ⎰ sont simultanées.

Il va falloir que nous **restions enfermés**. ⎱ Les verbes au
Il est nécessaire (essentiel) que vous subjonctif ont
reconnaissiez le roi. ⎰ un sens futur.

Le verbe **falloir**, les expressions **il est nécessaire**, **essentiel**, etc. sont suivis du subjonctif.

Le subjonctif présent est employé:
(a) lorsque l'action de la proposition principale et celle de la proposition subordonnée sont **simultanées**.
(b) lorsque l'action de la principale **précède** celle de la subordonnée.

APPLICATION

A. Transformez les phrases en substituant le subjonctif à l'infinitif. Utilisez le pronom donné:

MODÈLE: Il faut se prosterner devant le roi. (tu)
Il faut **que tu te prosternes** devant le roi.

1. Il faut lui frayer un chemin. (on)
2. Il faudra les battre de force. (nous)
3. Il faut y parvenir. (ils)
4. Il faut batailler un bon coup. (nous)
5. Il va falloir subir un interrogatoire. (tu)
6. Il sera nécessaire d'importuner le roi. (elle)
7. Il ne faut pas lui accorder une audience. (vous)
8. Il faudra avoir une bonne bille pour être reçue au château. (elle)
9. Il n'est pas nécessaire de s'entourer de sévères précautions. (on)
10. Il faudra savoir la vérité. (elles)

B. Mettez l'infinitif à la forme voulue (subjonctif présent):

MODÈLE: Il faut qu'elle (venir) pour le tuer, car elle a un couteau sous sa jupe.
Il faut qu'elle **vienne** pour le tuer, car elle a un couteau sous sa jupe.

1. Il faut qu'elle (parvenir) à voir le roi.
2. Il est nécessaire que vous (dire) la vérité.
3. Est-il nécessaire qu'elle (venir) à la cour?
4. Il sera essentiel que vous (faire) vos commissions vous-même.
5. Faut-il que nous (baiser) sa bague?
6. S'ils veulent amuser le roi, il faut qu'ils (apprendre) à jouer aux cartes.
7. Il faut qu'elle (voir) le roi auparavant pour lui demander de l'aide.
8. Il faut que ses réponses (être) persuasives pour qu'on lui permette de parler au roi.
9. Il n'est pas nécessaire que nous vous (importuner) davantage.
10. Il faut que vous (reconnaître) le roi avant de vous prosterner.

DISCUSSIONS À BÂTONS ROMPUS

1. La religion a-t-elle un rôle à jouer dans le gouvernement d'un pays?
2. Si un miracle pouvait être effectué en votre faveur, que souhaiteriez-vous?
3. Si vous étiez premier ministre, quels changements voudriez-vous apporter au gouvernement du pays?

SUJETS POUR DÉBATS

1. Le pour et le contre de la monarchie au Canada.
2. Peut-on, oui ou non, considérer Jeanne d'Arc comme une jeune fille libérée au sens actuel du mot?
3. Le Canada devrait dépenser davantage pour la défense nationale.

DEVOIRS ÉCRITS

1. Écrivez environ 150 mots sur le caractère de Charles. Quels sont, selon vous, ses qualités, ses défauts? Quelles caractéristiques dominent chez lui?
2. De quelle façon Jeanne conçoit-elle le rôle de Dieu dans les affaires humaines?

PRÉSENTATIONS ORALES

1. Vous raconterez à la classe l'épopée de Jeanne d'Arc ou d'une autre jeune héroïne, avec illustrations à l'appui.
2. Vous présenterez à la classe:
   (a) l'histoire de Jeanne d'Arc selon Anouilh.
   (b) une autre pièce de l'auteur (par exemple, *Antigone*, *L'Invitation au château*, *Le Bal des voleurs*).

TRAVAIL D'ÉQUIPE

1. Interprétation de la scène reproduite ici.
2. Un membre du groupe se présente aux élections fédérales. Il/Elle fait un discours et les autres membres du groupe lui posent des questions.

LA DÉTRESSE ET L'ENCHANTEMENT

Gabrielle Roy (1909-1983) est née à Saint-Boniface. Après avoir débuté dans l'enseignement au Manitoba, elle part pour l'Europe en 1937. La guerre met fin à son séjour en Angleterre et lorsqu'elle rentre au Canada, elle s'établit au Québec. Le premier roman de Gabrielle Roy, *Bonheur d'occasion*, lui a valu en France le prestigieux Prix Fémina (1947). Elle a écrit plusieurs autres romans, souvent poignants, et des nouvelles.

Aimer son pays ne signifie pas qu'on ne désire pas en visiter d'autres. La plupart des gens veulent aller voir ce qui se passe ailleurs, comment on y vit. Mais, souvent, des surprises peu agréables nous attendent à l'étranger, même quand nous parlons la langue du pays.

ARRIVÉE À PARIS

Dans son autobiographie, *La Détresse et l'enchantement*, ouvrage posthume, Gabrielle Roy évoque ses souvenirs de jeunesse au Manitoba et son séjour en France et en Angleterre.

Parmi les flots de dépaysés que Paris reçoit tous les jours, en vit-il jamais arriver de plus égaré que moi, à l'automne de 1937? Je n'y connaissais personne. De mon lointain Manitoba, une lettre était pourtant partie me préparer la voie. Meredith Jones, professeur de français à l'Université du Manitoba, y demandait à une de ses élèves, vivant au pair à Paris, de s'occuper un peu de moi, de me trouver une pension, de venir m'accueillir à la gare. Nous devions nous reconnaître à un livre qu'elle aurait à la main et à une revue canadienne que je porterais sous le bras, mais je l'avais égarée en chemin. Le plus étrange est que je n'arrive pas aujourd'hui à me rappeler le nom de cette personne au livre que j'ai tant cherchée et qui me fut d'un si grand secours quand je l'eus enfin trouvée.

Je mis pied dans la terrifiante cohue de l'arrivée d'un train maritime en gare Saint-Lazare. Dans une mer changeante de visages, je me pris à essayer d'en reconnaître un que je ne connaissais pas. Happée toute innocente par les cris, la hâte, de puissants remous, je m'en allais par moments, je ne sais comment, à contre-courant du flot humain, et me le fis reprocher : «Dis donc, toi, t'es pas capable de regarder où tu vas!» Je crois me rappeler que c'est une des premières phrases que je m'entendis adresser à Paris. Je commis aussi la bêtise de tâcher de retenir parmi ces gens quelqu'un de pressé pour en obtenir un renseignement, et me fis remettre à ma place. «Pour les renseignements, il y a les Renseignements!» L'homme, en s'en allant, peut-être pris de remords, m'indiqua une direction d'un coup de menton. J'avisai ensuite une sorte d'uniforme[1] de qui j'espérai l'espace d'une seconde un peu de secours, mais à peine avais-je entamé mon récit qu'il m'envoya promener. Hé quoi! Je cherchais quelqu'un. Eh bien! la gare était pleine de gens qui se cherchaient. Puis il lança à voix haute par-dessus ma tête, chassant manifestement plus payant que moi : «Porteur! Porteur! Porteur! . . . » cependant que de partout on lui criait justement aussi : «Porteur! Porteur! Porteur! . . . »

J'avais fini par aller dans le sens de la foule, et elle m'entraîna, sans que j'y prisse garde, passé les barrières, dans la salle d'attente noire de monde. Alors je désespérai de trouver jamais ma payse. J'allai à un guichet qui me renvoya à un autre qui, lui, me fit honte de ne pas savoir lire les panneaux où tout, me fut-il dit, était inscrit. Et ce devait être ainsi, car je me trouvai devant une masse de signes, mots et abréviations à me faire tourner la tête.

À la longue, je retrouvai quelque bon sens et me dis que si ma payse m'attendait encore, ce n'était sûrement pas dans cette trop

---

[1] personne en uniforme

vaste salle, mais vraisemblablement sur les quais. Je retournai de
ce côté. Au tourniquet, le contrôleur m'arrêta d'un sec :

— Et où pensez-vous aller comme ça, la petite dame?

— De l'autre bord.

— Quel bord[2]? Le bord de mer!

Je fis un geste.

— En ce cas, ma petite dame, votre ticket!

— Mon ticket! m'écriai-je d'épuisement. Mais je l'ai donné au
contrôleur du train. Je suis arrivée par ce train.

— Et vous voulez déjà y retourner!

Avec le temps, je devais me faire à ces passes d'armes auxquelles tant de Parisiens semblent prendre plaisir, en trouver moi-même quand j'aurais le tour, mais pour l'instant je n'étais que désespoir. Il me paraissait aussi impossible de me faire entendre à Paris que si j'avais été transportée au cœur de la Chine. Je tâchai de faire fléchir l'homme au tourniquet en lui racontant comment j'avais perdu en route la revue qui aurait permis à ma copine de m'identifier, et je le suppliai, pour finir, de me laisser au moins aller voir si elle n'était pas encore sur les quais.

Parce qu'il estimait peut-être que je lui avais pris trop de temps avec mon récit embrouillé, alors qu'il n'avait rien fait pendant que je lui parlais que de s'examiner les ongles, le contrôleur ne me parla plus qu'en moitiés de phrases.

— Ticket de quai . . .

— Où?

Il indiqua une direction.

— Machine . . .

Je la repérai. Et, tout d'abord, tant elle me parut, à l'encontre des êtres énervés que j'avais croisés, de bonne composition, elle m'inspira confiance. Au-dessus d'une fente, elle annonçait qu'elle était distributrice de tickets de quai. Je poussai le levier.

Rien.

Un monsieur élégant, l'air fort pressé, s'était pourtant arrêté pour me regarder faire.

— Ça irait mieux, me conseilla-t-il, si vous mettiez un franc.

Je rougis jusqu'aux yeux. J'ouvris mon sac. Hélas, j'étais encore sans monnaie française.

L'homme élégant mit la main dans sa poche. Il en tira un franc qu'il déposa dans ma paume, et déjà il s'en allait, la physionomie comme renfermée. Je m'élançai à sa suite en criant : «Monsieur!

---

[2] Pour la Canadienne, **bord** = **côté**. Le Français, ironique, utilise le mot **bord** dans le sens où on l'emploie en France.

41

Monsieur! De grâce, votre nom, votre adresse, afin que je puisse vous rembourser!»

Sans tout à fait ralentir, il se tourna à demi vers moi, et j'eus 85
droit à mon premier sourire à Paris, quoique déjà plutôt du genre
ironique.

— Voyons mademoiselle, que d'histoires pour l'amour d'un
franc! Et il se hâta de me semer, par impatience ou pour m'éviter
de l'embarras. 90

J'ai donc encore un peu sur le coeur cette première aumône de
ma vie que je reçus peut-être d'un Rothschild, car parfois je crois
me souvenir d'une paire de gants, d'un foulard comme j'en ai
rarement vu depuis.

Extrait de Gabrielle Roy, *La Détresse et l'enchantement*, Montréal, Éditions Boréal, 1984,
pp 247-249. Copyright: Fonds Gabrielle Roy.

NOTE SUR LE PASSÉ SIMPLE

Le temps de la narration dans l'extrait cité ici est le **passé simple** ou
passé historique. C'est un temps littéraire qui correspond à peu près au
passé composé. Celui-ci est le temps employé dans la conversation, les
lettres, les journaux et, généralement, le théâtre; c'est le temps dont vous
vous servez. Vous n'aurez pas l'occasion d'utiliser le passé simple, mais il
faut être à même de le reconnaître, car c'est le temps qu'emploient tous les
grands romanciers du passé et même bon nombre de contemporains, telle
Gabrielle Roy.

(Pour les formes du passé simple, voir l'appendice.)

COMPRÉHENSION ET APPRÉCIATION

1. De quelle région venait le train lorsque la voyageuse en est descendue? Quel mot l'indique?
2. Quels sentiments éprouve la narratrice en descendant du train?
3. Que veut dire la narratrice lorsqu'elle déclare qu'elle essayait de reconnaître un visage qu'elle ne connaissait pas?
4. La narratrice parle d'une «mer changeante de visages» (ligne 15). Quelles autres expressions, dans le deuxième paragraphe, se rattachent à cette image?
5. Qu'y a-t-il d'impoli dans la façon dont on parle à la narratrice (lignes 19-20)?
6. Quelle a été la réponse de «l'uniforme» auprès de qui la narratrice a cherché secours? Citez textuellement ses mots.
7. Montrez ce qu'il y a de condescendant dans la façon dont le contrôleur parle à la narratrice.
8. À votre avis, que ressentait le monsieur au foulard, poursuivi par la narratrice?
9. Quels noms de gares parisiennes connaissez-vous?

VOCABULAIRE ET STRUCTURES

1. Que remplace le pronom **en** aux lignes suivantes : 1, 16, 80, 93?
2. Que remplace le pronom **y** aux lignes suivantes : 3, 5, 35, 52?
3. Trouvez des expressions équivalentes à celles qui suivent :
   égaré (ligne 2) **j'avisai** (ligne 26) **à l'encontre** (ligne 70)
   cohue (ligne 14) **payse** (ligne 37) **la physionomie** (ligne 81)
   happée (ligne 17) **vraisemblablement** (ligne 43)
4. Trouvez, dans le texte, une structure parallèle à **pleine de gens** (ligne 30). Employez, dans une phrase, une structure semblable de votre cru (de votre invention).
5. **Entendre** (lignes 21 et 56) est utilisé dans deux sens différents. Faites deux phrases illustrant chacun de ces deux sens.
6. **Me conseilla-t-il** (ligne 77). Justifiez l'inversion. Trouvez un autre exemple de ce genre d'inversion dans le texte.
7. Utilisez, dans une phrase de votre cru, les expressions suivantes :
   a) **vivre au pair** (ligne 6)
   b) **passes d'armes** (ligne 53)
8. **Rougir** (ligne 78) est dérivé de **rouge**. Quels verbes sont dérivés de **blanc**, **noir**, **vert**?
9. Quel est l'infinitif de **parut** (ligne 70) et de **puisse** (ligne 83)? Quel est le mode de **puisse**?
10. Faites deux phrases de votre cru où vous utiliserez le mot **monnaie**. (**Monnaie** ici est un faux ami. Ne pas confondre avec **argent**.)
11. En consultant un dictionnaire, expliquez la différence entre un **ticket** et un **billet**.
12. Dans le passage suivant, tiré du texte, remplacez les verbes au passé simple par le passé composé : «Alors je désespérai de trouver jamais ma payse. J'allai à un guichet qui me renvoya à un autre qui, lui, me fit honte de ne pas savoir lire les panneaux».

Un peu de sel . . . .

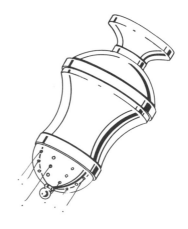

LE CONTRÔLEUR
(extrait)
Allons allons
Pressons
Allons allons
Voyons pressons
Il y a trop de voyageurs
Trop de voyageurs
Pressons pressons
Il y en a qui font la queue
Il y en a partout.

Jacques Prévert

RAPPEL: LES PRONOMS **Y** ET **EN**

Y

1. Avez-vous pensé **au ticket**?—Oui, j'**y** ai pensé. (= au ticket)
   As-tu reçu **sa lettre**?—Oui, et je vais **y** répondre. (= à sa lettre)
   mais:
   Ce monsieur, il faut **lui** répondre. (= à ce monsieur)

   > **Y** s'emploie comme complément indirect pour remplacer un nom de **chose** précédé de **à**. On ne l'emploie pas pour les personnes.

2. Quitter le Canada! Je n'**y** songe pas. (= à quitter le Canada; à cela)
   Avez-vous remarqué qu'il portait des gants?
   — Non, je n'**y** ai pas fait attention.
   (= au fait qu'il portait des gants; à cela)

   > **Y** remplace une idée lorsque le verbe dont il dépend est normalement suivi de **à** + **nom** ou **pronom**.

3. J'habite à Paris et je n'**y** connais personne. (à Paris)
   La revue est-elle sous son bras?—Oui, elle **y** est. (sous son bras)
   Vous descendez du train et vous voulez déjà **y** retourner. (dans le train)

   > **Y** est un adverbe pronominal indiquant le lieu ou la direction, remplaçant une **préposition** (autre que **de**) + **nom de lieu**.

   Remarque: Irez-vous à Paris cet été?—Oui, **j'irai**.
   Devant le futur et le conditionnel du verbe **aller**, on omet le **y** par euphonie (pour le son).

1. As-tu pu obtenir **des renseignements**? — Oui, j'**en** ai obtenu. (des renseignements)
   Avez-vous déjà vu **de si beaux foulards**? — Oui, j'**en** ai déjà vu. (de si beaux foulards)
   Connaissez-vous **des gens au Manitoba**? — Non, je n'**en** connais pas (des gens)

   > **En** s'emploie pour remplacer **du**, **de la**, **des**, **de** (articles partitifs ou indéfinis) + **nom de chose ou de personne**.

2. T'a-t-il parlé **de la gare Saint-Lazare**? — Oui, il m'**en** a parlé. (de la gare Saint-Lazare)
   mais:
   T'a-t-il parlé **de sa copine**? — Oui, il m'a parlé **d'elle**. (de sa copine)

   > La préposition **de** + **nom de chose** est remplacée par **en**. Pour les personnes, on conserve **de** + **pronom personnel** (forme tonique).

   Attention!
   A-t-il besoin **d'amis**? — Oui, il **en** a besoin. (d'amis, en général)
   Lorsque **de** + **nom de personne** a un sens **indéfini**, on utilise **en**.

3. J'ai essayé d'**en** reconnaître **un**.
   En avez-vous vu **beaucoup**?
   Il y **en** a **quelques-uns**.
   Combien d'habitants y a-t-il dans cette ville? — Il y **en** a **trois millions**.

   > **En** s'emploie avec les expressions de quantité qui ne sont pas suivies d'un nom.

4. Vous m'avez aidée; j'**en** suis reconnaissante. (du fait que vous m'avez aidée; de cela)
   Elle reviendra; j'**en** suis sûr. (du fait qu'elle reviendra; de cela)

   > **En** remplace une **idée** lorsque le verbe dont il dépend est normalement suivi de **de**.

5. Il a mis la main dans sa poche et **en** a tiré un franc. (de sa poche)
   Je vais au Manitoba et elle **en** arrive. (du Manitoba)

   > **En**, adverbe pronominal, remplace **de** + **nom de lieu**.

   Attention!
   Il y **en** a deux.   Donnez-lui-**en**.

   > **En** est toujours le dernier des pronoms. Il suit **y** (voir p. 16).

APPLICATION

Remplacez les mots en caractères gras par **y** ou **en**, selon le cas.

MODÈLES: J'ai envoyé deux **lettres au Manitoba**.
J'**y en** ai envoyé deux.

Il ne songe pas **à faire un séjour à Paris**.
Il n'**y** songe pas.

1. Je ne connaissais personne **au Manitoba**.
2. J'ai mis pied **dans une terrifiante cohue** en descendant du train.
3. Pour obtenir **des renseignements**, adressez-vous **aux Renseignements**.
4. Il me faut avoir **du secours**, mais je ne parviens pas **à en obtenir**.
5. La machine annonçait qu'elle était distributrice **de tickets de quai**.
6. J'ai rarement vu un **foulard** de cette qualité.
7. J'ai acheté deux **tickets à ce guichet**.
8. Je songe à faire un **voyage à la mer**.
9. Je songe **à faire un voyage**.
10. Elle a vu un **homme près du tourniquet**.
11. Je ne puis me faire **à l'idée d'être seule à Paris**.
12. La voyageuse est désespérée **de n'avoir pu trouver sa payse**.
13. Elle lui est reconnaissante **de l'avoir secourue**.

DU NOUVEAU: LE PARTICIPE PRÉSENT

FORME

IMPARFAIT		PARTICIPE PRÉSENT
je **chant** -ais	$\longrightarrow$	chant -ant
je **rougiss** -ais	$\longrightarrow$	rougiss -ant
je **rend** -ais	$\longrightarrow$	rend -ant
je **serv** -ais	$\longrightarrow$	serv -ant
je **part** -ais	$\longrightarrow$	part -ant
j'**ét** -ais	$\longrightarrow$	ét -ant

> Le participe présent est une forme verbale invariable. On le forme en ajoutant **-ant** au **radical de l'imparfait**.

Remarque:

Il n'y a que deux participes présents irréguliers :

ayant (avoir)   **sachant** (savoir)

EMPLOI

1. **Souriant**, **le monsieur** a tiré un franc de sa poche. (manière)
   Rougissant jusqu'aux yeux, **elle** a ouvert son sac. (manière)
   Pensant retrouver sa copine, **elle** est retournée au train. (cause)

> Le participe présent employé **seul** se rapporte généralement à un nom ou à un pronom sujet. Il indique **la manière** ou **la cause**.

2. **En mettant** un franc dans la machine, vous obtiendrez un ticket. (moyen)
   Je tâcherai d'influencer l'homme **en lui racontant** mon aventure. (moyen)
   Nous parlerons **en marchant**.
   En y arrivant, elle a cherché son amie. } (simultanéité)

> Le participe présent précédé de **en** (gérondif) modifie un verbe et a le même sujet que ce verbe. Il indique le moyen ou la simultanéité.

Attention!

Remarquez la place du pronom complément dans les exemples ci-dessus.

3. **Tout en criant** «Merci», je courais derrière lui. (simultanéité)
   Tout en étant furieux, il l'a aidée. (opposition)

> On emploie **tout en** + **participe présent** pour insister sur la simultanéité ou pour marquer une opposition.

Attention!

En est la **seule** préposition utilisée avec le participe présent.

4. J'ai mis le pied dans la **terrifiante** cohue.
   Elles sont **changeantes**.

> Le participe présent employé comme **adjectif** s'accorde comme
> l'adjectif.

Remarque:
Sachant l'heure de son arrivée, nous sommes allés l'attendre à la gare.
Einstein était très **savant**.

> Certains participes présents ont deux formes, selon qu'ils sont utilisés
> comme formes verbales ou comme adjectifs. Voici quelques-uns de ces
> participes présents:

FORME VERBALE	ADJECTIF
fatiguant	fatigant
intriguant	intrigant
convainquant	convaincant
provoquant	provocant
excellant	excellent
différant	différent
précédant	précédent
pouvant	puissant
sachant	savant

APPLICATION

Dans les phrases suivantes, remplacez l'infinitif par la forme voulue du participe présent, avec ou sans la préposition:

MODÈLE: (**Arriver**) à la gare Saint-Lazare, elle s'est sentie complètement dépaysée.
             En arrivant à la gare Saint-Lazare, elle s'est sentie complètement dépaysée.

1. Sa payse avait reçu une lettre lui (demander) de se rendre à la gare.
2. Toutefois, ne (se connaître) pas, les jeunes filles ne se sont pas trouvées.
3. À l'arrivée du train, la cohue était (terrifier).
4. Ne (savoir) à qui s'adresser, la voyageuse a appelé un porteur.
5. Il lui a indiqué les Renseignements d'un coup de tête, (s'en aller).
6. (Désespérer) de jamais trouver sa compatriote et (se laisser) entraîner par la foule, la voyageuse est arrivée dans la salle d'attente.
7. (Voir) une machine distributrice de tickets, elle en a poussé le levier.
8. Cependant, n'(avoir) pas mis d'argent dans la machine, elle n'a obtenu aucun résultat.
9. Un monsieur, (connaître) le système, lui a dit (sourire) ironiquement : «Vous n'êtes pas très (savoir), Mademoiselle : c'est (mettre) un franc dans la machine que vous obtiendrez un ticket.»
10. (Rougir) et (reconnaître) à la fois, elle a cherché un franc dans son sac.

RÉCAPITULATION

Remplacez le tiret par le pronom qui convient. Faites les changements voulus :

1. Jeanne a vu le roi et la reine et nous a parlé de _____ .
2. Voyez-vous cette rue? Prenez _____ . Vous _____ trouverez la maison que vous cherchez.
3. Tu as de la monnaie, alors, donne _____ . Moi, je ne _____ ai pas.
4. Jouez-vous aux cartes? — Oui, je _____ joue.
5. Moi, aller à Paris! Je ne _____ songe pas.
6. Je connais votre copine. J'ai parlé de _____ à mes amis et ils vont _____ trouver un hôtel.
7. Êtes-vous allés à Natashquan? — Oui, je _____ viens et j'ai l'intention de _____ retourner.
8. Interrogez ce soldat. Parlez _____ de ses batailles. Il se _____ souvient très bien.
9. Elle a besoin d'argent. Donnez _____ .
10. Tu veux voir Paris? Eh bien! va _____ .

LES LETTRES

La façon de rédiger les lettres diffère d'un pays à l'autre. Les Français ont, en général, des règles assez rigides en ce qui concerne la correspondance, surtout lorsqu'il s'agit de lettres à des personnages haut placés.

Nous donnons, ci-dessous, deux exemples de lettres, l'une officielle, l'autre amicale.

> 4, rue Riel
> Saskatoon, Saskatchewan
> S2N 3X1
>
> Saskatoon, le 4 juin 1988
>
> Monsieur le Consul général de France
> Consulat général de France
> High Field Plains
> 10010-106ᵉ rue,
> Edmonton, Alberta
> T5J 3L8
>
> Monsieur le Consul général,
>
> Je termine actuellement ma douzième année et projette d'aller passer six semaines en France cet été afin de parfaire ma connaissance de la langue et de me familiariser avec la culture française.
> Je vous serais reconnaissante de me faire savoir le plus tôt possible s'il est nécessaire que j'obtienne un visa avant mon départ et, si tel est le cas, quels sont les documents et la somme que je dois vous faire parvenir pour l'obtention de ce visa.
> Je vous remercie d'avance et vous prie d'agréer, Monsieur le Consul général, l'expression de mes sentiments distingués.
>
> Margaret Leung

Toronto, le 25 septembre 1988

Ma chère Marguerite,

recommencer à travailler

Maintenant que j'ai repris le collier, je pense souvent, avec nostalgie, aux bonnes vacances que j'ai passées à la ferme de tes parents. Je me souviens, en particulier, de nos parties de pêche et de la cueillette des bleuets.

J'ai beaucoup parlé à ma mère de mon séjour, si agréable, chez toi et de la gentillesse de tes parents à mon égard. Maintenant, c'est ma mère qui voudrait qu'à ton tour, tu viennes passer quelques jours à la maison.

Je sais que tes parents voudront t'avoir auprès d'eux pour Noël, qui sera sûrement très joyeux à la ferme, avec un bon feu dans la cheminée. Je n'ai rien d'aussi pittoresque à t'offrir. Mais nous pourrons aller au concert et au théâtre. Si on fait la queue, on peut obtenir des billets à moitié prix.

Pourrais-tu venir chez nous entre Noël et le jour de l'an? Dis oui, je t'en prie. Et fais-moi savoir la date et l'heure de ton arrivée. J'irai te chercher à la gare.

À bientôt, n'est-ce pas!
Grosses bises,

Peter

Autres formules couramment employées:

Lettres d'affaires: — Veuillez agréer, Monsieur (Madame), mes salutations distinguées
— Votre dévoué(e)

Lettres à des amis ou à la famille: — (Bien) Amicalement
— (Bien) Affectueusement
— Affectueuses pensées   Ici, le choix
— Je t'embrasse   est vaste.
— Amitiés

DISCUSSIONS À BÂTONS ROMPUS

1. Pensez-vous qu'une meilleure connaissance des pays étrangers puisse rapprocher les peuples?
2. Qu'auriez-vous fait, à la place de la voyageuse, en arrivant à la gare?
3. Pensez-vous qu'il soit sage de voyager malgré la menace terroriste?

SUJETS POUR DÉBATS

1. Le pour et le contre des voyages.
2. Le pour et le contre d'un séjour à l'étranger lorsqu'on est étudiant.
3. Le voyage ne nous apprend rien qu'on ne puisse trouver dans les livres.

DEVOIRS ÉCRITS

1. Une organisation demande un moniteur (une monitrice) pour une colonie de vacances. Vous posez votre candidature. Dans votre lettre, vous décrirez :
   a) votre éducation
   b) votre expérience dans le monde du travail
   c) les qualités que vous possédez et qui conviennent particulièrement à ce poste.
2. Écrivez une lettre à un(e) ami(e) décrivant votre arrivée dans une ville inconnue.
3. Écrivez une lettre à votre conseiller (conseillère) pour vous plaindre du mauvais état de votre gymnase.

PRÉSENTATIONS ORALES

1. Vous avez des camarades qui se préparent à aller passer une année à Paris pour parfaire leurs connaissances linguistiques et culturelles. Préparez une causerie où vous leur donnerez tous les conseils nécessaires avec brochures et documents à l'appui (par exemple : où s'adresser pour le logement, de quoi ou de qui se méfier, comment se procurer un billet d'avion à bon compte, où se procurer un visa, où suivre des cours, etc.).
2. Lisez une nouvelle de Gabrielle Roy ayant comme thème l'exil (par exemple : «Un Jardin au bout du monde» ou «Où iras-tu Sam Lee Wong?» dans *Un Jardin au bout du monde*; «Ma grand-mère toute-puissante» dans *La Route d'Altamont*; «Les Deux Nègres» ou «Le Puits de Dunrea» dans *Rue Deschambault*). Faites-en le résumé et la critique pour votre classe.

TRAVAIL D'ÉQUIPE

1. Vous ferez un rapport sur les possibilités qui s'offrent aux étudiant(e)s désirant poursuivre des études dans un pays ou une région francophone.
2. Un groupe écrira une saynète ayant pour titre «L'Arrivée d'une Manitobaine (ou d'une Ontarienne, etc.) à Paris» et l'interprétera devant la classe.

NOUS CONCLUONS . . .

Le pays, en tant que patrie, nation, entité politique, est une idée abstraite, mais une idée à laquelle la plupart des humains sont profondément attachés. Les hymnes nationaux disent la fierté qu'inspire la patrie. Le pays, c'est aussi le coin de terre où l'on est né et dont on se souvient toujours avec émotion, même quand on en est loin, tel Natashquan pour Gilles Vigneault.

L'étranger, c'est tout ce qui n'est pas le pays et c'est aussi l'être qui n'appartient pas à notre pays et auquel notre pays n'appartient pas. Pour chasser un envahisseur étranger, on est prêt, parfois, à sacrifier sa vie. L'étranger, c'est le contraire du familier, et aller à l'étranger, c'est s'exposer à être quelque peu perdu, dérouté, dépaysé.

VOUS CONCLUEZ . . .

1. Lequel des poèmes ou extraits vous paraît le plus patriotique et pourquoi?
2. Trouvez-vous des traces de chauvinisme (fanatisme; patriotisme poussé à l'extrême) dans les passages cités?

MATIÈRE À RÉFLEXION

J'aime la France qui nous a donné la vie; j'aime l'Angleterre qui nous a donné la liberté; mais la première place dans mon coeur est pour le Canada, ma patrie, ma terre natale.

Sir Wilfrid Laurier
(discours prononcé à Paris le 2 août, 1897)

U·N·I·T·É·2

LE VOYAGE ET L'ATTACHEMENT AU FOYER

Le voyage, c'est l'aventure, l'imprévu. La plupart d'entre nous aspirent à voyager, à découvrir du nouveau, même si cette découverte implique aussi une part d'inconfort, de danger même.

Pourtant, il y a des gens qui n'aiment pas voyager, qui préfèrent rester au foyer. Pour ceux-là, la crainte de l'inconnu l'emporte sur la curiosité et la soif de l'aventure.

LE VOYAGE DE MONSIEUR PERRICHON

Eugène Labiche (1815–1888) est un des principaux dramaturges du siècle dernier. Ses comédies sont encore jouées de nos jours, bien qu'elles aient un peu vieilli. La plupart de ses pièces ont été écrites en collaboration, mais en général, seul le nom de Labiche est resté célèbre. Parmi ses comédies les plus réussies, citons *Un chapeau de paille d'Italie* (1851), *Le Voyage de Monsieur Perrichon* (1860), *La Poudre aux yeux* (1861).

UN DÉPART MOUVEMENTÉ

Monsieur Perrichon, commerçant retraité, a décidé d'emmener sa femme et sa fille en Suisse. Ils viennent d'arriver à la gare.

Monsieur Perrichon en Suisse (Comédie française).

SCÈNE II—L'EMPLOYÉ, PERRICHON, MADAME PERRICHON, HENRIETTE
(*Ils entrent de la droite.*)

PERRICHON   Par ici! . . . ne nous quittons pas! nous ne pourrions plus nous retrouver . . . Où sont nos bagages? . . . (*Regardant à droite; à la cantonade.*) Ah! très bien! Qui est-ce qui a les parapluies? . . .

HENRIETTE   Moi, papa.

PERRICHON   Et le sac de nuit? . . . les manteaux? . . .   5

MADAME PERRICHON   Les voici!

PERRICHON   Et mon panama? . . . Il est resté dans le fiacre! (*Faisant un mouvement pour sortir et s'arrêtant.*) Ah! non! je l'ai à la main! . . . Dieu! que j'ai chaud!

MADAME PERRICHON   C'est ta faute! . . . tu nous presses, tu nous bous-   10
cules! . . . je n'aime pas à voyager comme ça!

PERRICHON   C'est le départ qui est laborieux . . . Une fois que nous serons casés! . . . Restez là, je vais prendre les billets . . . (*Donnant son chapeau à Henriette.*) Tiens, garde-moi mon panama . . . (*Au guichet.*) Trois premières pour Lyon? . . .   15

L'EMPLOYÉ, *brusquement.*   Ce n'est pas ouvert! Dans un quart d'heure!

PERRICHON, *à l'employé.*   Ah! pardon! c'est la première fois que je voyage . . . (*Revenant à sa femme.*) Nous sommes en avance.

MADAME PERRICHON   Là! quand je te disais que nous avions le temps . . . Tu ne nous as pas laissés déjeuner!   20

PERRICHON   Il vaut mieux être en avance! . . . on examine la gare! (*À Henriette.*) Eh bien! petite fille, es-tu contente? . . . Nous voilà partis! . . . encore quelques minutes, et rapides comme la flèche de Guillaume Tell nous nous élancerons vers les Alpes! (*À sa femme.*) Tu as pris la lorgnette?   25

MADAME PERRICHON   Mais, oui!

HENRIETTE, *à son père.*   Sans reproche, voilà au moins deux ans que tu nous promets ce voyage.

PERRICHON   Ma fille, il fallait que j'eusse vendu mon fonds . . . Un commerçant ne se retire pas aussi facilement des affaires qu'une petite fille   30
de son pensionnat . . . D'ailleurs, j'attendais que ton éducation fût terminée[1] pour la compléter en faisant rayonner devant toi le grand spectacle de la nature!

---

[1] Monsieur Perrichon, qui tient à montrer ses connaissances grammaticales, emploie ici le plus-que-parfait et l'imparfait du subjonctif. Or, ces temps aux sons discordants ne sont guère utilisés dans la conversation.

MADAME PERRICHON   Ah ça! est-ce que vous allez continuer comme ça?...

PERRICHON   Quoi?... 35

MADAME PERRICHON   Vous faites des phrases dans une gare!

PERRICHON   Je ne fais pas de phrases . . . j'élève les idées de l'enfant. (*Tirant de sa poche un petit carnet.*) Tiens, ma fille, voici un carnet que j'ai acheté pour toi.

HENRIETTE   Pour quoi faire?... 40

PERRICHON   Pour écrire d'un côté la dépense, et de l'autre les impressions.

HENRIETTE   Quelles impressions?...

PERRICHON   Nos impressions de voyage! Tu écriras, et moi je dicterai.

MADAME PERRICHON   Comment! vous allez vous faire auteur à présent?

PERRICHON   Il ne s'agit pas de me faire auteur . . . mais il me semble qu'un 45
homme du monde peut avoir des pensées et les recueillir sur un carnet!

MADAME PERRICHON   Ce sera bien joli!

PERRICHON, *à part.*   Elle est comme ça, chaque fois qu'elle n'a pas pris son café!

UN FACTEUR[2], *poussant un petit chariot chargé de bagages.*   Monsieur, voici 50
vos bagages. Voulez-vous les faire enregistrer?...

PERRICHON   Certainement! Mais, avant, je vais les compter . . . parce que, quand on sait son compte . . . Un, deux, trois, quatre, cinq, six, ma femme, sept, ma fille, huit, et moi, neuf. Nous sommes neuf.

LE FACTEUR   Enlevez! 55

PERRICHON, *courant vers le fond.*   Dépêchons-nous!

LE FACTEUR   Pas par là, c'est par ici! (*Il indique la gauche.*)

PERRICHON   Ah! très bien! (*Aux femmes.*) Attendez-moi là! . . . ne nous perdons pas! (*Il sort en courant, suivant le facteur.*)

SCÈNE III—MADAME PERRICHON, HENRIETTE, *puis* DANIEL

HENRIETTE   Pauvre père! quelle peine il se donne! 60

MADAME PERRICHON   Il est comme un ahuri!

DANIEL, *entrant suivi d'un commissionnaire qui porte sa malle.*   Je ne sais pas encore où je vais, attendez! (*Apercevant Henriette.*) C'est elle! je ne me suis pas trompé! (*Il salue Henriette, qui lui rend son salut.*)

---

[2] On dirait «porteur» à notre époque.

MADAME PERRICHON, *à sa fille.*   Quel est ce monsieur? . . .   65

HENRIETTE   C'est un jeune homme qui m'a fait danser la semaine dernière,
  au bal du huitième arrondissement[3].

MADAME PERRICHON, *vivement.*   Un danseur! (*Elle salue Daniel.*)

DANIEL   Madame! . . . mademoiselle! . . . je bénis le hasard . . . Ces dames
  vont partir? . . .   70

MADAME PERRICHON   Oui, monsieur.

DANIEL   Ces dames vont à Marseille, sans doute? . . .

MADAME PERRICHON   Non, monsieur.

DANIEL   À Nice, peut-être? . . .

MADAME PERRICHON   Non, monsieur!   75

DANIEL   Pardon, madame . . . je croyais . . . si mes services . . .

LE FACTEUR, *à Daniel.*   Bourgeois! vous n'avez que le temps pour vos
  bagages.

DANIEL   C'est juste! allons! (*À part.*) J'aurais voulu savoir où elles vont . . .
  avant de prendre mon billet . . . (*Saluant.*) Madame . . . mademoiselle   80
  . . . (*À part.*) Elles partent, c'est le principal! (*Il sort par la gauche.*)

SCÈNE IV — MADAME PERRICHON, HENRIETTE, *puis* ARMAND

MADAME PERRICHON   Il est très bien, ce jeune homme!

ARMAND, *tenant un sac de nuit.*   Portez ma malle aux bagages . . . je vous
  rejoins! (*Apercevant Henriette.*) C'est elle! (*Ils se saluent.*)

MADAME PERRICHON   Quel est ce monsieur? . . .   85

HENRIETTE   C'est encore un jeune homme qui m'a fait danser au bal du huitième arrondissement.

MADAME PERRICHON   Ah ça! ils se sont donc tous donné rendez-vous ici?
  . . . N'importe, c'est un danseur! (*Saluant.*) Monsieur.

ARMAND   Madame . . . mademoiselle . . . je bénis le hasard . . . Ces dames   90
  vont partir?

MADAME PERRICHON   Oui, monsieur.

ARMAND   Ces dames vont à Marseille, sans doute? . . .

MADAME PERRICHON   Non, monsieur.

---

[3] Subdivision administrative de Paris.

ARMAND   À Nice, peut-être? . . .   95

MADAME PERRICHON, *à part*.   Tiens, comme l'autre! (*Haut*.) Non, monsieur.

ARMAND   Pardon, madame . . . je croyais . . . si mes services . . .

MADAME PERRICHON, *à part*.   Après ça! ils sont du même arrondissement.

ARMAND, *à part*.   Je ne suis pas plus avancé . . . je vais faire enregistrer ma   100
malle . . . Je reviendrai! (*Saluant*.) Madame . . . mademoiselle . . .

SCÈNE V—MADAME PERRICHON, HENRIETTE, MAJORIN, *puis* PERRICHON

MADAME PERRICHON   Il est très bien, ce jeune homme! . . . Mais que fait ton père? les jambes me rentrent dans le corps⁴!

MAJORIN, *entrant par la gauche*.   Je me suis trompé, ce train ne part que dans une heure!   105

HENRIETTE   Tiens! monsieur Majorin!

MAJORIN, *à part*.   Enfin! les voici!

MADAME PERRICHON   Vous! comment n'êtes-vous pas à votre bureau? . . .

MAJORIN   J'ai demandé un congé, belle dame; je ne voulais pas vous laisser partir sans vous faire mes adieux!   110

MADAME PERRICHON   Comment! c'est pour cela que vous êtes venu! Ah! que c'est aimable!

MAJORIN   Mais je ne vois pas Perrichon!

HENRIETTE   Papa s'occupe des bagages.

PERRICHON, *entrant en courant. À la cantonade*.   Les billets d'abord! très   115
bien!

MAJORIN   Ah! le voici! bonjour, cher ami!

PERRICHON, *très pressé*.   Ah! c'est toi! tu es bien gentil d'être venu! . . .
Pardon, il faut que je prenne mes billets! (*Il le quitte*.)

MAJORIN, *à part*.   Il est poli!   120

PERRICHON, *à l'employé au guichet*.   Monsieur, on ne veut pas enregistrer mes bagages avant que je n'aie pris mes billets!

L'EMPLOYÉ   Ce n'est pas ouvert! attendez!

PERRICHON   Attendez! et là-bas, ils m'ont dit: Dépêchez-vous! (*S'essuyant le front*.) Je suis en nage.   125

---

⁴ J'ai très mal aux jambes!

MADAME PERRICHON   Et moi, je ne tiens plus sur mes jambes!

PERRICHON   Eh bien, asseyez-vous! (*Indiquant le fond à gauche*) Voilà
des bancs . . . vous êtes bonnes de rester plantées là comme deux
factionnaires.

MADAME PERRICHON   C'est toi-même qui nous as dit: Restez là! Tu n'en   130
finis pas! tu es insupportable!

PERRICHON   Voyons, Caroline!

MADAME PERRICHON   Ton voyage! j'en ai déjà assez!

PERRICHON   On voit bien que tu n'as pas pris ton café! Tiens, va t'asseoir!

MADAME PERRICHON   Oui! mais dépêche-toi! (*Elle va s'asseoir avec*   135
Henriette.)

SCÈNE VI—PERRICHON, MAJORIN

MAJORIN, *à part.*   Joli petit ménage!

PERRICHON, *à Majorin.*   C'est toujours comme ça quand elle n'a pas pris son
café . . . Ce bon Majorin! c'est bien gentil à toi d'être venu!

MAJORIN   Oui, je voulais te parler d'une petite affaire.   140

PERRICHON, *distrait.*   Et mes bagages qui sont restés là-bas sur une table . . .
Je suis inquiet! (*Haut.*) Ce bon Majorin! c'est bien gentil à toi d'être
venu . . . (*À part.*) Si j'y allais?

MAJORIN   J'ai un petit service à te demander.

PERRICHON   À moi? . . .   145

MAJORIN   J'ai déménagé . . . et si tu voulais m'avancer un trimestre de mes
appointements . . . six cents francs!

PERRICHON   Comment! ici?

MAJORIN   Je crois t'avoir toujours rendu exactement l'argent que tu m'as
prêté.   150

PERRICHON   Il ne s'agit pas de ça!

MAJORIN   Pardon! je tiens à le constater . . . Je touche mon dividende des
paquebots le huit du mois prochain; j'ai douze actions . . . et si tu n'as
pas confiance en moi, je te remettrai les titres en garantie.

PERRICHON   Allons donc! es-tu bête!   155

MAJORIN, *sèchement.*   Merci!

PERRICHON   Pourquoi diable aussi viens-tu me demander ça au moment où
je pars? . . . j'ai pris juste l'argent nécessaire à mon voyage.

MAJORIN   Après ça, si ça te gêne . . . n'en parlons plus. Je m'adresserai à des usuriers qui me prendront cinq pour cent par an . . . je n'en mourrai pas! 160

PERRICHON, *tirant son portefeuille.*   Voyons, ne te fâche pas! Tiens, les voilà tes six cents francs, mais n'en parle pas à ma femme.

MAJORIN, *prenant les billets.*   Je comprends! elle est si avare!

PERRICHON   Comment! avare? 165

MAJORIN   Je veux dire qu'elle a de l'ordre!

PERRICHON   Il faut ça, mon ami! . . . il faut ça!

MAJORIN, *sèchement.*   Allons! c'est six cents francs que je te dois . . . adieu! (*À part.*) Que d'histoires! pour six cents francs! . . . et ça va en Suisse! . . . Carrossier! . . . (*Il disparaît à droite.*) 170

PERRICHON   Eh bien! il part! il ne m'a seulement pas dit merci! mais au fond je crois qu'il m'aime! (*Apercevant le guichet ouvert.*) Ah! sapristi! on distribue les billets! . . . (*Il se précipite vers la balustrade et bouscule cinq ou six personnes qui font la queue.*)

UN VOYAGEUR   Faites donc attention, monsieur! 175

L'EMPLOYÉ, *à Perrichon.*   Prenez votre tour, vous! là-bas!

PERRICHON, *à part.*   Et mes bagages! . . . et ma femme! . . . (*Il se met à la queue.*)

Eugène Labiche, *Le Voyage de Monsieur Perrichon*, Paris, Librairie Larousse, 1972, pp. 18–26.

COMPRÉHENSION ET APPRÉCIATION

1. Comment l'énervement de Monsieur Perrichon se révèle-t-il dans les deux premières répliques?
2. Qu'est-ce qui explique cet énervement?
3. Quel genre de style Perrichon emploie-t-il pour parler à sa fille? Pourquoi?
4. Pour quelle raison Madame Perrichon passe-t-elle du **tu** au **vous** dans la scène II?
5. Même s'il a vendu son fonds, Monsieur Perrichon est resté commerçant dans l'âme. Comment se révèle cet aspect de sa personnalité?
6. D'où naît le comique dans la scène IV?
7. Combien de temps avant le départ du train sont arrivés les Perrichon (approximativement)? Une phrase de la scène V le révèle.
8. Pourquoi Monsieur Perrichon se répète-t-il au début de la scène VI?
9. Combien Majorin gagne-t-il par an?
10. Que pensez-vous du taux d'intérêt exigé par les usuriers à cette époque?
11. Qu'est-ce qui montre que Majorin n'est guère reconnaissant envers Monsieur Perrichon?
12. Les impératifs sont nombreux dans ce texte. Pourquoi?

VOCABULAIRE ET STRUCTURES

1. Quel est le préfixe dans **retrouver** (l. 2)? Trouvez, dans le texte, deux autres verbes où ce préfixe a le même sens.
2. Une idée est sous-entendue ici (l. 1–2). Complétez la phrase: «Nous ne pourrions plus nous retrouver si nous . . . ».
3. Trouvez dans le texte deux phrases elliptiques et complétez-les.
4. Donnez le contraire de: **laborieux** (l. 12), **en avance** (l. 18); **rapides** (l. 23); **prêter** (l. 150).
5. Faites deux phrases qui montrent clairement la différence entre **se tromper** (l. 64) et **avoir tort**.
6. Quel est l'infinitif de **apercevant** (l. 84)? Trouvez deux autres verbes conjugués de la même façon.
7. Quel est le mode de **prenne** (l. 119)? Justifiez-en l'emploi.
8. Trouvez, dans le texte, une expression équivalente à: «je ne tiens plus sur mes jambes» (l. 126). Exprimez cette même idée en vos propres mots.
9. Quel est le sens du préfixe **in** dans **inquiet** (l. 142)? Trouvez deux autres adjectifs formés à l'aide de ce préfixe.
10. Remplacez les expressions suivantes par des expressions équivalentes dans le contexte:
    a) **à la cantonade** (l. 2)
    b) **mon panama** (l. 7)
    c) **à présent** (l. 44)
    d) **je suis en nage** (l. 125)
    e) **je tiens à** (l. 152).

Un peu de sel . . . . . .

Voici un poème qui illustre la cacophonie du subjonctif imparfait qu'utilise Monsieur Perrichon pour impressionner sa fille:

DÉCLARATION D'AMOUR
(extrait)

> Ah! fallait-il que je vous visse,
> Fallait-il que vous me plussiez,
> Qu'ingénument je vous le disse,
> Qu'avec orgueil vous vous tussiez!
> Fallait-il que je vous aimasse,
> Que vous me désespérassiez,
> Et qu'en vain je m'opiniâtrasse,
> Et que je vous idolâtrasse,
> Pour que vous m'assassinassiez!

Alphonse Allais

RAPPEL: POUR EXPRIMER LE TEMPS ET LA DURÉE

1. **Voilà**
   Il y a
   Cela fait
   Ça fait (familier)
   } deux ans que tu nous promets ce voyage.
   trois jours qu'il est malade.

   > Voilà
   > Il y a
   > Cela (ça) fait
   > } + durée + que + présent de l'indicatif
   >
   > sont employés pour décrire une action commencée dans le passé ou
   > un état qui date du passé et qui dure encore.

2. Tu nous **promets** ce voyage **depuis** deux ans.
   Ils **sont** à la gare **depuis** une heure.

   > Pour exprimer une action commencée dans le passé ou un état qui
   > date du passé et dure encore, on emploie aussi:
   > le présent de l'indicatif + depuis + durée.

3. Le guichet ouvre **dans** un quart d'heure.

   > **Dans** est utilisé pour indiquer le moment où l'action commence.

4. Il a enregistré les bagages **en** dix minutes.

   > **En** est utilisé pour indiquer le temps qu'il faut pour accomplir
   > l'action.

5. Il attendra une demi-heure.
   Il a plu **pendant** quarante jours et quarante nuits.

   > Pour exprimer la **durée** d'une action ou d'un état, aucune
   > préposition n'est nécessaire. **Pendant** est facultatif.

6. Ils partent en Suisse **pour** quinze jours.
   (c'est-à-dire pour y passer quinze jours)

   > **Pour** est utilisé pour exprimer une durée de temps qui n'est pas
   > encore entamée; il contient l'idée de **but**.

Remarques:
a) Dans le no. 5, c'est l'action exprimée par le verbe qui dure.
b) Dans le no. 6, la durée s'applique à un verbe sous-entendu.

APPLICATION

A. Remplacez le tiret par l'expression entre parenthèses en ajoutant **en**, **dans**, **pour**, **depuis**, **voilà** ou **il y a** selon le cas:

MODÈLES: _____ qu'il cherche un porteur. (dix minutes)

Il y a
Voilà } **dix minutes** qu'il cherche un porteur.

Majorin attend Perrichon _____. (un quart d'heure)
Majorin attend Perrichon **depuis un quart d'heure**.

1. Elles partent pour Marseille _____. (une demi-heure)
2. Ils vont passer _____ à Nice. (trois jours)
3. Armand a parlé _____ à Henriette. (des heures)
4. Majorin attend Perrichon _____. (ce matin)
5. _____ qu'il est au guichet. (dix minutes)
6. Nous allons en Suisse _____. (quinze jours)
7. On annonce que le train arrivera _____. (un quart d'heure)
8. J'ai fait le voyage _____. (deux heures)
9. _____ que les Perrichon attendent. (deux heures)
10. Nous ne partons pas _____. (longtemps)

B. À l'aide de la locution interrogative **combien de temps**, avec ou sans préposition, selon le cas, posez la question à laquelle répond chaque phrase. N'utilisez pas **est-ce que**.

MODÈLES: Voilà deux ans qu'il lui promet ce voyage.
Depuis combien de temps lui promet-il ce voyage?

Le train de Lyon part dans un quart d'heure.
Dans combien de temps le train de Lyon part-il?

1. Ça fait un mois qu'il connaît Henriette.
2. Le train arrive dans dix minutes.
3. Ils passeront quinze jours en Suisse.
4. Il a fait enregistrer les bagages en quelques minutes.
5. Il y a longtemps que Majorin attend.
6. Le guichet sera ouvert dans dix minutes.
7. Il a attendu un quart d'heure au guichet.
8. Daniel a fait danser Henriette toute la nuit.
9. Ces dames partent pour quinze jours.
10. La voiture a fait le trajet en quelques minutes.

DU NOUVEAU: FAIRE CAUSATIF

1. Daniel **fait danser** Henriette.
   Monsieur Perrichon va **faire enregistrer** les bagages.

   > Quand **faire** est employé dans un sens **causatif**:
   > a) il est toujours suivi d'un verbe à l'infinitif.
   > b) son sujet **cause** l'action désignée par l'infinitif; il ne la fait pas.

2. Nous **les** avons fait enregistrer.
   Vous **en** ferez acheter (un).

   > Le pronom personnel objet précède le verbe **faire** et non l'infinitif.

3. Nous faisons prendre les billets **à** M. Perrichon.
   Il fait enregistrer la malle **au** porteur.

   > Quand l'infinitif a un objet direct, le sujet de l'infinitif est précédé
   > de **à**, si c'est un nom.

4. Il la **lui** fait enregistrer.
   Elles **se** sont fait envoyer la lettre.

   > Si l'objet de l'infinitif est un **pronom**, c'est la forme de l'objet
   > indirect qui est utilisée (**me**, **te**, **se**, **lui**, **nous**, **vous**, **se**, **leur**).

5. Il fait écrire la lettre **aux** enfants. (ambigu: ce sont les enfants qui écrivent
   la lettre **ou** la lettre est écrite aux enfants)
   Il fait écrire la lettre **par** les enfants. (clair)

   > Pour éviter l'ambiguïté, **par** est souvent utilisé.

Remarque:
Nous nous sommes **fait** coiffer.
Il les a **fait** enregistrer.

> Suivi d'un infinitif, **fait** est toujours invariable.

APPLICATION

Remplacez les expressions en caractères gras par le pronom qui convient.

MODÈLE: Il fait prendre **le café à Madame Perrichon**.
             Il **le lui** fait prendre.

1. Il ne fera pas enregistrer **les bagages**.
2. Elle s'est fait promettre **ce voyage**.
3. Il a fait déjeuner **sa femme et sa fille**.
4. Armand a fait enregistrer **sa malle à un ami**.
5. Avez-vous fait prendre **les billets à Monsieur Perrichon?**
6. Tu te fais avancer **de l'argent** par **Monsieur Perrichon**.
7. Monsieur Perrichon a fait porter **les manteaux** par **sa femme**.
8. Je n'ai pas fait fâcher **Henriette**.
9. Il se fait prêter **six cents francs**.
10. Ferez-vous venir **le porteur?**
11. Elles ne feront pas **le voyage** en fiacre.
12. Nous faisons se dépêcher **Daniel**.

DISCUSSIONS À BÂTONS ROMPUS

1. Est-il vrai que «les voyages forment la jeunesse»?
2. Peut-on faire des rencontres intéressantes quand on va danser?
3. Seriez-vous prêt(e) à voyager pour obtenir du travail?

SUJETS POUR DÉBATS

1. Le pour et le contre des voyages en chemin de fer (en avion, en bateau, en voiture).
2. Le pour et le contre des voyages en famille.
3. Les voyages scolaires sont éducatifs.

DEVOIRS ÉCRITS

1. Écrivez environ 150 mots sur le caractère de Monsieur ou de Madame Perrichon, tel qu'il se révèle dans notre extrait.
2. «Pierre qui roule n'amasse pas mousse». Expliquez ce que signifie ce proverbe et dites ce que vous en pensez.
3. D'après notre passage, comment Labiche réussit-il à amuser son public? Montrez que le comique provient des personnages, des situations, du langage, etc.

PRÉSENTATIONS ORALES

1. Vous résumerez pour la classe le reste de *Le Voyage de Monsieur Perrichon* ou une autre pièce de Labiche en tâchant d'illustrer les qualités et les défauts de l'oeuvre.
2. Faites une présentation sur les voyages en chemin de fer au XIXᵉ siècle.

TRAVAIL D'ÉQUIPE

1. Interprétation des scènes reproduites ici.
2. Un groupe d'étudiants écrira une saynète intitulée «À la gare» et l'interprétera pour la classe.

LE TOUR DU MONDE EN QUATRE-VINGTS JOURS

Jules Verne (1828–1905), né à Nantes, est sans doute un des auteurs les plus célèbres de science-fiction et l'un des plus prolifiques. Longtemps considéré comme un écrivain pour adolescents, il est maintenant reconnu par la critique comme un romancier important. Bien qu'il ait écrit trois romans dont l'action se situe au Canada, il n'a passé que «cent quatre-vingt-douze heures» sur le continent américain et n'a vu du Canada que les chutes du Niagara.

Phileas Fogg et Passepartout (assis), en route pour leur tour du monde.

Monsieur Perrichon voyageait par plaisir. Parfois, l'on voyage par obligation ou pour des raisons plus étranges. Ainsi, Phileas Fogg a parié vingt mille livres qu'il peut faire le tour du monde et être de retour au Reform-Club de Londres en quatre-vingts jours—et ceci en 1872!

Ce ne sont pas les vingt mille livres qui intéressent Fogg puisqu'il emporte exactement cette somme pour ses dépenses au cours du voyage, mais le plaisir de gagner le pari.

IV
DANS LEQUEL PHILEAS FOGG STUPÉFIE PASSEPARTOUT, SON DOMESTIQUE[1]

À sept heures vingt-cinq, Phileas Fogg, après avoir gagné une vingtaine de guinées au whist, prit congé de ses honorables collègues, et quitta le Reform-Club. À sept heures cinquante, il ouvrait la porte de sa maison et rentrait chez lui.

Passepartout, qui avait consciencieusement étudié son programme, fut   5
assez surpris en voyant Mr. Fogg, coupable d'inexactitude, apparaître à cette heure insolite. Suivant la notice[2], le locataire de Saville-row[3] ne devait rentrer qu'à minuit précis.

Phileas Fogg était tout d'abord monté à sa chambre, puis il appela:
«Passepartout.»   10

Passepartout ne répondit pas. Cet appel ne pouvait s'adresser à lui. Ce n'était pas l'heure.

«Passepartout», reprit Mr. Fogg sans élever la voix davantage.

Passepartout se montra.

«C'est la deuxième fois que je vous appelle, dit Mr. Fogg.   15

– Mais il n'est pas minuit, répondit Passepartout, sa montre à la main.

– Je le sais, reprit Phileas Fogg, et je ne vous fais pas de reproche. Nous partons dans dix minutes pour Douvres et Calais.»

Une sorte de grimace s'ébaucha sur la ronde face du Français. Il était évident qu'il avait mal entendu.   20

«Monsieur se déplace? demanda-t-il.

– Oui, répondit Phileas Fogg. Nous allons faire le tour du monde.»

Passepartout, l'œil démesurément ouvert, la paupière et le sourcil surélevés, les bras détendus, le corps affaissé, présentait alors tous les symptômes de l'étonnement poussé jusqu'à la stupeur.   25

«Le tour du monde! murmura-t-il.

– En quatre-vingts jours, répondit Mr. Fogg. Ainsi, nous n'avons pas un instant à perdre.

– Mais les malles? . . . dit Passepartout, qui balançait inconsciemment sa tête de droite et de gauche.   30

---

[1] titre donné par l'auteur.
[2] Il s'agit d'une notice affichée dans la chambre de Passepartout.
[3] Phileas Fogg habite Saville-row.

– Pas de malles. Un sac de nuit seulement. Dedans, deux chemises de laine, trois paires de bas. Autant pour vous. Nous achèterons en route. Vous descendrez mon mackintosh[4] et ma couverture de voyage. Ayez de bonnes chaussures. D'ailleurs, nous marcherons peu ou pas. Allez.»

Passepartout aurait voulu répondre. Il ne put. Il quitta la chambre de Mr. Fogg, monta dans la sienne, tomba sur une chaise, et employant une phrase assez vulgaire de son pays:

«Ah! bien, se dit-il, elle est forte, celle-là[5]! Moi qui voulais rester tranquille! . . . »

Et, machinalement, il fit ses préparatifs de départ. Le tour du monde en quatre-vingts jours! Avait-il affaire à un fou? Non . . . C'était une plaisanterie? On allait à Douvres, bien. À Calais, soit. Après tout, cela ne pouvait notablement contrarier le brave garçon, qui, depuis cinq ans, n'avait pas foulé le sol de la patrie. Peut-être même irait-on jusqu'à Paris, et, ma foi, il reverrait avec plaisir la grande capitale. Mais, certainement, un gentleman aussi ménager de ses pas s'arrêterait là . . . Oui, sans doute, mais il n'en était pas moins vrai qu'il partait, qu'il se déplaçait, ce gentleman, si casanier jusqu'alors!

À huit heures, Passepartout avait préparé le modeste sac qui contenait sa garde-robe et celle de son maître; puis, l'esprit encore troublé, il quitta sa chambre, dont il ferma soigneusement la porte, et il rejoignit Mr. Fogg.

Mr. Fogg était prêt. Il portait sous son bras le *Bradshaw's continental railway steam transit and general guide*, qui devait lui fournir toutes les indications nécessaires à son voyage. Il prit le sac des main de Passepartout, l'ouvrit et y glissa une forte liasse de ces belles bank-notes qui ont cours dans tous les pays.

«Vous n'avez rien oublié? demanda-t-il.

– Rien, monsieur.

– Mon mackintosh et ma couverture?

– Les voici.

– Bien, prenez ce sac.»

Mr. Fogg remit le sac à Passepartout.

«Et ayez-en soin, ajouta-t-il. Il y a vingt mille livres dedans (500 000 F).»

Le sac faillit s'échapper des mains de Passepartout, comme si les vingt mille livres eussent été en or et pesé considérablement.

Le maître et le domestique descendirent alors, et la porte de la rue fut fermée à double tour.

Une station de voitures se trouvait à l'extrémité de Saville-row. Phileas Fogg et son domestique montèrent dans un cab, qui se dirigea rapidement vers la gare de Charing-Cross, à laquelle aboutit un des embranchements du South-Eastern-railway.

À huit heures vingt, le cab s'arrêta devant la grille de la gare. Passepartout sauta à terre. Son maître le suivit et paya le cocher.

---

[4] genre d'imperméable
[5] il exagère

En ce moment, une pauvre mendiante, tenant un enfant à la main, pieds nus dans la boue, coiffée d'un chapeau dépenaillé auquel pendait une plume lamentable, un châle en loques sur ses haillons, s'approcha de Mr. Fogg et lui demanda l'aumône.

Mr. Fogg tira de sa poche les vingt guinées qu'il venait de gagner au whist, et, les présentant à la mendiante:

«Tenez, ma brave femme, dit-il, je suis content de vous avoir rencontrée!»

Puis il passa.

Passepartout eut comme une sensation d'humidité autour de la prunelle. Son maître avait fait un pas dans son coeur.

Mr. Fogg et lui entrèrent aussitôt dans la grande salle de la gare. Là, Phileas Fogg donna à Passepartout l'ordre de prendre deux billets de première classe pour Paris. Puis, se retournant, il aperçut ses cinq collègues du Reform-Club.

«Messieurs, je pars, dit-il, et les divers visas apposés sur un passeport que j'emporte à cet effet vous permettront, au retour, de contrôler mon itinéraire.

– Oh! monsieur Fogg, répondit poliment Gauthier Ralph, c'est inutile. Nous nous en rapporterons à votre honneur de gentleman!

– Cela vaut mieux ainsi, dit Mr. Fogg.

– Vous n'oubliez pas que vous devez être revenu? . . . fit observer Andrew Stuart.

– Dans quatre-vingts jours, répondit Mr. Fogg, le samedi 21 décembre 1872, à huit heures quarante-cinq minutes du soir. Au revoir, messieurs.»

À huit heures quarante, Phileas Fogg et son domestique prirent place dans le même compartiment. À huit heures quarante-cinq, un coup de sifflet retentit, et le train se mit en marche.

La nuit était noire. Il tombait une pluie fine. Phileas Fogg, accoté dans son coin, ne parlait pas. Passepartout, encore abasourdi, pressait machinalement contre lui le sac aux bank-notes.

Mais le train n'avait pas dépassé Sydenham, que Passepartout poussait un véritable cri de désespoir!

«Qu'avez-vous? demanda Mr. Fogg.

– Il y a . . . que . . . dans ma précipitation . . . mon trouble . . . j'ai oublié . . .

– Quoi?

– D'éteindre le bec de gaz de ma chambre!

– Eh bien, mon garçon, répondit froidement Mr. Fogg, il brûle à votre compte!»

Extrait de Jules Verne, *Le Tour du monde en quatre-vingts jours*, Paris, Hachette, 1950, pp. 19–22.

COMPRÉHENSION ET APPRÉCIATION

1. Que suggèrent les noms de Phileas Fogg et de Passepartout?
2. À quelle heure Fogg devrait-il normalement rentrer?
3. Quels traits de caractère se révèlent chez Phileas Fogg dès le début du chapitre?
4. Qu'est-ce qui révèle l'homme pressé dans les ordres que donne Fogg?
5. Dans les deux répliques: «Le tour du monde!» (l. 26); «En quatre-vingts jours.» (l. 27), les deux personnages révèlent leurs soucis respectifs. Quels sont ces soucis?
6. Quelle sorte de temps Monsieur Fogg prévoit-il au début du voyage? Qu'est-ce qui le montre?
7. De quel pays Passepartout est-il originaire? Quels sont les indices de sa nationalité?
8. Pourquoi Passepartout est-il surpris de la décision prise par son maître?
9. Qu'est-ce qui peut expliquer la générosité de Phileas Fogg envers la mendiante?
10. Qu'est-ce qui montre que Passepartout est sensible?
11. Quel jour commence le voyage?
12. Voyez-vous des contradictions dans la façon d'agir de Fogg?

VOCABULAIRE ET STRUCTURES

1. Faites deux phrases qui illustrent la différence entre **préparatifs** (l. 40) et **préparations**. Utilisez le dictionnaire.
2. Quel est le mode de **ayez** (l. 63)? Relevez trois autres exemples de ce mode. Pourquoi est-il utilisé plusieurs fois ici?
3. Faites quatre phrases où le mot **livre** (l. 63) aura chaque fois un sens différent. Consultez votre dictionnaire s'il y a lieu.
4. Comme nous l'avons vu, le subjonctif plus-que-parfait est rarement utilisé. Remplacez celui de la l. 65 par un mode qu'on emploierait couramment.
5. «Une mendiante, un châle sur ses haillons, s'approcha», (l. 74–76). Faites une phrase sur le même modèle en utilisant les mots suivants:
   valet — sac — main — arriva — guichet
6. Exprimez en vos propre mots: «Passepartout eut comme une sensation d'humidité autour de la prunelle.» (l. 82)
7. Justifiez l'emploi de **lui** sujet (l. 84).
8. «poussait un véritable cri» (l. 104–105).
   Quel autre nom suit souvent le verbe **pousser** employé dans le même sens?

RAPPEL: LES NUMÉRAUX

1. Les adjectifs numéraux sont invariables sauf:
   vingt, **cent** et **un** (qui devient **une** au féminin).
   Remarque: On dit, toutefois, **page un**
                                   page quatre-vingt-un,
                                   etc.

2. neuf cent soixante-douze

   > Un trait d'union relie les différentes parties des nombres inférieurs
   > à **cent**.

3. vingt et un; soixante et un; soixante et onze
   mais quatre-vingt-un; quatre-vingt-onze

   > La conjonction **et** s'emploie pour unir le **un** et le **onze** aux dizaines.
   > Dans ce cas, on omet le trait d'union.

4. quatre-vingts hommes   trois cents francs
   quatre cent vingt-huit   cent deux livres

   > **Vingt** et **cent** prennent **-s** lorsqu'ils sont précédés d'un nombre
   > pluriel et ne sont pas suivis d'un autre nombre.

   Remarque: La liaison est obligatoire entre:
                 vingts, **cents** + voyelle ou **h** muet.

5. Il a gagné des **millions** à la loterie.

   > **Millier**, **million**, **billion**, etc. sont des **noms** et suivent les règles qui
   > s'appliquent aux noms.

6. le trois mars   le vingt et un mai   le premier mai
   Elizabeth II (deux)   Jean-Paul II (deux)   Elizabeth 1re (première)

   > Les nombres cardinaux sont utilisés pour désigner le jour du mois,
   > les souverains et les papes (sauf pour **premier**).

7. trois heures et demi**e**   minuit et demi (**minuit** est masculin)
                          une demi-heure

   > **Demi** s'accorde avec le nom qui le précède mais est invariable s'il
   > précède le nom.

   Remarque: nu-pieds   pieds **nus**

   > L'adjectif **nu** suit la même règle.

APPLICATION

Écrivez les nombres en toutes lettres et orthographiez correctement les mots en caractères gras:

MODÈLE: Il arrivera à **11** heures **précis**.
Il arrivera à **onze** heures **précises**.

1. Il y a 280 livres dans le sac.
2. Fera-t-il le tour du monde en 80 ou 81 jours?
3. Partira-t-il à midi **précis**?
4. Il a glissé 20 000 livres, c'est-à-dire 500 000 francs, dans le sac.
5. Combien de livres avons-nous? — 80.
6. Le train partira dans ½ heure.
7. Quand j'ai vu l'enfant **nu**-pieds, je lui ai dit de ne pas marcher pieds **nu**.
8. Phileas Fogg sera de retour le 21 décembre.
9. Il est rentré à 7 heures 55.
10. On dit 61, mais 71 et 91.
11. De nos jours, il n'est plus question de 100 000 francs, mais de 10 000 000.
12. Il y a eu deux reines Elizabeth en Angleterre: Elizabeth I et Elizabeth II.

Un peu de sel . . . . . .

CONNAISSEZ-VOUS CES EXPRESSIONS FAMILIÈRES?

Il est tombé sur un bec de gaz.

Donne-moi un bec, mais non un coup de bec.

C'est un bec fin.

Il lui a cloué le bec.

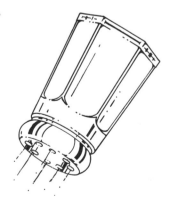

DU NOUVEAU: LES PRONOMS RELATIFS

	PERSONNES	CHOSES
SUJET	qui	qui
OBJET DIRECT	que	que
APRÈS UNE PRÉPOSITION	avec qui avec lequel avec laquelle avec lesquels avec lesquelles	avec lequel avec laquelle avec lesquels avec lesquelles
APRÈS **DE**	dont de qui	dont duquel de laquelle desquels desquelles d'où
APRÈS **À**	à qui	auquel à laquelle auxquels auxquelles où

1. Passepartout, **qui** a étudié son programme, est surpris de voir Fogg.
   Il avait préparé le sac **qui** contenait sa garde-robe.

   > **Qui**, sujet, s'emploie pour les personnes et pour les choses.

2. Les messieurs **que** Fogg a vus sont des membres de son club.
   Il y a des visas dans le passeport **que** j'emporte.

   > **Que**, objet, s'emploie pour les personnes et pour les choses.

3. Voyez la mendiante **dont** l'enfant va pieds nus.
   Est-ce le club **dont** vous m'aviez parlé?

   > Dont (= **de** + pronom relatif) est employé pour les personnes et pour les choses.

4. Voici le valet **à qui** il a donné le sac.
   C'est le monsieur **avec qui** Fogg a joué au whist.
   C'est la personne **chez qui** il habite.

   > Après une préposition, **qui** s'emploie seulement pour les personnes.

5. C'est le train **dans lequel** nous avons voyagé.
   Elle porte le chapeau **auquel** pend une plume.
   Voici la rue **à laquelle** le chemin de fer aboutit.
   Connaissez-vous le club à côté **duquel** il habite?
   C'est la mendiante **à laquelle** (**à qui**) il a donné de l'argent.

   > **Lequel** et ses formes s'emploient après une préposition pour les choses, et rarement, pour les personnes.

6. Le fils de la mendiante, **lequel** est pieds nus, a l'air malade.

   > On emploie parfois **lequel** (etc.) pour éviter l'ambiguïté. (**Qui** dans la phrase ci-dessus remplacerait **mendiante**.)

7. Voici le valet avec le maître **de qui** (**duquel**) vous avez parlé.
   C'est le quai le long **duquel** le train attend.

   > **Duquel**, etc., et **de qui** (pour les personnes) doivent être employés lorsque le relatif est séparé de son antécédent.

8. Voici la rue **où** (**à laquelle**) aboutit l'embranchement.
   C'est l'heure **où** (**à laquelle**) le train arrive.
   C'est le club **d'où** (**duquel**) il arrive.

   > Pour le lieu et le temps, **où** est utilisé de préférence à **à** + **lequel**, etc.; **de** + **lequel**, etc.

Remarque:
Elle porte le chapeau **auquel** (**où**) pend une plume lamentable.
C'est le train **dans lequel** (**où**) nous avons voyagé.
Voici la gare **de laquelle** (**dont**) nous avons parlé.

> Il faut éviter, autant que possible, d'employer les formes **duquel**, **auquel**, etc., car elles sont lourdes et peu euphoniques. **Où** et **dont** peuvent souvent remplacer **auquel**, **duquel**, etc.

APPLICATION

A. Transformez les phrases en remplaçant les expressions en caractères gras par une préposition suivie d'une forme de **lequel**:

MODÈLE: Voici l'embranchement. Le train aboutit **à l'embranchement**.
Voici l'embranchement **auquel** le train aboutit.

1. Voici la mendiante. Il a donné vingt dollars **à la mendiante**.
2. Elle porte un chapeau. Une plume pend **au chapeau.**
3. Le gentleman le paie bien. Il travaille **chez le gentleman**.
4. Passepartout est le valet. Monsieur Fogg voyage **avec le valet.**
5. Le sac est entre les mains de Passepartout. Fogg a glissé l'argent **dans le sac**.
6. Il a déjà fait le voyage. Vous parlez **du voyage**.
7. L'enfant aux pieds nus est son fils. La mendiante parle **à l'enfant aux pieds nus**.
8. La garde-robe est modeste. Il voyage **avec la garde-robe**.
9. Le train était rapide. Ils sont montés **dans le train**.
10. Les collègues de Fogg l'attendaient. Fogg avait dîné **avec ses collègues**.

B. Faites l'exercice qui précède en utilisant **qui, dont** et **où** quand c'est possible:

MODÈLE: Voilà l'embranchement. Le train aboutit **à l'embranchement**.
Voilà l'embranchement **où** le train aboutit.

DISCUSSIONS À BÂTONS ROMPUS

1. Est-ce que faire la charité est une action motivée par l'égoïsme?
2. Les agréments et les désagréments d'un long voyage.
3. Aimeriez-vous travailler pour Phileas Fogg?

SUJETS POUR DÉBATS

1. Le pour et le contre des loteries nationales et régionales.
2. Le pour et le contre de la conquête de l'espace.
3. Le jeu et les paris devraient être interdits.

DEVOIRS ÉCRITS

1. Dans ce chapitre, trouvez-vous que Phileas Fogg soit un personnage bien vivant ou une caricature?
2. Trouvez-vous Passepartout un personnage sympathique? Est-il fidèle, honnête, sensible, etc.?
3. Faites le portrait d'un personnage farfelu que vous avez rencontré.

PRÉSENTATIONS ORALES

1. Décrivez le Canada ou les États-Unis selon Jules Verne, d'après un roman ayant pour cadre un de ces pays (*Famille-sans-nom*, *Le Pays des fourrures*, *Le Volcan d'or*).
2. Vous lirez le reste du roman de Jules Verne et retracerez pour la classe l'itinéraire de Phileas Fogg tout en racontant les événements marquants du voyage.

TRAVAIL D'ÉQUIPE

1. Un groupe choisira un itinéraire dans un pays francophone au choix. Un autre groupe se renseignera sur le transport aérien et ferroviaire, les sites touristiques, le change, les fuseaux horaires, etc. et communiquera ses renseignements au premier groupe à travers un dialogue.
2. Proposez un itinéraire à un voyageur qui veut faire le tour du monde et dispose d'une dizaine de jours.

LA BÊTE ERRANTE

Louis-Frédéric Rouquette (1884–1926) est né à Montpellier. À 18 ans, il est parti pour Paris, mais, vite déçu de la grande ville, il a décidé de voyager. Il a couru le monde et a raconté ses aventures dans ses «romans vécus».

Rouquette a fait plusieurs voyages au Canada où il a subi l'emprise du Grand Nord. Il a écrit trois ouvrages qui ont pour cadre le Canada.

Deux chercheurs d'or au travail.

Pour certains, le voyage n'est pas un but en soi, mais le moyen de réaliser un rêve. Tel a été le voyage des chercheurs d'or au tournant du siècle. Tel, dans l'extrait suivant, le voyage de la victime. Celle-ci n'a quitté son foyer que dans l'espoir de faire fortune et d'améliorer la vie des siens.

BACK HOME IN TENNESSEE[1]

Hurricane, jeune chercheur d'or, accompagne Gregory Land, postier du Grand Nord, dans une de ses expéditions[2]. Ils viennent d'éviter un accident.

Hommes et bêtes s'arrêtent à six pieds de l'abîme.

Ils ont quitté la bonne route et suivi un faux trail.

Pourquoi cette mauvaise piste? Pour qui?

– Les cochons! Les cochons! grommelle Gregory . . . tout en visitant les pattes de ses chiens.

– Ici, Boby! La paix, Chappy . . . Boby, mon fils, les morceaux sont bons, n'est-ce pas?

5

---

[1] titre donné par l'auteur
[2] sur un traîneau tiré par des chiens

Ses doigts tâtent les muscles de la bête qui, reconnaissante, lui donne des coups de langue.

Le postier se relève, jette un coup d'oeil à l'abîme, fait jouer ses poumons, respire fortement et dit:

Nous l'avons échappé belle[3], savez-vous, garçon?

Hurricane, nouveau venu sur les terres du Nord, ne conçoit pas le péril auquel il vient d'échapper.

Gregory, à quatre pattes, flaire comme un animal; il prend des poignées de neige qu'il pulvérise dans ses doigts. Il fait claquer sa langue:

– Le coup n'était pas monté pour nous . . . Attendez, camarade.

Et, avant qu'Hurricane ait eu le temps d'intervenir, il saute dans la cassure et bondit de rochers en rochers, s'agrippant aux troncs de sapins, s'aidant aux branches, glissant, se relevant, roulant.

Hurricane, penché sur l'abîme, le voit tout à coup disparaître.

Sans un cri, sans une hésitation, après avoir dénoué ses raquettes, il s'élance à son tour sur les traces du postier.

La descente est pénible. Les mains en sang, le visage griffé, les genoux à nu, il arrive enfin au fond du gouffre.

C'est un couloir entre le granit à pic des hautes murailles. À gauche et à droite un passage étranglé, où, à la belle saison doivent s'engouffrer les eaux.

Gregory Land est accroupi dans la neige. Au bruit, il se retourne.

– Ah! vous voilà . . . c'est du beau travail.

– Qu'est-ce qui est du beau travail?

Gregory se recule et Hurricane aperçoit, parmi les débris d'un traîneau, le corps d'un homme, gelé à bloc . . .

Le postier essaye de le soulever, mais en vain. Il se penche à nouveau. Du pouce, il enlève la glace du côté gauche de la figure, parmi les poils de la barbe . . . Derrière l'oreille, le pouce disparaît:

– Parbleu! je m'en doutais!

Et s'adressant à son compagnon:

– Voyez, il a été «tiré» par derrière . . . un fameux coup . . . Pauvre bougre!

Hurricane alors comprend: «l'accident» a été préparé. Une peur rétrospective secoue sa carcasse qui tremble, ses maxillaires se crispent, les veines de ses tempes saillent.

Gregory continue son examen avec le sérieux d'un shérif et la gravité d'un médecin légiste. La ceinture de l'homme est vide, sauf une montre d'acier chromé que la rouille mord déjà.

Le postier gratte le cuir; son ongle ramène quelques parcelles de «paie».

Et l'apprenti mineur se met brusquement à haïr cet or, cet or qui fait se ployer les hommes, l'échine courbée, pour l'arracher à la terre, qui demande jusqu'à l'exaspération la volonté de l'âme matant la chair souffrante; cet or, qu'est-ce après tout? Moins que rien, un trait jaune qui coiffe

---

[3] Nous avons échappé à un grand danger.

l'ongle. Mais n'est-ce pas, si minuscule soit-il, l'orbe montant de quelque astre inconnu. Le vers du poète chante en sa mémoire:

Le désir monte en moi comme un mauvais soleil.

Oui, mauvais soleil, mauvais désir, qui font se ruer les foules et placent l'homme guettant l'homme en embuscade.   55

Gregory poursuit sa fouille. Il a trouvé sous le gilet un portefeuille; il l'éventre d'un coup de couteau . . . Des feuilles tombent avec une photographie . . . Les feuillets? L'un d'eux dit la joie prochaine du retour après les rudes heures. La maison attend. Elle est là, la maison; parmi les arbres   60
du jardin, au milieu duquel se trouve une jeune femme au front grave avec, à la main, un gros garçon joufflu aux grands yeux étonnés. Au fond, les yeux rieurs sous des lunettes, une bonne vieille qui tient une gazette sur ses genoux.

«*Back home in Tennessee*» chantiez-vous, Gregory Land, tout à l'heure . . .   65
En voilà un qui ne retournera pas au foyer, dont il ne goûtera plus jamais les joies. Les *Christmas* passeront et la femme inquiète, frissonnant au moindre bruit, espérera vainement contre toute espérance.

C'était pour donner plus de bonheur à ce foyer qu'il était parti plein d'audace. La vision de ce toit, de ces arbres, de ces êtres follement aimés,   70
lui soutenait le coeur contre toute défaillance aux soirs mornes où l'âme est peureuse sous le grand souffle des vents qui descendent du pôle.

Il avait peiné, il avait souffert, pour que vous ayez du mieux-être et il revenait, comptant les étapes, un refrain aux lèvres: «*Back home in Tennessee* . . . »   75
    . . . Et la chanson poursuit:
        Tho roses round the door
        Make me love mother more
        I'll see my sweetheart Flo
            And friends I used to know.   80
        Why, they'll be right there to meet me,
        Just imagine how they'll greet me,
        When I get back, when I get back to
            My home in Tennessee . . .

La vieille mère, la femme, les amis: la douce vision se dresse à l'horizon,   85
sur le *trail* qui s'étire parmi les abois des chiens.

Plus vite, mes chiens, les roses sont autour de la porte. On a paré la maison pour moi, ma mère, ma *sweetheart* Flo. Quelle belle surprise: «Hello! c'est moi . . . *Back home in Tennessee* . . . »

Hommes et bêtes sont joyeux. Un claquement sec, un saut prodigieux   90
dans le vide . . . Par un trou de huit millimètres l'espoir a fui à jamais.

L'homme est mort en plein rêve.

Extrait de Louis-Frédéric Rouquette, *La bête errante*, Paris, Éditions Hachette, 1953, pp. 27–30.

COMPRÉHENSION ET APPRÉCIATION

1. Où la fausse piste mène-t-elle?
2. Quelle réplique de Gregory Land montre qu'il a tout de suite compris l'origine de la fausse piste?
3. Quelles sortes de rapports Gregory Land a-t-il avec ses chiens?
4. Pourquoi le gouffre est-il bien choisi pour dissimuler le crime?
5. Qu'est-ce qui montre que «l'accident» n'est pas très récent?
6. Pourquoi Gregory ne peut-il soulever le cadavre?
7. Qu'est-ce qui explique «la peur rétrospective» de Hurricane?
8. Où la victime avait-elle mis son or?
9. Que fait Hurricane lorsqu'il n'accompagne pas le postier?
10. D'où provient le «claquement sec» dont il est question à la fin du passage?
11. Cet extrait ne manque pas de poésie. Quels passages trouvez-vous particulièrement poétiques? Quel thème domine dans ces passages?

VOCABULAIRE ET STRUCTURES

1. (Servez-vous du dictionnaire pour répondre à cette question.)
   Le mot **coup** est employé plusieurs fois dans des sens différents.
   a) Remplacez l'expression «lui donne des coups de langue» (l. 8–9) par une expression équivalente.
   b) Faites une phrase où «un coup de langue» a un sens complètement différent.
   c) Employez l'expression «un coup d'oeil» (l. 10) dans une phrase qui en montre clairement le sens.
   d) Remplacez le nom «coup» (l. 17, 39) par un nom équivalent.
   e) Remplacez l'expression adverbiale «tout à coup» (l. 21) par un adverbe équivalent.
   f) Faites quatre phrases où vous illustrerez le sens de chacune des expressions suivantes:

un coup de main	un coup de pied
un coup d'épaule	un coup bas.

   g) Trouvez trois autres expressions contenant le mot **coup** et employez-les chacune dans une phrase.
2. Trouvez cinq mots de la même famille que:
   a) **feuilles** (l. 58)
   b) **espérance** (l. 68).
3. Trouvez cinq mots, autres que **portefeuille** (l. 57), composés de **porte** et d'un nom.
4. Remplacez les expressions suivantes par des expressions équivalentes:
   a) **les débris** (l. 32)
   b) **mord** (l. 46)
   c) **l'échine** (l. 49)
   d) **matant** (l. 50)
   e) **du mieux-être** (l. 73).
5. Justifiez l'emploi de **duquel** (l. 61).

RAPPEL: L'ADJECTIF POSSESSIF

	FORMES	GENRE ET NOMBRE	SENS
Un seul possesseur	mon ton son	masculin singulier	Un seul objet possédé
	ma ta sa	féminin singulier	
	mes tes ses	masculin ou féminin pluriel	plusieurs objets possédés
Plusieurs possesseurs	notre votre leur	masculin ou féminin singulier	un seul objet possédé
	nos vos leurs	masculin ou féminin pluriel	plusieurs objets possédés

1. Le pauvre homme pense à **sa** femme.

   > L'adjectif possessif s'accorde avec le nom qu'il détermine: non avec le possesseur, mais avec l'objet possédé.

2. **Son** amie, Flo, l'attend.
   Mon hésitation m'a perdu.

   > Devant une voyelle ou un **h** muet, **mon**, **ton**, **son** sont employés même au féminin.

3. Il a emporté **ses** raquettes et **sa** ceinture.

   > Comme l'article, l'adjectif possessif doit être répété devant chaque nom.

4. **On** soigne **ses** chiens quand on voyage dans le Grand Nord.
   Chacun a **ses** goûts.

   > Avec le pronom indéfini, on emploie généralement **son**, **sa**, **ses**.

L'ADJECTIF POSSESSIF ET L'ARTICLE DÉFINI AVEC LES PARTIES DU CORPS

1. Donnez-lui **la** main.
   Il a mal **aux** mains.
   Il a froid **aux** pieds. (**Mais: Ses** pieds sont froids.)

   > L'article défini est utilisé devant les parties du corps quand le possesseur est évident.

2. Il m'a regardé de **ses** yeux **rieurs**.
   L'enfant a levé **son** visage **aux grands yeux étonnés**.
   Elle a levé **la** main **droite**.

   > L'adjectif possessif est utilisé si la partie du corps est qualifiée par un adjectif (autre que **droit** ou **gauche**) ou par un groupe de mots ayant une fonction adjectivale.

3. Elle **s'**est lavé **les** mains.
   Elle **s'**est fait mal **aux** genoux.
   Cette vision **lui** soutenait **le** coeur.
   Il **leur** a visité **les** pattes.

   > L'article défini est employé quand le possesseur est indiqué par un objet indirect, en particulier avec les verbes pronominaux.

4. **Les** mains en sang, **le** visage griffé, il arrive au fond du gouffre.
   La vieille femme dort, **les** lunettes sur **le** nez.

   > L'article défini est utilisé devant un vêtement ou une partie du corps dans des locutions exprimant la manière (répondant à la question «comment»).

APPLICATION

Remplacez le tiret par l'article défini (avec ou sans préposition) ou par l'adjectif possessif.

MODÈLES: Elle a levé _____ main.
Elle a levé **la** main.

L'enfant _____ yeux rieurs attend son père.
L'enfant **aux** yeux rieurs attend son père.

1. Il prend des poignées de neige dans _____ mains.
2. Gregory a _____ mains en sang, _____ genoux à nu, _____ gros visage griffé.
3. Elle travaille, _____ échine courbée.
4. _____ mains tremblent, _____ veines saillent.
5. L'homme _____ front grave est l'ami de Hurricane.
6. Il est entré, _____ couteau à _____ main.
7. Vous êtes tombée sur _____ genoux.
8. Elle a toujours une chanson _____ lèvres.
9. Donnons-nous _____ main.
10. Vous ne vous êtes pas lavé _____ cheveux.
11. Elle a secoué _____ jolie tête.
12. J'ai _____ ongles longs.
13. La femme _____ grands yeux est devant la porte.
14. Il est arrivé, _____ chapeau sur _____ tête.
15. On lui a coupé _____ cheveux.
16. Tu t'es fait mal _____ genou.
17. Gregory a fait claquer _____ langue pour appeler _____ chiens.

Un peu de sel . . . . . .

Il y a moins de bénéfices à espérer d'un billet de loterie que d'un billet de chemin de fer.

Paul Morand

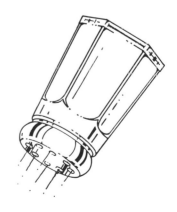

DISCUSSIONS À BÂTONS ROMPUS

1. Aimeriez-vous mieux faire un voyage dans le Grand Nord ou dans les pays tropicaux? Donnez des raisons pour votre choix.
2. «L'espoir fait vivre».
3. Qu'est-ce qui peut expliquer l'attirance qu'on ressent pour le Grand Nord?

SUJETS POUR DÉBATS

1. Il est cruel d'utiliser les animaux comme moyen de transport.
2. L'or n'a pas porté bonheur au malheureux Américain du Tennessee. Est-ce votre avis que «l'argent ne fait pas le bonheur», comme dit le proverbe?
3. «Bien mal acquis ne profite jamais.»

DEVOIRS ÉCRITS

1. Vous êtes Sherlock Holmes et vous reconstituez le crime commis dans *Back Home in Tennessee*.
2. Quels traits de caractère se révèlent chez Gregory Land dans ce passage? Illustrez votre réponse.
3. En vous inspirant de l'extrait de Rouquette, écrivez une composition d'environ 150 mots dans laquelle vous jouez le rôle d'héroïne ou de héros.

PRÉSENTATIONS ORALES

1. Décrivez pour vos camarades l'histoire de la ruée vers l'or dans le Yukon ou en Californie.
2. Vous lirez le reste du roman de Rouquette et expliquerez à la classe comment l'auteur conçoit la vie de l'homme, face à la nature, dans le Grand Nord.

TRAVAIL D'ÉQUIPE

Un groupe écrira une saynète intitulée «Un voyage dangereux» et l'interprétera.

LE SURVENANT

Germaine Guèvremont (1893–1968) est née à Saint-Jérôme, Québec, et a vécu quelques années dans la région de Sorel où elle situe ses ouvrages. Son premier roman, *Le Survenant* (1945), a inspiré une série télévisée qui a duré plusieurs années. Le charme de ce livre réside en partie dans le savoureux langage des îles soreloises (îles du Chenal-du-Moine) que parlent les personnages. *The Outlander*, traduction de *Le Survenant* et de *Marie-Didace* (1947), a reçu le prix du Gouverneur général.

Le Survenant chez les Beauchemin.

Nous avons vu que certains voyagent par plaisir, d'autres dans un but lucratif. Mais il y a des gens pour qui le voyage est véritablement un mode de vie, le but de l'existence.

Longtemps au Québec, la devise fut «Restons chez nous», c'est-à-dire, «Restons sur la terre. Ne quittons pas la campagne, même pour une ville canadienne». Cette attitude se reflète très souvent dans les romans du XIXe siècle et de la première moitié du XXe siècle. En même temps, le voyage fascine les sédentaires. Le «coureur de bois», le «survenant», celui qui arrive on ne sait d'où, sans être attendu, sont souvent des charmeurs dangereux. Le plus célèbre de ces personnages mystérieux est celui qu'a créé Germaine Guèvremont.

LA ROUTE LE REPRENDRA

Dans l'extrait qui suit, au cours d'une soirée chez les Beauchemin, où séjourne le Survenant (ou Venant) depuis presque un an, il est question de l'Acayenne (l'Acadienne), une amie de Venant.

Il secoua la cendre de sa pipe et reprit:

– Si vous voulez parler de l'Acayenne, de son vrai nom Blanche Varieur, d'abord elle est veuve. Puis c'est une personne blonde, quasiment rousse. Pas ben, ben[1] belle de visage, et pourtant elle fait l'effet d'une image. La peau blanche comme du lait et les joues rouges à en saigner.   5

– A[2] fait pas[3] pitié, éclata un des hommes en louchant sur sa pipe qu'il bourrait à morte charge[4] à même le tabac du voisin.

– C'est pas tant la beauté, comme je vous disais tantôt, que cette douceur qu'elle vous a dans le regard et qui est pas disable[5]. Des yeux changeants comme l'eau de rivière, tantôt gris, tantôt verts, tantôt bleus. On chercherait   10
longtemps avant d'en trouver la couleur.

– Et de sa personne, elle est-ti[6] d'une bonne taille? demanda la femme à Jacob Salvail. Sûrement elle est pas chenille à poil et maigre en arbalète comme moi pour tant faire tourner la tête aux hommes. À vous entendre, Survenant, apparence[7] que les hommes mangeraient dans le creux de sa   15
main!

Les yeux de Venant s'allumèrent de plaisir.

– Pour parler franchement, à comparer à vous, madame Salvail, elle déborde.

– Grasse à fendre avec l'ongle?   20

– Ah! fit un autre, visiblement désappointé, je pensais qu'il s'agissait d'une belle grosse créature[8] qui passe pas dans la porte, les yeux vifs comme des feux follets.

---

[1] bien

[2] elle

[3] Le **ne** négatif est très souvent omis dans le français parlé.

[4] jusqu'au bord

[5] qui est indescriptible

[6] est-elle

[7] il semble

[8] d'une belle grosse femme

– Mais elle doit avoir de l'âge[9]? questionna Angélina, frémissante de regret, elle, si chétive, si noiraude, à l'évocation par le Survenant de tant de blondeur et de richesse de chair.

– Elle doit, mais c'est comme si elle était une jeunesse. Quand elle rit, c'est ben simple, le meilleur des hommes renierait Père et Mère.

– Je vois ben qu'elle t'a fait les yeux doux, remarqua tristement l'infirme.

– Quoi! pas plus à moi qu'à un autre. Vous êtes tous là à me demander mon idée: je vous la donne de francheté.[10] En tout cas, conclut-il, c'est en plein la femme pour réchauffer la paillasse d'un vieux.

– T'as pas honte? lui reprocha Angélina.

La grande Laure Provençal s'aiguisa la voix pour dire:

– Fiez-vous pas à cette rougette[11] -là. Elle va vous plumer tout vivant. Fiez-vous y pas. T'entends, Amable?

– Vous aimez pas ça une rougette, la mère? questionna le Survenant.

Et pour le malin plaisir d'activer la langue des femmes, tout en passant la main dans sa chevelure cuivrée, il ajouta:

– Pourtant, quand la cheminée flambe, c'est signe que le poêle tire ben.

– Mais d'où qu'elle sort[12] pour qu'on l'appelle l'Acayenne?

– Ah! elle vient de par en bas de Québec, de quelque part dans le golfe.

– Ça empêche pas qu'elle donne à chambrer[13] à des navigateurs et qu'on parle de contre[14], comme d'une méchante.

– Qu'elle reste donc dans son pays!

Venant s'indigna:

– Des maldisances[15], tout ça, rien que des maldisances! Comme de raison une étrangère, c'est une méchante: elle est pas du pays.

Soudainement il sentit le besoin de détacher sa chaise du rond familier. Pendant un an il avait pu partager leur vie, mais il n'était pas des leurs; il ne le serait jamais. Même sa voix changea, plus grave, comme plus distante, quand il commença:

– Vous autres . . .

Dans un remuement de pieds, les chaises se détassèrent. De soi par la force des choses, l'anneau se déjoignait.

– Vous autres, vous savez pas ce que c'est d'aimer à voir du pays, de se lever avec le jour, un beau matin, pour filer fin seul, le pas léger, le coeur allège[16], tout son avoir sur le dos. Non! vous aimez mieux piétonner[17] toujours à la même place, pliés en deux sur vos terres de petite grandeur,

[9] être âgée
[10] franchement
[11] rousse
[12] forme populaire: d'où sort-elle?
[13] elle loge
[14] contre elle
[15] médisances
[16] léger
[17] piétiner

plates et cordées comme des mouchoirs de poche. Sainte bénite[18], vous aurez donc jamais rien vu, de votre vivant! Si un oiseau un peu dépareillé[19] vient à passer, vous restez en extase devant, des années de temps. Vous parlez encore du bucéphale[20], oui, le plongeux à grosse tête, là, que le père Didace a tué il y a autour de deux ans. Quoi c'est que ça serait[21] si vous voyiez s'avancer devers[22] vous, par troupeaux de milliers, les oies sauvages, blanches et frivolantes[23] comme une neige de bourrasque? Quand elles voyagent sur neuf milles de longueur formant une belle anse sur le bleu du firmament, et qu'une d'elles, de dix, onze livres, épaisse de flanc, s'en détache et tombe comme une roche? Ça c'est un vrai coup de fusil! Si vous saviez ce que c'est de voir du pays . . .

Les mots titubaient sur ses lèvres. Il était ivre de distances, ivre de départ. Une fois de plus, l'inlassable pèlerin voyait rutiler dans la coupe d'or le vin illusoire de la route, des grands espaces, des horizons, des lointains inconnus.

Comme son regard, tout le temps qu'il parlait, tendait uniquement vers la porte, chacun, à son exemple, porta la vue dessus: une porte grise, massive et basse, qui donnait sur les champs, si basse que les plus grands devaient baisser la tête pour ne pas heurter le haut de l'embrasure. Son seuil, ils l'avaient passé tant de fois et tant d'autres l'avaient passé avant eux, qu'il s'était creusé, au centre, de tous leurs pas pesants. Et la clenche centenaire, recourbée et pointue, n'en pouvait plus à force de cliqueter sous toutes sortes de mains, une humble porte de tous les jours, se parant de vertus à la parole d'un passant.

– Tout ce qu'on avait à voir, Survenant, on l'a vu, reprit dignement Pierre-Côme Provençal, mortifié dans sa personne, dans sa famille, dans sa paroisse.

Dégrisé, Venant regarda un à un, comme s'il les voyait pour la première fois, Pierre-Côme Provençal, ses quatre garçons, sa femme et ses filles, la famille Salvail, Alphonsine et Amable, puis les autres, même Angélina. Ceux du Chenal ne comprennent donc point qu'il porte à la maison un véritable respect, un respect qui va jusqu'à la crainte? Qu'il s'est affranchi de la maison parce qu'il est incapable de supporter aucun joug, aucune contrainte? De jour en jour, pour chacun d'eux, il devient davantage le Venant à Beauchemin: au cirque, Amable[24] n'a pas même protesté quand on l'a appelé ainsi. Le père Didace ne jure que par lui. L'amitié bougonneuse[25]

---

[18] juron sans gravité
[19] remarquable
[20] Le Survenant, dont les connaissances éblouissent les paysans, donne à l'oiseau qu'ils nomment «le plongeux» son nom scientifique.
[21] Qu'est-ce que ce serait
[22] vers
[23] volant joyeusement
[24] Amable est le fils de Didace Beauchemin. Alphonsine est la femme d'Amable.
[25] grincheuse

d'Alphonsine ne le lâche point d'un pas. Z'Yeux-ronds[26] le suit mieux que le maître. Pour tout le monde il fait partie de la maison. Mais un jour, la route le reprendra . . .

Pendant un bout de temps personne ne parla. On avait trop présente à l'esprit la vigueur des poings du Survenant pour oser l'affronter en un moment semblable. Mais lui lisait leurs pensées comme dans un livre ouvert. Il croyait les entendre se dire: 100

– Chante, beau merle, chante toujours tes chansons.

– Tu seras content seulement quand t'auras bu ton chien-de-soul[27] et qu'ils te ramasseront dans le fosset.[28]   105

– Assommé par quelque trimpe[29] et le visage plein de vase.

– On fera une complainte sur toi, le fou à Venant.

– Tu crèveras, comme un chien, fend-le-vent[30].

– Sans avoir le prêtre, sans un bout de prière . . .

– Grand-dieu-des routes![31]   110

Le Survenant, la tête haute, les domina de sa forte stature et dit:

– Je plains le gars qui lèverait tant soit peu le petit doigt pour m'attaquer. Il irait revoler assez loin qu'il verrait jamais le soleil se coucher. Personne ne peut dire qui mourra de sa belle mort ou non. Mais quand je serai arrivé sur la fin de mon règne,[32] vous me trouverez pas au fond des fossets, dans   115 la vase. Cherchez plutôt en travers de la route, au grand soleil: je serai là, les yeux au ciel, fier comme un roi de repartir voir un dernier pays.

– Pour une fois, Survenant, t'auras pris la bonne route, lui répondit Jacob Salvail.

Extrait de Germaine Guèvremont, *Le Survenant*, Montréal, Éditions Fides, 1945, pp. 164–168.

---

[26] le chien des Beauchemin
[27] ton soûl. L'expression ici est plus vulgaire.
[28] fossé
[29] vagabond. C'est l'anglais «tramp».
[30] Les paysans ont donné ce nom au Survenant: il va contre le vent.
[31] Angélina, amoureuse du Survenant, lui a donné ce nom.
[32] ma vie

COMPRÉHENSION ET APPRÉCIATION

1. Les personnages ont ici des noms qui évoquent certains traits physiques ou de caractère. Que signifient pour vous les noms de Venant, de Blanche Varieur et d'Angélina?
2. Quel est l'idéal de la beauté féminine pour les gens du Chenal-du-Moine?
3. Quel sentiment pousse Angélina à poser sa question au Survenant (l. 24)?
4. Existe-t-il des ressemblances physiques entre Venant et Blanche Varieur?
5. Quel est le sens de «pays» (l. 45)?
6. Quel est le pays dont il est question à la fin du passage?
7. Quel est le mot par lequel, dès le début de sa tirade, Venant se sépare des gens du Chenal-du-Moine?
8. Que signifie la porte pour Venant et pour les autres?
9. Trouvez deux phrases qui montrent que Venant est taquin.
10. Comment Venant fait-il ressortir la mesquinerie de l'existence menée par les gens du Chenal-du-Moine?
11. Expliquez le sens du mot «dégrisé» (l. 87).
12. Y a-t-il contradiction dans l'attitude de Venant envers le voyage et le foyer?
13. Dans les pensées qu'il attribue à ceux qui l'entourent, quel défaut du Survenant se révèle?
14. Relevez trois caractéristiques du parler des gens du Chenal-du-Moine.

VOCABULAIRE ET STRUCTURES

1. Blanche Varieur a la peau «blanche comme du lait» (l. 5). Complétez les expressions suivantes en utilisant une comparaison courante. Utilisez le dictionnaire s'il y a lieu:

   a) rouge comme un . . .

   b) noir comme du . . .

   c) fier comme un . . .

   d) fort comme un . . .

   e) sérieux comme un . . .

2. «Les yeux de Venant s'allumèrent de plaisir.» (l. 17). Quel est le sens de la préposition **de** ici? Faites trois phrases du même modèle où **de** aura le même sens.

3. Trouvez un synonyme pour l'adjectif **désappointé** (l. 21).

4. **Francheté** (l. 31) est un régionalisme. De quel mot est-il dérivé? Trouvez cinq autres mots de la même famille.

5. «il y a autour de deux ans» (l. 64). Remplacez les mots en caractères gras par des expressions équivalentes.

6. Exprimez plus simplement:

   a) «les hommes mangeraient dans le creux de sa main» (l. 15–16)

   b) «le meilleur des hommes renierait Père et Mère» (l. 28)

   c) «Elle va vous plumer tout vivant» (l. 35)

   d) «le bleu du firmament» (l. 67–68)

   e) «Le père Didace ne jure que par lui.» (l. 95).

7. «Tu crèveras» (l. 108). Justifiez l'emploi de ce verbe ici.

8. Donnez le contraire des mots suivants:

   grasse (l. 20)

   chétive (l. 25)

   réchauffer (l. 32)

   grave (l. 51)

   distante (l. 51)

   affronter (l. 100).

9. Trouvez, à la fin du passage, une structure équivalente à «la tête haute» (l. 111).

10. Quelle est la racine de:

    a) **évocation** (l. 25)

    b) **réchauffer** (l. 32)

    c) **affronter** (l. 100)?

    Trouvez deux autres mots de la même famille que chacun de ces trois mots.

RAPPEL: L'ADJECTIF QUALIFICATIF

LE SINGULIER

RÈGLE GÉNÉRALE

L'adjectif qualificatif s'accorde en genre et en nombre avec le nom ou le pronom qu'il qualifie.

A. Les formes du masculin

1. un **beau** merle   un **bel** oiseau
   un **vieux** fusil   un **vieil** arbre
   le **nouveau** siècle   le **nouvel** an

> Certains adjectifs qualificatifs ont une forme différente s'ils sont utilisés devant une **voyelle** ou un **h** muet:
>
> | | |
> |---|---|
> | beau – bel | nouveau – nouvel |
> | vieux – vieil | mou – mol |
> | fou – fol | |

B. Les formes du féminin

Le féminin des adjectifs est une question complexe. Rappelons, toutefois, quelques grandes règles:

1. un ciel bleu   une porte bleu**e**

> On forme le féminin en ajoutant –**e** au masculin singulier.

2. f devient v: un paysan veu**f**   une paysanne veu**ve**
   x devient s: un homme mystérieu**x**   une femme mystérieu**se**
   c devient qu: un scandale publi**c**   une opinion publi**que**
   g devient gu: un long voyage   une lon**gue** route

> Certaines consonnes finales changent au féminin.

3. le derni**er** jour   la derni**ère** heure
   le coeur lég**er**   une malle lég**ère**

> La terminaison –**er** devient –**ère**.

4. un enfant vol**eur**   une jeune fille vol**euse**

> La terminaison –**eur** devient généralement –**euse**.

Exceptions:

un meill**eur** homme	une meill**eure** femme
un homme supéri**eur**	une femme supéri**eure**

> Quelques adjectifs en –**eur** ont un –**e**.

5. un bras veng**eur**   une âme veng**eresse**
   un sourire enchant**eur**   une expression
                                      enchant**eresse**

> Quelques adjectifs en –**eur** ont leur féminin en –**eresse**.

6. un regard admirat**eur**   une expression
                                      admira**trice**

> La terminaison –**teur** devient généralement –**trice**.

mais:

un garçon men**teur**   une fillette men**teuse**

7. un homme gra**s**   une femme gra**sse**
   un genti**l** chien   une genti**lle** bête
   un crue**l** destin   une crue**lle** destinée
   un parei**l** ami   une parei**lle** amie
   un so**t** enfant   une so**tte** fille
   un garçon mue**t**   une fille mue**tte**
   un livre ancie**n**   une histoire ancie**nne**
   un bo**n** élève   une bo**nne** élève

> Quand l'adjectif masculin se termine par une consonne, celle-ci est souvent doublée au féminin.

Exceptions:

un ciel gri**s**	une porte gri**se**
un mauvai**s** garçon	une mauvai**se** expérience
un examen fina**l**	une épreuve fina**le**
un garçon idio**t**	une fille idio**te**
un monsieur discre**t**	une dame discr**ète**
un dîner fi**n**	une liqueur fi**ne**

8. un **beau** livre   un **bel** homme   une **belle** femme
   un désir **fou**   un **fol** amour   une **folle** histoire

> Le féminin des adjectifs qui ont deux formes au masculin singulier est dérivé de la forme utilisée devant une voyelle ou un –**h** muet.

9.

blanc	blanche	doux	douce
franc	franche	faux	fausse
sec	sèche	roux	rousse
frais	fraîche	bénin	bénigne
favori	favorite	malin	maligne
béni	bénite (ou bénie)[1]		

Quelques adjectifs ont des féminins irréguliers.

10. Elle porte une robe gri**se**.
mais
Elle porte une robe gris ble**u**. (c'est-à-dire «d'**un** gris bleu»)

Il porte une chemise ver**te**.
mais
Il porte une chemise vert clai**r**. (c'est-à-dire «d'**un** vert clair»)

Sa valise est bleu**e**.
mais
Sa valise est ble**u** marine. (c'est-à-dire «**du** bleu **de la marine**»)

Quand un adjectif de couleur est qualifié par un autre adjectif, les deux sont invariables.

11. un livre **orange**
une robe **marron**
une jupe **lilas**
mais
une visage **rose**; des visages **roses**

Les adjectifs dérivés de noms de **fleurs** ou de **fruits** sont **invariables**, sauf **rose.**

[1] **Bénit** s'emploie généralement pour qualifier un objet qui a été béni religieusement.
de l'eau **bénite**, **mais** un roi **béni** par son peuple

APPLICATION

Orthographiez correctement l'adjectif entre parenthèses:

MODÈLE: C'est une personne (blond).
          C'est une personne **blonde**.

1. L'Acayenne est (roux). *roue*
2. Elle a la peau (rouge) et n'est pas très (joli).
3. Ici, l'eau de la rivière est (bleu); plus loin, elle est (bleu vert).
4. Cette (gros) dame porte une (vieux) robe (gris).
5. Elle est (gras), mais (vif).
6. On n'aime pas cette étrangère: on dit qu'elle est (fier) et (malin).
7. Cette (pauvre) femme est (veuf) depuis deux ans.
8. Les paysans ne se fient pas à cette (jeune) femme qu'ils trouvent peu (sérieux) et peu (franc).
9. L'Acayenne n'est peut-être pas (beau), mais elle a une voix (enchanteur).
10. La porte (bas) est (dangereux) pour les gens de (haut) taille.
11. Elle est (sot) d'accorder de l'importance à cette histoire (ancien).
12. La robe (bleu marine) va bien à cette femme (blond).
13. La montagne a une teinte (lilas) le soir.
14. Elle a une chevelure presque (orange).

RÉCAPITULATION

Remplacez le mot en caractères gras par un nom féminin de votre choix et faites les changements voulus. Écrivez des phrases logiques:

MODÈLE: Le malheureux postier auquel il s'adresse est blessé.
          La **malheureuse dame à laquelle** il s'adresse est **blessée**.

1. Le vieux **monsieur** à qui vous avez parlé a beaucoup voyagé.
2. As-tu remarqué le bel **homme** qui porte le **costume** marron?
3. Je me rappelle les mystérieux **événements** desquels vous parlez.
4. Ce **garçon** est sérieux, mais son **frère** est complètement fou.
5. Les **gens** auxquels j'ai écrit n'ont pas répondu.
6. L'homme qui porte un **pantalon** gris clair est mon cousin.
7. **Le Survenant** est roux et a le **visage** très blanc; mais il a un **rire** enchanteur.
8. Ouvrez votre livre au **chapitre** vingt et un.
9. Le **crayon** avec lequel vous écrivez est neuf.
10. Au Chenal-du-Moine, on pense que **le Survenant** est voleur parce qu'il est étranger.
11. Le **livre** que vous m'avez donné a vingt-cinq unités.
12. Le grand **traîneau**, sur lequel nous avons voyagé, est tombé dans l'abîme.

Un peu de sel . . . .

Quelques adjectifs

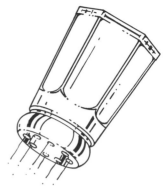

LE HARENG SAUR

Il était un grand mur blanc — nu, nu, nu,
Contre le mur une échelle — haute, haute, haute,
Et, par terre, un hareng saur — sec, sec, sec.

Il vient, tenant dans ses mains — sales, sales, sales,
Un marteau lourd, un grand clou — pointu, pointu, pointu,
Un peloton de ficelle — gros, gros, gros.
(. . .)

Alors, il monte à l'échelle — haute, haute, haute,
Et plante le clou pointu — toc, toc, toc,
Tout en haut du grand mur blanc — nu, nu, nu.

Et, depuis, le hareng saur — sec, sec, sec,
Au bout de cette ficelle — longue, longue, longue,
Très lentement se balance — toujours, toujours, toujours.

Extrait de Charles Cros, «Le Hareng saur», *Le Coffret de
santal, Œuvres complètes*, Paris, Gallimard, Éditions de la
Pléiade, 1974, p. 138.

DISCUSSIONS À BÂTONS ROMPUS

1. Trouvez-vous que les voyages rendent les gens plus tolérants?
2. Trouvez-vous la vie que mènent les gens du Chenal-du-Moine préférable à l'existence menée par le Survenant?
3. Les gens qui voyagent beaucoup ont tendance à trop parler de leurs expériences.

SUJETS POUR DÉBATS

1. Le pour et le contre de la vie à la campagne.
2. Le pour et le contre du métier de pilote ou d'agent de bord.
3. On a raison d'interdire la chasse au phoque.

DEVOIRS ÉCRITS

1. Décrivez la mentalité paysanne telle que la juge le Survenant: attitude des paysans envers les étrangers, leurs aspirations, leurs distractions, etc.
2. Faites le portrait physique et moral du Survenant tel que vous imaginez le héros d'après l'extrait cité.
3. Quelle sorte de rapports existent entre le Survenant et les paysans? Donnez des exemples tirés du texte pour illustrer ces rapports.

PRÉSENTATIONS ORALES

1. Documentez-vous sur les îles soreloises dans les ouvrages de Guèvremont et décrivez ces îles à vos camarades en tenant compte de la flore, de la faune et de l'existence menée par les habitants.
2. Comparez le portrait du Survenant dans le premier chapitre du roman avec celui de notre extrait.

TRAVAIL D'ÉQUIPE

Pour le Survenant, voyager est véritablement le but de l'existence. Trouvez dix célébrités canadiennes ou internationales pour qui le voyage est un mode de vie.

NOUS CONCLUONS . . .

Nous avons vu que le voyage représente l'aventure et que la plupart des humains sont fascinés par la perspective de découvrir du nouveau. C'est le cas de Monsieur Perrichon et du Survenant.

Certains, pourtant, ne s'intéressent guère aux paysages grandioses, ni aux coutumes étranges. Ces gens-là quittent leur famille, non pour connaître d'autres pays, mais pour s'enrichir. Hélas! les rêves sont parfois trompeurs comme l'a découvert le malheureux Américain originaire du Tennessee. Quand à Phileas Fogg, la raison pour laquelle il voyage est vraiment exceptionnelle. Peut-être est-ce en partie pour cela que le héros de Jules Verne est si célèbre.

De toute façon, le voyage, même le mieux organisé et le plus luxueux, présente toujours des inconvénients. Nous l'avons vu dans l'extrait de Gabrielle Roy (Unité I). C'est pour cela que certaines gens préfèrent rester attachés au foyer. D'ailleurs, l'inconnu et l'étranger peuvent évoquer des images diaboliques.

VOUS CONCLUEZ . . .

1. Des personnages que vous avez rencontrés dans cette unité, lequel reflète le mieux vos aspirations personnelles?
2. Lequel des passages avez-vous préféré et pourquoi?

U·N·I·T·É·3

LE TRAVAIL ET LE DIVERTISSEMENT

Le travail nous paraît souvent un pénible esclavage, une source de fatigue, de douleur physique même. Que de fois nous envions les heureux dont l'unique souci est de se divertir!

Il existe, il est vrai, des tâches pour lesquelles nous ne sommes pas faits. Il y a des besognes épuisantes qu'il faut répéter interminablement. Mais une vie de plaisir est souvent plus monotone qu'une existence laborieuse et n'apporte pas la satisfaction que procure l'effort ou l'ouvrage bien fait. Pour ceux qui aiment leur travail, le divertissement est une récompense méritée qu'ils goûtent pleinement; pour les autres, le divertissement est une évasion qui leur permet d'oublier leur insatisfaction.

L'ENFANT NOIR

Camara Laye est né en Afrique en 1928 à Kouroussa, petite ville de Guinée; mais il l'a bientôt quittée pour poursuivre des études à Conakry d'abord, à Paris ensuite. Il est rentré en Guinée en 1954 et travaille maintenant à l'Institut des Recherches de Conakry.

Dans *L'Enfant noir* (1953), ouvrage autobiographique, il évoque les heureux souvenirs de son enfance à Kouroussa et au village de Tindican, d'où sa mère était originaire. Comme dans la plupart des ouvrages africains de l'après-guerre, nous trouvons ici la notion de négritude, c'est-à-dire appartenance à la race noire. Ainsi, *L'Enfant noir* est un hymne aux traditions et aux coutumes africaines.

Des femmes guinéennes préparent la farine pour faire le pain.

Nous voyons, dans cet extrait, la joie que procure le travail fait en commun dans une ambiance de rivalité amicale.

LA RÉCOLTE DU RIZ

Invité à Tindican pour la récolte du riz, qui est une vraie fête, le jeune citadin aide les moissonneurs. Il se perd dans des rêves. Son oncle le rappelle à l'ordre.

– Eh bien, tu rêves? disait mon oncle.

Et je prenais la botte d'épis qu'il me tendait, j'enlevais les feuilles des tiges, j'égalisais les tiges. Et c'était vrai que je rêvais: ma vie n'était pas ici . . . et elle n'était pas non plus dans la forge paternelle. Mais où était ma vie? Et je tremblais devant cette vie inconnue. N'eût-il pas été plus simple de prendre la suite de mon père? «L'école . . . l'école . . . , pensais-je; est-ce que j'aime tant l'école?» Mais peut-être la préférais-je. Mes oncles . . . Oui, j'avais des oncles qui très simplement avaient pris la suite de leur père; j'en avais aussi qui s'étaient frayé d'autres chemins: les frères de mon père étaient partis pour Conakry, le frère jumeau de mon oncle Lansana était . . . Mais où était-il à présent? 10

– Alors, tu rêves toujours? disait mon jeune oncle.

– Oui . . . Non . . . Je . . .

– Si tu continues de rêver, nous allons cesser d'être les premiers.

– Je pensais à mon deuxième oncle Bô. Où est-il à présent? 15

– Dieu le sait! À sa dernière visite, il était . . . Voilà que je ne sais même plus où il était! Il n'est jamais au même endroit, il est comme l'oiseau: il ne peut demeurer sur l'arbre, il lui faut tout le ciel!

– Et moi, serai-je aussi, un jour, comme l'oiseau?

– Qu'est-ce que tu me racontes? 20

– Eh bien! Tu dis que mon deuxième oncle Bô est comme l'oiseau.

– Voudrais-tu être comme lui?

– Je ne sais pas.

– Tu as encore le temps d'y penser, en tout cas. En attendant, débarrasse-moi de ma botte. 25

Et il reprenait sa cueillette; bien que son corps ruisselât, il la reprenait comme s'il l'entamait seulement, avec le même coeur. Mais la chaleur malgré tout pesait, l'air pesait; et la fatigue s'insinuait: les lampées d'eau ne suffisaient plus à l'éloigner, et c'est pourquoi nous la combattions en chantant.

– Chante avec nous, disait mon oncle. 30

Le tam-tam, qui nous avait suivis à mesure que nous pénétrions plus avant dans le champ, rythmait les voix. Nous chantions en choeur, très haut souvent, avec de grands élans, et parfois très bas, si bas qu'on nous entendait à peine; et notre fatigue s'envolait, la chaleur s'atténuait.

Si alors, suspendant un instant ma marche, je levais le regard sur les mois-sonneurs, la longue file des moissonneurs, j'étais frappé, délicieusement frappé, délicieusement ravi par la douceur, l'immense, l'infinie douceur de leurs yeux, par les regards paisibles—et ce n'est pas assez dire: lointains et comme absents!—qu'ils promenaient par intervalles autour d'eux. Et pourtant, bien qu'ils me parussent tous alors à des lieues de leur travail, que leurs 40 regards fussent à des lieues de leur travail, leur habileté n'était pas en défaut; les mains, les faucilles poursuivaient leur mouvement sans défaut.

Que regardaient à vrai dire ces yeux? Je ne sais pas. Les alentours? Peut-être! Peut-être les arbres au loin, le ciel très loin. Et peut-être non! Peut-être ces yeux ne regardaient-ils rien; peut-être était-ce de ne rien regarder de visible, qui les rendait si lointains et comme absents. La longue file moissonneuse s'enfonçait dans le champ, abattait le champ; n'était-ce pas assez? N'était-ce pas assez de cet effort et de ces torses noirs devant lesquels les épis s'inclinaient? Ils chantaient, nos hommes, ils moissonnaient; ils chantaient en choeur, ils moissonnaient ensemble: leurs voix s'accordaient, leurs gestes s'accordaient; ils étaient ensemble!—unis dans un même travail, unis par un même chant. La même âme les reliait, les liait; chacun et tous goûtaient le plaisir, l'identique plaisir d'accomplir une tâche commune.

Était-ce ce plaisir-là, ce plaisir-là bien plus que le combat contre la fatigue, contre la chaleur, qui les animait, qui les faisait se répandre en chants? C'était visiblement ce plaisir-là; et c'était le même aussi qui mettait dans leurs yeux tant de douceur, toute cette douceur dont je demeurais frappé, délicieusement et un peu douloureusement frappé, car j'étais près d'eux, j'étais avec eux, j'étais dans cette grande douceur, et je n'étais pas entièrement avec eux: je n'étais qu'un écolier en visite—et comme je l'eusse volontiers oublié!

De fait, je l'oubliais; j'étais fort jeune encore et je l'oubliais; ce qui me traversait l'esprit, et tant de choses me traversaient l'esprit, avait le plus souvent moins de durée, moins de consistance que les nuées qui traversent le ciel; et puis j'étais à l'âge—mais j'ai toujours cet âge!—où l'on vit avant tout dans le présent, où le fait d'occuper la première place dans une file de moissonneurs avait plus d'importance que mon avenir même.

– Presse-toi! disais-je à mon oncle.

– Ah! te voilà réveillé? disait-il.

– Oui, mais ne perds pas de temps!

– Est-ce que j'en perds?

– Non, mais tu pourrais en perdre. Nous ne sommes pas tellement en avance.

– Tu crois?

Et il jetait un regard sur la moisson.

– C'est cela que tu appelles n'être pas tellement en avance? disait-il. Eh bien! Je n'ai sûrement pas perdu de temps, mais peut-être ferais-je bien à présent d'en perdre un peu. N'oublie pas que je ne dois pas non plus trop distancer les autres: ce ne serait pas poli.

Je ne sais d'où vient que l'idée de rusticité—je prends le mot dans son acception de manque de finesse, de délicatesse—s'attache aux champs: les formes de la civilité y sont plus respectées qu'à la ville; on y observe un ton cérémonieux et des manières que, plus expéditive, la ville ne connaît pas. C'est la vie, la vie seulement, qui y est plus simple, mais les échanges entre les hommes—peut-être parce que tout le monde se connaît—y sont plus strictement réglés. Je remarquais dans tout ce qui se faisait, une dignité dont je ne rencontrais pas toujours l'exemple à la ville; et on ne faisait rien à quoi on n'eût été au préalable invité, même s'il allait de soi[1] qu'on le fît: on y montrait

---

[1] s'il était normal

en vérité un extraordinaire souci de la liberté d'autrui. Et pour l'esprit, s'il était plus lent, c'est que la réflexion précédait la parole, mais aussi la parole avait-elle meilleur poids.

Lorsque midi approchait, les femmes quittaient le village et se dirigeaient en file indienne vers le champ, chargées de fumantes platées de couscous[2]. Sitôt que nous les apercevions, nous les saluions à grands cris. Midi! Il était midi! Et sur toute l'étendue du champ, le travail se trouvait interrompu.

– Viens! disait mon jeune oncle. Viens!

Et je galopais à sa suite.

– Pas si vite! disais-je. Je n'arrive pas à te suivre!

– Tu n'as donc pas le ventre creux? disait-il. Le mien est si creux que je pourrais y loger un boeuf!

Et de fait l'appétit était merveilleusement aiguisé. La chaleur avait beau être forte, et le champ, avec sa poussière et son frémissement, être une fournaise, l'appétit n'en était pas freiné: nous étions assis autour des plats, et le couscous brûlant, plus brûlant encore du fait des épices, disparaissait, s'engouffrait, coupé, aidé de rasades fraîches, puisées dans les grandes jarres couvertes de feuilles de bananier.

La trêve se prolongeait jusqu'à deux heures, et les hommes la passaient à dormir à l'ombre des arbres ou à affûter les faucilles. Pour nous, infatigables, nous jouions, nous allions tendre des pièges: et si nous menions grand bruit à notre accoutumée[3], nous nous gardions néanmoins de siffler, car on ne doit ni siffler ni ramasser du bois mort durant tout le temps que dure la moisson: ce sont des choses qui attirent le malheur sur le champ.

Le travail de l'après-midi, beaucoup plus court, passait comme une flèche: il était cinq heures avant que nous nous en doutions. La grande aire était maintenant dépouillée de sa richesse, et nous regagnions en cortège le village — les hauts fromagers[4] déjà, les tremblantes fumées des cases déjà nous faisaient signe —, précédés de l'inlassable joueur de tam-tam et lançant à tous les échos la chanson du riz.

Au-dessus de nous, les hirondelles déjà volaient plus bas, bien que l'air fût toujours aussi transparent, mais la fin du jour approchait. Nous rentrions heureux, las et heureux. Les génies nous avaient constamment secondés: pas un de nous qui eût été mordu par les serpents que notre piétinement dans les champs avait délogés. Les fleurs, que l'approche du soir réveillait, exhalaient de nouveau tout leur parfum et nous enveloppaient comme de fraîches guirlandes. Si notre chant avait été moins puissant, nous eussions perçu le bruit familier des fins de journée: les cris, les rires éclatants mêlés aux longs meuglements des troupeaux rejoignant l'enclos; mais nous chantions, nous chantions! Ah! que nous étions heureux, ces jours-là!

Extrait de Camara Laye, *L'Enfant noir*, Paris, Librairie Plon, 1953, pp. 69–76.

[2] plat nord-africain
[3] selon notre habitude
[4] arbre qui fournit une sorte de coton

COMPRÉHENSION ET APPRÉCIATION

1. Quel métier exerce le père du narrateur?
2. Quel était le métier du grand-père du narrateur?
3. Pourquoi le narrateur a-t-il souvent recours à la répétition? Quel effet cherche-t-il à créer?
4. Dans le paragraphe qui débute à la ligne 43, relevez les expressions ou les idées qui suggèrent que le travail a un aspect spirituel.
5. Les questions sont très nombreuses. Pourquoi?
6. Pourquoi le narrateur aurait-il voulu oublier qu'il n'était qu'un écolier en vacances?
7. Pourquoi, selon Laye, les citadins sont-ils souvent moins courtois que les gens de la campagne?
8. Que représente le **nous** (l. 106)?
9. Y a-t-il, chez les moissonneurs, des croyances qui pourraient paraître superstitieuses à un esprit occidental?
10. Pourquoi le temps passe-t-il vite pour les moissonneurs?
11. Quelle est la récompense qui attend les moissonneurs à la fin de la journée?
12. Trouvez deux images où figure un animal.
13. Relevez une dizaine de mots qui suggèrent le plaisir.
14. Quel temps domine tout au long du passage? Pourquoi?
15. Que pensez-vous du dernier paragraphe? Comparez-le, en quelques mots, au reste du passage.

VOCABULAIRE ET STRUCTURES

1. L'auteur utilise de nombreux subjonctifs imparfaits ou plus-que-parfaits qui ne déparent pas le style soutenu. Toutefois, il pourrait souvent employer un autre temps. Dans les phrases suivantes, remplacez le subjonctif par un temps plus couramment utilisé:
   a) «N'eût-il pas été plus simple . . . » (l. 5)
   b) « . . . comme je l'eusse volontiers oublié» (l. 60)
   c) «Si notre chant avait été moins puissant, nous eussions perçu . . . » (l. 123).
2. Que remplacent les pronoms **y** et **en** aux lignes suivantes:
   a) «j'**en** avais aussi qui s'étaient frayé d'autres chemins» (l. 8)
   b) «Tu as encore le temps d'**y** penser» (l. 24)
   c) «Est-ce que j'**en** perds?» (l. 70)
   d) «C'est la vie, la vie seulement, qui **y** est plus simple» (l. 81–82)?
3. Trouvez, dans le texte, un homonyme de **coeur** (l. 27).
4. Quel est le sens du suffixe dans **lampée** (l. 28)? Trouvez cinq noms où ce suffixe a le même sens.
5. Qu'est-ce qu'une **lieue** (l. 40)? Donnez un homonyme de ce nom. Que signifie-t-il?
6. Trouvez trois autres mots de la même famille que **cueillette** (l. 26); cinq mots de la même famille que **piétinement** (l. 120).
7. Justifiez l'emploi de **lesquels** (l. 48).
8. Faites, à l'aide de deux phrases, la distinction entre **acception** (l. 78) et **acceptation**.
9. Remplacez les expressions suivantes par des expressions équivalentes dans le contexte:
   a) **nuées** (l. 63)
   b) **au préalable** (l. 86)
   c) **souci** (l. 87)
   d) **autrui** (l. 87)
   e) **creux** (l. 97)
   f) **rasades** (l. 103)
   g) **affûter** (l. 106).
10. Donnez le contraire des expressions suivantes:
    a) **douceur** (l. 37)
    b) **lointains** (l. 38)
    c) **absents** (l. 39)
    d) **civilité** (l. 80)
    e) **expéditive** (l. 81)
    f) **interrompu** (l. 93)

Un peu de sel . . . .

Chanson pour faire avancer les boeufs . . . . . .

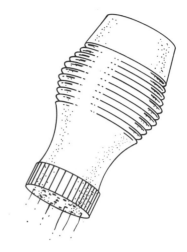

CHANSON À GRAND VENT

Le pauvre laboureur
Il a bien du malheur
Du jour de sa naissance
L'[1]est déjà malheureux.
Qu'il pleuve, tonne, ou vente,
Qu'il fasse mauvais temps,
L'on voit toujours, sans cesse,
Le laboureur aux champs.

Le pauvre laboureur
Il n'est qu'un partisan[2];
Il est vêtu de toile
Comme un moulin à vent;
Il met des arselettes[3],
C'est l'état d' son métier
Pour empêcher la terre
D'entrer dans ses souliers.

Le pauvre laboureur
A de petits enfants;
Les envoie à la charrue
À l'âge de quinze ans.
Il a perdu sa femme
À l'âge de trente ans;
Elle le laisse tout seul
Avecque[4] ses enfants.

Le pauvre laboureur,
Il est toujours content;
Quand l'est à la charrue,
Il est toujours chantant.
Il n'est ni roi ni prince,
Ni duc, ni seigneur
Qui ne vive de la peine
Du pauvre laboureur.

    Anonyme (Fin XVIe siècle)

_____

[1] il
[2] fermier
[3] guêtres
[4] avec

110

DU NOUVEAU: CONJONCTIONS DE CONCESSION ET DE TEMPS RÉGISSANT LE SUBJONCTIF

1. **Bien que** vous ruissel**iez** de sueur, vous continuez la cueillette.
   Quoique l'air **soit** toujours aussi transparent, la fin du jour approche.
   Bien qu'il **ait quitté** le village, il revient pour la moisson.

   > Les conjonctions **bien que**, **quoique**, **malgré que**, indiquant la concession, sont suivies du subjonctif.

2. Ils ne peuvent pas manger **avant qu'**elle **soit** là.
   Elle prépare le couscous **en attendant que** tu **viennes**.
   Nous leur donnerons du travail **jusqu'à ce qu'**ils s'en **aillent** en ville.

   > Les conjonctions de temps: **avant que**, **en attendant que**, **jusqu'à ce que**, sont suivies du subjonctif.

Attention!
Nous aurons fini avant que les femmes **n'**arrivent.

   > Avec **avant que**, un **ne explétif** précède parfois le subjonctif.

Remarque:
Nous mangerons **après que** nous **aurons fini** le travail.

   > La conjonction **après que** est suivie de l'indicatif, bien que bon nombre de gens la fassent souvent suivre du subjonctif; c'est là une erreur (voir p. 268).

111

APPLICATION

Dans les phrases suivantes, mettez l'infinitif à la forme qui convient:

MODÈLE: Bien que vous (rêver) beaucoup, vous aidez les moissonneurs.
              Bien que vous **rêviez** beaucoup, vous aidez les moissonneurs.

1. En attendant que vous les (débarrasser) de leurs bottes, les hommes chantent.
2. Il faut que vous (enlever) les feuilles et que vous (égaliser) les tiges.
3. Nous rentrons heureux bien que nous (être) fatigués.
4. Il faut que nous (prendre) le mot dans son acception courante.
5. En attendant que tu (voir) les femmes avec le couscous, tu lies les tiges.
6. Avant que vous (regagner) le village, les troupeaux seront dans l'enclos.
7. Bien que le champ (être) une fournaise, l'appétit n'en est pas freiné.
8. Il faudra que nous (travailler) jusqu'à ce que la cueillette (être) finie.
9. Quand on a le ventre creux, il faut qu'on (manger).
10. Quoiqu'il ne (habiter) plus le village depuis longtemps, Laye n'a oublié ni les coutumes ni les traditions locales.
11. Les enfants mangent jusqu'à ce que tout le couscous (disparaître).
12. En attendant qu'elles (arriver), travaillons!
13. Quoique vous (connaître) la chanson, vous ne chantez pas.
14. Bien que les femmes nous (faire) signe, nous sommes trop fatigués pour répondre.
15. Quoique je (aimer) travailler, je préfère me divertir.

RAPPEL: L'INTERROGATION

1. Tu rêves?   **Est-ce que** tu rêves?
   Ah! te voilà réveillé?   **Est-ce que** j'aime tant l'école?

   > Il y a deux façons de marquer l'interrogation sans changer l'ordre des mots:
   > a) par le ton de la voix
   > b) en utilisant **est-ce que** en début de phrase.

2. **Serai-je** comme l'oiseau?   **Est-ce** cela?
   Voudrais-tu être comme lui?   **A-t-on apporté** le couscous?

   > Quand le sujet du verbe est un **pronom personnel**, **on** ou **ce**, on inverse le verbe et le sujet.

3. Ne chante-t-il **pas** avec les autres?
   Ne voudrais-tu **pas** être comme lui?

   > Avec un verbe négatif, **pas** suit le pronom sujet.

4. Ont-**ils** fait la cueillette du riz?
   N'aurait-**il** pas fallu chanter avec les autres?

   > Avec un temps composé, le sujet se place après l'auxiliaire.

5. **La cueillette** est-**elle** finie?
   Les serpents ne mordent-**ils** pas les moissonneurs?
   Cela est-**il** dangereux?

   > Quand le sujet n'est ni un pronom personnel, ni **ce**, ni **on**, il reste devant le verbe et est répété après le verbe par le pronom personnel qui convient.

6. Quand est-ce que nous rentrerons?
   Quand rentrerons-nous?

   Où est-ce que l'homme passe?
   Où l'homme passe-t-il?
   Où passe l'homme?

   mais

   Où est-ce que l'homme passe sa vie?
   Où l'homme passe-t-il sa vie?

   > Si la question est marquée par un adverbe interrogatif, on peut utiliser **est-ce que** sans changer l'ordre des mots ou faire l'inversion du verbe et du sujet **si le verbe n'a pas d'objet**.

N.B.   Pourquoi **est-ce que** l'enfant rêvait?
   Pourquoi l'enfant rêvait-**il**?

> Avec **pourquoi**, l'inversion du verbe et d'un nom sujet n'est pas possible.

7. **Est-ce que je** chante bien?   **Ai-je** tort?

> Il faut éviter l'inversion à la première personne du singulier, surtout à l'indicatif présent, sauf avec certains verbes, par exemple:
>
> ai-je   sais-je   vais-je
> dis-je   suis-je   puis-je (**mais** est-ce que je peux)

Remarque: L'enfant rêv**e-t-il**?
   La ligne de moissonneurs avanc**e-t-elle**?

> À la troisième personne du singulier, un **t** euphonique entre traits d'union est inséré entre le verbe et le pronom si le verbe se termine par une voyelle.

8. **Peut-être** ces yeux ne regardaient-**ils** rien.
   Peut-être que ces yeux ne regardaient rien.

   Sans doute ne viendra-**t-il** pas.
   Sans doute qu'il ne viendra pas.

> Lorsque **peut-être** ou **sans doute** sont placés au début de la phrase, il y a inversion du verbe et du sujet. Dans la conversation, on peut, toutefois, les faire suivre de **que** et éviter l'inversion.

9. La réflexion précédait la parole, **aussi** la parole avait-**elle** meilleur poids.

> Avec **aussi** (= par conséquent) au début de la proposition, il y a inversion du verbe et du sujet.

APPLICATION

Dans les phrases suivantes, éliminez **est-ce que** et faites les changements voulus:

MODÈLES: Est-ce que vous rêvez?
          Rêvez-vous?

          Est-ce que les moissonneurs ont aiguisé leurs faucilles?
          Les moissonneurs ont-ils aiguisé leurs faucilles?

1. Est-ce que les hirondelles volaient bas?
2. Est-ce qu'il rêve?
3. Est-ce qu'on entendait le bruit des fins de journée?

4. Est-ce que nous n'étions pas heureux, ces jours-là?
5. Est-ce que la parole n'avait pas d'importance?
6. Où est-ce que les moissonneurs dormaient?
7. Quand est-ce que les moissonneurs affûtaient leurs faucilles?
8. Pourquoi est-ce que les enfants ramassaient du bois mort?
9. Pourquoi est-ce que l'oncle Bô n'est jamais au même endroit?
10. Comment est-ce que les hommes mangeaient le couscous?
11. Est-ce qu'il a été mordu par un serpent?
12. Est-ce que vous travaillez toujours aussi fort?

DISCUSSIONS À BÂTONS ROMPUS

1. Aimeriez-vous travailler quelque temps dans un pays africain?
2. Partagez-vous les idées de Laye au sujet de la politesse à la campagne et à la ville?
3. Pensez-vous que les jeunes aient l'obligation d'aider leurs parents?

SUJETS POUR DÉBATS

1. Un auteur africain a dit que ce qui distingue la civilisation africaine de la civilisation européenne (ou nord-américaine), c'est que celle-ci a le culte de l'individu, celle-là le culte de la communauté. Est-il vrai, à votre avis, que la civilisation nord-américaine ait le culte de l'individu?
2. Quels sont les avantages et les inconvénients d'être employé par ses propres parents?
3. L'école peut être un moyen d'éviter le monde du travail.

DEVOIRS ÉCRITS

1. «La vie, chez le Noir, s'exprime par une participation au rythme de la Nature». Trouvez-vous cette caractéristique évidente dans l'extrait que vous venez de lire? Jusqu'à quel point les personnages sont-ils influencés par les changements qui se produisent dans la nature (la lumière, la chaleur, les animaux, etc.)?
2. Le mystère est un élément important de la culture africaine. Trouvez-vous cet élément présent dans notre extrait?
3. Examinez l'importance des animaux dans cet extrait.

PRÉSENTATIONS ORALES

1. Lisez le reste du roman de Laye et faites-en le compte-rendu pour la classe.
2. Trouvez une recette pour le couscous. Expliquez à la classe la composition de ce plat et la façon de le manger. Où peut-on trouver le couscous préparé et les ingrédients pour le faire dans les environs?

TRAVAIL D'ÉQUIPE

Un groupe se documentera sur la Guinée (histoire, population, géographie, économie, arts, etc.) et présentera sa documentation à la classe.

PRIÈRE D'UN PETIT ENFANT NÈGRE

Guy Tirolien est né en 1917 à la Guadeloupe. Ses poèmes, écrits sous le signe de la négritude, ont été réunis dans un volume intitulé *Balles d'or* (1960).

L'Enfant noir disait la joie du travail dans les champs. Mais toutes les tâches ne sont pas aussi agréables. Ainsi, dans le poème de Tirolien, le petit garçon est trop proche de la nature pour accepter sans se plaindre d'être enfermé entre les quatre murs d'une salle de classe. Il ne désire pas ressembler à ces «messieurs de la ville», qui ont renié leur culture, mais veut mener la vie qu'ont vécu ses ancêtres.

PRIÈRE D'UN PETIT ENFANT NÈGRE

Seigneur
je suis très fatigué
je suis né fatigué
et j'ai beaucoup marché depuis le chant du coq
et le morne est bien haut   5
qui mène à leur école.

Seigneur je ne veux plus aller à leur école;
faites je vous en prie que je n'y aille plus.

Je veux suivre mon père dans les ravines fraîches
quand la nuit flotte encore dans le mystère des bois   10
où glissent les esprits que l'aube vient chasser.

Je veux aller pieds nus par les sentiers brûlés
qui longent vers midi les mares assoiffées.

Je veux dormir ma sieste au pied des lourds manguiers.
Je veux me réveiller   15
lorsque là-bas mugit la sirène des blancs
et que l'usine
ancrée sur l'océan des cannes
vomit dans la campagne son équipage nègre.

Seigneur je ne veux plus aller à leur école;   20
faites je vous en prie que je n'y aille plus.

Ils racontent qu'il faut qu'un petit nègre y aille
pour qu'il devienne pareil
        aux messieurs de la ville
              aux messieurs comme il faut;   25
mais moi je ne veux pas
  devenir comme ils disent
      un monsieur de la ville
          un monsieur comme il faut.

Je préfère flâner le long des sucreries   30
où sont les sacs repus
que gonfle un sucre brun
autant que ma peau brune.

Je préfère
à l'heure où la lune amoureuse   35
parle bas à l'oreille

117

des cocotiers penchés
écouter ce que dit
dans la nuit
la voix cassée d'un vieux qui raconte en fumant   40
les histoires de Zamba[1]
et de compère Lapin
et bien d'autres choses encore
qui ne sont pas dans leurs livres.

Les nègres vous le savez n'ont que trop travaillé.   45
pourquoi faut-il de plus
apprendre dans des livres
qui nous parlent de choses qui ne sont point d'ici?
Et puis
elle est vraiment trop triste leur école   50
triste comme
ces messieurs de la ville
      ces messieurs comme il faut
qui ne savent plus danser le soir au clair de lune
qui ne savent plus marcher sur la chair de leurs pieds   55
qui ne savent plus conter les contes aux veillées—

Seigneur je ne veux plus aller à leur école.

Extrait de Guy Tirolien, *Balles d'or*, Paris, Présence africaine, 1961, pp. 19–21.

---

[1] petit animal rusé toujours vainqueur

COMPRÉHENSION ET APPRÉCIATION

1. Quel est le vers de la première strophe qui montre que l'enfant n'aime pas le travail en général?
2. À quoi se rapporte **leur** dans **leur école** (v. 6, etc.)? Pourquoi l'enfant n'est-il pas plus explicite?
3. Qu'est-ce que «le mystère des bois» pour l'enfant (v. 10)?
4. Que va probablement faire le père dans les bois?
5. À quel moment de la journée l'enfant aime-t-il dormir et à quelle heure (approximativement) veut-il se réveiller?
6. À quoi l'usine est-elle implicitement comparée dans la métaphore (v. 16–19)? Qu'est-ce qui inspire cette métaphore?
7. Il y a, dans ce poème, plusieurs leitmotive[1]. Relevez les deux principaux.
8. Que reproche l'enfant aux «messieurs de la ville»?
9. Relevez les trois vers qui font le plus clairement l'éloge de la négritude.
10. Trouvez une phrase qui condamne les Blancs[2] sans les nommer.
11. Quelle sorte de vocabulaire utilise ici l'auteur? Pourquoi convient-il au sujet?
12. Résumez le poème en une phrase.

VOCABULAIRE ET STRUCTURES

1. Remplacez les expressions suivantes par des expressions équivalentes dans le contexte:
   a) **le chant du coq** (v. 4)
   b) **assoiffées** (v. 13)
   c) **pareil** (v. 23)
   d) **comme il faut** (v. 25).
2. On ne dit guère «**dormir** sa sieste» (v. 14). Que dit-on plus couramment?
3. Justifiez l'emploi du subjonctif (v. 22).
4. **Repus** (v. 31) est un participe passé employé ici comme adjectif. Quel est l'infinitif de **repus**? Faites une phrase où ce verbe est utilisé au sens propre. Servez-vous du dictionnaire, s'il y a lieu.
5. Il y a dans le poème deux noms d'arbres fruitiers. Trouvez-les. Quel est le nom du fruit dont ils sont dérivés? Quels autres noms de fruits et d'arbres qui y correspondent connaissez-vous?
6. **Messieurs** est le pluriel de **monsieur**. Quel est le pluriel de:
   a) **madame**
   b) **mademoiselle**?
7. De quel mot sont dérivés: (a) **équipage** (v. 19)
   (b) **veillées** (v. 56)?
   Trouvez trois mots de la même famille que chacun de ces deux noms.

---

[1] Thèmes qui se répètent. **N.B.** un leitmotiv; pluriel: des leitmotive **ou** des leitmotivs.
[2] **Blanc** est ici un nom propre et est généralement écrit avec une majuscule, bien que le poète n'observe pas cette règle.

8. Donnez le contraire de:
   a) **fraîches** (v. 9)
   b) **lourds** (v. 14)
   c) **me réveiller** (v. 15)
   d) **bas** (v. 36)
   e) **triste** (v. 50).

Un peu de sel . . . .

QUELQUES PROVERBES . . . .

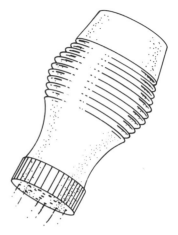

C'est en forgeant qu'on devient forgeron.

Il n'y a pas de sot métier; il n'y a que de sottes gens.

L'homme naquit pour travailler, comme l'oiseau pour voler.

Un paresseux est un homme qui ne fait pas semblant de travailler.

Rodolphe Salis

Le travail ne rend pas beau.

Honoré de Balzac

RAPPEL: I. L'INFINITIF OBJET **SANS** PRÉPOSITION

L'infinitif s'emploie comme objet sans préposition:

1. Je **veux** suivre mon père.
   Il ne **désire** plus aller à l'école.
   Nous **espérons** dormir sous les manguiers.

   après les verbes exprimant **la volonté** ou **le désir** (**vouloir**, **désirer**, **espérer**, **souhaiter**, etc.).

2. Il **aime** écouter le vieux conteur.   Je **préfère** flâner.

   après les verbes exprimant **le goût**, **la préférence** (**aimer**, **détester**, **préférer**, etc.).

3. Elle **dit** être fatiguée.   Nous **affirmons** vouloir vivre en ville.

   après les verbes de **déclaration** (**affirmer**, **déclarer**, **dire**, **nier**, etc.).

4. Tu ne **crois** pas apprendre beaucoup de choses.
   Ils ne **pensent** plus danser.

   après les verbes d'**opinion** ou de **connaissance** (**croire**, **penser**, **imaginer**, etc.).

5. Nous **entendons** mugir la sirène.   Je **regarde** marcher mon père.

   après les verbes de **perception**.

6. Nous **irons** flâner le long des mares.
   Je **reviendrai** écouter l'histoire de Zamba.

   après certains verbes de **mouvement** (**aller**, **courir**, **descendre**, **monter**, **entrer**, **rentrer**, **sortir**, **partir**, **venir**[1], **revenir**, **retourner**).

7. Vous **devez** danser ce soir.   Il **pourra** prier le Seigneur.
   Tu ne **sais** plus marcher pieds nus.

   après d'autres verbes, souvent utilisés (**devoir**, **pouvoir**, **savoir**, **faire**, **laisser**, **falloir**).

Voir l'appendice pour une liste plus complète des verbes suivis directement de l'infinitif.

---

[1] Ne pas confondre avec **venir de**:
   Il **vient** travailler. = Il vient dans le but de travailler.
   Il **vient de** sortir. = Il est sorti il y a quelques instants.

II. L'INFINITIF APRÈS UNE PRÉPOSITION

Règle générale: Après une préposition, le verbe se met à l'infinitif.

L'infinitif après **à**

1. Nous **aidons** l'enfant **à** étudier.
   Il **apprendra à** lire.
   Tu **cherches à** comprendre.
   Vous **commencez à** m'ennuyer.
   Elle ne **parvient** pas **à** dormir.
   Songeons à partir.
   Il a **réussi à** devenir un monsieur comme il faut.

   > En général, l'infinitif précédé de **à** est utilisé après des verbes marquant **un but**, **un effort**, **une direction**. (Voir la liste dans l'appendice.)

L'infinitif après **de**

1. Il **regrette de** quitter la campagne.
   Cessez de parler.
   Il **essaie de** danser.
   Elle **évitera de** parler à ces messieurs.
   Souvenez-vous de faire vos devoirs.
   Il vous a **dit** (= ordonné)[1] **de** remplir les sacs.

   > Après un grand nombre de verbes transitifs et pronominaux, l'infinitif est précédé de **de**. (Voir la liste dans l'appendice.)

Remarque:

Je demande **à** parler à mon ami.	(= Je veux parler)
Je **te** demande **de** venir.	(= Je veux que tu viennes.)

J'ai décidé **de** sortir.	
Finalement, **je** me suis décidé(e) **à** sortir.	(= La décision était plus difficile à prendre.)

---

[1] Ne confondez pas avec **dire** = **déclarer**.

APPLICATION

Remplacez le tiret par **à** ou **de**, s'il y a lieu:

MODÈLES: Je préfère _____ flâner le long du sentier.
               Je préfère flâner le long du sentier.

               Essayez _____ apprendre le poème.
               Essayez **d**'apprendre le poème.

1. Aimez-vous _____ marcher?
2. Il veut _____ mener l'enfant à l'école.
3. Évitez _____ marcher pieds nus.
4. Il faut _____ vous réveiller plus tôt.
5. Sait-elle _____ raconter des histoires?
6. M'aideras-tu _____ remplir le sac?
7. Je cherche _____ comprendre.
8. Essayons _____ apprendre notre leçon.
9. Ils ne pensent pas _____ avoir assez travaillé.
10. Il essaie _____ suivre son père.
11. Il ne pourra pas _____ parler de ces choses.
12. Aidez-moi!—Encore! Mais nous venons _____ vous aider.
13. Tu commences _____ trop parler.
14. Elle hésite _____ parler au père.
15. Ils disent _____ préférer la campagne à la ville.
16. Il faut _____ songer _____ partir.
17. Il nous a dit _____ venir _____ le voir.
18. Elle nous a ordonné _____ cesser _____ danser au clair de lune.

NOTIONS DE VERSIFICATION

1. des/ co/ co/ tiers/ pen/ chés   (6 pieds)

   Je/ pré/ fè/ re/ flâ/ ner/ le/ long/ des/ su/ cre/ ries   (12 pieds)

   > Un **pied** en français équivaut à une syllabe.

2. Sei/ gneur/ je/ ne/ veux/ plu/ s a/lle/r à/ leu/r é/col(e)

   Fai/ tes/ je/ vou/s en/ pri/e / que/ je/ n'y/ ai/lle/ plus

   > Le premier élément de la syllabe est la consonne.

3. Je/ pré/fè/**re**/ flâ/ner/ le/ long/ des/ su/c**re**/ri(e)s   (12 pieds)

   Ils/ ra/con/**t**en**t**/ qu'il/ faut/ qu'un/ p**e**/tit/ nè/gr(e) y/ aille   (12 pieds)

   > Le **e muet** (ou **caduc**) se prononce devant une consonne, mais tombe devant une voyelle et à la fin du vers.

4. Et/ j'ai/ beau/coup/ ma**r**/**ch**é

   e/ll(e) est/ **vr**ai/ment/ trop/ **tris**/**te**/ leu/r é/col(e)

   > Lorsque deux consonnes **différentes** se suivent, la première marque la fin d'un pied, la seconde le début du pied suivant. Deux consonnes identiques ou les groupes consonantiques (br, cr, gr, pr, bl, cl, gl, pl, etc.) comptent comme une seule consonne.

5. Je/ veux/ dor/mir/ ma/ sies/t(e) au/ pied/ des/ lourds/ man/guiers

                                                         (12 pieds)

   > Le vers le plus utilisé par les classiques (XVIIe siècle) et jusqu'au milieu du XIXe siècle est **l'alexandrin**, le vers de **12 pieds**. Il est souvent utilisé pour les sujets nobles ou graves.

6. e/ll(e) est/ vrai/ment/ trop/ tris/te/ leu/r é/col(e)   (10 pieds)

   vers/ l'heu/r(e) où/ la/ lu/n(e) a/mou/reus(e)   (8 pieds)

   Et/ j'ai/ beau/coup/ mar/ché   (6 pieds)

   Sei/gneur   (2 pieds)

   qui/ ne/ sa/vent/ plus/ mar/cher/ sur/ la/ chair/ de/ leurs/ pieds (13 pieds)

   > Il y a aussi des **décasyllabes** (10 pieds), des **octosyllabes** (8 pieds), des **hexasyllabes** (6 pieds), et, plus rarement, des vers plus courts, des vers de plus de 12 pieds et des vers impairs.

7. Et j'ai beaucoup marché // depuis le chant du coq
(une césure)

Je veux aller // pieds nus // par les sentiers brûlés
(deux césures)

Aux armes, // citoyens, // formez vos bataillons
(deux césures)

> La **césure** représente une **pause** dans le vers. Elle est parfois marquée par un signe de ponctuation.

8. à l'heure où la lune amoureuse
parle bas à l'oreille

et que l'usine
ancrée sur l'océan des cannes

> Il y a **enjambement** ou **rejet** lorsqu'un ou plusieurs éléments d'un vers sont étroitement rattachés par le sens au vers précédent.

Remarque:
À part la prononciation plus fréquente du **e caduc**, les pieds correspondent aux syllabes du français courant. On dit: **e/ll(e) est** et non **ell(e)/est**; **vou/s êt(es)** et non **vous/êtes**.

APPLICATION

Répondez aux questions qui suivent[1]:

1. Indiquez les pieds en les séparant par un trait:
   MODÈLE: et le morne est bien haut
   et/ le/ mor/n(e) est/ bien/ haut
   a) qui mène à leur école
   b) qui nous parlent de choses qui ne sont point d'ici
   c) Les nègres vous le savez n'ont que trop travaillé
   d) à l'heure où la lune amoureuse
2. Relevez dans le poème deux vers de deux pieds, quatre hexasyllabes, quatre alexandrins, trois vers de treize pieds.
3. Trouvez deux exemples de césures particulièrement efficaces, c'est-à-dire où la pause est appelée par le sens.
4. Quand le poète utilise-t-il l'alexandrin et quand les vers plus courts?

---

[1] Il s'agit ici d'un poème en **vers libres**, c'est-à-dire que les vers sont de différentes longueurs et que la rime est irrégulière.

DISCUSSIONS À BÂTONS ROMPUS

1. On ne devrait pas obliger les enfants à aller à l'école.
2. La nature nous instruit parfois mieux que les livres.
3. Les manuels devraient traiter de sujets ayant un rapport direct avec la vie des élèves.

SUJETS POUR DÉBATS

1. Le travail manuel apporte plus de satisfaction que le travail intellectuel.
2. Êtes-vous pour ou contre l'étude de la poésie dans les écoles?
3. Les écoles consacrent trop de temps à la théorie et pas assez à la pratique.

DEVOIRS ÉCRITS

1. Imaginez la prière d'un petit enfant canadien qui n'aime guère l'école.
2. Écrivez une lettre à un(e) camarade pour lui dire ce que vous pensez de votre école.

PRÉSENTATIONS ORALES

1. Présentez à la classe un autre poème de *Balles d'or* en dégageant le thème de la négritude.
2. Vous lirez *La Rue Case-Nègres* (1950) du Martiniquais Joseph Zobel et présenterez le roman à la classe.
3. Vous comparerez pour la classe «Le Phonographe» de Joseph Zobel (*Le Soleil partagé*, 1964) et «Le Téléphone de Barnaby» de Gabrielle Roy (*La Rivière sans repos*, 1970).

TRAVAIL D'ÉQUIPE

Différents groupes feront des recherches sur l'histoire et sur la vie économique, politique et culturelle de la Guadeloupe. La classe analysera ensuite les idées de Guy Tirolien à la lumière des résultats de ces recherches.

MONSIEUR BADIN

Georges Courteline (1858–1929), de son vrai nom, Georges Moineaux, est né à Tours. Son père, Jules Moineaux, était journaliste et auteur dramatique à succès. Courteline a été fonctionnaire pendant une quinzaine d'années, mais il consacrait toujours une bonne partie de son temps à son oeuvre.

Il a écrit des poèmes, des contes, mais il est surtout connu pour ses comédies, généralement courtes et plutôt amères. Dans bon nombre de ses pièces, comme par exemple dans *Monsieur Badin* (1897) ou dans le volume de contes, *Messieurs les ronds-de-cuir* (1893), il satirise les bureaucrates qu'il connaissait si bien.

Nous avons vu que lorsqu'on aime le travail qu'on fait, on y trouve une grande satisfaction, une véritable joie. Toutefois, lorsque la besogne nous répugne, elle devient un esclavage. Il existe aussi bien des gens qui n'aspirent qu'à une vie de loisirs, des gens pour qui le travail journalier est une pénible corvée. Tel est Monsieur Badin.

LE TRAVAIL, QUELLE CORVÉE!

Le directeur a fait appeler Monsieur Badin qui, exceptionnellement, est venu au bureau ce jour-là.

LE DIRECTEUR   . . . Dites-moi, monsieur Badin, voilà près de quinze jours que vous n'avez mis le pied à l'Administration.

MONSIEUR BADIN, *humble*.   Ne m'en parlez pas! . . .

LE DIRECTEUR   Permettez! C'est justement pour vous en parler que je vous ai fait prier de passer à mon cabinet. — Voilà, dis-je, près de quinze jours que vous n'avez mis le pied à l'Administration. Tenu au courant de votre absence par votre chef de bureau, et inquiet pour votre santé, j'ai envoyé six fois le médecin du ministère prendre chez vous de vos nouvelles. On lui a répondu six fois que vous étiez à la brasserie. 5

MONSIEUR BADIN   Monsieur, on lui a menti. Mon concierge est un impos- 10
teur que je ferai mettre à la porte par le propriétaire.

LE DIRECTEUR   Fort bien, Monsieur Badin, fort bien: ne vous excitez pas
ainsi.

MONSIEUR BADIN   Monsieur, je vais vous expliquer. J'ai été retenu chez moi
par des affaires de famille. J'ai perdu mon beau-frère . . . 15

LE DIRECTEUR   Encore!

MONSIEUR BADIN   Monsieur . . .

LE DIRECTEUR   Ah çà! monsieur Badin, est-ce que vous vous fichez de moi?

MONSIEUR BADIN   Oh! . . .

LE DIRECTEUR   À cette heure, vous avez perdu votre beau-frère, comme déjà, 20
il y a trois semaines, vous aviez perdu votre tante, comme vous aviez
perdu votre oncle le mois dernier, votre père à la Trinité, votre mère
à Pâques! Sans préjudice, naturellement, de tous les cousins, cousines,
et autres parents éloignés que vous n'avez cessé de mettre en terre à
raison d'un au moins la semaine. Quel massacre! non, mais quel mas- 25
sacre! A-t-on idée d'une boucherie pareille! . . . Et je ne parle ici, notez
bien, ni de la petite soeur qui se marie deux fois l'an, ni de la grande
qui accouche tous les trois mois. Eh bien, monsieur, en voilà assez.
Que vous vous moquiez du monde, soit! mais il y a des limites à tout,
et si vous supposez que l'Administration vous donne deux mille quatre 30
cents francs pour que vous passiez votre vie à marier les uns, à enterrer
les autres, ou à tenir sur les fonts baptismaux, vous vous mettez le
doigt dans l'oeil!

MONSIEUR BADIN   Monsieur le Directeur . . .

LE DIRECTEUR   Taisez-vous! Vous parlerez quand j'aurai fini!—Vous êtes ici 35
trois employés attachés à l'expédition: vous, M. Soupe et M. Fairbatu.
M. Soupe en est aujourd'hui à sa trente-septième année de service et
il n'y a plus à attendre de lui que les preuves de sa vaine bonne volonté.
Quand à M. Fairbatu, c'est bien simple: il place des huiles en province!
. . . Alors quoi? Car voilà pourtant où nous en sommes, il est inouï 40
de penser que, sur trois expéditionnaires, l'un soit gâteux, le second
voyageur de commerce et le troisième à l'enterrement depuis le jour
de l'An jusqu'à la Saint-Sylvestre[1]! . . . Et naïvement vous vous êtes
fait à l'idée que les choses pouvaient continuer de ce train? . . . Non,
monsieur Badin; cent fois non! J'en suis las, moi, des enterrements, 45
et des mariages, et des baptêmes! . . . Désormais, c'est de deux choses
l'une: la présence ou la démission! Choisissez! Si c'est la démission,

---

[1] le 31 décembre

128

je l'accepte! Je l'accepte à l'instant même. Est-ce clair? Si c'est le contraire, vous me ferez le plaisir d'être ici chaque jour sur le coup de dix heures, et ceci à partir de demain. Est-ce clair? J'ajoute que le jour où 50 la fatalité, cette fatalité odieuse qui vous poursuit, semble se faire un jeu de vous persécuter, viendra vous frapper de nouveau dans vos affections de famille, je vous balancerai, moi! Est-ce clair?

MONSIEUR BADIN   Ah! vous me faites bien de la peine, monsieur le Directeur! À la façon dont vous me parlez, je vois bien que vous n'êtes pas 55 content.

LE DIRECTEUR   Allons donc! Mais vous vous trompez; je suis fort satisfait au contraire!

MONSIEUR BADIN   Vous raillez.

LE DIRECTEUR   Moi! . . . monsieur Badin? . . . que j'eusse une âme si 60 traîtresse![2] qu'un si lâche dessein . . .

MONSIEUR BADIN   Si, monsieur; vous raillez. Vous êtes comme tous ces imbéciles qui trouvent plaisant de me taper sur le ventre et de m'appeler employé pour rire. Pour rire! . . . Dieu vous garde, monsieur, de vivre jamais un quart d'heure de ma vie d'employé pour rire! 65

LE DIRECTEUR, *étonné.*   Pourquoi cela!

MONSIEUR BADIN   Écoutez, monsieur. Avez-vous jamais réfléchi au sort du pauvre fonctionnaire qui, systématiquement, opiniâtrement, ne veut pas aller au bureau, et que la peur d'être mis à la porte hante, poursuit, torture, martyrise, d'un bout de la journée à l'autre? 70

LE DIRECTEUR   Ma foi non.

MONSIEUR BADIN   Eh bien, monsieur, c'est une chose épouvantable, et c'est là ma vie, cependant. Tous les matins, je me raisonne, je me dis: «Va au bureau, Badin; voilà plus de huit jours que tu n'y es allé!» Je m'habille, alors, et je pars; je me dirige vers le bureau. Mais ouitche[3]! j'entre 75 à la brasserie; je prends un bock . . . , deux bocks . . . , trois bocks! Je regarde marcher l'horloge, pensant: «Quand elle marquera l'heure, je me rendrai à mon ministère.» Malheureusement, quand elle a marqué l'heure, j'attends qu'elle marque le quart; quand elle a marqué le quart, j'attends qu'elle marque la demie . . . 80

LE DIRECTEUR   Quand elle a marqué la demie, vous vous donnez le quart d'heure de grâce . . .

---

[2] Le Directeur se moque de la remarque de Badin et emploie un style pompeux. Il fait presque des vers.
[3] «oui» ironique

MONSIEUR BADIN   Parfaitement! Après quoi je me dis: «Il est trop tard. J'aurais l'air de me moquer du monde. Ce sera pour une autre fois!» Quelle existence! Quelle existence! Moi qui avais un si bon estomac, un si   85
bon sommeil, une si belle gaieté, je ne prends plus plaisir à rien, tout ce que je mange me semble amer comme du fiel! Si je sors, je longe les murs comme un voleur, l'oeil aux aguets, avec la peur incessante de rencontrer un de mes chefs! Si je rentre, c'est avec l'idée que je vais trouver chez le concierge mon arrêté de révocation[4]! Je vis sous la   90
crainte du renvoi comme un patient sous le couperet[5]! Ah! Dieu! . . .

LE DIRECTEUR   Une question, monsieur Badin. Est-ce que vous parlez sérieusement?

MONSIEUR BADIN   J'ai bien le coeur à la plaisanterie! . . . Mais réfléchissez donc, monsieur le Directeur. Les trois mille francs qu'on me donne ici,   95
je n'ai que cela pour vivre, moi! que deviendrai-je, le jour, inévitable, hélas! où on ne me les donnera plus? Car, enfin, je ne me fais aucune illusion: j'ai trente-cinq ans, âge terrible où le malheureux qui a laissé échapper son pain doit renoncer à l'espoir de le retrouver jamais! . . . Oui, ah! ce n'est pas gai, tout cela! Aussi, je me fais un sang[6]!—Mon-   100
sieur, j'ai maigri de vingt livres, depuis *que je ne suis jamais* au ministère! (*Il relève son pantalon*). Regardez plutôt mes mollets, si on ne dirait pas[7] des bougies. Et si vous pouviez voir mes reins! des vrais reins de chat écorché; c'est lamentable. Tenez, monsieur (nous sommes entre hommes, nous pouvons bien nous dire cela), ce matin, j'ai eu la   105
curiosité de regarder mon derrière dans la glace. Eh bien! j'en suis encore malade, rien que d'y penser. Quel spectacle! Un pauvre petit derrière de rien du tout, gros à peine comme les deux poings! . . . Je n'ai plus de fesses, elles ont fondu! Le chagrin, naturellement; les angoisses continuelles, les affres! . . . Avec ça, je tousse la nuit, j'ai   110
des transpirations[8]; je me lève des cinq et six fois pour aller boire au pot à eau! . . . (*Hochant la tête*.) Ah! ça finira mal, tout cela; ça me jouera un mauvais tour.

LE DIRECTEUR, *ému*.   Eh bien! mais, venez au bureau, monsieur Badin.

MONSIEUR BADIN   Impossible, monsieur le Directeur.   115

LE DIRECTEUR   Pourquoi?

MONSIEUR BADIN   Je ne peux pas . . . Ça m'embête.

LE DIRECTEUR   Si tous vos collègues tenaient ce langage . . .

---

[4] une lettre qui annonce que je perds mon poste
[5] le couteau de la guillotine
[6] du mauvais sang; je me tracasse
[7] très familier: ne dirait-on pas
[8] je suis en transpiration

MONSIEUR BADIN, *un peu sec.* Je vous ferai remarquer, monsieur le Directeur, avec tout le respect que je vous dois, qu'il n'y a pas de comparaison à établir entre moi et mes collègues. Mes collègues ne donnent au bureau que leur zèle, leur activité, leur intelligence et leur temps: moi, c'est ma vie que je lui sacrifie! (*Désespéré.*) Ah! tenez, monsieur, ce n'est plus tenable! 120

LE DIRECTEUR, *se levant.* C'est assez mon avis. 125

MONSIEUR BADIN, *se levant également.* N'est-ce pas?

LE DIRECTEUR. Absolument. Remettez-moi votre démission; je la transmettrai au ministre.

MONSIEUR BADIN, *étonné.* Ma démission? Mais, monsieur, je ne songe pas à démissionner! je demande seulement une augmentation. 130

LE DIRECTEUR Comment, une augmentation!

MONSIEUR BADIN, *sur le seuil de la porte.* Dame[9], monsieur, il faut être juste. Je ne peux pourtant pas me tuer pour deux cents francs par mois.

Extrait de Georges Courteline, *Théâtre de Courteline*, Paris, Garnier-Flammarion, 1965, pp. 67–70.

COMPRÉHENSION ET APPRÉCIATION

1. Que signifie le titre?
2. Pourquoi les expressions ayant rapport au temps sont-elles si nombreuses dans cette saynète?
3. À votre avis, Monsieur Badin et son concierge s'entendent-ils bien?
4. Expliquez le **oh!** de Monsieur Badin (l. 19).
5. Monsieur Soupe a-t-il été un employé modèle? Expliquez votre réponse.
6. Qu'est-ce que le Jour de l'an?
7. Quelles techniques utilise le dramaturge pour montrer que le Directeur est excédé?
8. Dans la phrase: «J'ajoute que . . . je vous balancerai, moi!» (l. 50–53), quelle expression contraste avec le style du reste de la phrase? Qu'est-ce qui explique ce contraste?
9. Quelle est, à votre avis, la raison pour laquelle Monsieur Badin est obligé de se relever pour boire la nuit?
10. Quel sentiment Badin cherche-t-il à éveiller chez le directeur? Qu'est-ce qui montre qu'il y réussit presque?
11. À quoi servent ici les indications en italiques?

---

[9] exclamation = Voyons!

VOCABULAIRE ET STRUCTURES

1. «je vous ai fait prier» (l. 4–5). Trouvez une réplique de Monsieur Badin où **faire** a le même sens causatif.
2. Justifiez l'inversion dans **dis-je** (l. 5).
3. Exprimez de deux autres façons: «Voilà quinze jours que vous n'avez mis le pied à l'Administration» (l. 5–6) en faisant les changements voulus.
4. Trouvez, dans le texte, des expressions équivalentes à:
   a) **mettre en terre** (l. 24)
   b) **massacre** (l. 25)
   c) **vous vous mettez le doigt dans l'oeil** (l. 32–33)
   d) **content** (l. 56).
5. Faites deux phrases qui feront ressortir la différence entre **marier** (l. 31) et **épouser**.
6. Il y a, dans le texte, deux expressions avec le nom **oeil** (l. 33 et l. 88). Ce nom est utilisé dans de multiples expressions, souvent familières. Vous utiliserez chacune des expressions suivantes dans une phrase qui en démontre clairement le sens. Servez-vous du dictionnaire, s'il y a lieu:
   a) travailler à l'oeil
   b) avoir à l'oeil
   c) avoir l'oeil
   d) faire de l'oeil
   e) avoir bon pied, bon oeil
   f) ne pas fermer l'oeil.
7. Trouvez trois mots de la même famille que **gâteux** (l. 41).
8. Expliquez la signification du pronom **en** (l. 45).
9. Faites trois phrases où vous ferez ressortir les nuances entre **poursuit**, **torture**, **martyrise** (l. 69–70).
10. Remplacez les expressions suivantes par des expressions équivalentes dans le contexte:
    a) **tenir sur les fonts baptismaux** (l. 32)
    b) **de ce train** (l. 44)
    c) **à partir de** (l. 50)
    d) **j'ai bien le coeur à la plaisanterie** (l. 94)
    e) **de rien du tout** (l. 108)
    f) **ça me jouera un mauvais tour** (l. 113).
11. a) Donnez le masculin de:
    odieuse (l. 51)
    traîtresse (l. 61)
    continuelles (l. 110).
    b) Donnez le féminin de:
    gâteux (l. 41)
    las (l. 45)
    amer (l. 87).

1. L'Administration ne vous paie pas **pour que** vous pass**iez** votre vie à la brasserie.
   Monsieur Badin longe les murs de peur qu'on (ne) le voie.[1]

> Le subjonctif est employé après les expressions marquant le but ou la crainte: **pour que, afin que, de sorte que, de façon que, de manière que, de crainte que, de peur que**.

Remarque:
Le Directeur fera appeler Badin **de sorte qu'**ils **aient** l'occasion de parler.
> (**de sorte que** indique **le but** et a le sens de **pour que**)

Nous le gardons deux heures à la brasserie **de sorte qu'**il ne **peut** aller au bureau.
> (**de sorte que** indique **le résultat**)

> Les conjonctions **de sorte que, de manière que, de façon que** sont suivies de l'indicatif quand elles marquent le résultat.

APPLICATION

Mettez l'infinitif au temps voulu:

MODÈLES: Si vous (réfléchir), vous n'aurez pas envie de plaisanter.
Si vous **réfléchissez**, vous n'aurez pas envie de plaisanter.

Pour que Badin (être) content, nous devons lui payer un bock.
Pour que Badin **soit** content, nous devons lui payer un bock.

1. Avant qu'il (arriver), nous lui parlerons.
2. Nous ne vous payons pas pour que vous (se moquer) du monde.
3. Vous voulez garder votre situation, mais vous agissez de sorte que la directrice vous (mettre) à la porte.
4. Si je me lève, je (boire) au pot à eau.
5. Pour que vous (faire) mettre le concierge à la porte, il vous faut des raisons.
6. Le directeur le laisse partir pour qu'il (pouvoir) enterrer sa grand-mère.
7. Vous me donnez deux cents francs par mois pour que je (se tuer) au travail.
8. S'il (sortir), il longe les murs.
9. Je ne vous paie pas afin que vous me (jouer) des tours.
10. De crainte que vous (se fâcher), nous ne sommes pas allés au bar.
11. Même si l'horloge marque la demie, il ne (aller) pas au ministère.
12. Il y a huit jours que nous ne (travailler) plus.

---

[1]Après **de peur que, de crainte que**, on emploie parfois un **ne** explétif.

RAPPEL: LES PROPOSITIONS TEMPORELLES

1. Quand
   Lorsque
   Dès que
   Aussitôt que

   Badin **arrive** au bar, il **commande** un bock.
   Badin **arrivait** au bar, il **commandait** un bock.
   Badin **est arrivé** au bar, il **a commandé** un bock.
   Badin **arrivera** au bar, il **commandera** un bock.

   > Après les conjonctions **quand**, **lorsque**, **dès que**, **aussitôt que**, quand les actions de la principale et de la subordonnée sont simultanées, le temps des deux propositions est identique.

2. Monsieur Badin, dès que vous **arriverez** au bureau, **venez** me voir.

   > Quand le verbe principal est un **impératif**, le verbe de la subordonnée est généralement au **futur**.

   Attention!
   Quand tu **travailleras**, je te paierai.
   (*When you* ***work***, *I'll pay you.*)

   Lorsque vous en **aurez** le temps, allez lui parler.
   (*When you* ***have*** *time, go and speak to him.*)

   > Ne vous laissez pas induire en erreur par l'anglais qui n'utilise pas le futur dans la proposition temporelle.

3. Quand
   Lorsque
   Dès que
   Aussitôt que
   Après que

   j'**ai** fini mon travail, je **pars**.
   j'**avais** fini mon travail, je **partais**.
   j'**ai eu** fini mon travail, je **suis parti**.
   j'**aurai fini** mon travail, je **partirai**.

   > Lorsque l'action de la subordonnée précède celle de la principale, on emploie un **temps composé**. L'auxiliaire est alors au même temps que le verbe principal.

   Remarque:
   Après que est généralement suivi d'un verbe composé puisqu'il implique que l'action de la subordonnée **précède** celle de la principale.

4. Quand tu **auras fini** ton travail, **pars**.
   Dès que nous **serons arrivés**, **allons** lui dire bonjour.

   > Lorsque le temps de la principale est un **impératif**, celui de la subordonnée est un **futur antérieur** si l'action de la subordonnée précède l'action de la principale.

Attention!

Quand nous **aurons mangé**, nous irons prendre un bock.
  (*When we **have eaten**, we'll go and have a beer.*)
Après qu'elle **aura parlé** au directeur, elle rentrera chez elle.
  (*After she **has spoken** to the boss, she'll go home.*)
Lorsque vous **aurez fini** votre travail, demandez une augmentation.
  (*When you **have finished** your work, ask for a raise.*)

L'anglais emploie un **passé** alors que le français utilise un **futur antérieur** dans la proposition temporelle.

5.   Quelques expressions de temps

huit jours   =   une semaine
quinze jours   =   deux semaines
près de quinze jours   =   environ deux semaines

Je gagne deux cents francs **par** mois.
Je vois cet ami deux fois **par** an   **ou**   deux fois l'an.
Il touche dix dollars **de** l'heure.

Tous les matins, ⎫
Chaque matin,   ⎬   je bois du café au lait.
Le matin,   ⎭

Toutes les heures,   ⎫
Toutes les quatre heures, ⎬ je prends une pilule.

Je touche mon salaire ⎰ tous les quinze jours.
                      ⎱ tous les jeudis   **ou**   le jeudi.

À partir de demain, ⎫
Dès demain,   ⎬ j'arriverai à l'heure.

                    ⎧ sur le coup de dix heures.
La classe commence ⎨ à dix heures précises, sonnantes, tapantes,
                    ⎩ pile. (plus familier)

Il est tôt.   Il est tard.
Un train a de l'avance; est à l'heure; a du retard.
Une personne est en avance; est à l'heure; est en retard.
Une montre (pendule, horloge) avance; est juste; retarde.

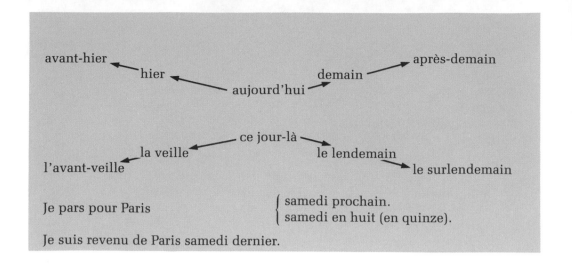

avant-hier ← hier ← aujourd'hui → demain → après-demain

l'avant-veille ← la veille ← ce jour-là → le lendemain → le surlendemain

Je pars pour Paris { samedi prochain. / samedi en huit (en quinze).

Je suis revenu de Paris samedi dernier.

APPLICATION

A. Mettez l'infinitif au temps voulu:

> MODÈLES: Quand l'horloge (marquer) la demie, j'irai au bureau.
> Quand l'horloge **marquera** la demie, j'irai au bureau.
>
> Lorsque Monsieur Badin (s'arrêter) à la brasserie, il prend une bière.
> Lorsque Monsieur Badin **s'arrête** à la brasserie, il prend une bière.

1. Aussitôt qu'il (voir) le concierge, il aura des nouvelles de Badin.
2. Dès qu'il (être) dans la rue, il aura l'oeil ouvert.
3. Quand il (être) deux heures et demie, il ira au bureau.
4. Après que nous (enterrer) notre beau-frère, nous marierons notre soeur.
5. Vous nous répondrez quand nous (finir).
6. Lorsque Monsieur Soupe (avoir) trente ans de service, il partira.
7. Quand tu (rencontrer) un de tes professeurs, tu longes les murs.
8. Aussitôt que je (pouvoir), je retournerai au travail.
9. Quand il (regarder) son derrière dans la glace, il verra que ses fesses ont fondu.
10. Elles ne (aller) pas à la brasserie lorsqu'elles quittent le travail.
11. Dès que je (avoir) assez d'argent, je songerai à démissionner.
12. Aussitôt qu'elle (remettre) sa lettre de démission, elle quittera le bureau.

B. Remplacez le tiret par l'expression qui convient:

> MODÈLE: Il part le 15 mai et revient le 29. Il va passer _____ à la campagne.
> Il part le 15 mai et revient le 29. Il va passer **quinze jours** à la campagne.

1. Votre montre indique trois heures dix. Il est trois heures et quart. Elle _____ .

2. Il est arrivé à _____ . La pendule sonnait deux coups comme il entrait.

3. Elle gagne 5,50 $ _____ heure. Elle est payée quatre fois _____ mois, une fois _____ semaine.

4. Il faut boire de l'eau six fois _____ jour, _____ trois heures environ.

5. Nous devons être au bureau à neuf heures. Il est déjà neuf heures cinq. Nous sommes _____ .

6. Déjà minuit! La pendule _____ sûrement.

7. Le train n'est pas arrivé. Il _____ .

8. Nous faisons un voyage de _____ . Nous partons le 8 août et rentrons le 15.

9. C'est aujourd'hui le 8, _____ le 9, _____ le 10.

10. Nous sommes le 10; il est arrivé le 8, _____ .

Un peu de sel . . . .

UNE BLAGUE DE COURTELINE

J'affirme avoir entendu, entre un malade et son médecin, le bref et éloquent dialogue dont je rapporte ci-dessous les termes:

– Plus de tabac!
– Je ne fume jamais.
– Plus d'alcool!
– Je n'en ai jamais pris.
– Plus de vin!
– Je ne bois que de l'eau.
– Aimez-vous les pommes de terre frites?
– Beaucoup, docteur.
– Alors, n'en mangez plus!

Georges Courteline

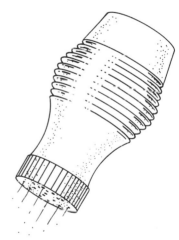

DISCUSSIONS À BÂTONS ROMPUS

1. Trouvez-vous, comme Badin, que le travail soit un esclavage?
2. Devrait-on ouvrir les bars et les brasseries le matin?
3. Les employeurs sont-ils injustes envers les jeunes?

SUJETS POUR DÉBATS

1. «La paresse est la mère de tous les vices».
2. Préféreriez-vous exercer un métier qui vous laisse libre après cinq heures du soir ou aimeriez-vous gagner plus d'argent et être chargé de responsabilités que vous emportez chez vous le soir?
3. Un travail bien fait procure plus de satisfaction qu'une partie de plaisir.

DEVOIRS ÉCRITS

1. Comparez la façon de s'exprimer du Directeur avec celle de Badin. (Qui s'exprime le plus familièrement?, qui emploie le style le plus imagé?, qui est le plus ironique?, etc.)
2. Écrivez une lettre à votre employeur pour vous excuser d'une absence prolongée.

PRÉSENTATIONS ORALES

1. Vous vous renseignerez sur les conditions de travail en France et les comparerez à celles qui existent au Canada (les salaires, les heures de travail, les congés payés, l'assurance-chômage, la pension, etc.). Vous présenterez ensuite votre documentation à la classe.
2. Vous lirez *Le Gendarme est sans pitié* et *Le Commissaire est bon enfant* et ferez pour la classe le portrait du policier selon Courteline.

TRAVAIL D'ÉQUIPE

1. Vous jouerez la saynète entre le Directeur et Monsieur Badin (en les remplaçant par une Directrice et une Madame Badin, s'il y a lieu). L'un(e) d'entre vous se chargera de la mise en scène.
2. Deux groupes écriront deux saynètes «à la Courteline» avec les personnages suivants:
   a) Le Directeur (la Directrice) d'une école, Monsieur (Madame) Badin, professeur.
   b) Le Directeur (la Directrice) d'une école, l'élève Badin.
3. Il y a plusieurs raisons pour lesquelles les gens travaillent. Un groupe trouvera cinq raisons pour lesquelles on travaille et fera ensuite un sondage parmi les autres étudiant(e)s afin de classer les raisons par ordre d'importance.

LES BELLES-SOEURS

Michel Tremblay, né en 1942, dans un quartier ouvrier de Montréal, est le plus célèbre des dramaturges du Québec et, probablement aussi, du Canada tout entier. Sa première pièce, *Les Belles-Soeurs*, a révolutionné le théâtre au Québec: l'emploi du joual[1], la crudité du langage, le cruel réalisme psychologique, les techniques dramaturgiques de Tremblay ont profondément influencé ceux qui l'ont suivi.

Tremblay est le dramaturge québécois le plus souvent joué à l'étranger. Il est aussi l'auteur de plusieurs romans à succès. Parmi ses pièces les plus célèbres, citons, à part *Les Belles-Soeurs* (1968), *À toi pour toujours, ta Marie-Lou* (1973) et *Albertine en cinq temps* (1984).

Les belles-soeurs, Germaine Lauzon au centre, collent des timbres.

---

[1] Le **joual** est le langage populaire parlé au Québec. Le mot est une corruption de **cheval** et fait ressortir le fait que, dans le français québécois—comme dans tous les langages populaires d'ailleurs — on a tendance à ne pas prononcer les consonnes ou à les prononcer mollement.

Pour Monsieur Badin, se rendre chaque jour au ministère était une véritable corvée. Mais celles qui sont obligées de s'occuper du ménage jour après jour envient souvent les gens qui ont l'occasion d'exercer un métier en dehors de la maison. Pour les femmes de la pièce de Tremblay, belles-soeurs non par alliance, mais par leur petite existence mesquine, les tâches quotidiennes répétées sans cesse pour des êtres qu'elles n'aiment guère, sont un véritable esclavage. Elles parviennent toutefois à oublier leur amertume, une fois par mois, lorsqu'elles jouent au bingo.

Corvées quotidiennes et divertissement mensuel

Les cinq femmes se lèvent et se tournent vers le public. L'éclairage change.

LES CINQ FEMMES, *ensemble.*   Quintette: Une maudite vie plate! Lundi!

LISETTE DE COURVAL   Dès que le soleil a commencé à caresser de ses rayons les petites fleurs dans les champs et que les petits oiseaux ont ouvert leurs petits becs pour lancer vers le ciel leurs petits cris . . .   5

LES QUATRE AUTRES   J'me[1] lève, pis j'prépare le déjeuner! Des toasts, du café, du bacon, des oeufs. J'ai d'la misère que l'yable[2] à réveiller mon monde. Les enfants partent pour l'école, mon mari s'en va travailler.

MARIE-ANGE BROUILLETTE   Pas le mien, y'[3] est chômeur. Y reste couché.

LES CINQ FEMMES   Là, là, j'travaille comme une enragée, jusqu'à midi.   10
J'lave. Les robes, les jupes, les bas, les chandails, les pantalons, les canneçons[4], les brassières[5], tout y passe! Pis[6] frotte, pis tord, pis refrotte, pis rince . . . C't'[7]écoeurant, j'ai les mains rouges, j't'[8]écoeurée. J'sacre. À midi, les enfants reviennent. Ça mange comme des cochons, ça revire la maison à l'envers,[9] pis ça repart! L'après-midi,   15
j'étends[10]. Ça, c'est mortel! J'hais ça comme une bonne! Après, j'prépare le souper. Le monde reviennent,[11] y'ont l'air bête,[12] on se chicane! Pis le soir, on regarde la télévision! Mardi!

LISETTE DE COURVAL   Dès que le soleil . . .

LES QUATRE AUTRES FEMMES   J'me lève, pis j'prépare le déjeuner. Tou-   20
jours la même maudite[13] affaire! Des toasts, du café, des oeufs, du

---

[1] le **e** de **je**, **de** etc. n'est pas prononcé, comme, souvent, il ne l'est pas non plus en France.
[2] beaucoup de mal (une misère du diable)
[3] y = il
[4] caleçons, culottes
[5] soutiens-gorge
[6] puis
[7] c'est
[8] je suis
[9] ils retournent à la maison, ils mettent la maison sens dessus dessous.
[10] j'étends le linge (pour le faire sécher)
[11] **monde** est considéré comme un mot pluriel en joual
[12] de mauvaise humeur
[13] juron assez faible

bacon . . . J'réveille le monde, j'les mets dehors. Là, c'est le repassage. J'travaille, j'travaille, j'travaille. Midi arrive sans que je le voye venir pis les enfants sont en maudit[14] parce que j'ai[15] rien préparé pour le dîner. J'leu[16] fais des sandwichs au béloné.[17] J'travaille toute l'après-midi, le souper arrive, on se chicane. Pis le soir, on regarde la télévision! Mercredi! C'est le jour du mégasinage![18] J'marche toute la journée, j'me donne un tour de rein à porter des paquets gros comme ça, j'reviens à la maison crevée! Y faut quand même que je fasse à manger. Quand le monde arrivent, j'ai l'air bête! Mon mari sacre, les enfants braillent . . . Pis le soir, on regarde la télévision! Le jeudi pis le vendredi, c'est la même chose! J'm'esquinte, j'me désâme[19], j'me tue pour ma gang de nonos![20] Le samedi, j'ai les enfants dans les jambes par-dessus le marché! Pis le soir, on regarde la télévision! Le dimanche, on sort en famille: on va souper chez la belle-mère en autobus. Y faut guetter[21] les enfants toute la journée, endurer les farces[22] plates du beau-père, pis manger la nourriture de la belle-mère qui est donc meilleure que la mienne au dire de tout le monde! Pis le soir, on regarde la télévision! Chus tannée[23] de mener une maudite vie plate! Une maudite vie plate! Une maudite vie plate! Une maud . . .
(*L'éclairage redevient normal. Elles se rassoient brusquement.*)

(. . .)

(*Pendant que Rose, Germaine, Gabrielle, Thérèse et Marie-Ange récitent «l'ode au bingo», les quatre autres femmes crient des numéros de bingo en contrepoint, d'une façon très rythmée*).

GERMAINE, ROSE, GABRIELLE, THÉRÈSE, ET MARIE-ANGE Moé[24], l'aime[25] ça le bingo! Moé, j'adore le bingo! Moé, y'a rien au monde que j'aime plus que le bingo! Presque toutes les mois[26], on en prépare un dans' paroisse[27]! J'me prépare deux jours d'avance, chus t'énarvée[28], chus pas tenable, j'pense rien qu'à ça. Pis quand le grand jour arrive,

---

[14] fâchés
[15] je n'ai rien préparé: Le **ne** est omis dans le français populaire.
[16] leur
[17] saucisson
[18] des emplettes, du shopping
[19] je m'épuise
[20] imbéciles
[21] surveiller
[22] plaisanteries
[23] je suis tannée; j'en ai assez
[24] moi
[25] j'aime
[26] tous les mois
[27] dans **la** paroisse
[28] énervée

j't'assez excité que chus pas capable de rien faire dans' maison! Pis 50
là, là, quand le soir arrive, j'me mets sur mon trente-six[29], pis y'a pas
un ouragan qui m'empêcherait d'aller chez celle qu'on va jouer! Moé,
j'aime ça, le bingo! Moé, c'est ben[30] simple, j'adore ça, le bingo! Moé,
y'a rien au monde que j'aime plus que le bingo! Quand on arrive, on
se déshabille pis on rentre tu-suite[31] dans l'appartement ousqu'on[32] va 55
jouer. Des fois, c'est le salon que la femme a vidé, des fois, aussi, c'est
la cuisine, pis même, des fois, c'est une chambre à coucher. Là, on
s'installe aux tables, on distribue les cartes, on met nos pitounes[33] gratis, pis la partie commence! (*Les femmes qui crient des numéros continuent seules quelques secondes*). Là, c'est ben simple, j'viens[34] folle! 60
Mon Dieu, que c'est donc excitant, c't'affaire[35]-là! Chus toute à l'envers, j'ai chaud, j'comprends les numéros de travers, j'mets mes
pitounes à mauvaise[36] place, j'fais répéter celle qui crie les numéros,
chus dans toutes[37] mes états! Moé, j'aime ça, le bingo! Moé, c'est ben
simple, j'adore ça, le bingo! Moé, y'a rien au monde que j'aime plus 65
que le bingo! La partie achève[38]! J'ai trois chances! Deux par en haut,
pis une de travers[39]! C'est le B 14 qui me manque! C'est le B 14 qui
me faut! C'est le B 14 que je veux! Le B 14! Le B 14! Je r'garde les
autres . . . Verrat[40], y'ont autant de chances que moé! Que c'est que[41]
j'vas[42] faire! Y faut que je gagne! Y faut que j'gagne! Y faut que j'gagne! 70

LISETTE DE COURVAL   B 14!

LES CINQ FEMMES   Bingo! bingo! J'ai gagné! J'le savais! J'avais ben que trop
de chances[43]! J'ai gagné! Que c'est que j'gagne[44], donc?

LISETTE DE COURVAL   Le mois passé, c'était le mois des chiens de plâtre
pour t'nir[45] les portes, c'mois icitte[46], c'est le mois des lampes 75
torchères!

---

[29] je mets mes plus beaux vêtements. (En France, on dit: Je me mets sur mon trente et un.)
[30] bien
[31] tout de suite
[32] littéralement: où est-ce qu'on; où on
[33] jetons
[34] je deviens
[35] cette affaire
[36] à **la** mauvaise
[37] tous
[38] s'achève
[39] deux verticalement, une horizontalement
[40] juron
[41] qu'est-ce que
[42] je vais
[43] j'avais bien trop de chances
[44] qu'est-ce que c'est que je gagne
[45] tenir
[46] ce mois-ci

LES NEUF FEMMES Moé, j'aime ça, le bingo! Moé, c'est ben simple, j'adore
ça, le bingo! Moé, y'a rien au monde que j'aime plus que le bingo!
C'est donc de valeur[47] qu'y'en aye pas plus souvent! J's'rais[48] tellement
plus heureuse! Vive les chiens de plâtre! Vive les lampes torchères!   80
Vive le bingo!
(Éclairage général.)

Extrait de Michel Tremblay, *Les Belles-Soeurs*, Ottawa, Leméac Éditeur, 1972, pp. 22–24 et pp. 86–87.

COMPRÉHENSION ET APPRÉCIATION

1. En quoi le style de Lisette de Courval est-il ridicule?
2. Que suggèrent pour vous les noms **de Courval** et **Brouillette**?
3. Par quels moyens stylistiques l'auteur parvient-il à suggérer la monotonie de l'existence des femmes? Donnez des exemples de ces effets stylistiques.
4. Qu'est-ce qui montre que ces femmes n'aiment pas beaucoup leur famille?
5. À quoi cette absence d'affection vous paraît-elle due?
6. Qu'est-ce qui montre que les enfants et le mari ne se rendent pas compte de tout le travail fait par la mère?
7. Que pensez-vous du vocabulaire utilisé par les femmes? Illustrez votre réponse.
8. Que pensez-vous des rapports entre Marie-Ange Brouillette et son mari?
9. Quelle est la signification du titre de la pièce?
10. En faisant parler les femmes en choeur, qu'est-ce que le dramaturge montre?
11. «on en prépare un dans' paroisse» (l. 47–48). Qu'est-ce que cette affirmation révèle en ce qui concerne la vie de cette communauté?
12. Par quels moyens stylistiques l'auteur fait-il ressortir l'énervement des femmes? Donnez-en des exemples.

---

[47] c'est dommage
[48] je serais

VOCABULAIRE ET STRUCTURES

1. Un chant à cinq voix est un **quintette**.
   Comment appelle-t-on un chant à quatre voix; trois voix; deux voix; une voix?
2. Trouvez quatre verbes où le préfixe **re-** indique la répétition.
3. Comment dirait-on en français standard:
   a) «Le monde reviennent» (l. 17)
   b) «deux jours d'avance» (l. 48)
   c) «j'pense rien qu'à ça» (l. 49)
   d) «j't'assez excité que j'chus pas capable de rien faire» (l. 50)
   e) «chez celle qu'on va jouer» (l. 52)?
4. Remplacez les expressions suivantes par des expressions équivalentes dans le contexte:
   a) «j'me donne un tour de rein» (l. 28)
   b) «j'm'esquinte» (l. 32)
   c) «par-dessus le marché» (l. 33–34)
   d) «chus dans toutes mes états» (l. 64).
5. Orthographiez correctement:
   a) **voye** (l. 23)
   b) **excité** (l. 50)
   c) **aye** (l. 79).
6. Quel est le mode de (a) **fasse** (l. 29); (b) **gagne** (l. 70)? Justifiez-en l'emploi.

DU NOUVEAU: LES PRONOMS POSSESSIFS

FORMES

MASCULIN SING.	MASCULIN PL.	FÉMININ SING.	FÉMININ PL.
le mien	les miens	la mienne	les miennes
le tien	les tiens	la tienne	les tiennes
le sien	les siens	la sienne	les siennes
le nôtre	les nôtres	la nôtre	les nôtres
le vôtre	les vôtres	la vôtre	les vôtres
le leur	les leurs	la leur	les leurs

EMPLOIS

1. Votre **mari** travaille; **le sien** est chômeur.
   La **nourriture** de la belle-mère est meilleure que **la mienne**.
   Mes **enfants** braillent; **les vôtres** sont sages.

   > Comme l'adjectif possessif, le pronom possessif est du genre et du nombre de l'objet possédé (non du possesseur).

2. Je parlerai **à** mes **enfants**. Parleras-tu **aux tiens**?
   Vous avez préparé les sandwiches **de** votre **mari**.
   A-t-elle préparé ceux **du sien?**

   > Le pronom possessif se contracte avec les prépositions **à** et **de**.

3. Il faut qu'elle travaille pour **les siens**.
   Je m'esquinte pour **les miens**.
   Il sera **des nôtres** après le travail.

   > Le pronom possessif est utilisé dans le sens de famille ou d'un groupe dont on fait partie.

4. Ce chandail **est à moi**.   La lampe torchère **est à elle**.

   > Après le verbe **être**, la possession est généralement marquée par la préposition **à** suivie de la forme tonique du pronom personnel.

   Remarque:
   Ce chandail, **il** est **à moi**.   Ce chandail, **c'est le mien**.

   > Lorsque le pronom possessif est utilisé après **est**, le sujet du verbe est **c'**, (non **il**).

APPLICATION

Remplacez le tiret par le pronom ou l'adjectif possessif qui convient. Faites les changements voulus:

> MODÈLE: Voici ma carte de bingo. Gabrielle, où est _____ ?
> Voici ma carte de bingo. Gabrielle, où est **la tienne**?

1. Nous préparons nous-mêmes _____ déjeuner. Préparez-vous _____ ?
2. J'ai lavé ma jupe. As-tu lavé _____ ?
3. Marie-Ange et toi portez les paquets. Ceux de Marie-Ange sont gros, mais _____ sont lourds.
4. Je regarde les autres. Mes chances sont meilleures que _____ .
5. Vos bas sont plus fins que les miens. Où avez-vous acheté _____ ?
6. Lisette aussi a des enfants. Mais ceux de Marie-Ange sont plus difficiles que _____ .
7. Mon beau-père et toi aimez les plaisanteries. Mais les siennes sont plus plates que _____ .
8. Ces robes sont-elles à vous? Non, elles sont à Marie; ce sont _____ .
9. Lisette, toi et moi avons gagné des lampes torchères; mais la sienne est plus jolie que _____ .
10. Vous aimez _____ enfants; j'aime _____ , bien que je les aie toujours dans les jambes.
11. Moi, je parlerai à mon mari et toi, tu parleras à _____ .
12. Je lave les caleçons de _____ enfants et elle, elle lave ceux de _____ .
13. Le dimanche, nous dînons chez ma belle-mère. Vas-tu chez _____ dimanche prochain?
14. Le pantalon bleu-clair est à elle; c'est _____ .
15. J'ai laissé _____ jetons à la maison; donne-moi quelques-uns de _____ .

Un peu de sel . . . .

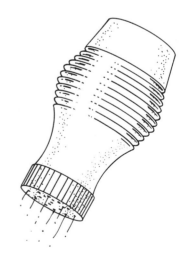

L'homme n'est pas fait pour travailler.
La preuve, c'est que cela le fatigue.
> Tristan Bernard

De temps en temps, il faut se reposer de ne rien faire.
> Jean Cocteau

RÉCAPITULATION

Mettez l'infinitif au temps voulu.

MODÈLES: Il faut que je (prendre) le train à huit heures.
                Il faut que je **prenne** le train à huit heures.

                Après qu'il (manger), il ira dans les champs.
                Après qu'il **aura mangé**, il ira dans les champs.

1. Aussitôt qu'il (arriver), nous discutons à bâtons rompus.
2. Bien que vous (faire) des efforts pour arriver à l'heure, vous êtes généralement en retard.
3. Il faut que nous (faire) expédier les bagages.
4. Quand Daniel (voir) Susan, il lui parlera.
5. En attendant que vous (trouver) votre amie, je vais chercher un porteur.
6. Nous voulons qu'elle (arriver) avant de commencer.
7. Quand elles (finir) de laver les robes, elles lavent les chemises.
8. Bien des peuples attendent que la tyrannie (prendre) fin.
9. Pour que les chiens (pouvoir) tirer le traîneau, il faut que vous les (nourrir).
10. Quoiqu'il y (avoir) beaucoup de neige au Canada et que l'hiver y (être) long, nous aimons ce pays.
11. Dès que vous (voir) le directeur, il faut que vous lui (dire) bonjour.
12. Il est nécessaire que vous (travailler) bien fort.
13. Finissons ce travail aujourd'hui afin que nous (pouvoir) nous divertir demain.

DISCUSSIONS À BÂTONS ROMPUS

1. Selon Pascal, grand penseur et savant du XVIIᵉ siècle, les hommes cherchent constamment à se divertir parce qu'ils ont peur de faire face à la réalité. Qu'en pensez-vous?
2. Il faut beaucoup d'argent pour se divertir pleinement.
3. «Il n'y a pas de sots métiers; il n'y a que de sottes gens». Que pensez-vous de ce proverbe?

SUJETS POUR DÉBATS

1. Le travail est un moyen d'évasion.
2. Même le travail monotone peut procurer une certaine satisfaction.
3. La mère de famille travaille toujours plus dur que son mari.

DEVOIRS ÉCRITS

1. Relevez les caractéristiques du joual illustrées dans les extraits en examinant le vocabulaire, les anglicismes, les contractions, la disparition des consonnes, etc.
2. Comment s'explique l'amertume des belles-soeurs? Jusqu'à quel point cette amertume est-elle le résultat de l'excès de travail, du manque d'affection, de la pauvreté, d'un défaut de caractère?
3. Décrivez une partie de bingo à laquelle vous avez participé.

PRÉSENTATIONS ORALES

1. Vous vous documenterez sur l'enfance et la jeunesse de Michel Tremblay et montrerez qu'il connaît bien le milieu qu'il décrit.
2. Vous lirez la pièce en entier et la présenterez à la classe en faisant ressortir les problèmes causés par le milieu.

TRAVAIL D'ÉQUIPE

1. Écrivez, en français standard, une saynète où sera représentée l'existence d'une des belles-soeurs et de sa famille. Interprétez cette saynète pour la classe.
2. Inventez un dialogue entre des joueurs de bingo et interprétez-le pour la classe.

NOUS CONCLUONS . . .

Nous avons vu que le travail peut véritablement être «un trésor», comme dit La Fontaine. Ainsi, l'enfant noir et les moissonneurs ressentent une joie profonde malgré la chaleur et l'épuisement. Mais, pour certains, le travail est une corvée. Pour le petit Guadeloupéen, l'école est détestable parce qu'il ne tient pas à mener la vie des «messieurs de la ville»; ce qu'il apprend dans ses classes ne l'intéresse pas. Nous ne pouvons guère l'en blâmer. Monsieur Badin a horreur de se rendre au bureau et les belles-soeurs souffrent de la monotonie de leurs tâches quotidiennes, plutôt que de fatigue. Peut-être Monsieur Badin et les belles-soeurs seraient-ils moins malheureux s'ils avaient une attitude plus saine face au travail, mais ils n'aspirent qu'aux divertissements: télévision et bingo pour les belles-soeurs, taverne pour Badin, plaisirs médiocres ou même nuisibles. Les moissonneurs, eux, fiers et heureux du travail accompli, sont à même de goûter pleinement le repos et le calme du soir.

VOUS CONCLUEZ . . .

1. Trouvez-vous qu'on ne puisse bien profiter de ses loisirs que si l'on est satisfait de son travail?
2. Quel est, à votre avis, le personnage le mieux équilibré de ceux que vous avez rencontrés dans cette unité? Pourquoi?

U·N·I·T·É·4

LA JEUNESSE ET L'ÂGE ADULTE

La jeunesse est parfois l'époque de l'insouciance, mais c'est aussi celle de la curiosité, de l'enthousiasme. L'âge adulte, au contraire, est l'époque des responsabilités et — les adultes le pensent — de la sagesse née de l'expérience. Souvent, les adultes tentent de mettre un frein à l'enthousiasme et à l'apparente insouciance des jeunes. De là naît un conflit, le conflit des générations.

ROMAN

Rimbaud, un des poètes français les plus prestigieux, est né en 1854, dans une famille bourgeoise qu'il quitte bientôt pour mener une vie vagabonde. Enfant prodige, il écrit ses poèmes avant l'âge de vingt ans. Puis, l'artiste se transforme en homme d'action, se faisant même trafiquant d'armes en Afrique. Il meurt à Marseille en 1891. Son poème le plus célèbre est «Le Bateau ivre».

Dans ce poème, Rimbaud, qui n'a même pas seize ans, décrit les premières émotions sentimentales que ressent un adolescent.

ROMAN

I

On n'est pas sérieux, quand on a dix-sept ans.
—Un beau soir, foin des bocks et de la limonade[1],
Des cafés tapageurs aux lustres éclatants!
—On va sous les tilleuls verts de la promenade.

Les tilleuls sentent bon dans les bons soirs de juin!   5
L'air est parfois si doux, qu'on ferme la paupière;
Le vent chargé de bruits, — la ville n'est pas loin, —
A des parfums de vigne et des parfums de bière . . .

---

[1] au diable les bocks et la limonade

II

—Voilà qu'on aperçoit un tout petit chiffon[2]
D'azur sombre, encadré d'une petite branche,
Piqué d'une mauvaise étoile, qui se fond
Avec de doux frissons, petite et toute blanche . . .

Nuit de juin! Dix-sept ans! —On se laisse griser.
La sève est du champagne et vous monte à la tête . . .
On divague; on se sent aux lèvres un baiser
Qui palpite là, comme une petite bête . . .

III

Le coeur fou Robinsonne[3] à travers les romans,
—Lorsque, dans la clarté d'un pâle réverbère,
Passe une demoiselle aux petits airs charmants,
Sous l'ombre du faux-col effrayant de son père . . .

Et, comme elle vous trouve immensément naïf,
Tout en faisant trotter ses petites bottines,
Elle se tourne, alerte et d'un mouvement vif . . .
—Sur vos lèvres alors meurent les cavatines[4] . . .

IV

Vous êtes amoureux. Loué jusqu'au mois d'août.
Vous êtes amoureux. —Vos sonnets La font rire.
Tous vos amis s'en vont, vous êtes *mauvais goût*.
—Puis l'adorée, un soir, a daigné vous écrire! . . .

—Ce soir-là, . . . —vous rentrez aux cafés éclatants,
Vous demandez des bocks ou de la limonade . . .
—On n'est pas sérieux, quand on a dix-sept ans
Et qu'on a des tilleuls verts sur la promenade.

10

15

20

25

30

Arthur Rimbaud, *Poésies, Arthur Rimbaud un poète*, Paris, Éditions Gallimard, Collection folio junior, 1982, pp. 50–51.

[2] morceau
[3] verbe inventé par l'auteur, inspiré par Robinson Crusoë; signifie vagabonde, se promène
[4] chansons

COMPRÉHENSION ET APPRÉCIATION

1. Pourquoi le poète emploie-t-il le pronom **on** dans la première partie du poème (et au dernier vers), alors qu'il passe au **vous** dans la seconde partie?
2. Pourquoi le parfum de la bière se mêle-t-il au parfum de la vigne (v. 8)?
3. Commentez le choix des termes **vigne** et **bière** (v. 8).
4. Qu'est-ce qui indique que nous sommes en France?
5. S'agit-il d'une nuit très claire? Justifiez votre réponse.
6. Pourquoi le faux-col du père est-il effrayant (v. 20)?
7. Pourquoi les cavatines meurent-elles sur les lèvres du poète (v. 24)?
8. Combien de temps va durer l'amour du poète?
9. Pourquoi le pronom **La** (v. 26) a-t-il une majuscule?
10. Pourquoi le poète retourne-t-il à ses habitudes après avoir reçu la lettre?
11. Le passé n'est utilisé qu'une fois dans le poème. Relevez le vers où il est utilisé et expliquez pourquoi il est employé ici.
12. Quel est l'effet produit par la répétition de l'adjectif **petit** et par celle de la phrase «Vous êtes amoureux»?

VOCABULAIRE ET STRUCTURES

1. Trouvez quatre mots de la même famille que:
   a) **verts** (v. 4)
   b) **doux** (v. 6)
   c) **branche** (v. 10)
   d) **griser** (v. 13)
   e) **vif** (v. 23).
2. Quel est le contraire de «sentent bon» (v. 5)?
3. Expliquez l'orthographe de **bon** et de **bons** (v. 5).
4. Faites une phrase de la même structure que le v. 6.
5. Quel est l'infinitif de (a) **aperçoit** (v. 9)
   (b) **meurent** (v. 24)?
6. Trouvez, dans le poème, deux structures identiques à «chargé de bruits» (v. 7).
7. Trouvez une expression de votre cru calquée sur le modèle «une demoiselle aux petits airs charmants» (v. 19).

Un peu de sel . . . .

—Conjuguez-moi le verbe **aimer**, demande la maîtresse.
—À quel mode?, interroge un élève.
—Apprenez que le verbe **aimer** est toujours à la mode!

RAPPEL: LE PLURIEL DE L'ADJECTIF

1. des cafés tapageur**s**   ses petite**s** bottines

   Le pluriel de l'adjectif se forme généralement en ajoutant **-s** au singulier.

2. de dou**x** baisers   ces mauvai**s** garçons

   Lorsque l'adjectif se termine par **-s** ou **-x** au singulier, il ne change pas au pluriel.

3. le poème princip**al**   les poèmes princip**aux**

   La terminaison **-al** devient généralement **-aux** au pluriel.

   Exceptions: banal, final, natal, naval.

4. le b**eau** tilleul   les b**eaux** tilleuls

   La terminaison **-eau** prend **-x** au pluriel.

5. Le vin et la bière sont bon**s** dans ce café.

   Lorsqu'un adjectif qualifie plusieurs noms, il se met au pluriel. Lorsqu'au moins un des noms qualifiés est masculin, l'adjectif se met au masculin pluriel.

6. des souliers **marron**   des blouses **orange**
   des robes **lilas**

   Les noms employés pour désigner une couleur restent invariables.

Remarque:

des lèvres rose**s**

Rose est considéré comme un adjectif et traité comme tel.

7. un beau tilleul ⟶ **de** beaux tilleuls
    un petit air ⟶ **de** petits airs

> Lorsque l'adjectif précède le nom, **de** et non **des** est utilisé.

LA PLACE DE L'ADJECTIF

Comme la formation du féminin, la place de l'adjectif est une question complexe. Toutefois, il **suit plus souvent le nom** qu'il ne le précède.

1. un garçon **sérieux**   un tilleul **vert**
    une possession **française**   un monsieur **catholique**

> Les adjectifs indiquant la forme, la couleur, la nationalité, la religion, la politique, la profession suivent le nom.

2. une demoiselle **charmante**   des succès **éclatants**
    une maison **louée**   les paupières **fermées**

> Le participe présent ou passé employé comme adjectif suit généralement le nom.

3. une voix **charmante à écouter**   une femme **extrêmement** jeune
                     une demoiselle **belle à ravir**
              mais: une **fort belle** demoiselle

> L'adjectif suivi d'un complément ou précédé d'un long adverbe suit le nom.

4. un **beau** soir   les **bons** soirs
    un **petit** chiffon   un **mauvais** goût

> L'adjectif précède le nom quand il est court et souvent utilisé. Tels sont: **jeune, vieux, beau, joli, court, long, gros**, etc.

5. l'**extraordinaire** Rimbaud   l'**amusant** Courteline

> L'adjectif précède toujours un nom propre.

6. une **jeune** fille   **mais:** une femme **jeune**
    une **violente** tempête   **mais:** un homme **violent**

> L'adjectif précède le nom quand il forme avec lui un nom composé ou quand il est fréquemment associé à ce nom.

7. de **petits** airs   des airs **charmants**
    de ces **petits** airs **charmants**

> Quand deux adjectifs qualifient le nom, ils gardent leur place habituelle.

8. une fille **sérieuse**   une fille **sensible**   une fille **intelligente**
    une fille sérieuse, sensible **et** intelligente

> Quand plusieurs adjectifs qualifiant un nom se suivent, le dernier est généralement relié aux autres par **et**.

9. un **grand et beau** jeune homme   un jeune homme **grand et beau**

> Deux adjectifs qui, normalement, précèdent le nom et qui sont reliés par **et**, peuvent aussi suivre le nom.

Remarque:
un beau jeune homme   une petite fille charmante

> Des expressions telles que **jeune homme**, **jeune fille**, **petite fille**, etc. sont considérées comme des noms composés.

CHANGEMENT DE SENS DE L'ADJECTIF

Ce café est **propre**.
C'est son **propre** père.

> Certains adjectifs ont un sens différent selon qu'ils précèdent ou suivent le nom. En général, lorsqu'ils suivent le nom, ils sont utilisés au sens **propre**. Lorsqu'ils précèdent le nom, ils sont utilisés au sens **figuré**.

Quelques adjectifs qui changent de sens selon qu'ils précèdent ou suivent le nom:

SENS PROPRE	SENS FIGURÉ
un texte **ancien**	les **anciens** habitants
un soldat **brave**	une **brave** femme
une Porsche **chère**	une **chère** amie
une question **différente**	**différentes** personnes
une phrase **drôle**	une **drôle de** phrase
un homme **grand**	un **grand** compositeur
une famille **pauvre**	une **pauvre** veuve
la semaine **prochaine**	la **prochaine** fois
les mains **propres**	son **propre** frère

les mains **sales**	une **sale** affaire
le garçon **seul**	une **seule** fois
les **mêmes** choses	les choses **mêmes**
l'année **dernière**	la **dernière** bataille

APPLICATION

A. Mettez au pluriel:

MODÈLE: Il n'est pas sérieux car il a dix-sept ans.
Ils ne sont pas sérieux car ils ont dix-sept ans.

1. Le tilleul sent bon ce bon soir de juin.
2. Il aime ce café tapageur au beau lustre.
3. Le parfum du tilleul vert est très doux.
4. La jeune fille se promène avec un petit air charmant.
5. Ce beau jeune homme est matinal.
6. L'examen final m'effraie.

B. Mettez l'adjectif à la place voulue, selon le sens:

MODÈLES: Un soir, il est parti. (beau)
Un **beau** soir, il est parti.

Quelle journée! (belle, ensoleillée)
Quelle **belle** journée **ensoleillée**!

1. Est-ce le café? Non, c'est un autre. (même)
2. Il passera les deux semaines dans cette ville. (prochaines)
3. Elle a bu un bock. (grand, frais)
4. Ce vin n'est pas bon. (cher)
5. Nous aimons les cafés. (propres)
6. J'aime les nuits de juin. (belles, claires)
7. As-tu remarqué l'air de cette demoiselle? (petit, charmant)
8. Vous avez rencontré un amoureux. (ancien)
9. Il a écrit un sonnet. (nouveau)
10. Le ciel est piqué d'une étoile. (petite, blanche)
11. Il y a un tilleul sur la promenade. (grand, vert)
12. Connais-tu ce poète? (brave)

Un peu de sel . . . .

. . . . SUR LE PLURIEL . . . . . .
Le professeur pose une question à la classe.
—Le mot **pantalon** est-il singulier ou pluriel?
Toute la classe hésite. Enfin, Marie lève la main:
—Il est singulier dans le haut et pluriel dans le bas!

NOTIONS DE VERSIFICATION
(SUITE)

1. Un groupe de deux vers est un **distique**, de trois vers un **tercet**, de quatre
   vers un **quatrain**.
   N.B. Un **sonnet** (14 vers) se compose de deux quatrains et de deux tercets.

2. On n'est pas sérieux, quand on a dix-sept **ans**.　rime
　　—Un beau soir, foin des bocks et de la limon**ade**,　masculine
　　Des cafés tapageurs aux lustres éclat**ants**!　rime
　　—On va sous les tilleuls verts de la promen**ade**.　féminine

   a) Il y a une rime lorsque deux vers se terminent par la même voyelle
   (et, s'il y a lieu, la même consonne suivant la voyelle).
   b) Une rime est dite **féminine** si elle se termine par un **e** muet, **masculine** si elle se termine par une voyelle autre que le **e** muet ou
   par une consonne. Les rimes masculines et féminines alternent
   généralement.

3. a) Mourir pour le pays n'est pas un triste sort.
   　 C'est s'immortaliser par une belle mort.

   Lorsque deux vers consécutifs riment, la rime est **plate**.

b) Je fais souvent ce rêve étrange et pénétrant   a
   D'une femme inconnue, et que j'aime et qui m'aime   b
   Et qui n'est chaque fois ni tout à fait la même   b
   Ni tout à fait une autre et m'aime et me comprend   a

Lorsque deux vers qui riment ensemble encadrent deux autres vers qui riment également, la rime est **embrassée**.

c) On n'est pas sérieux, quand on a dix-sept ans.   a
   —Un beau soir, foin des bocks et de la limonade,   b
   Des cafés tapageurs aux lustres éclatants!   a
   —On va sous les tilleuls verts de la promenade.   b

Lorsque deux vers rimant ensemble sont séparés par un autre vers, la rime est **croisée**.

APPLICATION

1. Relevez les rimes dans les deux derniers quatrains de «Roman». De quelle sorte de rimes s'agit-il?
2. Quelles sont les rimes féminines dans ces deux quatrains?
3. Relevez les césures dans les deux derniers quatrains.
4. Relevez deux enjambements dans le poème.
5. Relevez un exemple d'allitération. Quel effet le poète cherche-t-il à créer?

DISCUSSIONS À BÂTONS ROMPUS

1. Les jeunes filles sont-elles plus heureuses maintenant qu'elles sont plus libres?
2. Quel âge les jeunes gens devraient-ils avoir avant de sortir ensemble?

SUJETS POUR DÉBATS

1. Le poète a tort de dire qu'on n'est pas sérieux à dix-sept ans.
2. La petite idylle que décrit Rimbaud ne serait plus possible de nos jours.
3. Dix-sept ans, c'est un bel âge.

DEVOIRS ÉCRITS

1. Composez un poème de deux quatrains sur le même thème que celui de Rimbaud.
2. Faites le portrait d'un jeune homme (ou d'une jeune fille) que vous avez croisé(e) dans la rue.

PRÉSENTATIONS ORALES

1. Vous vous documenterez sur la vie aventureuse de Rimbaud et la raconterez à la classe.
2. Vous analyserez un poème de Rimbaud pour la classe.

TRAVAIL D'ÉQUIPE

Vous écrirez et interpréterez une saynète ayant pour sujet une rencontre agréable.

KAMOURASKA

Anne Hébert, poète et romancière, née en 1916 à Sainte-Catherine-de-Fossambault, est un des grands écrivains québécois. Même si elle vit en France depuis de nombreuses années, son oeuvre est inspirée par le Canada. Son roman, *Les Fous de Bassan* (1984), s'est mérité le Prix Fémina.

Geneviève Bujold dans le rôle d'Élisabeth.

Le poème de Rimbaud mettait en relief le caractère romanesque de l'adolescence. Dans le passage ci-dessous, Anne Hébert illustre un autre trait de cet âge: la curiosité —en particulier en ce qui concerne l'autre sexe.

UNE JEUNE FILLE CURIEUSE

Élisabeth d'Aulnières, qui est maintenant une femme de quarante ans, évoque son adolescence. Les événements dont il est question ici se situent vers 1830.

—Aurélie. Souviens-toi. Tu as quinze ans?

Elle lève vers moi son petit visage kalmouk[1] aux yeux bridés de rire. Elle m'examine attentivement avec précaution. Cherchant à retenir je ne sais quoi de brûlant, de virulent dans son regard.

—En ce temps-là on vous appelait «Mademoiselle», gros comme le   5
bras[2].

Nouvel éclat de rire. Elle touche mes vêtements, comme si elle touchait du feu ou de la neige.

—Comme vous êtes bien habillée! Une vraie fête! Mais vous ne connaissez rien des garçons.   10

Je prends un air pincé. Je détourne la tête et tapote les plis de ma jupe avec hauteur.

—Ce n'est rien cela. Si tu voyais ma robe de bal. Décolletée, tout en soie, pour aller danser chez le Gouverneur.

Encouragée par le mot «Gouverneur», Aurélie saisit ma jupe à   15
pleines mains.

—Que c'est doux et joli! Peuh le Gouverneur! Moi, je vis chez mon oncle!

—J'ai entendu dire que ce n'était pas ton oncle?

De nouveau l'oeil d'Aurélie se plisse. Une petite vipère, rapidement,   20
surgit entre les cils et disparaît.

—Vrai ou pas. Il me fait vivre à l'aise. Je ne travaille presque pas. J'ai un col de dentelle, le dimanche, pour aller à la messe.

—Aurélie, on dit que tu es une sorcière?

Aurélie, soudain très calme et digne, hausse les épaules. Elle saisit   25
la pipe accrochée à sa ceinture par un ruban. La tape sur son talon nu pour la vider. Sort une blague à tabac de sa poche.

Aurélie bourre sa pipe. Approche une allumette. Fait tuf . . . tuf . . . avec sa grosse bouche. Comme si elle tétait. Son visage blême exprime un contentement infini. Elle parle dans un nuage de fumée. La voix   30
lointaine. Le ton détaché.

—Je sais, moi, si oui ou non, les bébés naissants vont vivre. C'est pourtant facile. Tout de suite après leur naissance, quand la bonne femme les a bien lavés, moi, je les lèche, de la tête aux pieds, les bébés. Et puis, quand ils goûtent trop salé, ça veut dire qu'ils vont mourir.   35

---

[1] de type mongol
[2] très poliment

Je ne me suis pas trompée une seule fois. Les mères me font venir exprès, pour savoir.

—Et les garçons, Aurélie? Parle-moi des garçons?

Il me semble que je crie, les mains en porte-voix. Aurélie m'échappe. Je passe brusquement du soleil aveuglant à une sorte de pénombre, humide, envahissante. Une seule idée en vrille dans ma tête[3]: il faut que je rentre, ou je serai privée du bal chez le Gouverneur. Si mes tantes apprennent que j'ai rencontré Aurélie, je serai punie. À mesure que cette idée fait son chemin dans ma tête et s'installe, claire et nette, je m'éloigne vertigineusement d'Aurélie. Sans parvenir à faire un pas de moi-même d'ailleurs. C'est comme si je filais sur la rivière. Une sorte de radeau plat sous mes pieds. La rivière silencieuse. Aucune résistance de l'eau. Aucun bruit de vague ou de rames. Je vais au bal du Gouverneur. Il faut que j'aille au bal du Gouverneur. Adieu Aurélie. Si jamais je te rencontre, je ne te reconnaîtrai pas, mauvaise compagnie, mauvaise rencontre. Ma mère m'a promis un collier de perles, pour aller au bal du Gouverneur. Mon âme pour un collier de perles. Et les garçons, Aurélie? Et les . . .

Son profil précis couleur d'ivoire. Sa bouche lippue. Sa pipe. Un nuage de fumée. Puis plus rien. Aurélie a disparu.

Le bal est une merveille. Le Gouverneur lui-même me respire dans le cou en dansant. Tante Adélaïde me donne un coup d'éventail sur le bras. Les lustres sont extraordinaires. Il y a des lueurs roses qui se balancent au plafond. Je veux danser toute la nuit. Les garçons endimanchés ne sont vraiment pas drôles. Et les filles donc? Pimbêches et pincées, avec des rires d'oies chatouillées. Il n'y a que le Gouverneur lui-même . . . Tout rouge. Ses favoris rouillés. Je crois qu'il louche dans . . . J'ai échancré mon corsage. La musique, mes jambes. Ma taille, la musique. La musique me monte à la tête. Une, deux. La polka. Je suis folle de la polka. Souple comme une bougie qui fond. Vive comme une flamme. Je crois que le Gouverneur (danser à en perdre le souffle) me renverse sur son bras. Comme une fleur qui se pâme. Peut-être me suis-je imaginé cela? Ma mère dit qu'il faut me marier. Le quadrille reprend. Les garçons s'essoufflent, renâclent, pareils à de petits cochons, patauds et maladroits. Ils me regardent par en dessous. Ma mère dit encore qu'il faut me marier. Le Gouverneur a bien quarante ans, l'âge intéressant. Les autres, de petits cochons endimanchés, vous dis-je. Aurélie, il faudrait que je te parle pourtant. Comment faire? Je voudrais savoir . . . Les garçons . . . Les garçons . . .

Extrait d'Anne Hébert, *Kamouraska*, Paris, Éditions du Seuil, 1970, pp. 62–65.

---

[3] tourne dans ma tête

COMPRÉHENSION ET APPRÉCIATION

1. Quelles expressions, au début du passage, révèlent qu'il s'agit de souvenirs?
2. On dit qu'Aurélie est une «sorcière». Relevez deux images généralement associées à la sorcière.
3. Quels sentiments Aurélie inspire-t-elle à Élisabeth?
4. Quels sentiments Élisabeth inspire-t-elle à Aurélie?
5. Il y a plusieurs images où il est question d'animaux. Relevez-en trois. Quelle conclusion peut-on tirer de l'emploi de ces images?
6. Quels sont, à votre avis, les rapports entre Aurélie et son «oncle»?
7. Comment imaginez-vous le milieu où vit Élisabeth? Justifiez votre réponse.
8. Les phrases sans verbe sont très nombreuses ici. Quelle impression créent-elles?
9. Expliquez ce que signifie ici l'image de la rivière (l. 46).
10. Qu'est-ce qui intéresse Élisabeth par-dessus tout? Qu'est-ce qui le montre?
11. Pourquoi Élisabeth tutoie-t-elle Aurélie alors que celle-ci la vouvoie?
12. Pourquoi la mère d'Élisabeth répète-t-elle qu'il faut la marier?

VOCABULAIRE ET STRUCTURES

1. «je ne sais **quoi de brûlant**» (l. 3–4). Trouvez trois autres pronoms suivis de **de** devant l'adjectif.
2. Complétez la phrase «Si tu voyais ma robe de bal, tu . . . » (l. 13).
3. Expliquez le sens de **Peuh** (l. 17).
4. En vous servant de vos propres mots, faites une phrase sur le modèle de «Les mères me font venir . . . » (l. 36).
5. Quel est le mode de **rentre** (l. 42)? Pourquoi ce mode est-il utilisé ici?
6. Relevez une autre phrase du même modèle que:
   «Si je te rencontre, je ne te reconnaîtrai pas» (l. 50).
7. Il est question ici de la polka (l. 64). Quelles autres danses connaissez-vous?
8. Justifiez l'emploi de **de** dans **de petits cochons** (l. 70).
9. Quel est le sens de **bien** (l. 71)?
10. Donnez le contraire de:
    a) **rapidement** (l. 20)
    b) **disparaît** (l. 21)
    c) **lointaine** (l. 31)
    d) **salé** (l. 35)
    e) **punie** (l. 43)
    f) **m'éloigne** (l. 45).

RAPPEL: L'ACCORD DU PARTICIPE PASSÉ

1. Je prends un **air pincé**.
   Encourag**ée**, **Aurélie** saisit ma jupe.

   > Le participe passé employé sans auxiliaire s'accorde comme l'adjectif.

2. Ma mère m'a pro**mis** des perles. Où sont les perles **qu**'elle m'a pro**mises**?
   Lorsque la bonne femme **les** a lav**és**, Aurélie lèche les bébés.

   > Le participe passé d'un verbe conjugué avec **avoir** s'accorde en genre et en nombre avec l'objet direct si celui-ci précède le verbe.

   Attention:
   Il se souviennent des adolescents qu'ils ont **été**.
   Le participe passé du verbe **être**, **été**, est toujours **invariable**.

3. Elle ne **s'**est pas tromp**ée**. (**s'** = objet direct)
   Peut-être **s'**est-elle imagin**é** cela. (**s'** = objet indirect)
                        (**cela** = objet direct)
   Quelles histoires il s'est imagin**ées**! (**histoires** = objet direct)
                        (**s'** = objet indirect)
   Elle s'est lav**é** les mains. (**s'** = objet indirect)
                        (**les mains** = objet direct)

   > Le participe passé d'un verbe pronominal s'accorde avec l'objet direct **si celui-ci précède**.

4. Ma **mère** est sort**ie**.   **Elles** seront priv**ées** du bal.
   La **musique** m'est mont**ée** à la tête.   **Je** serai puni**e**.

   > Le participe passé des verbes, autres que les verbes pronominaux, conjugués avec **être** (y compris les verbes à la voix passive) s'accorde avec le **sujet** du verbe.

Verbes intransitifs conjugués avec **être**:

aller – venir (devenir, revenir, parvenir, survenir)
(r)entrer – sortir
monter – descendre
arriver – partir
naître – mourir
passer
rester
retourner
tomber

Remarquez que les verbes ci-dessus, sauf **rester**, indiquent un mouvement.

Attention: Elles sont descendues.
              Mais:
              Elles ont descendu l'escalier.

(R)entrer, **sortir**, **monter**, **descendre**, **retourner**, **passer**, employés transitivement (= avec un objet direct), sont conjugués avec **avoir**.

5. Vous ne pouvez imaginer l'énergie qu'il lui a fall**u**.
   Quelle belle journée il a fa**it**!

Le participe passé d'un verbe impersonnel est **invariable**.

6. La mère les a fait venir.

Le participe passé de **faire**, suivi de l'infinitif, est **invariable**.

7. Aurélie, **que** j'ai vu**e** fumer, est une sorcière.
                    (**que** = Aurélie: objet de **ai vue**)
         La pipe **que** j'ai vu Aurélie fumer est attachée à sa ceinture.
                    (**que** = pipe: objet de **fumer**)
         Je **les** ai laiss**és** jouer. (**les** = objet de **ai laissés**)
         Elle **nous** a laissé accuser par Aurélie. (**nous** = objet de **accuser**)

Le participe passé des verbes de **perception** et du verbe **laisser** s'accorde avec l'objet direct qui précède, si celui-ci est l'objet du verbe conjugué (non de l'infinitif).

APPLICATION

A. Faites l'accord du participe passé, s'il y a lieu:

MODÈLES: Elle a rencontré Aurélie et sera puni.
Elle a **rencontré** Aurélie et sera **punie**.

Ne croyez pas les choses que vous avez entendu dire.
Ne croyez pas les choses que vous avez **entendu** dire.

1. Privé du bal, Élisabeth ne pourrait porter sa robe décolleté.
2. Elles se sont habillé pour aller chez le Gouverneur.
3. La pipe qu'Aurélie a bourré est souvent accroché à sa ceinture.
4. Lorsqu'elles se sont lavé les mains, elles lavent les bébés.
5. Pourquoi nous avez-vous fait venir?
6. Les bébés qu'Aurélie a léché avaient un goût salé.
7. La tasse que j'ai laissé tomber est cassé.
8. La jeune fille que vous avez vu danser s'appelle Élisabeth.
9. Je ne l'ai pas vu danser les danses que vous avez appris.
10. Tous les efforts qu'il a fallu faire ont été inutiles.
11. La blague à tabac qu'elle a sorti est jolie.
12. Sont-ils rentré avec leur tante?
13. Est-ce qu'elle a été puni parce qu'elle a parlé à Aurélie?
14. La jeune fille a haussé les épaules et est parti sans rien dire.
15. Les choses que j'ai entendu dire me renversent.
16. Cette idée s'est installé dans ma tête et je me suis éloigné d'Aurélie.

B. Mettez l'infinitif au passé composé en faisant accorder correctement le participe:

MODÈLES: Les robes qu'elles (porter) au bal étaient décolletées.
Les robes qu'elles **ont portées** au bal étaient décolletées.

Connaissez-vous les chansons que je lui (faire) chanter?
Connaissez-vous les chansons que je lui **ai fait** chanter?

1. Nous (se laver) avant d'aller au bal.
2. Nous (se laver) les mains avant de manger.
3. Élisabeth (se faire) belle pour aller chez le Gouverneur.
4. Elle (porter) sa robe décolletée.
5. Je les (entendre) dire qu'elle serait punie.
6. Vos enfants, que vous (laisser) jouer librement, n'aiment plus l'école.
7. Ma mère (sortir) sa robe décolletée et (aller) au bal.
8. Elle (se faire) promettre un collier.
9. Les perles que vous lui (promettre) sont très chères.
10. Vous (s'imaginer) cette histoire.
11. Nous (retourner) près de la rivière.

Un peu de sel . . . .

Les vieillards aiment à donner de bons préceptes pour se consoler de n'être plus en état de donner de mauvais exemples.

La Rochefoucauld

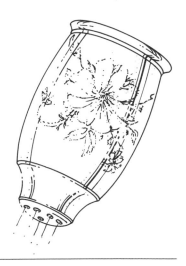

DISCUSSIONS À BÂTONS ROMPUS

1. Pensez-vous que la mauvaise compagnie puisse gâter le caractère d'un(e) adolescent(e)?
2. Trouvez-vous la compagnie des gens plus âgés que vous intéressante?
3. L'éducation sexuelle devrait être obligatoire dans les écoles.

SUJETS POUR DÉBATS

1. Élisabeth ne serait pas un personnage convaincant à notre époque.
2. Le pour et le contre des écoles mixtes.
3. La vente du tabac devrait être interdite.

DEVOIRS ÉCRITS

1. Faites le portrait d'Aurélie d'après la description donnée par l'auteur.
2. Écrivez environ cent mots sur la personnalité d'Élisabeth.

PRÉSENTATION ORALE

Vous lirez le reste du roman et le résumerez pour la classe **ou** vous résumerez un conte d'Anne Hébert pour la classe (par exemple, «Le Torrent», «Un grand mariage»).

TRAVAIL D'ÉQUIPE

1. Un groupe écrira un dialogue imaginaire entre Élisabeth, ses tantes et sa mère, celles-ci ayant appris qu'elle a parlé à Aurélie. La saynète sera ensuite interprétée.
2. Vous rentrez d'une soirée aux petites heures. Vos parents, furieux, vous attendent au salon. Imaginez le dialogue et interprétez la scène avec vos camarades.

LE MALADE IMAGINAIRE

Jean-Baptiste Poquelin, dit Molière (1622–1673), est le plus grand auteur de comédies que la France ait produit. Dans la plupart de ses pièces, un père ou une mère égoïste et maniaque veut marier sa fille (ou, plus rarement, son fils) contre son gré.

Molière était également directeur de troupe et acteur. C'est d'ailleurs moins de deux heures après avoir joué *Le Malade imaginaire* qu'il est mort.

Argan, Toinette et Angélique.

Déjà dans *Kamouraska*, nous avions vu qu'il existait certaines frictions entre la jeune fille et ses aînées. Dans *Le Malade imaginaire*, les frictions deviennent un conflit lorsque le père veut marier sa fille à un inconnu, alors qu'elle est déjà amoureuse.

UN MALENTENDU

Angélique et Toinette, servante d'Argan, viennent de parler de Cléante, l'amoureux d'Angélique, qui doit la faire demander en mariage.

ACTE I, SCÈNE V. ARGAN, ANGÉLIQUE, TOINETTE.

ARGAN, *se met dans sa chaise.* O ça, ma fille, je vais vous dire une nouvelle où[1] peut-être ne vous attendez-vous pas. On vous demande en mariage. Qu'est-ce que cela, vous riez? Cela est plaisant, oui, ce mot de mariage; il n'y a rien de plus drôle pour les jeunes filles. Ah! nature, nature! 5 À ce que je puis voir, ma fille, je n'ai que faire[2] de vous demander si vous voulez bien vous marier.

ANGÉLIQUE   Je dois faire, mon père, tout ce qu'il vous plaira de m'ordonner.

ARGAN   Je suis bien aise d'avoir une fille si obéissante. La chose est donc conclue, et je vous ai promise. 10

ANGÉLIQUE   C'est à moi, mon père, de suivre aveuglément toutes vos volontés.

ARGAN   Ma femme, votre belle-mère, avait envie que je vous fisse religieuse, et votre petite soeur Louison aussi; et de tout temps elle a été aheurtée à cela[3]. 15

TOINETTE, *tout bas.*   La bonne bête[4] a ses raisons.

ARGAN   Elle ne voulait point consentir à ce mariage; mais je l'ai emporté, et ma parole est donnée.

ANGÉLIQUE   Ah! mon père, que je vous suis obligée de toutes vos bontés!

TOINETTE, *à Argan.*   En vérité, je vous sais bon gré[5] de cela, et voilà l'action 20 la plus sage que vous ayez faite de votre vie.

ARGAN   Je n'ai point encore vu la personne; mais on m'a dit que j'en serais content, et toi aussi.

ANGÉLIQUE   Assurément, mon père.

ARGAN   Comment l'as-tu vu? 25

[1] français moderne: à laquelle
[2] aucune raison
[3] s'est obstinée là-dessus
[4] ironique: la rusée
[5] je vous suis reconnaissante

ANGÉLIQUE   Puisque votre consentement m'autorise à vous ouvrir mon
coeur, je ne feindrai point de[6] vous dire que le hasard nous a fait
connaître[7] il y a six jours, et que la demande qu'on vous a faite est un
effet de l'inclination que, dès cette première vue, nous avons prise l'un
pour l'autre.   30

ARGAN   Ils ne m'ont pas dit cela, mais j'en suis bien aise, et c'est tant mieux
que les choses soient de la sorte. Ils disent que c'est un grand jeune
garçon bien fait.

ANGÉLIQUE   Oui, mon père.

ARGAN   De belle taille.   35

ANGÉLIQUE   Sans doute.

ARGAN   Agréable de sa personne.

ANGÉLIQUE   Assurément.

ARGAN   De bonne physionomie.

ANGÉLIQUE   Très bonne.   40

ARGAN   Sage, et bien né.

ANGÉLIQUE   Tout à fait.

ARGAN   Fort honnête.

ANGÉLIQUE   Le plus honnête du monde.

ARGAN   Qui parle bien latin et grec.   45

ANGÉLIQUE   C'est ce que je ne sais pas.

ARGAN   Et qui sera reçu médecin dans trois jours.

ANGÉLIQUE   Lui, mon père?

ARGAN   Oui. Est-ce qu'il ne te l'a pas dit?

ANGÉLIQUE   Non, vraiment. Qui vous l'a dit, à vous?   50

ARGAN   Monsieur Purgon[8].

ANGÉLIQUE   Est-ce que monsieur Purgon le connaît?

ARGAN   La belle demande! Il faut bien qu'il le connaisse, puisque c'est son
neveu.

ANGÉLIQUE   Cléante, neveu de Monsieur Purgon?   55

---

[6] je n'hésiterai pas à
[7] nous a fait nous connaître
[8] pharmacien d'Argan

ARGAN   Quel Cléante? Nous parlons de celui pour qui l'on t'a demandée en mariage.

ANGÉLIQUE   Hé! oui.

ARGAN   Hé bien! c'est le neveu de Monsieur Purgon, qui est le fils de son beau-frère le médecin, Monsieur Diafoirus; et ce fils s'appelle Thomas 60
Diafoirus, et non pas Cléante; et nous avons conclu ce mariage-là ce matin, Monsieur Purgon, Monsieur Fleurant et moi, et demain ce gendre prétendu[9] doit m'être amené par son père. Qu'est-ce? Vous voilà toute ébaubie[10].

ANGÉLIQUE   C'est, mon père, que je connais[11] que vous avez parlé d'une 65
personne, et que j'ai entendu une autre.

TOINETTE   Quoi! Monsieur, vous auriez fait ce dessein burlesque? Et, avec tout le bien que vous avez, vous voudriez marier votre fille avec un médecin?

ARGAN   Oui. De quoi te mêles-tu, coquine, impudente que tu es? 70

TOINETTE   Mon Dieu, tout doux! Vous allez d'abord aux invectives. Est-ce que nous ne pouvons pas raisonner ensemble sans nous emporter? Là, parlons de sang-froid[12]. Quelle est votre raison, s'il vous plaît, pour un tel mariage?

ARGAN   Ma raison est que, me voyant infirme et malade comme je suis, je 75
veux me faire un gendre et des alliés[13] médecins, afin de m'appuyer de bons secours[14] contre ma maladie, d'avoir dans ma famille les sources des remèdes qui me sont nécessaires, et d'être à même des[15] consultations et des ordonnances.

TOINETTE   Hé bien, voilà dire une raison, et il y a plaisir à se répondre 80
doucement les uns aux autres. Mais, Monsieur, mettez la main à la conscience[16]. Est-ce que vous êtes malade?

ARGAN   Comment, coquine, si je suis malade? si je suis malade, impudente?

TOINETTE   Hé bien, oui, Monsieur, vous êtes malade, n'ayons point de querelle là-dessus. Oui, vous êtes fort malade, j'en demeure d'accord, et 85
plus malade que vous ne pensez. Voilà qui est fait. Mais votre fille doit épouser un mari pour elle, et, n'étant point malade, il n'est pas nécessaire de lui donner un médecin.

---

[9] futur gendre
[10] surprise
[11] je me rends compte
[12] calmement
[13] des parents (= *relatives*)
[14] m'aider
[15] d'avoir à ma disposition
[16] sur votre coeur

ARGAN   C'est pour moi que je lui donne ce médecin; et une fille de bon naturel doit être ravie d'épouser ce qui est utile à la santé de son père.   90

TOINETTE   Ma foi, Monsieur, voulez-vous qu'en amie je vous donne un conseil?

ARGAN   Quel est-il, ce conseil?

TOINETTE   De ne point songer à ce mariage-là.

ARGAN   Eh, la raison?   95

TOINETTE   La raison, c'est que votre fille n'y consentira point.

ARGAN   Elle n'y consentira point?

TOINETTE   Non.

ARGAN   Ma fille?

TOINETTE   Votre fille. Elle vous dira qu'elle n'a que faire[17] de Monsieur   100 Diafoirus, ni de son fils Thomas Diafoirus, ni de tous les Diafoirus du monde.

ARGAN   J'en ai affaire[18], moi, outre que le parti est plus avantageux qu'on ne pense. Monsieur Diafoirus n'a que ce fils-là pour tout héritier; et, de plus, Monsieur Purgon, qui n'a ni femme ni enfants, lui donne tout   105 son bien en faveur de ce mariage; et Monsieur Purgon est un homme qui a huit mille bonnes livres[19] de rente.

TOINETTE   Il faut qu'il ait tué bien des gens pour s'être fait si riche.

ARGAN   Huit mille livres de rente sont quelque chose, sans compter le bien du père.   110

TOINETTE   Monsieur, tout cela est bel et bon; mais j'en reviens toujours là. Je vous conseille, entre nous, de lui choisir un autre mari, et elle n'est point faite pour être Madame Diafoirus.

ARGAN   Et je veux, moi, que cela soit.

TOINETTE   Eh fi[20]! ne dites pas cela.   115

ARGAN   Comment! que je ne dise pas cela?

TOINETTE   Hé non!

ARGAN   Et pourquoi ne le dirai-je pas?

TOINETTE   On dira que vous ne songez pas à ce que vous dites.

---

[17] n'a pas besoin
[18] j'en ai besoin
[19] huit mille francs: une forte somme à l'époque
[20] Eh mon Dieu!

ARGAN   On dira ce qu'on voudra, mais je vous dis que je veux qu'elle exécute   120
la parole que j'ai donnée.

TOINETTE   Non, je suis sûre qu'elle ne le fera pas.

ARGAN   Je l'y forcerai bien.

TOINETTE   Elle ne le fera pas, vous dis-je.

ARGAN   Elle le fera, ou je la mettrai dans un convent[21].   125

TOINETTE   Vous?

ARGAN   Moi.

TOINETTE   Bon!

ARGAN   Comment, bon?

TOINETTE   Vous ne la mettrez point dans un convent.   130

ARGAN   Je ne la mettrai point dans un convent?

TOINETTE   Non.

ARGAN   Non?

TOINETTE   Non.

ARGAN   Ouais! voici qui est plaisant. Je ne mettrai pas ma fille dans un con-   135
vent, si je veux?

TOINETTE   Non, vous dis-je.

ARGAN   Qui m'en empêchera?

TOINETTE   Vous-même.

ARGAN   Moi?   140

TOINETTE   Oui. Vous n'aurez pas ce coeur[22]-là.

ARGAN   Je l'aurai.

TOINETTE   Vous vous moquez.

ARGAN   Je ne me moque point.

TOINETTE   La tendresse paternelle vous prendra.   145

ARGAN   Elle ne me prendra point.

TOINETTE   Une petite larme ou deux, des bras jetés au cou, un «mon petit
papa mignon» prononcé tendrement, sera assez pour vous toucher.

---

[21] couvent
[22] courage

ARGAN   Tout cela ne fera rien.

TOINETTE   Oui, oui.   150

ARGAN   Je vous dis que je n'en démordrai point.[23]

TOINETTE   Bagatelles[24].

ARGAN   Il ne faut pas dire *Bagatelles*.

TOINETTE   Mon Dieu! je vous connais, vous êtes bon naturellement.

ARGAN, *avec emportement.*   Je ne suis point bon, et je suis méchant quand   155
   je veux.

TOINETTE   Doucement, Monsieur, vous ne songez pas que vous êtes malade.

ARGAN   Je lui commande absolument de se préparer à prendre le mari que
   je dis.

TOINETTE   Et moi, je lui défends absolument d'en faire rien.   160

ARGAN   Où est-ce donc que nous sommes? et quelle audace est-ce là à une
   coquine de servante de parler de la sorte devant son maître?

TOINETTE   Quand un maître ne songe pas à ce qu'il fait, une servante bien
   sensée est en droit de le redresser.

ARGAN, *court après Toinette*   Ah! insolente, il faut que je t'assomme.   165

TOINETTE, *se sauve de lui*   Il est de mon devoir de m'opposer aux choses
   qui vous peuvent déshonorer.

ARGAN, *en colère, court après elle autour de sa chaise, son bâton à la
   main.*   Viens, viens, que je t'apprenne à parler.

TOINETTE, *courant et se sauvant du côté de la chaise où n'est pas Argan.*   Je   170
   m'intéresse[25], comme je dois, à ne vous point laisser faire de folie.

ARGAN   Chienne!

TOINETTE   Non, je ne consentirai jamais à ce mariage.

ARGAN   Pendarde!

TOINETTE   Je ne veux point qu'elle épouse votre Thomas Diafoirus.   175

ARGAN   Carogne!

TOINETTE   Et elle m'obéira plutôt qu'à vous.

Molière, *Le Malade imaginaire*, Paris, Univers des lettres Bordas, 1980.

---

[23] familier: Je ne changerai pas d'avis.
[24] Vous plaisantez.
[25] je cherche

COMPRÉHENSION ET APPRÉCIATION

1. Pourquoi Angélique rit-elle lorsque son père lui parle de mariage?
2. D'après les réponses d'Angélique, quelle devait être l'attitude d'une jeune fille envers son père au XVIIe siècle?
3. Expliquez le sens de l'aparté de Toinette: «La bonne bête a ses raisons» (l. 16).
4. Pensez-vous qu'Argan aime sa fille? Justifiez votre réponse.
5. D'où naît le comique dans le passage qui va du début à la ligne 64?
6. Que pensez-vous de l'attitude de Toinette envers son maître?
7. Qu'évoquent pour vous les noms Diafoirus, Fleurant, Purgon?
8. Commentez la réplique de Toinette: «Il faut qu'il ait tué bien des gens pour s'être fait si riche» (l. 108).
9. Quels aspects des rapports entre Angélique et son père se révèlent au cours de la querelle entre Toinette et Argan?
10. Relevez deux répliques qui montrent que Toinette manie habilement l'ironie.
11. Comment expliquez-vous le passage du **vous** au **tu** au début de la scène (l. 23) et du **tu** au **vous** (l. 63) dans les répliques d'Argan?
12. Quel genre de comique avons-nous à la fin de la scène?
13. Quelle est la réplique où se manifeste le plus clairement le gros bon sens de Toinette?
14. Certaines indications ayant trait au jeu des acteurs sont en italiques. D'autres sont inscrites dans le dialogue. Relevez deux passages où Molière donne des directives aux acteurs dans le dialogue.

VOCABULAIRE ET STRUCTURES

1. Justifiez l'orthographe du participe:
   a) **obligée** (l. 19)
   b) **faite** (l. 28)
   c) **demandée** (l. 56)
   d) **faite** (l. 113)
   e) **jetés** (l. 147).
2. Dans «vous voulez bien» (l. 7), **bien** tempère la force du verbe (= vous acceptez). Trouvez, dans le texte, une expression où **bien** renforce le mot qu'il modifie. **Bien** (respectivement adverbe et nom) est encore employé ici dans deux autres sens. Quels sont ces deux sens?
3. Quels mots sont sous-entendus avant «si je suis malade» (l. 83)?
4. Qu'est-ce que le pronom **y** remplace (l. 96, l. 123)?
5. Justifiez l'inversion de «vous dis-je» (l. 124).
6. «Viens, viens, que je t'apprenne à parler» (l. 169). Quel est le mode du verbe **apprenne**? Quel mot est sous-entendu avant le **que**?
7. Remplacez les expressions suivantes par des expressions équivalentes:
   a) **tout ce qu'il vous plaira** (l. 8)
   b) **aise** (l. 9)
   c) **conclue** (l. 10)
   d) **avait envie** (l. 13)
   e) **obligée** (l. 19)
   f) **qui n'a ni femme ni enfants** (l. 105)
   g) **ne fera rien** (l. 149).

Un peu de sel . . . .

Un médecin est celui qui vit des maladies de ceux qui en meurent.

«Bon père, bonne épouse», disent les épitaphes.
C'est au cimetière qu'on voit les meilleurs ménages.

Le malade prend **l'avis** du médecin.
Le médecin prend **la vie** du malade.

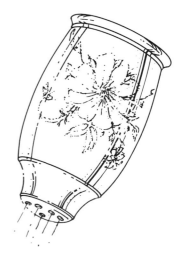

DU NOUVEAU: LE SUBJONCTIF APRÈS LES VERBES INDIQUANT UN ORDRE OU LA VOLONTÉ

1. Elle **ordonne** que vous **répondiez**.
   Ils **défendent** que vous vous **mariiez**.
   Nous n'**empêcherons** pas que le mariage se **fasse**.

   > Le subjonctif est utilisé après les verbes qui expriment un **ordre** ou une **défense**, tels **ordonner**, **défendre**, **exiger**, **interdire**, **empêcher**, etc.

2. Je **veux** que cela **soit**.
   Il **désire** qu'elle **tienne** parole.
   Tu ne **souhaites** pas que nous nous **mariions**.
   Nous **attendons** qu'il **vienne**.

   > Le subjonctif est utilisé après les verbes qui expriment la **volonté**, le **désir** ou l'**attente**, tels que **vouloir**, **désirer**, **exiger**, **souhaiter**, **avoir envie**, **attendre**, etc.

   Remarque:
   Il **espère** qu'elle **viendra**.
   Il **n'espère pas** qu'elle **viendra** (vienne).
   Espère-t-il qu'elle **viendra** (vienne)?

   > **Espérer** est généralement suivi de l'**indicatif**.
   > À l'interrogatif et au négatif, il est parfois suivi du subjonctif.

3. Le subjonctif dans les propositions indépendantes
   Qu'elle m'**obéisse**!   (= J'exige qu'elle m'obéisse.)
   Vive le roi!   (= Je souhaite que le roi vive.)
   Qu'elles se **taisent**!   (= Je désire qu'elles se taisent.)
   Que je ne **dise** pas cela!   (= Tu veux que je ne dise pas cela.)

   > Le subjonctif est utilisé comme **impératif** dans des propositions indépendantes. Un verbe exprimant un désir ou un souhait est alors sous-entendu.

APPLICATION

A. Transformez les phrases en donnant à l'infinitif le sujet entre parenthèses. Faites les changements voulus:

MODÈLE: Elle ordonne de l'arrêter. (nous)
Elle ordonne **que nous l'arrêtions**.

1. Il veut déshériter votre fille. (vous)
2. Nous souhaitons ne pas faire de folies. (tu)
3. Elle ne veut pas épouser Thomas. (Angélique)
4. Avez-vous envie de nous dire la nouvelle? (la servante)
5. Nous voulons obéir. (les enfants)
6. Je ne souhaite pas mourir. (il)
7. Il désire mettre sa fille dans un couvent. (elle)
8. Notre père exige de l'attendre. (nous)
9. Défend-il de choisir un mari? (sa fille)
10. Ne souhaitez-vous pas épouser un médecin? (elle)
11. Veut-elle se moquer de lui? (on)

B. Mettez l'infinitif au temps et au mode voulus (subjonctif ou indicatif).

MODÈLES: Je ne désire pas que vous (partir).
Je ne désire pas que vous **partiez**.

J'espère qu'elle (venir).
J'espère qu'elle **viendra**.

1. Je vais te dire une nouvelle à laquelle tu ne t'(attendre) pas.
2. Nous avons appris qu'on la (demander) en mariage.
3. Demande-lui si elle (vouloir) bien se marier.
4. Nous souhaitons que vous (faire) un mariage d'amour.
5. Nous nous demandons de quoi ils se (mêler).
6. Il faut que vous lui (apprendre) à parler.
7. Il n'est pas nécessaire que vous (conclure) l'affaire aujourd'hui.
8. Bien qu'il (avoir) une bonne santé, Argan se croit malade.
9. Elle s'est mariée sans que nous le (savoir).
10. Est-ce qu'elle épousera ce garçon pour que son père (être) content?
11. Si tu le souhaites, tu (pouvoir) épouser le médecin.
12. Il défend que vous lui (parler).
13. Notre belle-mère n'a pas envie que nous (hériter) de notre père.
14. J'attends que vous (arrêter) cette coquine.
15. Il faut que vous (songer) que vous êtes malade.
16. Elle attend que son gendre (vouloir) bien l'aider.

C. Transformez les phrases selon les modèles:

MODÈLES: Il obéit.
Qu'il obéisse!

Je répondrai au malade.
Que je réponde au malade!

1. Elle se moque de lui.
2. Elle ne le fera pas.
3. Il la mettra dans un couvent.
4. Elle ne prendra pas de mari.
5. Il se choisit une autre femme.

6. J'obéis à mon père.
7. Cela ne sera pas.
8. Elle ne dira pas cela.
9. Je me sauverai.
10. Il songe à ce qu'il dit.

DISCUSSIONS À BÂTONS ROMPUS

1. Les parents devraient-ils avoir leur mot à dire lorsque leurs enfants veulent se marier?
2. Quel est, selon vous, l'âge idéal pour le mariage?
3. Les célibataires sont-ils plus heureux que les gens mariés?

SUJETS POUR DÉBATS

1. Les mariages d'amour ne sont pas ceux qui réussissent le mieux.
2. Le coup de foudre (un amour irrésistible qui naît brusquement), comme celui d'Angélique pour Cléante, n'est plus possible à notre époque.
3. Quand nous sommes malades, il faut laisser la nature, plutôt que le médecin, nous guérir.

DEVOIRS ÉCRITS

1. Écrivez une centaine de mots sur la personnalité d'Argan ou de Toinette.
2. Montrez que, dans cette scène, Molière s'attaque aux médecins.

PRÉSENTATIONS ORALES

1. Comparez cette scène à la scène 4, acte I, de *L'Avare*.
2. Résumez *Le Malade imaginaire* pour la classe.

TRAVAIL D'ÉQUIPE

1. L'équipe montera la scène, certains étudiants se chargeant de la mise en scène, d'autres de la régie, d'autres encore des costumes, du décor et du maquillage.
2. L'équipe écrira et jouera une scène, imitée de celle de Molière, où une jeune fille du XXe siècle annonce à son père ou à sa mère «ébaubi(e)» qu'elle se marie.

MISSION TERMINÉE

Mongo Beti, pseudonyme de Alexandre Biyidi, est né en 1932, près de Yaoundé, capitale du Cameroun. Après avoir obtenu son baccalauréat (bachot[1]) au Cameroun, il poursuit ses études universitaires en France et c'est là qu'il se met à écrire des romans où il s'attaque à toutes les forces qui empêchent l'homme de s'épanouir.

Nous avons vu les rapports entre jeunes et adultes passer de la friction au conflit. Parfois, le conflit dure et prend de telles proportions qu'une véritable animosité, voire une vraie haine, naît entre parents et enfants. Ainsi, le héros de *Mission terminée* finit par se révolter ouvertement contre la tyrannie d'un père qui n'hésite pas à frapper ses enfants pour imposer sa volonté.

Un marché au Cameroun.

UN PÈRE INHUMAIN

La «mission» du héros était de ramener à son mari une femme qui avait fui le foyer conjugal. À Kala, où l'a mené cette mission, il s'est marié, presque malgré lui, à une jeune fille du village. Il lui faut maintenant annoncer la nouvelle à son terrible père.

---

[1] Diplôme accordé aux étudiants qui ont réussi à un examen à la fin de leurs études secondaires. Celui qui détient le bachot est un bachelier.

Mon père . . . une vingtaine d'années de terreur à peu près constante. Au moment, à l'endroit où je m'y attendais le moins, il surgissait, c'était immanquable. Et aussitôt, de s'enquérir[1] de ma conduite: qu'est-ce que j'avais fait? Où étais-je allé? Avais-je bien travaillé à l'école? Était-on content de moi? Réussirais-je mon examen? Le flic[2] . . . Mais c'était pire qu'un flic, c'était en plus un dictateur à domicile, un tyran au foyer. Jamais de tranquillité, jamais de sécurité, des reproches tout le temps, des éclats, la peur.

Il m'avait livré à l'école, aussi jeune qu'il se peut[3]. Ma mère avait protesté, ce qui lui avait valu[4] une correction, la pauvre! Elle s'était tue: elle faisait de l'opposition silencieuse.

Mon père n'avait eu de cesse que je ne passasse[5] d'une classe à l'autre, sans en redoubler aucune. Toujours des conciliabules[6] avec les maîtres: «Je vous en supplie, corrigez-le aussi souvent qu'il le méritera. N'ayez aucun égard pour moi.»

Certificat d'études primaires, brevet élémentaire[7], premier bachot . . . Lorsqu'on lui demandait: «Mais enfin, ce garçon est à l'école depuis trop longtemps, il a déjà pas mal de diplômes, où veux-tu qu'il aille à la fin?», il répondait: «Oh! de toute façon, que ferait-il à la maison? Il s'encanaillerait,[8] comme son frère. Alors, qu'il reste à l'école . . . » Ma mère disait souvent: «Il a une idée de derrière la tête, moi je le sais bien, parce que je le connais. Il voudrait peut-être que tu ailles en Europe, mais il me tuera avant . . . »

Oh! je ne suis pas allé en Europe, du moins pas pour cela. En réalité, aux yeux de mon père, je me suis encanaillé, tout comme mon frère aîné.

Et peut-être, mon père n'avait-il pas une idée de derrière la tête? Peut-être même ne voulait-il réaliser aucune ambition par mon intermédiaire[9]? Il se peut fort bien qu'il n'ait que suivi une mode et que sa personnalité extrême ait simplement exagéré cette mode.

Vous rappelez-vous l'époque? Les pères menaient leurs enfants à l'école, comme on pousse des troupeaux vers un abattoir. Des villages de brousse, éloignés de plus de cinquante kilomètres, arrivaient de tout jeunes enfants, conduits par leurs parents, pour s'inscrire à une école, n'importe laquelle. Population pitoyable, ces jeunes enfants! Hébergés par[10] de vagues parents autour de l'école ou de vagues relations[11] de

---

[1] il se mettait à s'enquérir
[2] l'agent de police (argot)
[3] que possible
[4] mérité
[5] n'avait cessé que lorsque j'avais passé
[6] entretiens privés
[7] certificat obtenu à la fin des classes primaires
[8] deviendrait un scélérat, un vaurien
[9] grâce à moi
[10] logés chez
[11] Attention: faux ami!

leur père, mal nourris, faméliques, rossés[12] à longueur de journée par des moniteurs ignares[13], abrutis[14] par des livres qui leur présentaient un univers sans ressemblance avec le leur, se battant sans cesse, ces gosses-là, c'était nous, vous rappelez-vous? Et ce sont nos parents qui nous poussaient. Pourquoi cet acharnement[15]?

Catéchisés[16], confirmés, gavés[17] de communions comme de petites oies du bon Dieu[18], confessés à Pâques et à Trinité, enrôlés sous les bannières des défilés de quatorze Juillet[19], militarisés, présentés à toutes les commissions nationales et internationales comme une fierté, ces gosses-là, c'était nous, vous souvient-il?

Dépenaillés[20], querelleurs, vantards, teigneux[21], froussards[22], galeux[23], chapardeurs[24], les pieds rongés de chiques[25], ces gosses-là, c'était nous, n'est-ce pas? Une faune minuscule et piaillante[26] égarée dans le siècle comme des poussins dans l'Atlantique.

Pourquoi nous sacrifiait-on? À quelle divinité?

Mon père . . . Celui-là, c'était un crack[27]! C'était (quand je dis «c'était», il s'agit d'une façon de parler, car mon père n'est pas mort, mais il n'est plus pour ainsi dire que l'ombre de lui-même, méconnaissable[28], en somme gâteux, quoi!), c'était donc comme un exemple vivant[29] de ce que le matérialisme mercantile et hypocrite de l'Occident allié à une intelligence fine peut donner de plus admirable, de plus étonnant chez un homme de chez nous appartenant à la génération de nos pères.

Extrait de Mongo Beti, *Mission terminée*, Paris, Éditions Buchet/Chastel, 1957, pp. 230–232.

[12] battus
[13] ignorants
[14] étourdis
[15] cette obstination
[16] Dans ce paragraphe, le narrateur se révolte contre le fait que les enfants, qui ne sont ni Français ni catholiques, sont élevés comme de jeunes Français catholiques.
[17] remplis
[18] de petits innocents consacrés à Dieu
[19] fête nationale française
[20] en haillons, mal vêtus
[21] atteints de la teigne, maladie du cuir chevelu (la peau qui couvre le crâne)
[22] peureux
[23] atteints de la gale (une infection de la peau)
[24] voleurs
[25] parasites qui vivent sous la peau
[26] bruyante
[27] un être extraordinaire, un fameux type
[28] impossible à reconnaître
[29] Dans les lignes qui suivent, le narrateur explique que son père a été transformé par le matérialisme de l'Occident et se sert maintenant de son intelligence pour satisfaire son désir de s'enrichir.

COMPRÉHENSION ET APPRÉCIATION

1. Quelles questions le père posait-il fréquemment à son fils? Utilisez les mots du père.
2. Dans le premier paragraphe, l'auteur a recours à plusieurs techniques stylistiques pour montrer que la colère du narrateur monte. Relevez trois de ces techniques et donnez un exemple de chacune.
3. Comment le père traite-t-il les autres membres de sa famille?
4. Pourquoi le père voulait-il que le narrateur soit instruit?
5. Relevez deux images où il est question d'animaux. Pourquoi le narrateur a-t-il recours à ce genre d'image?
6. Pourquoi le narrateur reproche-t-il à son père l'éducation qu'il a reçue?
7. Qu'ont de commun tous les adjectifs aux lignes 47 et 48?
8. Pourquoi le narrateur parle-t-il de son père au passé?
9. Qu'est-ce qui a contribué à gâter le caractère du père, selon le narrateur?
10. D'après le portrait que fait le narrateur, le père n'avait-il aucune qualité?
11. Commentez brièvement le style de la dernière phrase.

VOCABULAIRE ET STRUCTURES

1. «Et aussitôt de s'enquérir de ma conduite» (l. 3). Quel est le sens de la préposition **de** ici? Faites deux phrases du même modèle en utilisant vos propres mots.
2. Conjuguez le verbe **s'enquérir** aux temps et aux personnes suivants:
   a) 1re personne du singulier, présent de l'indicatif
   b) 1re personne du singulier, futur
   c) 1re personne du singulier, présent du subjonctif.
   Connaissez-vous un autre verbe conjugué sur le même modèle?
3. Trouvez dans le texte un synonyme de **à domicile** (l. 6).
4. Justifiez l'emploi du subjonctif **aille** (l. 19).
5. De quel nom est dérivé le verbe **encanailler** (l. 20 et l. 25)? Trouvez deux verbes, autres qu'**encanailler**, se terminant par le même suffixe. Faites, avec chacun de ces verbes, une phrase qui en illustre le sens.
6. «Je le sais bien, parce que je le connais» (l. 22). Faites une phrase de votre cru où vous emploierez correctement les verbes **savoir** et **connaître**.
7. Justifiez l'orthographe de **tout** (l. 25).
8. a) Faites une phrase illustrant la différence de sens entre **parents** (l. 36) et **relations** (l. 36).
   b) Faites une phrase illustrant la différence de sens entre **parents** (l. 34) et **parents** (l. 36).
9. De quel mot **famélique** (l. 37) est-il dérivé? Trouvez deux autres mots de la même famille.
10. Quel est le sens du préfixe dans **méconnaissable** (l. 55)? Trouvez quatre autres mots formés à l'aide de ce préfixe.
11. Trouvez trois mots de la même famille que **gâteux** (l. 55).

12. Remplacez les expressions suivantes par des expressions équivalentes dans le contexte:
    a) **à l'endroit** (l. 2)
    b) **tranquillité** (l. 7)
    c) **brousse** (l. 33)
    d) **éloignés** (l. 33)
    e) **faméliques** (l. 37)
    f) **à longueur de journée** (l. 37).

DU NOUVEAU: LE SUBJONCTIF APRÈS LES EXPRESSIONS IMPERSONNELLES INDIQUANT LA POSSIBILITÉ

1. **Il se peut qu'**il **suive** une mode.
   Il semble qu'il ne **puisse** pas aller en Europe.
   Il est possible que je **parte** demain.
   Il est impossible que vous ne **passiez** pas dans une autre classe.
   Il est improbable que tu **obtiennes** ton diplôme.

   > Certaines expressions impersonnelles exprimant la **possibilité (il se peut que, il est possible que, il semble que)** ou l'**impossibilité (il n'est pas possible que, il est impossible que)** ou l'**improbabilité (il est improbable que, il est peu probable que, il est douteux que,** etc.) sont suivies du subjonctif.

   Remarques:
   (a) **Il est probable que** vous **passerez** dans une autre classe.

   > **Il est probable que** est suivi de l'indicatif.

   (b) **Il me semble qu'**il **pourra** aller en Europe.
       Il ne semble pas qu'il **puisse** aller en Europe.

   > **Il me** (te, lui, nous, vous, leur) **semble que**, **à l'affirmatif**, est suivi de l'indicatif.

APPLICATION

Transformez les phrases selon les modèles en faisant les changements voulus:

MODÈLES: Elle se tait. (Il est possible)
Il est possible qu'elle se **taise**.

Mon père me conduira à l'école. (Il est probable)
Il est probable que mon père me **conduira** à l'école.

1. Il apprendra ce qui est arrivé. (Il est possible)
2. Tu pleureras à ses pieds. (Est-il possible)
3. Nous mènerons les enfants à l'école. (Il se peut)
4. Je réussirai, comme mon frère. (Il me semble)
5. Le père inscrit son fils à l'école. (Il est impossible)
6. Sa mère est morte. (Il est probable)
7. Il s'agit d'une intelligence fine. (Il est peu probable)
8. Vous pouvez rosser cet enfant. (Est-il possible)
9. Ils vont à l'école. (Il n'est pas possible)
10. C'est lui! (Est-il douteux)
11. Vous êtes abrutis. (Il semble)
12. Vous n'apprécierez pas sa conduite. (Il se peut)

DU NOUVEAU: LE PASSÉ DU SUBJONCTIF

1. Croyez-vous qu'il **ait fait** de son mieux?
   Pour qu'il **ait** si bien **réussi**, il faut qu'il **ait eu** de bons professeurs.
   Je ne pense pas qu'elle **soit allée** au Cameroun.
   a) Le subjonctif passé est formé du subjonctif de l'auxiliaire **avoir** ou **être** suivi du participe passé du verbe. (Voir l'appendice.)
   b) Il est employé pour décrire une action antérieure à celle du verbe principal.

APPLICATION

A. Remplacez l'infinitif par un subjonctif passé selon les modèles. Faites l'accord du participe, s'il y a lieu:

MODÈLES: Croyez-vous qu'elle (manger) au restaurant hier?
Croyez-vous qu'elle **ait mangé** au restaurant hier?

Il est possible qu'elle (arriver) avant nous.
Il est possible qu'elle **soit arrivée** avant nous.

1. Pensez-vous qu'il (aller) en France?
2. Il se peut qu'ils (avoir) une idée.
3. Il semble qu'il (redoubler) plusieurs classes.
4. Il est possible qu'elle (suivre) une mode.
5. Je ne pense pas que vous (exagérer).
6. Nous souhaitons qu'elles (partir).
7. Je n'ai pas attendu qu'ils (arriver) pour m'en aller.
8. Il est impossible que tu (mériter) cette punition.
9. Je souhaite qu'elle (rentrer) avant votre arrivée.
10. Il est peu probable que nous (faire) une bonne impression.

B. Complétez les phrases par une proposition contenant le subjonctif passé:

MODÈLE: Il faudra que vous . . . .
Il faudra que vous **ayez terminé votre devoir demain**.

1. Il se peut que mon ami . . .
2. Il est peu probable que ces filles . . .
3. Je souhaite que tu . . .
4. Crois-tu que je . . . ?
5. Est-ce que vous pensez que nous . . . ?
6. Il semble que le professeur . . .

Un peu de sel . . . .

Un petit garçon de cinq ans a trouvé la meilleure définition des parents:
Ce sont des gens qui vous achètent un tambour
et qui vous disent: «Maintenant, amuse-toi
bien mais, surtout, ne fais pas de bruit!»

DISCUSSIONS À BÂTONS ROMPUS

1. Les parents ont-ils le droit de forcer leurs enfants à faire des études?
2. Il est bon que les parents soient sévères.
3. La tyrannie est une marque de faiblesse.

SUJETS POUR DÉBATS

1. Un enfant devrait recevoir son éducation uniquement dans sa langue maternelle.
2. Il n'est pas possible d'assimiler deux cultures sans perdre son identité.
3. Redoubler une classe n'aide pas un(e) étudiant(e).

DEVOIRS ÉCRITS

1. Vous relèverez dans le texte des techniques stylistiques utilisées par Beti.
2. D'après ce que nous dit le narrateur, décrivez, en une centaine de mots, les rapports entre les parents et les enfants dans le milieu où il a grandi.

PRÉSENTATIONS ORALES

1. Vous lirez le reste du roman et le résumerez pour la classe.
2. Préparez un itinéraire pour un voyage au Cameroun.

TRAVAIL D'ÉQUIPE

L'équipe préparera un rapport sur l'histoire économique, politique et culturelle du Cameroun avant et après l'indépendance.

NOUS CONCLUONS . . . . .

Rimbaud, adolescent lui-même, a évoqué dans son poème l'aspect à la fois romantique et volage de l'adolescence, tandis qu'Anne Hébert fait ressortir la curiosité, sexuelle surtout, caractéristique de cet âge. Il est bien difficile pour les adultes qui, souvent, ont oublié leur jeunesse, de comprendre les adolescents, tout comme ceux-ci ont du mal à comprendre leurs aînés. Certains parents tyranniques cherchent à imposer leur volonté à leurs enfants, souvent pour le bien de ceux-ci, parfois pour satisfaire un caprice ou un idéal. Tels sont Argan et le père dans *Mission terminée*. Bien sûr, à notre époque, les jeunes jouissent d'une plus grande liberté, mais le conflit des générations demeure un thème important de toutes les littératures.

VOUS CONCLUEZ . . . .

1. Auquel des jeunes gens (À laquelle des jeunes filles) rencontré(e)s dans cette unité vous identifiez-vous le mieux et pourquoi?
2. Lequel des extraits vous a le plus touché(e) et pourquoi?

U·N·I·T·É·5

LA GUERRE ET LA PAIX

Les ouvrages ayant trait à la guerre sont beaucoup plus nombreux que ceux qui ont comme thème la paix, peut-être parce que la paix, comme le bonheur, n'a pas d'histoire. Elle devrait être, somme toute, l'état normal de l'univers, ce qui, hélas!, n'est pas le cas.

LA GUERRE, YES SIR!

Roch Carrier est né dans la Beauce québécoise. Il est l'auteur de romans, de contes et
de pièces. *La Guerre, Yes Sir!* a d'abord paru
sous forme de roman (1968). L'auteur en a
tiré une comédie (1970) dont la verdeur et
l'humour noir ont assuré la réussite.

Quelquefois, les hommes sont fiers d'être soldats, d'aller risquer leur vie à la guerre.
Et les femmes ont la réputation d'aimer ceux qui se conduisent en héros. Telle est
Joséphine dans l'extrait qui suit. Mais il y a des hommes qui n'ont pas envie de se
faire tuer dans une guerre à laquelle ils ne comprennent rien. Tels sont Napoléon
et Joseph.

J'VEUX PAS ALLER À LA GUERRE!

ACTE I, SCÈNE II

NAPOLÉON ET JOSÉPHINE

Au village, Napoléon sort de la porte sans la refermer et s'en va, déguisé en soldat —il a même sa carabine—en traînant les pieds dans la neige.

JOSÉPHINE *(de l'intérieur)* Napoléon!

NAPOLÉON Qu'est-ce que tu veux, Joséphine? 5

JOSÉPHINE *(elle apparaît)* Napoléon Labonté, au lieu de marmonner, tu
    pourrais peut-être me dire adieu . . . Tu t'en vas pas[1] à la messe, mais
    à la guerre[2] . . . C'est loin, la guerre . . .

NAPOLÉON Puis c'est plus long que la messe. Je veux pas aller à la guerre.
    Joséphine, je veux pas y aller . . . 10

JOSÉPHINE Napoléon, i'[3] faut faire son ouvrage. Corriveau, lui, est parti sans
    se plaindre. Il paraît qu'i' est parti pour la guerre avec le sourire aux
    lèvres.

NAPOLÉON La guerre, c'est pas de l'ouvrage. C'est . . . c'est . . . c'est . . .
    Petit Jésus, je veux pas aller à la guerre. Corriveau, i' est parti à la 15
    guerre parce que la bière est gratis pour les soldats. Moi, j'aime pas
    la bière.

JOSÉPHINE Pleure pas.

NAPOLÉON J'pleure pas, Joséphine. Je pisse dans ma culotte.

JOSÉPHINE Napoléon, t'es pas[4] un homme! 20

NAPOLÉON Joséphine, j'ai peur. J'ai pas envie de me faire tuer. J'ai pas envie
    de me faire tuer par un gars que je connais pas!

JOSÉPHINE Le gouvernement t'a demandé d'aller à la guerre . . . Quand le
    gouvernement demande, Napoléon, on obéit.

NAPOLÉON Le gouvernement, moi, j'ai voté contre. J'lui ai pas demandé de 25
    déclarer la guerre. J'ai pas demandé d'aller à la guerre. J'ai même pas
    demandé de venir au monde . . .

JOSÉPHINE C'est le bon Dieu qui le veut. Dis pas de gros mots[5].

NAPOLÉON C'est tout ce qui me reste, Joséphine . . . Mais je demande rien
    à personne . . . 30

---

[1] Le **ne** est omis dans la langue populaire.
[2] Il s'agit de la Deuxième Guerre mondiale (1939–1944). En 1939, la France et l'Angleterre
    avaient déclaré la guerre à l'Allemagne nazie qui avait envahi la Pologne. La conscription
    ayant été votée au Canada, c'était souvent contre leur gré que l'armée recrutait les
    Québécois.
[3] il
[4] tu n'es pas
[5] mots grossiers, injurieux à l'égard de quelqu'un

JOSÉPHINE   C'est pas vrai, Napoléon; *(lubrique)* la tendresse que j'viens de te donner, dis pas que tu l'avais pas demandée.

NAPOLÉON *(bégayant)*   Je . . . je . . . j't'aime, Joséphine!

JOSÉPHINE   I' faut aller faire la guerre.

NAPOLÉON *(désolé)*   Ah, petit Jésus jaune!   35

JOSÉPHINE   Blasphème pas[6], Napoléon, c'est pas bon pour la santé. Bon: va! Va faire la guerre. Tu sais que t'es fragile des pieds, oublie pas de mettre tes deux paires de chaussettes de laine! Puis prends bien garde d'enlever[7] les médailles que j'ai cousues à ton pantalon. Elles vont te protéger: tu vas dans les Vieux Pays: tu sais qu'i' ont pas[8] de morale   40 ni de religion. Attention aux femmes: c'est plus dangereux que la guerre. Puis oublie pas tes trois «Je vous salue, Marie»[9] . . . Napoléon . . .'Va . . . Va tuer les Allemands . . . Corriveau doit avoir hâte de voir quelqu'un du village.

NAPOLÉON   J'veux pas aller à la guerre, Joséphine: j't'aime trop.   45

JOSÉPHINE   Va. Dépêche-toi, va-z-y avant que la guerre finisse!

Napoléon s'en va en traînant les pieds.

SCÈNE IV

Au village. À l'arrière d'une grange, JOSEPH et ARSÈNE. Joseph arrive avec une hache et s'arrête devant une grosse bûche.

JOSEPH *(calme)* Non. Non. Non, j'irai pas faire leur guerre. Leur guerre, i' la   50 feront entre eux. La lettre du gouvernement . . . La lettre du gouvernement . . . Voici ce que je réponds au gouvernement. *(il met la lettre sur la bûche et la taille à coups de hache)* I' feront leur guerre sans moi. Moi, je joue pas à ce jeu-là. *(il met la main gauche sur la bûche et il vise le poignet avec la hache. Il se relève)* J'aime mieux perdre   55 un petit bout de viande au village que d'aller perdre tout le reste à la guerre . . . Une main, ça repousse pas, mais on a pas besoin de ça pour respirer. *(il remet la main gauche sur la bûche)* Une main coupée, c'est la sécurité complète: i' viendront pas me prendre pour leur guerre. Même, le gouvernement va me payer une pension d'infirme . . . Un   60 petit coup de hache: c'est comme couper une petite branche. Simple comme une prière, mais c'est mieux qu'une prière, parce que, même si j'prie, le bon Dieu, va me laisser partir à la guerre. Le bon Dieu, i' a pas l'air d'être contre la guerre . . . *(il prend la hache de la main*

---

[6] n'insulte pas Dieu
[7] de ne pas enlever
[8] qu'ils n'ont pas
[9] prière adressée à la Vierge Marie

gauche et pose sa droite sur la bûche) Je me demande quelle main je   65
vais couper . . . i' faut penser à l'avenir . . . La droite, c'est ma meilleure main: la plus travailleuse, la plus forte; puis elle aime bien caresser la créature[10] . . . Je la garde . . . *(il change sa hache de main et
il pose sa main gauche sur la bûche)* Ça a l'air triste, une main toute
seule . . . Ah! leur maudite guerre fait de la confiture avec les hommes.   70
Des confitures, j'en ferai à l'automne, pendant que les autres feront la
guerre: des fraises, des bleuets, des groseilles, des pommes rouges,
des framboises, de la citrouille . . . Han! *(la hache s'abat, la main
saute. Sang.) (En sanglots)* Ça fait pas mal! Ça fait pas mal! Ça fait pas
mal!   75

ARSÈNE *(Arrivant à la course mais parlant lentement)* Qu'est-ce que t'as, mon
    bon Joseph? Tu t'es égratigné?

Il soutient le blessé.

Extrait de Roch Carrier, *La Guerre, Yes Sir!*, Montréal, © Roch Carrier avec la permission
des Éditions Internationales Alain Stanké Ltée, 1968, pp. 11–16.

---

[10] la femme

COMPRÉHENSION ET APPRÉCIATION

1. Pourquoi le terme **déguisé** (l. 2) est-il important pour l'acteur qui joue le rôle de Napoléon?
2. Qu'est-ce qui montre, dès le début du passage, que Napoléon n'est pas pressé de s'en aller?
3. Expliquez, dans le contexte, l'importance de la remarque de Joséphine: «C'est loin, la guerre . . . » (l. 8).
4. Croyez-vous que Napoléon soit profondément croyant? Justifiez votre réponse.
5. Pourquoi Napoléon bégaye-t-il (l. 33)?
6. Qu'y a-t-il de ridicule dans les conseils que Joséphine donne à Napoléon?
7. Joséphine utilise souvent des clichés. Donnez trois exemples de ces clichés.
8. Que veut dire Joséphine quand elle déclare: «Blasphème pas, Napoléon, c'est pas bon pour la santé» (l. 36)? Que révèle cette remarque en ce qui concerne la mentalité de Joséphine?
9. Qu'est-ce que Joséphine pense des Européens?
10. Que suggèrent pour vous les prénoms Napoléon et Joséphine?
11. Qu'est-ce que la lettre à laquelle Joseph fait allusion?
12. Dans le monologue de Joseph, quels pronoms et adjectifs montrent que la guerre ne le concerne pas?
13. Que fait Joseph pour avoir la force d'exécuter son projet?
14. Une bonne part de l'humour dérive ici de la litote[1]. Relevez deux exemples de litote.
15. Le comique naît parfois du fait que le personnage passe du sublime au grotesque. Relevez, dans le passage, deux exemples de cette technique.

VOCABULAIRE ET STRUCTURES

1. Expliquez l'emploi du pronom **lui** (l. 11).
2. Remplacez **il paraît** (l. 12) par une expression équivalente.
3. «avec le sourire aux lèvres» (l. 12–13). Quel mot serait omis dans une langue plus châtiée?
4. Donnez le contraire de «j'ai voté contre» (l. 25).
5. Justifiez l'orthographe de **demandée** (l. 32) et de **cousues** (l. 39).
6. «I' faut aller faire la guerre.» (l. 34). Transformez cette réplique de Joséphine en la commençant par: «Il faut que . . .»
7. **Va-z-y** (l. 46) est l'orthographe phonétique. Orthographiez l'expression correctement.
8. Relevez, dans le texte, deux subjonctifs. Justifiez-en l'emploi.
9. Faites une phrase où vous utiliserez **jouer de**.
10. Faites une phrase où **repousser** aura un autre sens que dans l. 57.
11. «La droite, c'est ma meilleure main» (l. 66–67), dit Joseph. Donc, il est _____ . Quel est le contraire de ce mot?
12. Relevez, dans le texte, trois exemples de blasphèmes.

---

[1] Expression qui consiste à dire moins que ce qu'on pense. Par exemple: **Il ne se fatigue pas**. (= Il est paresseux.). Le contraire de la litote est l'hyperbole.

RAPPEL: LE COMPARATIF ET LE SUPERLATIF DE L'ADJECTIF

A. Le comparatif

1. Joséphine est **plus** croyante **que** Napoléon.

> Le comparatif de **supériorité** se compose de **plus** + **adjectif** + **que**.

2. La guerre a été **moins** longue **qu'**il ne l'avait prédit.

> Le comparatif d'**infériorité** se compose de **moins** + **adjectif** + **que**.

3. Joséphine est **aussi** forte **que** Napoléon.

> Le comparatif d'**égalité** se compose de **aussi** + **adjectif** + **que**.

Remarques:

1. Sa main droite est **meilleure** que sa gauche.
   Il est **pire** (**plus mauvais**) que son frère.

> Le comparatif de supériorité de **bon** est **meilleur**; celui de **mauvais** est **pire** ou **plus mauvais**.

2. Elle est **plus petite** que sa soeur.
   mais Sa peur est **moindre** que la mienne.

> **Plus petit** est utilisé dans un sens **concret**, **moindre** dans un sens abstrait.

3. Le départ est plus difficile que Napoléon **ne** (**le**) croyait.
   La bière est plus chère que vous **ne** m'aviez dit.
   (**ne** me **l'**aviez dit.)

> Lorsque le second terme de la comparaison est une proposition, le verbe de la subordonnée est précédé d'un **ne** explétif et, parfois, d'un **le** facultatif.

1. Joseph est **le plus** brave.
La main droite est **la plus** travailleuse **des** deux mains.

> Le superlatif de **supériorité** se compose de **le**, **la**, **les** + **plus** + **adjectif** + **de** (s'il y a lieu).

> **N.B.** Le superlatif s'utilise aussi lorsqu'on ne compare que deux éléments.

2. La main gauche est **la moins** forte.
Apportez-moi **la moins** bonne **des** carabines.

> Le superlatif d'**infériorité** se compose de **le**, **la**, **les** + **moins** + **adjectif** + **de** (s'il y a lieu).

3. C'est **la** plus belle fille du village.
C'est **le** garçon **le** plus brave du village.

> Lorsque l'adjectif suit normalement le nom, l'article est répété devant l'adjectif.

4. Une main coupée, c'est **la meilleure** sécurité.
L'avenir est **le moindre** de mes soucis.

> Les comparatifs irréguliers ont des superlatifs correspondants.

5. Cette bière est **la meilleure que** nous **ayons** jamais **bue**.
Joseph est le garçon **le moins brave qui ait habité** au village.

> Lorsque le superlatif est suivi d'une proposition relative, le subjonctif est employé dans cette proposition (voir p. 303).

APPLICATION

A. Transformez les phrases en utilisant le **comparatif de supériorité**, selon les modèles:

MODÈLES: Sa main droite est bonne. (sa main gauche)
Sa main droite est **meilleure que** sa main gauche.

Ta femme est aimable. (je ne le pensais)
Ta femme est **plus** aimable **que** je ne le pensais.

1. La carabine de Napoléon est vieille. (celle d'Arsène)
2. Votre santé est mauvaise. (la nôtre)
3. Les blasphèmes de Corriveau sont scandaleux. (les gros mots de Joseph)
4. Pour Joséphine, les femmes des Vieux Pays sont dangereuses. (la guerre)

5. La confiture aux bleuets est bonne. (je ne croyais)
6. Ma main droite n'est pas forte. (ma main gauche)
7. La bière est-elle chère? (la limonade)
8. L'ouvrage était-il difficile? (tu ne l'avais dit)
9. La guerre a été longue. (on n'avait prédit)
10. Une main coupée, c'est terrible. (d'aller à la guerre)

B. Faites l'exercice ci-dessus en employant le **comparatif d'infériorité** selon les modèles:

MODÈLES: Sa main droite est bonne (sa main gauche)
Sa main droite est **moins** bonne **que** sa main gauche.

Ta femme est aimable. (je ne le pensais)
Ta femme est **moins** aimable **que** je ne le pensais.

C. Complétez les phrases selon l'exemple en utilisant le **superlatif de supériorité** ou **d'infériorité** selon le cas. Faites accorder les adjectifs et les participes.

MODÈLES: C'est le soldat. (plus – brave – village)
C'est le soldat **le plus brave du village**.

C'est la bière (plus – bon – j'aie bu)
C'est la **meilleure** bière **que j'aie bue**.

1. C'est la femme. (plus – bon – monde)
2. C'est la mitraillette. (plus – dangereux – il ait utilisé)
3. Ce sont les pays. (plus – extraordinaire – nous ayons visité)
4. C'est l'Allemande. (plus – petit – j'aie rencontré)
5. C'est la hache. (moins – bon – ferme)
6. Ce sont les branches. (moins – long – arbre)
7. Est-ce la prière? (plus – sincère – elle ait fait)
8. Ce ne sont pas les groseilles. (plus – beau – ils aient cueilli)
9. C'est le gouvernement. (moins – fort – l'époque)
10. Est-ce la bûche? (moins – gros – ayez trouvé)

D. Complétez les phrases suivantes par une **proposition** de votre cru. Attention au temps et au mode:

MODÈLE: C'est la meilleure personne . . .
C'est la meilleure personne **que je connaisse**.

1. La guerre est une des catastrophes les plus terribles . . .
2. C'est la meilleure bière . . .
3. Ce sont les soldats les plus braves . . .
4. Voilà les plus gros mots . . .
5. Napoléon a les plus belles médailles . . .
6. C'est sa main la plus forte . . .
7. Nous faisons de la confiture avec les plus grosses fraises . . .
8. Le nouveau gouvernement est le plus fort . . .

DISCUSSIONS À BÂTONS ROMPUS

1. Un jeune homme devrait-il toujours être prêt à se battre pour son pays?
2. Tous les pays devraient s'unir pour lutter contre les tyrans.
3. Chaque année, à la onzième heure du onzième jour du onzième mois, toute activité cesse pour permettre aux Canadiens de réfléchir aux effets des guerres. Que représente le Jour du Souvenir pour vous et pour les vôtres?

SUJETS POUR DÉBATS

1. Est-il juste ou non d'emprisonner les objecteurs de conscience en temps de guerre?
2. Les films de guerre ne servent qu'à glorifier une violence inutile et toujours condamnable.
3. Le Canada devrait avoir un système de défense nationale plus puissant.

DEVOIRS ÉCRITS

1. «Mourir pour le pays n'est pas un triste sort.
   C'est s'immortaliser par une belle mort», dit Corneille, premier grand dramaturge français. Que pensez-vous de ces vers?
2. Comment l'auteur s'y prend-il pour rendre comique un sujet sérieux? Illustrez votre réponse à l'aide d'exemples tirés du texte.

PRÉSENTATIONS ORALES

1. Vous résumerez soit un conte de Carrier, tel «Une abominable feuille d'érable sur la glace» dans *Les enfants du bonhomme dans la lune*, ou une autre pièce de l'auteur, telle *La Céleste Bicyclette* ou *Floralie, où es-tu?*
2. Vous vous documenterez sur les réactions du peuple québécois face à la conscription à l'époque de la Deuxième Guerre et en parlerez à la classe.

TRAVAIL D'ÉQUIPE

L'équipe interprétera les scènes citées.

CANDIDE

Voltaire (1694–1778) est un des plus grands satiriques français. L'ironie voltairienne est universellement célèbre. Écrivain prolifique, auteur de pièces de théâtre, d'essais, d'écrits de tout genre, Voltaire est connu surtout pour ses contes, dont le chef-d'oeuvre est *Candide* (1759).

Napoléon et Joseph refusaient de se battre dans une guerre à laquelle ils ne comprenaient rien. L'idée que toute guerre est incompréhensible et inexcusable se retrouve chez de nombreux écrivains. Ils ne peuvent accepter que des innocents soient sacrifiés pour satisfaire les caprices des tyrans.

CE QUE DEVINT CANDIDE PARMI LES BULGARES[1]

Candide croit, naïvement, que «tout est pour le mieux dans le meilleur des mondes», car c'est ce que lui a enseigné Pangloss, son maître de philosophie. Toutefois, il vient d'être chassé du château de Thunder-ten-tronckh, «le paradis terrestre», parce que le baron a surpris le jeune homme et sa fille en train de s'embrasser derrière un paravent.

> Candide, chassé du paradis terrestre, marcha longtemps sans savoir où, pleurant, levant les yeux au ciel, les tournant souvent vers le plus beau des châteaux, qui renfermait la plus belle des baronnettes; il se coucha sans souper au milieu des champs entre deux sillons; la neige tombait à gros flocons. Candide, tout transi, se traîna le lendemain vers 5

---

[1] Voltaire a écrit *Candide* au cours de la guerre de Sept Ans. Les Bulgares sont censés représenter les Prussiens et les Abares, les Français.

la ville voisine, qui s'appelle Valdberghoff-trarbk-dikdorff, n'ayant point d'argent, mourant de faim et de lassitude. Il s'arrêta tristement à la porte d'un cabaret. Deux hommes habillés de bleu le remarquèrent: «Camarade, dit l'un, voilà un jeune homme très bien fait, et qui a la taille requise.» Ils s'avancèrent vers Candide et le prièrent à dîner très civilement. «Messieurs, leur dit Candide avec une modestie charmante, vous me faites beaucoup d'honneur, mais je n'ai pas de quoi payer mon écot[1]. — Ah! Monsieur, lui dit un des bleus, les personnes de votre figure et de votre mérite ne paient jamais rien: n'avez-vous pas cinq pieds cinq pouces de haut? — Oui, Messieurs, c'est ma taille, dit-il en faisant la révérence. — Ah! Monsieur, mettez-vous à table; non seulement nous vous défraierons, mais nous ne souffrirons jamais qu'un homme comme vous manque d'argent; les hommes ne sont faits que pour se secourir les uns les autres. — Vous avez raison, dit Candide: c'est ce que M. Pangloss m'a toujours dit, et je vois bien que tout est au mieux[2].» On le prie d'accepter quelques écus, il les prend et veut faire son billet[3]; on n'en veut point, on se met à table: «N'aimez-vous pas tendrement . . . ? — Oh! oui, répondit-il, j'aime tendrement Mlle Cunégonde. — Non, dit l'un de ces messieurs, nous vous demandons si vous n'aimez pas tendrement le roi des Bulgares. — Point du tout, dit-il, car je ne l'ai jamais vu. — Comment! c'est le plus charmant des rois, et il faut boire à sa santé. — Oh! très volontiers, Messieurs»; et il boit. «C'en est assez, lui dit-on, vous voilà l'appui, le soutien, le défenseur, le héros des Bulgares, votre fortune est faite, et votre gloire est assurée.» On lui met sur-le-champ les fers aux pieds, et on le mène au régiment. On le fait tourner à droite, à gauche, hausser la baguette[4], remettre la baguette, coucher en joue[5], tirer, doubler le pas, et on lui donne trente coups de bâton; le lendemain il fait l'exercice un peu moins mal, et il ne reçoit que vingt coups; le surlendemain on ne lui en donne que dix, et il est regardé par ses camarades comme un prodige.

Candide, tout stupéfait, ne démêlait pas encore trop bien comment il était un héros. Il s'avisa un beau jour de printemps de s'aller promener, marchant tout droit devant lui, croyant que c'était un privilège de l'espèce humaine, comme de l'espèce animale, de se servir de ses jambes à son plaisir. Il n'eut pas fait deux lieues que voilà quatre autres héros de six pieds qui l'atteignent, qui le lient, qui le mènent dans un cachot. On lui demanda juridiquement ce qu'il aimait le mieux d'être fustigé trente-six fois par tout le régiment, ou de recevoir à la fois douze

---

[1] ma part
[2] Voltaire se moque de la philosophie de Pangloss («tout est pour le mieux dans le meilleur des mondes») à travers tout le conte.
[3] signer un reçu
[4] sert à charger le fusil
[5] viser (avec une arme à feu)

balles de plomb dans la cervelle. Il eut beau dire[6] que les volontés sont 45
libres[7], et qu'il ne voulait ni l'un ni l'autre, il fallut faire un choix; il
se détermina, en vertu du don de Dieu qu'on nomme *liberté*, à passer
trente-six fois par les baguettes; il essuya deux promenades[8]. Le régiment était composé de deux mille hommes; cela lui composa quatre
mille coups de baguette, qui, depuis la nuque du cou jusqu'au cul, lui 50
découvrirent les muscles et les nerfs. Comme on allait procéder à la
troisième course, Candide, n'en pouvant plus, demanda en grâce qu'on
voulût bien avoir la bonté de lui casser la tête; il obtint cette faveur;
on lui bande les yeux, on le fait mettre à genoux. Le roi des Bulgares
passe dans ce moment, s'informe du crime du patient; et, comme ce 55
roi avait un grand génie, il comprit, par tout ce qu'il apprit de Candide,
que c'était un jeune métaphysicien[9], fort ignorant des choses de ce
monde, et il lui accorda sa grâce avec une clémence qui sera louée
dans tous les journaux et dans tous les siècles. Un brave chirurgien
guérit Candide en trois semaines avec les émollients enseignés par 60
Dioscoride. Il avait déjà un peu de peau, et pouvait marcher, quand le
roi des Bulgares livra bataille au roi des Abares.

Extrait de Voltaire, «Candide», *Contes et romans*, Lausanne, Éditions Rencontre, 1960,
pp. 198–200.

COMPRÉHENSION ET APPRÉCIATION

1. Commentez l'emploi des superlatifs dans la première phrase.
2. Qu'y a-t-il d'illogique dans la façon dont les «bleus» choisissent Candide?
3. Qu'est-ce que la prompte réponse de Candide à la question incomplète des
   Bulgares (l. 22–23) montre?
4. Qu'est-ce que la gradation ascendante (l. 28–29) dénote ici?
5. Qu'y a-t-il d'ironique dans la proposition: «On lui met sur-le-champ les fers
   aux pieds» (l. 30)?
6. Relevez un exemple d'euphémisme.
7. Pourquoi la taille des «héros» est-elle importante?
8. Que signifie le prénom du héros? Est-il bien choisi?
9. Qu'est-ce qui montre que Voltaire n'admire guère la métaphysique?
10. Montrez que, tout en ayant l'air de louer le roi, Voltaire, au contraire, l'attaque.

[6] il dit inutilement
[7] que l'être humain choisit ses actes librement, qu'il n'y a pas de prédestination
[8] Il supporta, souffrit deux promenades. Le mot **promenades**, associé à la souffrance, est,
bien sûr, ironique.
[9] Le métaphysicien s'occupe de métaphysique, science qui a pour sujet les origines de
l'homme, l'existence de Dieu, le libre arbitre (*free will*), etc. Voltaire, qui croit que ce sont
là des mystères impénétrables, se moque des métaphysiciens.

VOCABULAIRE ET STRUCTURES

1. Relevez, dans le texte, un exemple de superlatif d'adjectif (outre ceux de la première phrase).
2. Qu'est-ce que le **de** exprime dans:
   a) **mourant de faim** (l. 7)
   b) **habillés de bleu** (l. 8)?
   Faites deux phrases où **de** aura respectivement le même sens que dans (a) et (b).
3. «Je n'ai pas de quoi payer mon écot» (l. 12–13). Remplacez **de quoi** par une expression équivalente en faisant les changements voulus.
4. «nous ne souffrirons jamais qu'un homme comme vous manque d'argent» (l. 17–18). Exprimez la même idée de façon différente en conservant le verbe **manquer**.
5. Faites deux phrases où **billet** aura un sens différent de celui qu'il a dans le contexte (l. 22).
6. Quel est l'infinitif de **faut** (l. 27)? Trouvez, dans le texte, un exemple de ce verbe conjugué à un autre temps.
7. Trouvez trois mots de la même famille que:
   a) **faim** (l. 7)
   b) **gloire** (l. 29)
   c) **fers** (l. 30).
8. Le mot **baguette** (l. 31) est utilisé dans un sens technique. Faites trois phrases où le mot sera utilisé dans trois sens différents.
9. Quel est l'infinitif de **atteignent** (l. 42)? Quels autres verbes, conjugués sur le même modèle, connaissez-vous?
10. Donnez le contraire des expressions suivantes:
    a) **le paradis** (l. 1)
    b) **beau** (l. 3)
    c) **le lendemain** (l. 5)
    d) **le surlendemain** (l. 34)
    e) **la clémence** (l. 58).

Un peu de sel . . . .

Voici des vers qui illustrent jusqu'où peut aller le fanatisme . . .

> En avant! tant pis pour qui tombe,
> La mort n'est rien. Vive la tombe.
> Quand le pays en sort vivant
> En avant!

> Paul Deroulède
> (1846–1914)

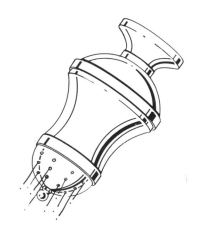

RAPPEL: LES PRONOMS INDÉFINIS

On

1. **On** lui met les fers aux pieds.
   «C'en est assez», lui dit-**on**.
   On n'est pas sérieux, quand **on** a dix-sept ans.

   > **On**, toujours sujet, masculin singulier, désigne une personne indéterminée, un groupe de personnes indéterminées, ou l'être humain en général.

2. **On** est **belle** aujourd'hui.
   On s'est tous ser**vis** de ses jambes.
   On s'est mi**ses** à table.

   > **On** peut parfois être féminin ou pluriel s'il remplace un nom féminin ou pluriel.

   N.B. Il faut que **l'on** se mette à table.

   > **L'on** peut être utilisé pour l'euphonie.

Tout (adjectif)

1. Sa clémence sera louée dans **tous les** journaux.
   Toutes ces baronnettes sont charmantes.
   Tout son régiment donne des coups de baguette à Candide.

   > **Tout, toute, tous, toutes**, suivi de l'article ou de l'adjectif démonstratif ou possessif, s'accorde en genre et en nombre avec le nom qu'il qualifie. Il signifie l'ensemble, la totalité.

2. **Tout** humain doit mourir.
   Toute faveur se paye.

   > **Tout, toute**, au singulier, peuvent être suivis directement du nom. Ils signifient alors **chaque, n'importe lequel (laquelle,** etc.).

3. **Tous les dix mètres**, il reçoit un coup de baguette.
   Prenez ce médicament **toutes les deux heures**.

   > **Tous, toutes**, suivis d'un nombre et d'un nom désignant une mesure ou le temps, indiquent la répétition.

   Remarque: **Tout le monde** est arrivé.

   > L'expression **tout le monde**, toujours au singulier, a le sens de **toutes les personnes**.

Tout (pronom)

1. **Tous** lui ont donné des coups.   **Toutes** boivent à la santé du roi.
   ou   **ou**
   Ils lui ont **tous** donné les coups.   **Elles** boivent **toutes** à la santé du roi.

> Les pronoms **tous** (le **s** se prononce), **toutes**, employés comme sujets, peuvent précéder ou suivre le verbe ou l'auxiliaire.

2. Le chirurgien les a **tous** guéris.
   Elle ne les a pas **toutes** comprises.

> Quand **tout**, **toute**, **tous**, **toutes** sont objets du verbe, on les place généralement entre l'auxiliaire et le participe passé.

3. **Tout** est pour le mieux.   Candide n'a pas **tout** vu.

> **Tout**, invariable, a le sens de **toutes les choses**.

4. **Tout ce que** Candide leur a dit a été utile.
   Vous êtes responsable de **tout ce qui** arrive.
   J'ai **tout ce dont** j'ai besoin.

> Lorsque **tout** est suivi d'une proposition relative, **ce** est intercalé.

5. **Tous ceux que** vous connaissez ont été battus.
   Sa clémence a été louée par **toutes celles qui** l'ont apprise.

> Devant une proposition relative, **tous** et **toutes** sont suivis respectivement de **ceux** et de **celles**.

Remarque:
Ils sont **tout** stupéfaits. Elle est **tout** heureuse.
Elles sont **tout** étonnées.
Elles sont **toutes** honteuses.
Elles sont **toutes** stupéfaites.

> **Tout**, **adverbe**, est invariable, sauf devant un adjectif féminin commençant par une **consonne** ou un **h aspiré**.

L'un — L'autre — Autrui

1. «Non», dit **(l')un**.
   (L')Une de vous est baronnette.
   (L')Une d'elles habite le plus beau des châteaux.

> **(L')Un(e)**, **qualifié**, est suivi de **de** + nom ou pronom.

2. Candide a rencontré deux hommes habillés de bleu. En avez-vous vu **un**?

> **Un(e)**, **pronom**, peut s'employer comme objet direct. Le verbe est alors précédé de **en**.

3. **L'autre** soldat a payé son écot.
   D'autres Bulgares ont battu Candide.

> **Autre(s)**, **adjectif**, précède le nom et s'emploie comme tout autre adjectif.

4. **L'autre** a invité Candide.   Racontez cela **aux autres**.

> **Autre(s)**, **pronom**, est précédé de l'article.

Remarque:
J'ai parlé à **un** autre.   J'ai parlé à **d'**autres.

> Le pluriel de l'article indéfini + **autres** est **d'**.

5. J'**en** ai vu **d'autres**.

> Lorsque **d'autres** est objet direct, le verbe est précédé de **en**.

6. **Nous (autres)**, nous sommes pour la guerre; **vous (autres)**, vous êtes contre.

> **Nous autres**, **vous autres** s'emploient pour mettre en relief une différence.

7. **L'une** a invité le jeune homme, **l'autre** lui a fait un cadeau.
   Les uns lui promettent la gloire, **les autres** lui donnent de l'argent.
   Il ne voulait ni **l'un** ni **l'autre**.

> **L'un(e)** s'emploie avec **l'autre** comme sujet ou objet. Au pluriel, **les un(e)s** a le sens de **quelques-un(e)s**, **certain(e)s**.

Remarque:
L'un et l'autre sont plus grands que Candide.
Les uns et les autres boivent beaucoup.

> **L'un et l'autre** signifie **les deux; les uns et les autres** signifie **tous**.

8. Nous devons nous aimer **l'un(e) l'autre**.
   Les hommes ne sont faits que pour se secourir **les uns les autres**.

> **L'un(e) l'autre**, **les un(e)s les autres**, après le verbe, ont le sens de **mutuellement**.

9. Ils marchent **l'un derrière l'autre**.
Elles sont aimables **les unes envers les autres**.
Il parle **aux uns** et **aux autres**.

> **L'un(e) l'autre**, **les un(e)s et les autres** peuvent être utilisés avec une préposition intercalée entre les deux éléments.

10. Il faut penser à **autrui**.

> **Autrui** (= **les autres**) est invariable et généralement utilisé après une préposition.

APPLICATION

A. Remplacez le tiret par la forme voulue de **tout**:

MODÈLES: _____ est pour le mieux.   Il faut aimer _____ les êtres.
Tout est pour le mieux.   Il faut aimer **tous** les êtres.

1. On doit _____ se secourir.
2. _____ soldat doit servir le roi.
3. Candide se rappelle _____ ce qu'il a appris.
4. Il mange _____ les quatre heures.
5. _____ les jeunes filles sont-elles belles?
6. _____ les régiments ne partent pas en guerre.
7. Candide marchait _____ droit devant le soldat.
8. Elles l'ont _____ regardé comme un prodige.
9. _____ lui ont donné des coups.
10. Nous n'avons pas demandé _____ ces faveurs.
11. _____ arrive!
12. Elle est _____ étonnée de revoir le jeune homme.

B. Utilisez la forme voulue de **l'un l'autre** avec la préposition ou la conjonction qui convient, s'il y a lieu:

MODÈLES: _____ de ces deux jeunes filles secourt _____ .
L'une de ces deux jeunes filles secourt **l'autre**.

Il y a beaucoup de monde. Parlez _____ .
Il y a beaucoup de monde. Parlez **aux uns et aux autres**.

1. Les deux femmes sont arrivées. _____ se sont déjà mises à table.
2. Il a rencontré des soldats. _____ mouraient de faim, _____ de soif.

3. Tous ces hommes sont punis. _____ recevront des coups de baguette.
4. _____ des dames a payé son écot; _____ a refusé de le faire.
5. Asseyez-vous, vous deux! Mettez-vous _____ derrière _____ .
6. Deux soldats invitent Candide. _____ lui paie à boire; _____ lui pose des questions.
7. Ces deux fillettes ne me plaisent pas. Je n'ai confiance ni _____ ni _____ .
8. Ils demandent tous des faveurs. Je n'en accorderai ni _____ ni _____ .
9. On ne peut croire les journaux: _____ disent ceci, _____ disent cela.
10. Les soldats doublent le pas. _____ vont à droite, _____ vont à gauche.

DISCUSSIONS À BÂTONS ROMPUS

1. Les femmes devraient-elles faire partie de l'armée, soit comme auxiliaires, soit comme soldats?
2. Le gouvernement a-t-il trop de pouvoir?
3. Êtes-vous d'accord que «l'argent est le nerf de la guerre»?

SUJETS POUR DÉBATS

1. L'innocence est-elle, à votre avis, un défaut ou une qualité?
2. Le pour et le contre du désarmement.
3. Le pour et le contre du système parlementaire.

DEVOIRS ÉCRITS

1. Préparez une chronologie des événements marquants de la vie tumultueuse de Voltaire.
2. Voltaire donne plusieurs indications sur la personnalité du roi des Bulgares. Faites, en quelques phrases, le portrait moral de ce roi.

PRÉSENTATIONS ORALES

1. Vous lirez *Candide* ou un autre conte de Voltaire (par exemple, *Zadig* ou *Micromégas*) et vous le résumerez en faisant ressortir les idées de l'auteur.
2. Vous ferez un bref exposé sur l'historique de l'époque où Voltaire a écrit *Candide*.

TRAVAIL D'ÉQUIPE

Un groupe d'étudiant(e)s écrira une saynète inspirée par le chapitre cité, chaque étudiant(e) se chargeant des répliques d'un des personnages. La saynète sera ensuite interprétée.

PIQUE-NIQUE EN CAMPAGNE

Fernando Arrabal est né en 1932 à Melilla, au Maroc espagnol. Il était en Espagne pendant la plus grande partie de la guerre civile au cours de laquelle son père a été arrêté. Arrabal, qui ne devait plus revoir son père, a été profondément marqué par ces événements. L'antimilitarisme est partout présent dans son oeuvre insolite et violente, mais non dépourvue de tendresse. Arrabal est connu surtout pour son théâtre, mais aussi pour ses films et ses romans.

On se bat pour défendre son pays, pour conserver un certain mode de vie. Pourtant, Napoléon et Joseph sont obligés d'aller faire une guerre à laquelle ils ne comprennent rien, pour des pays qu'ils ne connaissent pas. Candide est enrôlé de force dans l'armée du roi des Bulgares, qu'il n'a jamais vu. Tout comme eux, Zépo et Zapo, obligés d'interrompre le travail simple, mais utile, qu'ils faisaient, vont se battre dans une guerre dont ils ignoraient l'existence même et dans laquelle ils mourront.

UNE TRAGIQUE PARTIE DE CAMPAGNE

Monsieur et Madame Tépan, s'imaginant que la guerre est une sorte de fête, sont venus pique-niquer avec leur fils, Zapo, sur le champ de bataille. Alors qu'ils se préparent à déjeuner, Zapo fait un prisonnier, Zépo. Madame Tépan questionne le prisonnier.

Les Tépan et Zépo
en train de pique-niquer.

MADAME TÉPAN   Mais pourquoi est-ce que vous êtes ennemi?

ZÉPO   Je ne sais pas, je n'ai pas beaucoup d'instruction.

MADAME TÉPAN   Est-ce que c'est de naissance ou est-ce que vous êtes devenu ennemi par la suite?

ZÉPO   Je ne sais pas, je n'en sais rien.   5

MONSIEUR TÉPAN   Alors, comment est-ce que vous êtes venu à la guerre?

ZÉPO   Un jour, à la maison, j'étais en train d'arranger le fer à repasser de ma mère et il est venu un monsieur qui m'a dit: «C'est vous Zépo?—Oui. —Bon, il faut que tu viennes à la guerre.» Alors moi je lui ai demandé: «Mais à quelle guerre?» et il m'a dit: «Tu ne lis donc pas les journaux?   10 Quel péquenot[1]!» Je lui ai répondu que si, mais pas les histoires de guerre . . .

ZAPO   Comme moi, exactement comme moi.

MONSIEUR TÉPAN   Oui, ils sont venus te chercher aussi.

MADAME TÉPAN   Non, ce n'est pas pareil, ce jour-là tu n'étais pas en train   15 d'arranger un fer à repasser, tu réparais la voiture.

MONSIEUR TÉPAN   Je parlais du reste. *(À Zépo)* Continuez: après, qu'est-ce qu'il s'est passé?

ZÉPO   Alors je lui ai dit que j'avais une fiancée et que si je ne l'emmenais pas au cinéma le dimanche, elle allait s'embêter. Il m'a dit que ça   20 n'avait aucune importance.

ZAPO   Comme à moi, exactement comme à moi.

ZÉPO   Alors mon père est descendu et il a dit que je ne pouvais pas aller à la guerre parce que je n'avais pas de cheval.

ZAPO   Comme mon père a dit.   25

ZÉPO   Le monsieur a répondu qu'on n'avait plus besoin de cheval et je lui ai demandé si je pouvais emmener ma fiancée. Il a dit non. Alors, si je pouvais emmener ma tante pour qu'elle me fasse de la crème le jeudi; j'aime bien ça.

MADAME TÉPAN *s'apercevant qu'elle l'a oubliée.*   —Oh! la crème!   30

ZÉPO   Il m'a encore dit non.

ZAPO   Comme à moi.

ZÉPO   Et depuis ce temps-là, me voilà presque toujours seul dans la tranchée.

---

[1] Quel paysan!

MADAME TÉPAN   Je crois que toi et monsieur le prisonnier, puisque vous êtes si près l'un de l'autre et que vous vous ennuyez tellement, vous pourriez jouer l'après-midi ensemble.   35

ZAPO   Ah! non, maman, j'ai trop peur, c'est un ennemi.

MONSIEUR TÉPAN   Allons, n'aie pas peur.

ZAPO   Si tu savais ce que le général a raconté sur les ennemis!

MADAME TÉPAN   Qu'est-ce qu'il a dit?   40

ZAPO   Il a dit que les ennemis sont des gens très méchants. Quand ils font des prisonniers, ils leur mettent des petits cailloux dans les chaussures pour qu'ils aient mal en marchant.

MADAME TÉPAN   Quelle horreur! Quels sauvages!

MONSIEUR TÉPAN, à Zépo, indigné.   Et vous n'avez pas honte de faire partie   45 d'une armée de criminels?

ZÉPO   Je n'ai rien fait, moi. Je ne suis mal avec personne[2].

MADAME TÉPAN   Il voulait nous avoir[3] avec ses airs de petit saint[4]!

MONSIEUR TÉPAN   On n'aurait pas dû le détacher. Si ça se trouve[5], il suffira qu'on ait le dos tourné pour qu'il nous mette un caillou dans nos   50 chaussures.

ZÉPO   Ne soyez pas si méchants avec moi.

MONSIEUR TÉPAN   Mais comment voulez-vous qu'on soit? Je suis indigné. Je sais ce que je vais faire: je vais aller trouver le capitaine et lui demander qu'il me laisse faire la guerre.   55

ZAPO   Il n'acceptera pas: tu es trop vieux.

MONSIEUR TÉPAN   Alors je m'achèterai un cheval et une épée et je viendrai faire la guerre à mon compte.

MADAME TÉPAN   Bravo! Si j'étais un homme, je ferais pareil.

ZÉPO   Madame, ne me traitez pas comme ça. D'ailleurs, je vais vous dire: 60 notre général nous a dit la même chose sur vous.

MADAME TÉPAN   Comment a-t-il osé faire un mensonge pareil?

ZAPO   Mais, vraiment, la même chose?

ZÉPO   Oui, la même chose.

MONSIEUR TÉPAN   C'est peut-être le même qui vous a parlé à tous les deux.   65

---

[2] je m'entends bien, je suis en bons termes avec tout le monde
[3] nous tromper
[4] avec ses airs de garçon vertueux
[5] peut-être

MADAME TÉPAN   Mais si c'est le même, il pourrait au moins changer de discours. En voilà une façon de dire[6] la même chose à tout le monde.

MONSIEUR TÉPAN, *à Zépo, changeant de ton.*   Encore un petit verre?

MADAME TÉPAN   J'espère que notre déjeuner vous a plu?

MONSIEUR TÉPAN   En tout cas, c'était mieux que dimanche dernier!   70

ZÉPO   Que s'est-il passé?

MONSIEUR TÉPAN   Eh bien, on est allé à la campagne et on a posé les provisions sur la couverture. Pendant qu'on avait le dos tourné une vache a mangé tout le déjeuner, et même les serviettes.

ZÉPO   Quel goinfre[7], cette vache!   75

MONSIEUR TÉPAN   Oui, mais après, pour compenser, on a mangé la vache. *(Ils rient)*

ZAPO, *à Zépo*   Ils ne devaient plus avoir faim!

MONSIEUR TÉPAN   À la vôtre[8]! *(Tous boivent).*

MADAME TÉPAN, *à Zépo*   Et dans la tranchée, qu'est-ce que vous faites pour   80
vous distraire?

ZÉPO   Pour me distraire, je passe mon temps à faire des fleurs en chiffon[9]. Je m'embête beaucoup.

MADAME TÉPAN   Et qu'est-ce que vous faites de ces fleurs?

ZÉPO   Au début, je les envoyais à ma fiancée, mais un jour elle m'a dit que   85
la serre et la cave en étaient déjà remplies, qu'elle ne savait plus quoi
en faire et que, si ça ne me dérangeait pas, je lui envoie autre chose.

MADAME TÉPAN   Et qu'est-ce que vous avez fait?

ZÉPO   J'ai essayé d'apprendre à faire autre chose mais je n'ai pas pu. Alors
je continue à faire des fleurs en chiffon pour passer le temps.   90

MADAME TÉPAN   Et après, vous les jetez?

ZÉPO   Non, maintenant j'ai trouvé le moyen de les utiliser: je donne une fleur
pour chaque copain qui meurt. Comme ça je sais que même si j'en fais
beaucoup il n'y en aura jamais assez.

MONSIEUR TÉPAN   Vous avez trouvé une bonne solution.   95

ZÉPO, *timide*   Oui.

ZAPO   Eh bien, moi, je fais du tricot, pour ne pas m'ennuyer.

---

[6] il agit d'une étrange façon en disant
[7] quelle gourmande, quelle gloutonne
[8] à votre santé
[9] Attention! Ce mot n'a pas le même sens en français qu'en anglais.

MADAME TÉPAN   Mais, dites-moi, est-ce que tous les soldats s'embêtent comme vous?

ZÉPO   Ça dépend de ce qu'ils font pour se distraire.   100

ZAPO   De ce côté-ci, c'est la même chose.

MONSIEUR TÉPAN   Alors, arrêtons la guerre.

ZÉPO   Et comment?

MONSIEUR TÉPAN   Très simple: toi tu dis à tes copains que les ennemis ne veulent pas faire la guerre, et vous, vous dites la même chose à vos   105 collègues. Et tout le monde rentre chez-soi.

ZAPO   Formidable!

MADAME TÉPAN   Comme ça vous pourrez finir d'arranger le fer à repasser.

ZAPO   Comment se fait-il qu'on n'ait pas eu plus tôt cette bonne idée?

MADAME TÉPAN   Seul, ton père peut avoir de ces idées-là: n'oublie pas qu'il   110 est ancien élève de l'école normale[10], et philatéliste[11].

ZÉPO   Mais que feront les maréchaux et les caporaux?

MONSIEUR TÉPAN   On leur donnera des guitares et des castagnettes pour être tranquilles!

ZÉPO   Très bonne idée.   115

MONSIEUR TÉPAN   Vous voyez comme c'est facile. Tout est arrangé.

ZÉPO   On aura un succès fou.

ZAPO   Mes copains vont être rudement[12] contents.

MADAME TÉPAN   Qu'est-ce que vous diriez si on mettait le pasodoble[13] de tout à l'heure pour fêter ça?   120

ZÉPO   Parfait!

ZAPO   Oui, mets le disque, maman.

> *Madame Tépan met un disque. Elle tourne la manivelle. Elle attend. On n'entend rien.*

MONSIEUR TÉPAN   On n'entend rien.   125

MADAME TÉPAN, *elle se rapproche du phono.* Ah! je me suis trompée! Au lieu de mettre un disque j'avais mis un béret.

---

[10] une des Grandes Écoles où on forme l'élite française
[11] amateur de timbres poste
[12] très (familier)
[13] danse espagnole très rapide

Elle met le disque. On entend un joyeux pasodoble. Zapo danse avec Zépo et Madame Tépan avec son mari. Ils sont tous très joyeux. On entend le téléphone de campagne. 130

Aucun des quatres personnages ne l'entend. Ils continuent, très affairés, à danser. Le téléphone sonne encore une fois. La danse continue. Le combat reprend avec grand fracas de bombes, de coups de feu, et de crépitements de mitraillettes. Tous les quatre n'ont rien vu et ils continuent à danser joyeusement. Une rafale de mitraillette les 135 *fauche tous les quatre. Ils tombent à terre, raides morts. Une balle a dû érafler le phono: le disque répète toujours la même chose comme un disque rayé. On entend la musique du disque rayé jusqu'à la fin de la pièce. Entrent à gauche les deux infirmiers[14]. Ils portent la civière vide. Immédiatement,* 140

RIDEAU

Madrid, 1952

Extrait de Fernando Arrabal, *Théâtre 2*, Paris, Christian Bourgois, 1968, pp. 190–196.

[14] Les infirmiers sont déjà venus plus tôt. Ils cherchaient des morts ou des blessés. Maintenant, ils ont trouvé . . .

COMPRÉHENSION ET APPRÉCIATION

1. Comment le dramaturge met-il en relief la jeunesse des soldats? Pourquoi leur âge est-il important ici?
2. Comment les ressemblances entre Zépo et Zapo sont-elles mises en relief? Pourquoi sont-elles importantes?
3. Quelle idée Monsieur Tépan se fait-il de la guerre?
4. À votre avis, à quelle époque se situent les événements? Qu'est-ce qui le montre? De quelle guerre pourrait-il s'agir?
5. Relevez, dans les répliques de Zépo, une remarque qui fait bien ressortir la cruauté de la guerre.
6. Qu'est-ce qui montre que les deux soldats sont d'une nature douce?
7. À qui l'auteur s'attaque-t-il surtout dans ce passage? Relevez les répliques pertinentes.
8. Comment le dramaturge met-il en relief l'absurdité de la guerre à la fin du passage?
9. Quelle sorte de langue parlent ici les personnages: raffinée, éloquente, vulgaire, familière? Pourquoi s'expriment-ils de cette façon?
10. Commentez en quelques mots le titre de la pièce. (ironie, jeu de mots?)

VOCABULAIRE ET STRUCTURES

1. Que signifie le **si** (l. 11)?
2. Remplacez **me voilà** (l. 33) par une expression équivalente. Faites une phrase où vous utiliserez **vous voilà**.
3. **Encore un petit verre?** (l. 68).
   Faites une phrase où **encore** aura:
   a) le sens qu'il a ici
   b) un autre sens.
4. Remplacez les expressions suivantes par des expressions équivalentes dans le contexte:
   a) **arranger** (l. 16)
   b) **s'embêter** (l. 20)
   c) **s'apercevant** (l. 30)
   d) **faire partie de** (l. 45)
   e) **qu'on ait le dos tourné** (l. 50)
   f) **pareil** (l. 59)
   g) **ils ne devaient plus avoir faim** (l. 78).
5. **Chiffon** (l. 82) est un **faux ami**. En connaissez-vous d'autres?
6. Quel est l'infinitif de **meurt** (l. 93)? Donnez la 3e personne de ce verbe:
   a) à l'imparfait
   b) au passé composé
   c) au conditionnel
   d) au subjonctif présent.
7. Expliquez le sens du mot **fauche** dans le contexte (l. 136). Utilisez ce mot au sens propre dans une phrase de votre cru.
8. Relevez deux impératifs.
9. Relevez quatre subjonctifs. Expliquez pourquoi ils sont employés.

Un peu de sel ......

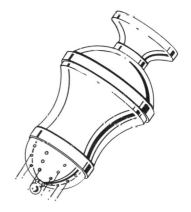

—Pourquoi me tuez-vous?
—Eh quoi! ne demeurez-vous pas de l'autre côté de l'eau? Mon ami, si vous demeuriez de ce côté, je serais un assassin, et cela serait injuste de vous tuer de la sorte; mais puisque vous demeurez de l'autre côté, je suis un brave et cela est juste.

Blaise Pascal

217

RAPPEL: L'EMPLOI DU PASSÉ COMPOSÉ

(Pour la formation du passé composé, voir l'appendice.
Pour l'accord du participe passé, voir p. 166).

> Le passé composé est utilisé dans la conversation, les lettres, le style familier et dans bon nombre de romans contemporains, souvent écrits à la première personne.

> On emploie le passé composé dans les cas suivants:

1. Notre général **a dit** la même chose.
   Je n'**ai** rien **fait**, moi.
   Ah! je me **suis trompée**!
   J'**ai essayé** de faire autre chose, mais je **n'ai pas pu**.

   > pour une **action achevée** dans le passé ou un **état passé**.

2. Un monsieur **est venu**; (puis) il m'**a parlé** de la guerre et (puis) il m'**a demandé** d'aller me battre.

   > pour une **série d'actions** successives achevées dans le passé. C'est le temps de la **narration**.

3. J'**ai envoyé** des fleurs à ma fiancée pendant deux mois.
   Il **a passé** quatre ans à Paris.

   > pour une action passée dont **la durée est indiquée**.

4. Pendant qu'on se promenait, une vache **a mangé** le déjeuner.
   Il réparait le fer à repasser quand un monsieur **est arrivé**.

   > pour une action qui s'est produite au passé avant qu'une autre se termine. (La promenade et la réparation ont été interrompues.)

5. Il me l'**a demandé** vingt fois.
   Elle **a fait** du tricot tous les jours pendant les vacances.

   > pour une action répétée un nombre de fois déterminé.

Un peu de sel . . . . . .

Voici un poème de Jacques Prévert qui
illustre admirablement l'emploi du passé
composé dans une narration:

DÉJEUNER DU MATIN

Il a mis le café
Dans la tasse
Il a mis le lait
Dans la tasse de café
Il a mis le sucre
Dans le café au lait
Avec la petite cuiller
Il a tourné
Il a bu le café au lait
Et il a reposé la tasse
Sans me parler
Il a allumé
Une cigarette
Il a fait des ronds
Avec la fumée
Il a mis les cendres
Dans le cendrier
Sans me parler
Sans me regarder
Il s'est levé
Il a mis
Son chapeau sur sa tête
Il a mis
Son manteau de pluie
Parce qu'il pleuvait
Et il est parti
Sous la pluie
Sans une parole
Sans me regarder
Et moi j'ai pris
Ma tête dans ma main
Et j'ai pleuré.

Jacques Prévert, *Paroles*, Paris, Éditions Gallimard, 1949, pp. 176–177.

L'EMPLOI DE L'IMPARFAIT

(Pour la formation de l'imparfait, voir l'appendice.)

> L'imparfait (imparfait = incomplet, non terminé) est un temps passé utilisé dans les cas suivants:

1. Ce matin, il **était** en train de réparer le fer à repasser.
   Il **continuait** à faire des fleurs en papier.

   mais

   Il **a continué** à faire des fleurs en papier **pendant toute l'année**.

   > pour décrire une **action qui n'est pas finie** et dont la **durée est indéterminée**.

2. Pendant que tu **réparais** la voiture, un monsieur **est arrivé**.
   Ma mère **faisait** du tricot quand ils **sont venus** me chercher.

   > pour décrire une **action interrompue** par une autre action.

3. Il **tombait** du cheval, **essayait** de nouveau de monter, **retombait**, **essayait** encore.
   Tous les jours, nous **recommencions**.

   mais

   Pendant trois jours, nous **avons recommencé**.

   > pour exprimer une **action habituelle ou répétée** pendant un **temps indéterminé**.

4. Tu ne **voulais** pas faire la guerre.
   Je ne **pouvais** pas lui dire la nouvelle.

   mais

   Je **n'ai pas pu** lui dire la nouvelle quand je l'ai vu.

   > pour décrire un **état d'esprit ou de choses** dont la **durée est indéterminée**.

Remarque:
Avec les verbes exprimant **un état** (**être**, **croire**, **penser**, **savoir**, **pouvoir**, **vouloir**, **il y a**, **avoir faim**, **chaud**, **envie**, **peur**, etc.), on emploie plus souvent **l'imparfait** que le passé composé, à moins que la durée ne soit indiquée.

5. Il **travaillait** depuis trois mois.
   Il y **avait**
   Ça **faisait**   } une heure qu'ils **dansaient**.
      (familier)
   Depuis quand le **saviez**-vous?

avec **depuis**, **depuis combien de temps**, **il y avait** . . . . **que, ça faisait** . . . . **que**, pour **décrire une action commencée** et **continuant** dans le **passé**.

6. Si tu **savais** ce que le général a raconté!
Si elle **faisait** son devoir?

pour faire une **suggestion** ou émettre une **supposition dans le présent**.

APPLICATION

A. Mettez l'infinitif au temps voulu (passé composé et imparfait):

MODÈLE: Un jour, les Tépan (partir) pour le champ de bataille où (être) leur fils.
Un jour, les Tépan **sont partis** pour le champ de bataille où **était** leur fils.

1. Ils (apporter) un bon déjeuner et (espérer) faire un pique-nique avec Zapo.
2. Après bien des difficultés, ils (parvenir) à l'endroit où (se trouver) Zapo.
3. Le père et la mère (donner) toutes sortes de conseils à leur fils.
4. Monsieur Tépan (croire) qu'on (faire) encore la guerre avec des chevaux.
5. Madame Tépan (être) scandalisée de voir que son fils (avoir) les mains sales.
6. Elle (penser) qu'on (pouvoir) se laver dans les tranchées.
7. Ce pique-nique (être) le dernier pour les Tépan, car un avion ennemi (arriver) et (lâcher) ses bombes.

B. Mettez les phrases suivantes au passé (passé composé et imparfait):

MODÈLE: Le fils des Tépan est à la guerre. Un jour, ses parents décident de lui rendre visite dans les tranchées.
Le fils des Tépan **était** à la guerre. Un jour, ses parents **ont décidé** de lui rendre visite dans les tranchées.

Les Tépan veulent faire un pique-nique avec Zapo. Madame Tépan prépare un excellent déjeuner et Monsieur Tépan descend à la cave chercher une bonne bouteille de vin.

Se rendre sur le champ de bataille n'est pas une chose aisée pour des civils. Mais Monsieur Tépan est un ancien militaire et ils réussissent à passer les lignes. Quand ils retrouvent leur fils, celui-ci est, naturellement, très surpris, mais il semble heureux de revoir ses parents.

Pendant qu'ils sont en train de bavarder, Zapo fait un prisonnier qui lui ressemble comme un frère. La famille invite ce prisonnier, Zépo, à partager le pique-nique. Après le déjeuner, alors qu'ils sont en train de danser un pasodoble, un avion ennemi lâche ses bombes et ils tombent raides morts.

DISCUSSIONS À BÂTONS ROMPUS

1. Le patriotisme est-il, à votre avis, un sentiment louable?
2. Quelles sont, à votre avis, les causes principales des guerres?
3. Monsieur Tépan, dans sa naïveté, offre une solution pour mettre fin à la guerre. Faites des suggestions plus réalistes qui pourraient mener à la paix dans certains pays actuellement en guerre.

SUJETS POUR DÉBATS

1. Ce sont les hommes, et non les femmes, qui veulent la guerre.
2. À l'époque de la bombe atomique, les armées n'ont plus leur raison d'être.
3. Chacun(e) a le droit de défendre, par n'importe quel moyen, sa personne, son territoire et les êtres qui lui sont chers.

DEVOIRS ÉCRITS

1. Faites, en quelques paragraphes, le portrait de Monsieur et de Madame Tépan.
2. Vous êtes annonceur à la radio. Une guerre vient d'éclater. Rédigez l'annonce que vous lirez à vos auditeurs.

PRÉSENTATIONS ORALES

1. Lisez le reste de la pièce et résumez-la en faisant ressortir les idées antimilitaristes d'Arrabal.
2. Fernando Arrabal a été profondément marqué par la guerre civile espagnole. Vous ferez des recherches sur l'histoire de cette guerre et présenterez votre documentation.

TRAVAIL D'ÉQUIPE

1. L'équipe interprétera la scène citée ici ou une autre scène tirée de *Pique-nique en campagne*.
2. Zépo et Zapo rencontrent Napoléon et Joseph. Imaginez leur dialogue.

LE VISAGE DE LA PAIX

Paul Éluard (1895–1952) est né à Saint-Denis, dans la banlieue parisienne. Il fait d'abord partie du mouvement surréaliste qui continuera à l'influencer, même lorsqu'il s'en sera éloigné. Deux des grands thèmes de sa poésie sont l'amour et la souffrance. Poète engagé, actif dans la Résistance au cours de la Deuxième Guerre, Éluard a dit sa foi dans l'avenir d'une humanité libre.

Carrier, Voltaire et Arrabal ont cherché à démontrer l'absurdité de la guerre. Paul Éluard, dans le poème qui suit, chante les bienfaits de la paix. Elle seule permet aux humains de progresser et d'être heureux.

LE VISAGE DE LA PAIX

1
Je connais tous les lieux où la colombe loge
Et le plus naturel est la tête de l'homme

2
L'amour de la justice et de la liberté
A produit un fruit merveilleux
Un fruit qui ne se gâte point
Car il a le goût du bonheur.   5

3

Que la terre produise que la terre fleurisse
Que la chair et le sang vivants
Ne soient jamais sacrifiés.

4

Que le visage humain connaisse 10
L'utilité de la beauté
Sous l'aile de la réflexion.

5

Pour tous du pain pour tous des roses
Nous avons tous prêté serment
Nous marchons à pas de géant 15
Et la route n'est pas si longue.

6

Nous fuirons le repos nous fuirons le sommeil
Nous prendrons de vitesse l'aube et le printemps
Et nous préparerons des jours et des saisons
À la mesure de nos rêves. 20

7

La blanche illumination
De croire tout le bien possible.

8

L'homme en proie à la paix se couronne d'espoir.

9

L'homme en proie à la paix a toujours un sourire
Après tous les combats pour qui le lui demande. 25

10

Feu fertile des grains des mains et des paroles
Un feu de joie s'allume et chaque coeur a chaud.

11

Vaincre s'appuie sur la fraternité.

12

Grandir est sans limites.

13

Chacun sera vainqueur. 30

Extrait de Paul Éluard, «Le Visage de la paix», *Poèmes pour tous*, Paris, Éditeurs Réunis, 1972, pp. 211–213.

COMPRÉHENSION ET APPRÉCIATION

1. Que représente ici la colombe (v. 1)?
2. Expliquez les deux premiers vers.
3. Comment «la chair et le sang vivants» (v. 8) peuvent-ils être sacrifiés?
4. Expliquez le vers 13. Pourquoi est-il en italiques?
5. Relevez trois expressions qui sont normalement associées à la guerre plutôt qu'à la paix. Pourquoi le poète les utilise-t-il ici?
6. En quoi la victoire dans la paix diffère-t-elle de la victoire dans la guerre?
7. Selon le poète, quel sentiment la paix fait-elle naître dans le coeur de l'homme?
8. Quel genre de vers domine dans ce poème?
9. Quel est l'effet créé par les vers courts (v. 29–30)?
10. Relevez un exemple (a) de décasyllabe
    (b) d'hectasyllabe.
11. Il n'y a qu'une rime à la fin des vers. En revanche, les rimes intérieures sont nombreuses. Relevez-en quatre. Quel effet produisent-elles?
12. Quel est le pronom qui revient le plus souvent dans le poème? Pourquoi?

VOCABULAIRE ET STRUCTURES

1. Relevez les subjonctifs. Justifiez-en l'emploi.
2. Justifiez l'orthographe de **vivants** (v. 8) et de **sacrifiés** (v. 9).
3. Remplacez «Nous prendrons de vitesse» (v. 18) par une expression équivalente.
4. Remplacez «À la mesure de nos rêves» (v. 20) par une expression équivalente contenant un verbe.
5. Relevez deux phrases elliptiques.
6. Trouvez cinq mots dérivés de:
   a) **paix** (v. 23)
   b) **espoir** (v. 23).
7. «Pour qui le lui demande» (v. 25). Quel serait l'antécédent de **qui**, normalement exprimé dans un langage moins poétique?
8. Relevez deux exemples de **tous** utilisé comme adjectif et deux exemples de **tous** utilisé comme pronom.
9. Donnez le contraire des mots suivants:
   a) **naturel** (v. 2)   g) **géant** (v. 15)
   b) **justice** (v. 3)   h) **longue** (v. 16)
   c) **liberté** (v. 3)   i) **bien** (v. 22)
   d) **bonheur** (v. 6)   j) **possible** (v. 22)
   e) **utilité** (v. 11)   k) **vaincre** (v. 28)
   f) **beauté** (v. 11)   l) **chacun** (v. 30).

RAPPEL: L'ARTICLE DÉFINI

Forme

MASCULIN SINGULIER

le visage   (+ consonne)
l'amour   (+ voyelle)
l'humour   (+ h muet)
le hibou   (+ h aspiré)

FÉMININ SINGULIER

la colombe   (+ consonne)
l'aile   (+ voyelle)
l'heure   (+ h muet)
la haine   (+ h aspiré)

MASCULIN PLURIEL

les visages
les amours (liaison)
les hommes (liaison)
les hiboux (pas de liaison)

FÉMININ PLURIEL

les colombes
les ailes (liaison)
les heures (liaison)
les haines (pas de liaison)

N.B. le **h**éros (h aspiré), mais l'**h**éroïne (h muet)

Emploi

On emploie l'article:

1. **L'**amour de **la** justice a produit un fruit merveilleux.

   devant les noms abstraits.

2. **L'**homme en proie à la paix a toujours un sourire.
   Que **la** chair et **le** sang ne soient jamais sacrifiés.
   Les hommes sont mortels.

   devant les noms utilisés dans un sens général.

3. **Le** Président Lincoln   Madame **la** Présidente
   Le Général de Gaulle   Monsieur **le** Ministre
   Le Docteur Dupont   **mais**   Monsieur Dupont
                                        Mademoiselle Roy

   suivis d'un nom propre, devant les titres, sauf devant **Monsieur**,
   Madame, **Mademoiselle**.

4. Nous préférons **le** printemps et **l'**été à **l'**hiver.

   devant les noms des saisons.

   Attention: au (à + le) printemps, **mais en** été, **en** automne, **en** hiver.

5. Nous étudions **le** français.
   Nous parlons français.
   mais: Nous parlons **correctement le** français.
   Nous parlons l'anglais **d'Oxford**.

   > devant les noms de langue, sauf après **parler** non modifié (si le nom de langue n'est pas qualifié).

6. **La** France est un beau pays.
   Au XVIIe siècle, les Français appelaient **le** Canada **la** Nouvelle France.
   La Bretagne et **la** Gaspésie se ressemblent.

   > devant les noms de pays et de régions.

   Remarque: Il vient **de** France.

   > Devant les noms de pays féminins, précédés de **de** marquant l'origine, il n'y a généralement pas d'article.

7. Nous sommes **le** 10 février.

   > devant les dates.

8. **Le** mardi, je fais du français.   **Le** matin, nous mangeons des fruits.
   mais: Mercredi, nous partons.

   > devant les jours de la semaine, **le matin**, **le soir**, **l'après-midi**, pour indiquer une habitude. Lorsqu'il s'agit d'un seul jour, il n'y a pas d'article.

   > L'article n'est généralement pas employé:

1. Hommes, femmes, enfants, tous sont là.
   Liberté, égalité, fraternité, c'est la devise de la République française.

   > dans les énumérations.

2. Paul Éluard, poète célèbre, a créé une oeuvre émouvante.
   John Kennedy, président des États-Unis, est mort assassiné.

   > devant les noms en apposition.

APPLICATION

Remplacez le tiret par l'article défini, s'il y a lieu:

MODÈLES: _____ mardi, il est venu me voir.
Mardi, il est venu me voir.

_____ terre produira beaucoup de fruits.
La terre produira beaucoup de fruits.

1. Que _____ bonheur et _____ justice règnent dans _____ monde.
2. _____ hommes, en général, désirent _____ paix; pourtant, ils font _____ guerre.
3. Nous avons vu une pièce de Molière, _____ dramaturge dont nous avons déjà parlé.
4. On parle _____ français dans ce magasin.
5. _____ poète Paul Éluard a fait partie du mouvement surréaliste.
6. _____ président de _____ France et _____ premier ministre de _____ Canada se sont rencontrés _____ jeudi dernier.
7. _____ poètes, _____ romanciers, _____ dramaturges prédisent que la guerre aura lieu.
8. Nous étudions _____ français à _____ école, mais nous parlons _____ anglais d'Angleterre à la maison.
9. _____ lundi, il rêve en classe parce qu'il s'est couché tard _____ dimanche.
10. Aimez-vous _____ fruits?
11. Viendrez-vous _____ samedi ou _____ dimanche?
12. Avez-vous congé _____ 1er janvier?
13. Préférez-vous _____ printemps à _____ automne?
14. _____ bonheur est plus précieux que _____ argent.

RÉCAPITULATION

Mettez l'infinitif au temps et au mode voulus:

MODÈLES: Il faut que vous (réfléchir).
                Il faut que vous **réfléchissiez**.

                J'espère que ce soir nous (avoir) un feu de joie.
                J'espère que ce soir nous **aurons** un feu de joie.

1. Je veux que vous (croire) à la paix.
2. Il souhaite que tu (connaître) le bonheur.
3. Même s'il (préparer) la guerre, il désire la paix.
4. Pour que la route ne (paraître) pas si longue, il faut que vous (marcher) à grands pas.
5. J'espère que la terre (produire) beaucoup cette année.
6. Il est possible que demain il (finir) de réparer le fer à repasser.
7. Que chacun (prêter) serment!
8. Dès que vous (allumer) le feu, nous avons trop chaud.
9. Se peut-il que la plante ne (fleurir) pas cette année?
10. Bien qu'elle (faire) du tricot, elle s'ennuie.
11. Il demandera que vous ne (gâter) pas l'enfant.
12. Elle nous a dit qu'elle (venir) demain.
13. Pourvu que nous (préparer) bien la terre, elle produira.
14. Il est probable qu'ils (envoyer) des fleurs.
15. Voulez-vous bien que nous (faire) un pique-nique?

DISCUSSIONS À BÂTONS ROMPUS

1. Pensez-vous que la nature humaine rende les guerres inévitables?
2. Partagez-vous l'optimisme d'Éluard en ce qui concerne l'avenir de l'humanité?
3. Pensez-vous que l'ONU nous ait aidés à éviter une guerre mondiale?

SUJETS POUR DÉBATS

1. On ne devrait jamais céder aux exigences des terroristes.
2. La guerre peut quelquefois hâter les découvertes scientifiques.
3. «Si tu veux la paix, prépare la guerre», dit le proverbe. Êtes-vous d'accord ou non?

DEVOIRS ÉCRITS

1. Écrivez un article de journal pour persuader le public des avantages ou des désavantages du désarmement.
2. Écrivez une brève critique du poème.

PRÉSENTATIONS ORALES

1. Vous lirez le reste du poème d'Éluard et le commenterez **ou** vous présenterez son poème «Liberté» à la classe.
2. Présentez à la classe la biographie d'un(e) des lauréat(e)s du Prix Nobel de la Paix.

TRAVAIL D'ÉQUIPE

L'équipe préparera un diaporama musical qui servira de fond à la récitation du poème «Le Visage de la paix».

NOUS CONCLUONS . . .

La guerre est un des plus grands fléaux de l'humanité. Nombreux sont les auteurs, tant anciens que contemporains, qui ont essayé de le démontrer. Ainsi, des malheureux, tels Candide, Zapo ou Zépo, sont entraînés, malgré eux, dans des guerres auxquelles ils ne comprennent rien. Certains, comme Joseph, sont prêts à faire n'importe quel sacrifice plutôt que d'aller risquer leur vie, car la guerre est une grande faucheuse qui choisit de préférence ses victimes parmi les jeunes.

Des écrivains, moins nombreux, ont dit la joie que procure la paix. Pour Éluard, qui a vécu la guerre, c'est dans la paix seule que le bonheur, la solidarité et la générosité fleurissent.

VOUS CONCLUEZ . . .

1. Montrez que les quatre auteurs poursuivent le même but.
2. Lequel des auteurs, à votre avis, réussit le mieux à montrer la cruauté de la guerre?

RÉFLEXION

La Première Guerre mondiale a inspiré au lieutenant-colonel John McCrae, médecin militaire né à Guelph (Ontario) en 1872, un émouvant poème intitulé «In Flanders Fields». Il y décrit les sentiments d'un homme qui a été témoin des souffrances et de la mort de ses compatriotes. L'adaptation française est de Monsieur Jean Pariseau, historien militaire d'Ottawa:

AU CHAMP D'HONNEUR

Au champ d'honneur les coquelicots
Sont parsemés de lot en lot
Auprès des croix. Et dans l'espace
Les alouettes, devenues lasses,
Mêlent leurs chants au sifflement
Des obusiers.
       Nous sommes morts
Nous qui songions la veille encor'
À nos parents, à nos amis,
C'est nous qui reposons ici
Au champ d'honneur.
       À vous jeunes désabusés
À vous de porter l'oriflamme
Et de garder au fond de l'âme
Le goût de vivre en liberté
Acceptez le défi, sinon
Les coquelicots se faneront
Au champ d'honneur.

U·N·I·T·É·6

L'AMOUR ET LA HAINE

L'amour est, sans doute, le sentiment qui a le plus souvent inspiré poètes et romanciers. S'il n'est pas toujours l'unique sujet d'un ouvrage, il y joue généralement un rôle important. Rares sont les oeuvres où il n'en est pas question. Les écrivains, les poètes en particulier, ont dit l'émotion que provoque l'amour naissant, les joies qu'apporte un amour offert et rendu, les souffrances causées par un amour qui s'éteint.

Il y a bien des genres d'amour, mais ce sentiment est rarement sans mélange. Souvent, la jalousie s'y mêle et, lorsqu'un amour passionné n'est pas rendu, il peut aussi faire naître la haine dans le coeur bafoué: haine du (ou de la) rival(e), mais aussi haine de l'être qui refuse de se laisser aimer. L'expression «crime passionnel» est significative. La haine, sans doute, a bien d'autres causes, mais qu'elle naisse d'un amour non partagé ou d'autres motifs, c'est un sentiment violent qui peut pousser au crime.

MARIA CHAPDELAINE

Louis Hémon (1880–1913) est né à Brest. En
1911, il vient au Canada, passe quelques
mois à Montréal, puis part pour le Lac Saint-
Jean. Il s'engage chez un fermier à Péribonka. En 1913, en route pour l'Ouest, il est
tué par un train à Chapleau (Ontario) avant
la publication de son chef-d'oeuvre, *Maria
Chapdelaine*.

Maria (Carole Laure) et François (Nick Mancuso) dans la version filmée du roman (1982).

UNE TIMIDE DEMANDE EN MARIAGE

La famille de Maria Chapdelaine part cueillir les bleuets mûrs. François Paradis, coureur de bois amoureux de Maria, les accompagne.

Les bleuets étaient bien mûrs. Dans les brûlés[1], le violet de leurs grappes et le vert de leurs feuilles noyaient maintenant le rose éteint des dernières fleurs de bois de charme. Les enfants se mirent à les cueillir de suite[2] avec des cris de joie; mais les grandes personnes se dispersèrent dans le bois, cherchant les grosses tales[3] au milieu desquelles on peut s'accroupir et remplir un seau en une heure. Le bruit des pas sur les broussailles et dans les taillis d'aunes, les cris de Télesphore et d'Alma-Rose[4] qui s'appelaient l'un l'autre, tous ces sons s'éloignèrent peu à peu et autour de chaque cueillette il ne resta plus que la clameur des mouches ivres de soleil et le bruit du vent dans les branches des jeunes bouleaux et des trembles.

—Il y a une belle talle icitte[5], appela une voix.

Maria se redressa, le coeur en émoi, et alla rejoindre François Paradis qui s'agenouillait derrière les aunes. Côte à côte, ils ramassèrent des bleuets quelque temps avec diligence, puis s'enfoncèrent ensemble dans le bois, enjambant les arbres tombés, cherchant du regard autour d'eux les taches violettes des baies mûres.

—Il n'y en a pas guère[6] cette année, dit François. Ce sont les gelées de printemps qui les ont fait mourir.

Il apportait à la cueillette son expérience de coureur de bois.

—Dans les creux et entre les aunes, la neige sera restée plus longtemps et les aura gardés des dernières gelées.

Ils cherchèrent et firent quelques trouvailles heureuses: de larges talles d'arbustes chargées de baies grasses, qu'ils égrenèrent industrieusement dans leurs seaux. Ceux-ci furent pleins en une heure; alors ils se relevèrent et s'assirent, sur un arbre tombé, pour se reposer.

D'innombrables moustiques et maringouins tourbillonnaient dans l'air brûlant de l'après-midi. À chaque instant, il fallait les écarter d'un geste; ils décrivaient une courbe affolée et revenaient de suite, impitoyables, inconscients, uniquement anxieux de trouver un pouce carré de peau pour leur piqûre; à leur musique suraiguë se mêlait le bourdonnement des terribles mouches noires, et le tout emplissait le bois

---

[1] portions de forêt incendiée
[2] tout de suite
[3] étendues de terrain où poussent des plantes d'une même espèce
[4] jeunes frère et soeur de Maria
[5] ici
[6] il n'y en a guère (= il n'y en a pas beaucoup)

comme un grand cri sans fin. Les arbres verts étaient rares: de jeunes
bouleaux, quelques trembles, des taillis d'aunes agitaient leur feuillage
au milieu de la colonnade des troncs dépouillés et noircis.   35

François Paradis regarda autour de lui comme pour s'orienter.

—Les autres ne doivent pas être loin, dit-il.

—Non, répondit Maria à voix basse.

Mais ni l'un ni l'autre ne poussa un cri d'appel.

Un écureuil descendit du tronc d'un bouleau mort et les guetta   40
quelques instants de ses yeux vifs avant de se risquer à terre. Au milieu
de la clameur ivre des mouches, les sauterelles pondeuses passaient
avec un crépitement sec; un souffle de vent apporta à travers les aunes
le grondement lointain des chutes.

François Paradis regarda Maria à la dérobée[7], puis détourna de nou-   45
veau les yeux en serrant très fort ses mains l'une contre l'autre. Qu'elle
était donc plaisante à contempler! D'être assis auprès d'elle, d'entrevoir sa poitrine forte, son beau visage honnête et patient, la simplicité
franche de ses gestes rares et de ses attitudes, une grande faim d'elle
lui venait et en même temps un attendrissement émerveillé, parce qu'il   50
avait vécu presque toute sa vie rien qu'avec d'autres hommes, durement, dans les grands bois sauvages ou les plaines de neige.

Il sentait qu'elle était de ces femmes qui, lorsqu'elles se donnent,
donnent tout sans compter: l'amour de leur corps et de leur coeur, la
force de leurs bras dans la besogne de chaque jour, la dévotion com-   55
plète d'un esprit sans détour. Et le tout lui paraissait si précieux qu'il
avait peur de le lui demander.

—Je vais descendre à Grand'Mère[8] la semaine prochaine, dit-il à mi-
voix, pour travailler à l'écluse à bois. Mais je ne prendrai pas un coup[9],
Maria, pas un seul!   60

Il hésita un peu et demanda abruptement, les yeux à terre:

—Peut-être . . . vous a-t-on dit quelque chose contre moi?

—Non.

—C'est vrai que j'avais coutume de prendre un coup pas mal, quand
je revenais des chantiers[10] et de la drave[11]; mais c'est fini. Voyez-vous,   65
quand un garçon a passé six mois dans le bois à travailler fort et à avoir
de la misère et jamais de plaisir, et qu'il arrive à la Tuque ou à
Jonquière[12] avec toute la paye de l'hiver dans sa poche, c'est quasiment
toujours que la tête lui tourne un peu[13]: il fait de la dépense et il se
met chaud[14], des fois . . . Mais c'est fini.   70

---

[7] secrètement, en cachette
[8] village au nord de Trois-Rivières
[9] je ne m'enivrerai pas
[10] au Canada, endroit dans la forêt où travaillent les bûcherons
[11] flottage du bois sur les lacs et les rivières
[12] petites villes au nord de Québec
[13] qu'il fait des folies
[14] il s'enivre

«Et c'est vrai aussi que je sacrais un peu. À vivre tout le temps avec des hommes «rough» dans le bois ou sur les rivières, on s'accoutume à ça. Il y a eu un temps où je sacrais pas mal, et M. le curé Tremblay m'a disputé une fois parce que j'avais dit devant lui que je n'avais pas peur du diable. Mais c'est fini, Maria. Je vais travailler tout l'été à deux piastres et demie par jour et je mettrai de l'argent de côté, certain. Et à l'automne je suis sûr de trouver une «job» comme foreman dans un chantier, avec de grosses gages[15]. Au printemps prochain j'aurai plus de cinq cents piastres de sauvées[16], claires[17]; et je reviendrai.»

Il hésita encore, et la question qu'il allait poser changea sur ses lèvres.

—Vous serez encore icitte . . . au printemps prochain?

—Oui.

Et après cette simple question et sa plus simple réponse, ils se turent et restèrent longtemps ainsi, muets et solennels, parce qu'ils avaient échangé leurs serments.

Extrait de Louis Hémon, *Maria Chapdelaine*, Montréal, Éditions Fides, 1974, pp. 80–84.

---

[15] **gages** est masculin en français standard
[16] d'économisées
[17] net (en parlant d'argent)

COMPRÉHENSION ET APPRÉCIATION

1. Quelle impression cherche à créer l'auteur dans la deuxième phrase?
2. Qu'est-ce que l'auteur décrit surtout dans la dernière phrase du premier paragraphe?
3. Qu'est-ce que François espère quand il annonce avoir trouvé une belle talle (l. 12)?
4. Pourquoi François serre-t-il les mains l'une contre l'autre (l. 46)?
5. Pourquoi parle-t-il à mi-voix? (l. 58)
6. Quelle est la question qu'il «allait poser» (l. 80)?
7. Pourquoi ne pose-t-il pas directement cette question?
8. Quel est le serment que les deux jeunes gens viennent d'échanger (l. 86)?
9. Maria ne prononce que trois mots. Qu'est-ce qui explique ce mutisme, à votre avis?
10. Qu'est-ce que les noms des deux héros suggèrent?
11. Pourquoi l'auteur accorde-t-il ici une grande importance à la nature?

VOCABULAIRE ET STRUCTURES

1. Relevez les noms d'arbres dans le texte. Quels autres noms d'arbres connaissez-vous?
2. De quel mot sont dérivés les mots suivants:
   a) **s'éloignèrent** (l. 9)
   b) **s'agenouillait** (l. 14)
   c) **trouvailles** (l. 23)
   d) **égrenèrent** (l. 24)
   e) **affolée** (l. 29)
   f) **attendrissement** (l. 50)?
3. Quel est le sens du préfixe dans **impitoyable** (l. 29)? Relevez, dans le texte, deux autres mots où le préfixe a le même sens.
4. Quel est le sens du préfixe dans **suraiguë** (l. 31)? Trouvez trois autres mots où le préfixe **sur** a le même sens.
5. Quel est le sens de **de** dans:
   a) «D'être assis» (l. 47)
   b) «elle était de ces femmes» (l. 53)?
6. Quel est l'infinitif de **vécu** (l. 51); de **se turent** (l. 84)?
7. Justifiez l'orthographe de:
   a) **mi-** (**mi-voix**, l. 58)
   b) **demie** (l. 76)
   c) **cents** (l. 79).
8. Relevez quatre onomatopées. Quel est le nom qui décrit le son le plus fort?
9. Relevez, dans le discours de François, trois anglicismes qui ne sont pas entre guillemets.
10. À quels sujets se rattachent, en général, les anglicismes utilisés par François?

Un peu de sel . . . .

INSCRIPTION POUR UNE STATUE DE L'AMOUR

«Qui que tu sois, voici ton maître;
Il l'est, le fut ou le doit être».

Voltaire

RAPPEL: LES ADJECTIFS ET LES PRONOMS INDÉFINIS

Chaque – Chacun

1. Elle cueille des bleuets **chaque** jour.
   À **chaque** instant, il faut les écarter.

   > L'adjectif **chaque**, toujours singulier, est suivi directement du nom.
   > Il indique que la chose ou la personne déterminée appartient à un
   > ensemble.

2. **Chacun** est silencieux.
   Chacun pour soi et Dieu pour tous.
   Il aide **chacune** des jeunes filles.

   > Le pronom **chacun(e)** est toujours singulier et, comme l'adjectif
   > **chaque**, indique que la chose ou la personne désignée appartient à
   > un ensemble.

Quelque – Quelqu'un – Quelque chose

1. Ils ont cueilli des bleuets **quelque** temps.
   Nous avons fait **quelques** trouvailles.
   Les **quelques** arbres verts commencent à perdre leurs feuilles.

   > **Quelque**, adjectif, indique une petite quantité ou un petit nombre. Il
   > est parfois précédé de l'article défini.

2. Ils cherchent **quelque** arbre tombé pour s'asseoir.

   Quelque a parfois le sens de **un(e)**, **n'importe lequel**, **n'importe laquelle**.

   Remarque:
   Quelque question **que** vous **posiez**, ils ne répondront pas.
   Elle se donne sans compter, **quelque** besogne **qu'**elle **fasse**.

   > **Quelque** + **nom** + **que** est suivi du subjonctif.

3. **Quelqu'un** a appelé Maria.
   Quelqu'un qui est ému, c'est Maria.

   > **Quelqu'un**, **pronom**, s'applique à une personne indéterminée et s'emploie pour les deux genres. **Quelqu'une** est rare.

4. **Quelques-uns** des enfants ont rempli leur seau.
   Ces fleurs sont très belles. Donnez m'**en quelques-unes**.

   > **Quelques-uns**, **quelques-unes** désignent un petit nombre de choses ou de personnes. Lorsqu'ils sont objets directs, sans complément, le verbe est précédé de **en**.

   Remarque:
   Maria, c'est **quelqu'un d'**extraordinaire.

   > L'adjectif qualifiant **quelqu'un** est précédé de la préposition **de**.

5. Dites-lui **quelque chose de gentil**.
   Il lui a annoncé **quelque chose d'important**.

   > **Quelque chose** est considéré comme un pronom **masculin**. Il est suivi de **de** + **adjectif masculin**.

Plusieurs

1. Il y a **plusieurs** personnes dans le bois.

   > **Plusieurs**, adjectif pluriel invariable, signifie un petit nombre.

2. **Plusieurs** sont venus.   J'**en** ai vu **plusieurs**.

   > **Plusieurs** est aussi un pronom pluriel invariable. S'il est objet direct, sans complément, le verbe est précédé de **en**.

1. Connaissez-vous un **certain** François Paradis?
   Certaines expériences ne s'oublient pas.

> **Certain(s)**, **certaine(s)**, adjectifs, précèdent le nom. Au pluriel, ils sont employés **sans article**.

Remarque:
Il est **certain** qu'elle a une voix douce.
C'est une chose **certaine**.

> Ne confondez pas avec **certain** (= sûr), qui suit le nom ou est employé avec des verbes tels que **être**, **sembler**, etc.

2. **Certaines** aiment marcher dans les bois.

> **Certains**, **certaines**, pronoms, s'emploient uniquement au pluriel.

Tel(s) – Telle(s)

1. **Tels**, leurs serments ont été échangés.
   Tel père, **tel** fils.
   Je n'ai jamais vu **une telle** femme.

> **Tel(s)**, **telle(s)**, adjectifs, précèdent le nom et signifient **pareil**, **semblable**. Ils peuvent être précédés de l'article indéfini.

2. Le vent était **tel** qu'il apportait le bruit des chutes.

> **Tel** peut marquer l'intensité.

3. **Tel** qui rit vendredi, dimanche pleurera.

> **Tel(le)**, pronom singulier, désigne une personne indéterminée. Il a le sens de **quelqu'un** et est souvent employé dans les proverbes.

Remarque:
Il parle toujours des gens: **Un tel** (Monsieur Un Tel) fait ceci,
une telle (Madame Une Telle) dit cela, etc.

> **Tel(le)**, précédé de l'article indéfini, est employé pour éviter de nommer une personne.

LES INDÉFINIS AU SENS NÉGATIF

Aucun – Aucune – Aucuns – Aucunes

1. **Aucun** bouleau **n'**agite ses feuilles.
   Ils **n'**ont fait **aucune** trouvaille.
   Vous **n'**aurez **aucuns** frais.

   > Les adjectifs **aucun**, **aucune** sont utilisés avec **ne** devant le verbe. Ils ne s'emploient qu'au singulier, sauf devant les noms toujours au pluriel.

2. **Aucun n'**a rempli son seau.
   Je **n'en** ai vu **aucune**.

   > **Aucun(e)**, pronom, est utilisé comme sujet ou objet avec **ne** devant le verbe. Lorsqu'il est **objet**, sans complément, le pronom **en** précède le verbe.

Nul(le)

1. On **n'**entend **nul** son.

   > **Nul(le)**, adjectif, toujours singulier, s'emploie comme **aucun(e)**, mais est plus littéraire.

2. **Nul(le) n'**a répondu.

   > **Nul(le)**, pronom, toujours singulier et généralement sujet, est plus littéraire que **aucun**.

Personne

1. Je **n'**ai vu **personne**.
   Personne n'est venu.

   > Avec **personne**, pronom masculin invariable, **ne** est également utilisé devant le verbe.

Remarque:
Nous **n'**avons vu **personne d'intéressant**.

> **De** précède l'adjectif masculin qui qualifie **personne.**

Attention:
Nous avons vu **une personne** intéressante.

> Ne confondez pas le pronom et le nom féminin **une personne**.

Rien

1. **Rien n'**est impossible.
   Elle **ne** dit **rien.**
   Nous **n'**avons **rien** bu.

> Avec **rien**, pronom invariable, le verbe est précédé de **ne**. **Rien,** objet, se place entre l'auxiliaire et le participe passé.

Remarque:
Il n'y a **rien de beau** dans ce bois.

> **De** précède l'adjectif masculin qui qualifie **rien.**

APPLICATION

Remplacez le tiret par un des adjectifs ou pronoms indéfinis étudiés dans cette unité:

MODÈLES: Tous ont bien travaillé car _____ a rempli un seau.
Tous ont bien travaillé car **chacun** a rempli un seau.

Je n'ai _____ idée de la réponse.
Je n'ai **aucune** idée de la réponse.

1. Maria et François se sont assis _____ instants.
2. Tous sont partis pour le bois. _____ ont cueilli des bleuets, _____ des fleurs sauvages.
3. Voyez ces demoiselles! _____ ne travaille bien fort.
4. Avez-vous vu François? —Non, je n'ai vu _____.
5. Il y a _____ bouleaux et _____ aunes dans ce bois.
6. _____ se sont dispersés dans le bois.
7. A-t-il mis _____ argent de côté?
8. Avez-vous vu _____ d'intéressant? —Non, je n'ai _____ vu.
9. On dit qu'il y a des trembles dans le bois. —Oui, j'en ai vu _____ .
10. Il y a toujours _____ travaux à faire.
11. _____ est l'amour, hélas!
12. Nous avons cherché, mais n'avons _____ trouvé.
13. Ils s'appellent à _____ instant.
14. As-tu jamais reçu une _____ paye?
15. _____ travaille pour soi.

RÉCAPITULATION

Remplacez le tiret par le pronom ou l'adjectif indéfini qui convient:

MODÈLE: _____ est bien maintenant puisque Maria a accepté François.
Tout est bien maintenant puisque Maria a accepté François.

1. _____ sont partis, un seau à la main; mais seuls _____ ont réussi à le remplir.
2. Il serre ses mains _____ contre _____ .
3. _____ semble simple pour François et Maria.
4. Je ne les comprends ni _____ ni _____ .
5. Elles ne font _____ dépense car elles n'ont _____ frais.
6. Avez-vous _____ expérience de la vie de coureur de bois? — Non, _____ .
7. Il n'a jamais vécu auprès d'une femme, mais rien qu'avec d' _____ hommes.
8. François et Maria se sont assis _____ à côté de _____ .
9. Pangloss enseignait que _____ est pour le mieux.
10. Avez-vous mangé _____ de bon ce matin?
11. Elle n'a jamais fait une _____ besogne. Pauvre fille!
12. _____ les bleuets sont mûrs maintenant.
13. Vous enviez toujours le bonheur d' _____ .
14. Connaissez-vous _____ de la Tuque? — Non, je ne connais _____ de la Tuque, mais je connais _____ de Jonquière.
15. Je vais travailler _____ l'été et je ne dépenserai _____ .
16. Nous avons vu un _____ garçon de Jonquière.
17. Maria n'a _____ répondu.

Un peu de sel . . . .

Le français ne manque pas d'expressions pittoresques pour décrire l'amour:

Un jeune homme amoureux **fait les yeux doux**
à une jeune fille. Puis, il commence à
lui **conter fleurette**. Elle se laisse
convaincre et **ils filent le parfait amour**.
Le jeune homme fait tout **pour**
les beaux yeux de sa bien-aimée car
il l'aime **à corps perdu**.

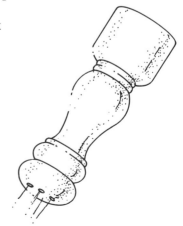

DISCUSSIONS À BÂTONS ROMPUS

1. Est-il prudent de séparer filles et garçons ou faudrait-il les habituer à vivre côte à côte dès leur jeune âge?
2. Aimeriez-vous sortir avec un garçon comme François? **ou** Sortiriez-vous avec une jeune fille comme Maria?
3. Les filles devraient-elles inviter les garçons à sortir avec elles?

SUJETS POUR DÉBATS

1. «Loin des yeux, loin du coeur». Vrai ou faux?
2. «L'amour est aveugle». Vrai ou faux?
3. Le mariage consacre-t-il l'amour ou le détruit-il?

DEVOIRS ÉCRITS

1. Décrivez l'amoureux (l'amoureuse) idéal(e).
2. Montrez brièvement le rôle de la nature dans le passage cité.

PRÉSENTATIONS ORALES

1. Vous lirez le reste du roman et le présenterez à la classe en accordant une importance particulière au chapitre «sur les voix» (chapitre 15, en particulier pp. 206–214 de l'édition citée ici).
2. Vous vous documenterez sur la vie de Louis Hémon à Péribonka et la décrirez à la classe.

TRAVAIL D'ÉQUIPE

L'équipe se documentera et fera un rapport sur le rôle des coureurs de bois à l'époque de la colonisation en Nouvelle-France.

NEVERMORE et COLLOQUE SENTIMENTAL

Paul Verlaine (1844–1896) a mené une vie vagabonde et orageuse. Il est devenu l'ami de Rimbaud pour qui il a abandonné sa famille. Il est un des premiers poètes symbolistes. Pour ceux-ci, il ne s'agit pas de décrire, mais plutôt de suggérer, et les images musicales ont une importance capitale dans leur poésie. «De la musique avant toute chose», écrit Verlaine.

Qui sait si l'amour entre François et Maria aurait duré? Le romancier ne nous a pas fourni la réponse à cette question. Mais les écrivains sont souvent pessimistes en ce qui concerne la durée de l'amour.

«Plaisir d'amour ne dure qu'un moment.

Chagrin d'amour dure toute la vie»,
dit la chanson. Quoi qu'il en soit, les poètes se plaignent fréquemment de l'infidélité de leur bien-aimée et, dans les romans, on ne compte plus les amoureux volages. Les deux poèmes qui suivent illustrent, l'un, la naissance de l'amour, l'autre, la fin de l'amour.

NEVERMORE[1]

Souvenir, souvenir, que me veux-tu? L'automne
Faisait voler la grive à travers l'air atone,
Et le soleil dardait un rayon monotone
Sur le bois jaunissant où la bise détone.

Nous étions seul à seule et marchions en rêvant,   5
Elle et moi, les cheveux et la pensée au vent.
Soudain, tournant vers moi son regard émouvant:
«Quel fut ton plus beau jour?» fit sa voix d'or vivant,

---

[1] Verlaine a fait un séjour en Angleterre et connaissait l'anglais. Mais le titre est sans doute suggéré aussi par le célèbre poème d'Edgar Allan Poe, «The Raven».

Sa voix douce et sonore, au frais timbre angélique.
Un sourire discret lui donna la réplique,   10
Et je baisai sa main blanche, dévotement.

—Ah! les premières fleurs, qu'elles sont parfumées!
Et qu'il bruit avec un murmure charmant
Le premier *oui* qui sort de lèvres bien-aimées!

Poèmes saturniens

Paul Verlaine un poète, Paris, Éditions Gallimard, Collection folio junior, 1982, p. 18.

COLLOQUE SENTIMENTAL

Dans le vieux parc solitaire et glacé
Deux formes ont tout à l'heure passé.

Leurs yeux sont morts et leurs lèvres sont molles,
Et l'on entend à peine leurs paroles.

Dans le vieux parc solitaire et glacé   5
Deux spectres ont évoqué le passé.

—Te souvient-il de notre extase ancienne?
—Pourquoi voulez-vous donc qu'il m'en souvienne?

—Ton coeur bat-il toujours à mon seul nom?
Toujours vois-tu mon âme en rêve?—Non.   10

—Ah! les beaux jours de bonheur indicible
Où nous joignions nos bouches!—C'est possible.

—Qu'il était bleu, le ciel, et grand, l'espoir!
—L'espoir a fui, vaincu, vers le ciel noir.

Tels ils marchaient dans les avoines folles,   15
Et la nuit seule entendit leurs paroles.

Fêtes galantes

Paul Verlaine un poète, Paris, Éditions Gallimard, Collection folio junior, 1982, p. 46.

COMPRÉHENSION ET APPRÉCIATION

NEVERMORE

1. Quelle sorte de poème est «Nevermore»?
2. Qu'est-ce que le titre du poème suggère? Qu'est-ce qu'il indique en ce qui concerne l'état d'âme de l'auteur?
3. Pourquoi l'auteur choisit-il de situer son poème en automne?
4. Commentez l'emploi de **un** (v. 3). Pourquoi le poète utilise-t-il le singulier?
5. La musique étant importante pour Verlaine, les allitérations et les assonances sont nombreuses dans le poème. Relevez-en quelques-unes et tâchez de déterminer quels effets elles créent.
6. Quel effet produit la répétition de la même rime dans le premier et le deuxième quatrains? Qu'est-ce que le poète cherche à imiter?
7. Au vers 7, le poète change brusquement la structure de sa phrase. Pourquoi?
8. Relevez une rime intérieure. Quel effet crée-t-elle?
9. Quelle couleur domine dans le poème? Pour quelle raison?
10. Trouvez-vous le titre du poème bien choisi? Donnez des raisons pour votre réponse.

COLLOQUE SENTIMENTAL

1. Comment le poète fait-il ressortir la froideur de celui (ou de celle) qui n'aime plus?
2. Montrez que le paysage convient au sujet.
3. Quels sont les deux vers qui sont exactement parallèles au point de vue du rythme et des césures? Quel effet est créé par ce parallélisme?
4. Quelles sont les couleurs qui dominent dans le poème? (Elles sont souvent suggérées plutôt que mentionnées.) Que signifient ces couleurs pour vous?
5. Commentez l'image des **avoines folles** (v. 15). Comment s'intègre-t-elle au reste du poème?
6. Trouvez-vous le titre de ce poème bien choisi? Justifiez votre réponse.

VOCABULAIRE ET STRUCTURES

NEVERMORE

1. Exprimez d'une autre façon: «que me veux-tu» (v. 1).
2. Dans quel sens **faire** est-il utilisé au vers 2?
3. Quelle est la différence entre **jaune** et **jaunissant** (v. 4)? Trouvez quatre verbes dérivés d'un adjectif désignant une couleur.
4. Le nom **bise** (v. 4) a deux sens en français, dont l'un est familier. Quels sont ces deux sens?
5. Trouvez un nom dérivé de chacun des adjectifs suivants:
   a) **monotone** (v. 3)   d) **frais** (v. 9)
   b) **seul** (v. 5)   e) **blanche** (v. 11).
   c) **beau** (v. 8)

COLLOQUE SENTIMENTAL

1. Donnez quatre mots de la même famille que l'adjectif **glacé** (v. 1).
2. Trouvez, dans le texte, un synonyme de **tantôt**.
3. Quel est le sens de **ancienne** ici (v. 7)?
4. Exprimez autrement:
   a) «Te souvient-il» (v. 7)
   b) «à mon seul nom» (v. 9).
5. Donnez le contraire des expressions suivantes:
   a) **morts** (v. 3)   d) **le passé** (v. 6)
   b) **molles** (v. 3)   e) **nous joignions** (v. 12)
   c) **à peine** (v. 4)   f) **vaincu** (v. 14).

Un peu de sel . . . .

Un poète se moque des poètes à l'aide d'amusants calembours sur «poésie» et «Papouasie» (= Tahiti):

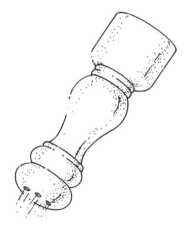

> AIR D'UN POÈTE
>
> Au pays de Papouasie
> J'ai caressé la Pouasie . . .
> La grâce que je vous souhaite
> C'est de ne pas être Papouète!
>
> Léon-Paul Fargue

Voici une remarque assez cynique d'Hippolyte Taine au sujet du mariage:

> On s'étudie trois semaines,
> on s'aime trois mois,
> on se dispute trois ans,
> on se tolère trente ans,
> et les enfants recommencent.

RAPPEL: LES PRONOMS INTERROGATIFS INVARIABLES

1. **Qui** se promène dans le parc?
   Qui est-ce qui se souvient de son premier amour?

   > **Qui** ou **qui est-ce qui**, singuliers, sont employés comme sujets pour les personnes.

2. **Qu'est-ce qui** fait ce bruit?
   Qu'est-ce qui se passe?

   > **Qu'est-ce qui**, singulier, est employé comme sujet pour les choses.

3. **Qui** voyez-vous dans le parc?
   Qui est-ce que tu vois en rêve?

   > **Qui** + inversion, **qui est-ce que**, sans inversion, sont employés comme objets pour les personnes.

4. **Qu'avez-vous?**   **Que** disent les deux spectres?
   Qu'est-ce que la jeune fille a répondu?
   Qu'est-ce qu'elle demande?

   > **Que** (**qu'** + voyelle) + inversion, **qu'est-ce que** (**qu'est-ce qu'** + voyelle), sans inversion, sont employés comme objets pour les choses ou les idées.

5. **Avec qui** marche-t-il en rêvant?
   Pour qui avez-vous acheté ces fleurs?
   À qui est-ce que l'homme parle?
   De qui est-ce qu'il baise la main?

   > Après une préposition, **qui** + inversion, **qui est-ce que** (**qui est-ce qu'** + voyelle), sans inversion, sont employés pour les personnes.

6. **De quoi** vous souvenez-vous?
   Sur quoi marchent-ils?
   Avec quoi est-ce que ces enfants mangent?
   À quoi est-ce qu'elles rêvent?

   > Après une préposition, **quoi** + inversion, **quoi est-ce que** (**quoi est-ce qu'** + voyelle), sans inversion, sont employés pour les choses ou les idées.

	POUR LES PERSONNES	POUR LES CHOSES/IDÉES
PRONOM: SUJET	Qui Qui est-ce qui	Qu'est-ce qui
PRONOM: OBJET DIRECT	Qui (+ inversion) Qui est-ce que (qu') (sans inversion)	Que (Qu') (+ inversion) Qu'est-ce que (qu') (sans inversion)
PRONOM: OBJET INDIRECT	À qui De qui Avec qui ⎫ Pour qui ⎬ (+ inversion) Sur qui ⎭ etc. À qui est-ce que (qu') De qui est-ce que (qu') Avec qui est-ce que (qu') Pour qui est-ce que (qu') Sur qui est-ce que (qu') etc. (sans inversion)	À quoi De quoi Avec quoi ⎫ Sur quoi ⎬ (+ inversion) etc. ⎭ À quoi est-ce que (qu') De quoi est-ce que (qu') Avec quoi est-ce que (qu') Sur quoi est-ce que (qu') etc. (sans inversion)

APPLICATION

A. Posez la question à laquelle répondent les mots en caractères gras en utilisant un pronom interrogatif et **est-ce que**. Faites les changements voulus:

MODÈLES: Il se promène **avec sa bien-aimée**.
               Avec qui est-ce qu'il se promène?

               Deux personnes parlent dans le parc.
               Qui est-ce qui parle dans le parc?

1. Il veut **que tu m'écoutes**.
2. Elle se souvient **du passé**.
3. Il a offert **des fleurs** à la jeune fille.
4. **La bise** fait ce bruit monotone.
5. **Deux amoureux** ont évoqué le passé.
6. On entend à peine **leurs paroles**.
7. Ils évoquent **notre bonheur**.
8. **Elle** se souvient du parc.
9. Il a acheté ces fleurs **pour elle**.
10. La grive a fui **vers le bois**.
11. Le poète n'a plus **d'espoir**.
12. **Ses cheveux** volent au vent.
13. Elles rêvent **aux jours d'automne**.
14. Il vit **pour son enfant**.

B. Répétez l'exercice ci-dessus en évitant d'utiliser **est-ce que** (si possible). Faites les changements voulus:

MODÈLES: Il se promène **avec sa bien-aimée**.
               Avec qui se promène-t-il?

               Deux personnes parlent dans le parc.
               Qui parle dans le parc?

DISCUSSIONS À BÂTONS ROMPUS

1. On ne peut être amoureux et faire des études sérieuses.
2. Il vaut mieux avoir aimé et perdu que de n'avoir jamais aimé.
3. Quels sont les symptômes de l'amour? Comment peut-on savoir qu'on est véritablement amoureux?

SUJETS POUR DÉBATS

1. L'amour est-il un sentiment généreux ou n'est-ce que de l'égoïsme?
2. On est souvent plus amoureux de l'amour que de la personne.
3. Est-il vrai que «les contraires s'attirent»?

DEVOIRS ÉCRITS

1. Composez une lettre où vous déclarerez votre amour.
2. Écrivez à un(e) ami(e) pour lui montrer tous les dangers de l'amour.
3. Écrivez une composition d'une centaine de mots où vous ferez ressortir les similitudes et les différences entre les deux poèmes de Verlaine.

PRÉSENTATIONS ORALES

1. Vous résumerez pour la classe deux autres poèmes de Verlaine.
2. Préparez un diaporama musical qui servira de fond à la récitation des deux poèmes de Verlaine.

TRAVAIL D'ÉQUIPE

Des groupes de deux ou trois étudiant(e)s composeront un sonnet ayant comme sujet l'amour. Le reste de la classe évaluera les poèmes.

CARMEN

Prosper Mérimée (1803–1871), né à Paris, dramaturge, auteur de romans, de nouvelles et de chroniques historiques, a été également un archéologue distingué. Sa nouvelle *Carmen* (1845) a inspiré à Georges Bizet (1838–1875) un opéra comique[1] célèbre. Ces dernières années, les amours tragiques de Carmen et de Don José ont également inspiré plusieurs films.

Bien des amoureux délaissés souffrent en silence. D'autres, comme un des personnages de «Colloque Sentimental», se contentent de se plaindre. Mais chez certains, peut-être parce qu'ils ont trop aimé, l'amour se transforme en haine ou se mêle à la haine. Tel est Don José que la passion pousse au crime.

Carmen provoque Don José
dans une scène de l'opéra
de Georges Bizet.

---

[1] Il ne s'agit pas d'un opéra amusant, car l'histoire de Carmen n'est pas drôle. Un opéra comique est un drame lyrique qui, souvent, contient des dialogues parlés. C'est le cas de *Carmen*.

UN CRIME PASSIONNEL

Don José a été condamné à mort pour l'assassinat de Carmen et pour plusieurs autres crimes. Dans la prison où il attend la mort, il raconte au narrateur les tragiques événements qui l'ont amené à tuer la femme qu'il aimait. Pour elle, il s'est déshonoré, s'est fait déserteur, contrebandier, voleur, assassin. Un jour, José se rend compte que la volage Carmen ne l'aime plus.

«Changeons de vie, Carmen, lui dis-je d'un ton suppliant. Allons vivre quelque part où nous ne serons jamais séparés. Tu sais que nous avons, pas loin d'ici, sous un chêne, cent vingt onces[1] enterrées . . (. . .)

Elle se mit à sourire, et me dit: 5

«Moi d'abord, toi ensuite. Je sais bien que cela doit arriver ainsi[2].

—Réfléchis, repris-je; je suis au bout de ma patience et de mon courage; prends ton parti ou je prendrai le mien.» Je la quittai et j'allai me promener du côté de l'ermitage. Je trouvai l'ermite qui priait. J'attendis que sa prière fût finie; j'aurais bien voulu prier, mais je ne pouvais pas. Quand il se releva, j'allai à lui. «Mon père, lui dis-je, voulez-vous prier pour quelqu'un qui est en grand péril?   10

—Je prie pour tous les affligés, dit-il.

—Pouvez-vous dire une messe pour une âme qui va peut-être paraître devant son Créateur?   15

—Oui», répondit-il en me regardant fixement. Et, comme il y avait dans mon air quelque chose d'étrange, il voulut me faire parler:

«Il me semble que je vous ai vu, dit-il.

—Je mis une piastre sur son banc.—Quand direz-vous la messe? lui demandai-je.   20

—Dans une demi-heure. Le fils de l'aubergiste de là-bas va venir la servir. Dites-moi, jeune homme, n'avez-vous pas quelque chose sur la conscience qui vous tourmente? voulez-vous écouter les conseils d'un chrétien?»

Je me sentais près de pleurer. Je lui dis que je reviendrais, et je me sauvai. J'allai me coucher sur l'herbe jusqu'à ce que j'entendisse la cloche. Alors je m'approchai, mais je restai en dehors de la chapelle. Quand la messe fut dite, je retournai à la venta[3]. J'espérais presque que Carmen se serait enfuie; elle aurait pu prendre mon cheval et se sauver . . . mais je la retrouvai. Elle ne voulait pas qu'on pût dire que je lui avais fait peur. Pendant mon absence, elle avait défait l'ourlet de sa robe pour en retirer le plomb. Maintenant elle était devant une table, regardant dans une terrine pleine d'eau le plomb qu'elle avait fait fondre, et qu'elle venait d'y jeter. Elle était si occupée de sa magie   25 ... 30

---

[1] d'or

[2] Carmen est très superstitieuse et croit aux présages. Elle prédit que Don José la tuera et mourra ensuite.

[3] l'auberge

qu'elle ne s'aperçut pas d'abord de mon retour. Tantôt elle prenait un 35
morceau de plomb et le tournait de tous les côtés d'un air triste, tantôt
elle chantait quelqu'une de ces chansons magiques où elles invoquent
Marie Padilla, la maîtresse de don Pedro, qui fut, dit-on la *Bari Cral-
lisa*, ou la grande reine des bohémiens[4].

«Carmen, lui dis-je, voulez-vous venir avec moi?» 40

Elle se leva, jeta sa sébile, et mit sa mantille sur sa tête comme prête
à partir. On m'amena mon cheval, elle monta en croupe et nous nous
éloignâmes.

«Ainsi, lui dis-je, ma Carmen, après un bout de chemin, tu veux
bien me suivre n'est-ce pas? 45

—Je te suis à la mort, oui, mais je ne vivrai plus avec toi.»

Nous étions dans une gorge solitaire; j'arrêtai mon cheval. «Est-ce
ici?» dit-elle, et d'un bond elle fut à terre. Elle ôta sa mantille, la jeta
à ses pieds, et se tint immobile un poing sur la hanche, me regardant
fixement. 50

«Tu veux me tuer, je le vois bien, dit-elle; c'est écrit, mais tu ne me
feras pas céder.

—Je t'en prie, lui dis-je, sois raisonnable. Écoute-moi! tout le passé
est oublié. Pourtant, tu le sais, c'est toi qui m'as perdu[5]; c'est pour toi
que je suis devenu un voleur et un meurtrier. Carmen! ma Carmen! 55
laisse-moi te sauver et me sauver avec toi.

—José, répondit-elle, tu me demandes l'impossible. Je ne t'aime
plus; toi, tu m'aimes encore, et c'est pour cela que tu veux me tuer.
Je pourrais bien encore te faire quelque mensonge; mais je ne veux pas
m'en donner la peine. Tout est fini entre nous. Comme mon rom[6], tu 60
as le droit de tuer ta romi[7]; mais Carmen sera toujours libre. Calli[8] elle
est née, calli elle mourra.

—Tu aimes donc Lucas? lui demandai-je.

—Oui, je l'ai aimé, comme toi, un instant, moins que toi peut-être.
À présent, je n'aime plus rien, et je me hais pour t'avoir aimé.» 65

Je me jetai à ses pieds, je lui pris les mains, je les arrosai de mes
larmes. Je lui rappelai tous les moments de bonheur que nous avions
passés ensemble. Je lui offris de rester brigand pour lui plaire. Tout,
monsieur, tout! je lui offris tout, pourvu qu'elle voulût m'aimer encore!

Elle me dit: «T'aimer encore, c'est impossible. Vivre avec toi, je ne 70
le veux pas.» La fureur me possédait. Je tirai mon couteau. J'aurais

---

[4] On a accusé Marie Padilla d'avoir ensorcelé le roi don Pèdre. Une tradition populaire
rapporte qu'elle avait fait présent à la reine Blanche de Bourbon d'une ceinture d'or, qui
parut aux yeux fascinés du roi comme un serpent vivant . . . (note de l'auteur)
[5] qui a causé ma ruine (au sens moral)
[6] mari
[7] femme
[8] bohémienne

256

voulu qu'elle eût peur et me demandât grâce, mais, cette femme était un démon.

«Pour la dernière fois, m'écriai-je, veux-tu rester avec moi?

—Non! non! non!» dit-elle en frappant du pied, et elle tira de son doigt une bague que je lui avais donnée, et la jeta dans les broussailles. 75

Je la frappai deux fois. C'était le couteau du Borgne⁹ que j'avais pris, ayant cassé le mien. Elle tomba au second coup sans crier. Je crois encore voir son grand oeil noir me regarder fixement; puis il devint trouble et se ferma. Je restai anéanti une bonne heure devant ce 80 cadavre. Puis, je me rappelai que Carmen m'avait dit souvent qu'elle aimerait à être enterrée dans un bois. Je lui creusai une fosse avec mon couteau, et je l'y déposai. Je cherchai longtemps sa bague, et je la trouvai à la fin. Je la mis dans la fosse auprès d'elle, avec une petite croix. Peut-être ai-je eu tort. Ensuite je montai sur mon cheval, je galopai 85 jusqu'à Cordoue, et au premier corps-de-garde je me fis connaître. J'ai dit que j'avais tué Carmen; mais je n'ai pas voulu dire où était son corps. L'ermite était un saint homme. Il a prié pour elle! Il a dit une messe pour son âme . . . Pauvre enfant! Ce sont les Calé¹⁰ qui sont coupables pour l'avoir élevée ainsi. 90

Extrait de Prosper Mérimée, «Carmen», *Romans et Nouvelles*, Vol. 2, Paris, Garnier frères, 1967, pp. 399–402.

COMPRÉHENSION ET APPRÉCIATION

1. Il y a deux intentions contradictoires pour lesquelles José fait dire une messe. Quelles sont ces deux intentions?
2. Pourquoi José espère-t-il que Carmen s'est enfuie?
3. Pourquoi Carmen fait-elle fondre le plomb?
4. À qui réfère le **elles** (l. 37)?
5. Que veut dire Carmen par «Est-ce ici?» (l. 47–48)?
6. Quelle expression montre clairement le fatalisme de Carmen?
7. À votre avis, Carmen désire-t-elle mourir ou se soumet-elle à la fatalité? Donnez des raisons pour votre réponse.
8. Pourquoi Carmen voulait-elle être enterrée dans un bois, à votre avis?
9. Expliquez le «Peut-être ai-je eu tort» (l. 85) de Don José.
10. Trouvez-vous des indices de remords dans la confession de Don José? Si oui, lesquels?
11. Qu'est-ce que la dernière phrase de Don José montre quant à son caractère? Trouvez une autre phrase où cette caractéristique se révèle.
12. Que pensez-vous de la religion de Don José?
13. Lequel des adjectifs suivants décrit le mieux le style de Mérimée: fleuri, simple, abstrait, imagé? Ce style vous semble-t-il convenir au sujet? Pourquoi?

---

⁹ le mari de Carmen, tué par Don José, et appelé le Borgne parce qu'il n'a qu'un oeil.
¹⁰ les Bohémiens

VOCABULAIRE ET STRUCTURES

1. Relevez trois exemples où **faire** est causatif.
2. Trouvez, dans le texte, cinq exemples de structures parallèles à **dit-il** (l. 13 et l. 18).
3. Quel est le sens du préfixe dans:
   a) **défait** (l. 31)
   b) **impossible** (l. 57)
   c) **enterrée** (l. 82)?
   Trouvez trois autres mots formés avec chacun de ces préfixes.
4. «Comme prête à partir» (l. 41–42) est une structure elliptique. Donnez l'expression complète.
5. Justifiez l'inversion **ai-je eu tort** (l. 85).
6. Donnez le contraire de:
   a) **en dehors** (l. 27)
   b) **pleine** (l. 33)
   c) **retour** (l. 35)
   d) **tu veux bien** (l. 44–45)
   e) **bonheur** (l. 67)
   f) **ai-je eu tort** (l. 85)
   g) **coupables** (l. 90).
7. Donnez trois mots de la même famille que chacun des noms suivants:
   a) **bout** (l. 7)   c) **bond** (l. 48)
   b) **gorge** (l. 47)   d) **poing** (l. 49).
8. Faites une phrase de votre cru qui illustre le sens des expressions suivantes:
   a) **faire peur** (l. 31)   c) **plaire** (l. 68)
   b) **s'apercevoir** (l. 35)   d) **demander grâce** (l. 72).

Un peu de sel . . . .

> Si l'on juge de l'amour par ses effets,
> il ressemble plus à la haine qu'à l'amitié.
>
> La Rochefoucauld

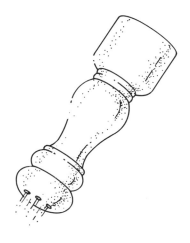

RAPPEL: LE CONDITONNEL PRÉSENT

1. Je lui ai promis que je **reviendrais**.
   Il a pensé qu'elle **aimerait** être enterrée dans un bois.

> Le conditionnel présent est employé pour exprimer une action **future** par rapport au passé.

2. Nous **aimerions** nous promener près de l'ermitage. (si c'était possible)
   Tu **voudrais** bien partir avec Carmen. (si tu le pouvais)

> Le conditionnel présent exprime l'éventualité, la possibilité. Dans ce cas, une condition ou une restriction est sous-entendue.

Remarque:
Il **voudrait** partir. $\Big\}$ He **would like** to leave.
Il **aimerait** partir.

> Remarquez que le conditionnel présent traduit les formes anglaises **should** et **would** + infinitif. **Voudrais** a le même sens que **aimerais**. Voudrais est, toutefois, plus fort que **aimerais**.

3. Il **serait** à Paris, selon mon amie, mais j'en doute.

> Le conditionnel présent peut exprimer un événement dont on n'est pas certain.

LE CONDITIONNEL PASSÉ

1. Je savais qu'elle se **serait enfuie**. (elle s'est enfuie)
   Il pensait qu'elle lui **aurait demandé** pardon.
                       (elle n'a pas demandé pardon)

> Le conditionnel passé est employé pour exprimer une action future par rapport à un fait passé. Cette action future a déjà eu lieu ou ne doit plus avoir lieu.

2. J'**aurais pu** prendre mon cheval. (si j'y avais pensé)
   Tu **aurais bien voulu** prier. (si tu l'avais pu)

> Le conditionnel passé exprime une éventualité qui ne s'est pas réalisée.

Remarque:
Elles **auraient aimé** voyager.   They **would have liked** to travel.

> Le conditionnel passé traduit les formes anglaises **should have** et **would have** + **participe passé**.

3. Elle **serait morte** il y a deux jours.

> Le conditionnel passé peut exprimer un événement passé, dont on n'est pas certain.

APPLICATION

Transformez les phrases selon les modèles donnés:

MODÈLES: Je **sais** qu'il la **tuera**.
            Je **savais** qu'il la **tuerait**.

            Je **pense** qu'il **aura vu** Carmen.
            Je **pensais** qu'il **aurait vu** Carmen.

1. Tu sais que nous aurons de l'argent demain.
2. Il répond toujours qu'il ne viendra pas.
3. J'espère qu'elle n'aura pas pris le cheval.
4. Je crois qu'elle chantera pour vous.
5. Tu penses qu'elle aura suivi Don José.
6. On affirme qu'il sera devenu un voleur.
7. Elle m'écrit qu'elle m'aimera toujours.
8. Ils disent qu'ils prieront pour son âme.
9. Nous croyons qu'il aura tué Carmen.
10. Je sais qu'elle n'aura pas peur.

RAPPEL: LE PLUS-QUE-PARFAIT

1. Je savais que je lui **avais fait** peur.
   Il a découvert que Don José **avait pris** un couteau pour tuer Carmen.

   > Le plus-que-parfait est utilisé pour exprimer un état ou une action antérieur(e) à un autre état ou à une autre action passé(e).

2. Lorsqu'il **avait servi** la messe, le fils de l'aubergiste **rentrait** chez lui.
   Don José **était** triste quand il **avait commis** un crime.

   > Le plus-que-parfait est employé pour exprimer une action habituelle antérieure à une autre action habituelle (exprimée à l'imparfait).

Remarque:
Elle a jeté la bague que Don José lui **avait donnée**.
(*She threw away the ring that Don José **had given** her.*)

> Le plus-que-parfait traduit la forme anglaise *had* + participe passé.

APPLICATION

Transformez les phrases en utilisant un imparfait dans la proposition principale et un plus-que-parfait dans la subordonnée:

MODÈLE: Il est content quand il a vu Carmen.
           Il **était** content quand il **avait vu** Carmen.

1. Il n'est tranquille que lorsqu'il prie.
2. Elle est en danger parce que l'assassin l'a suivie.
3. J'espère qu'elle a pris mon cheval.
4. Nous croyons qu'il a déjà dit la messe.
5. On dit que vous lui avez fait peur.
6. Don José sait que Carmen l'a perdu.
7. Nous pensons qu'il est devenu un meurtrier à cause d'elle.
8. J'espère que vous n'avez pas pris de couteau.
9. Savez-vous qu'il l'a frappée?
10. Je crois qu'elles sont restées près de la chapelle.

DISCUSSIONS À BÂTONS ROMPUS

1. L'amour exige trop de sacrifices.
2. L'amour et la liberté sont incompatibles.
3. Les crimes passionnels devraient être moins sévèrement punis que les autres crimes.

SUJETS POUR DÉBATS

1. Le pour et le contre de la peine capitale.
2. Les femmes peuvent être plus cruelles que les hommes.
3. Un véritable amour ne s'éteint jamais.

DEVOIRS ÉCRITS

1. En vous appuyant sur l'extrait, décrivez brièvement le caractère de Don José ou de Carmen.
2. Écrivez un article de journal intitulé: «Corps de Carmen retrouvé».

PRÉSENTATIONS ORALES

1. Vous lirez *Tamango* ou *Mateo Falcone* et résumerez la nouvelle en montrant ce qui vous y aura plu ou déplu.
2. Si vous avez vu une version de *Carmen* (soit musicale, soit cinématographique), vous en parlerez à la classe en faisant ressortir les différences entre cette version et celle de Mérimée.

TRAVAIL D'ÉQUIPE

L'équipe inventera sa version de *Carmen* en situant les événements au Canada.

UNE VENDETTA

Guy de Maupassant (1850–1893), né en Normandie, est l'auteur de romans et surtout de contes: il en a écrit plus de trois cents où il peint un tableau peu flatteur de son époque. Les contes qui mettent en scène des paysans normands, de petits fonctionnaires, le milieu interlope parisien, sont particulièrement célèbres, comme le sont aussi les contes fantastiques. Écrivain réaliste, Maupassant observe le monde qui l'entoure et le décrit sans indulgence.

Chez Don José, jaloux et trompé, l'amour se transformait en haine. Mais celle-ci peut avoir bien d'autres causes. Souvent, l'envie, parfois l'injustice ou la cruauté dont on a été victime, peuvent la faire naître dans les coeurs. Ainsi, la veuve Saverini, dont le fils a été traîtreusement tué, se venge avec une férocité sanguinaire.

Paysage corse.

UNE VENGEANCE SANGUINAIRE

Les événements de «Une Vendetta» se passent à Bonifacio, en Corse. On vient de ramener à la veuve Saverini le cadavre de son fils, tué d'un coup de couteau par Nicolas Ravolati.

La vieille mère se mit à lui parler. Au bruit de cette voix, la chienne se tut.

—Va, va, tu seras vengé, mon petit, mon garçon, mon pauvre enfant. Dors, dors, tu seras vengé, entends-tu? C'est la mère qui le promet! Et elle tient toujours sa parole, la mère, tu le sais bien.   5

Et lentement elle se pencha vers lui, collant ses lèvres froides sur les lèvres mortes.

Alors, Sémillante se remit à gémir. Elle poussait une longue plainte monotone, déchirante, horrible.

Elles restèrent là, toutes les deux, la femme et la bête, jusqu'au   10
matin.

Antoine Saverini fut enterré le lendemain, et bientôt on ne parla plus de lui dans Bonifacio.

*

Il n'avait laissé ni frère ni proches cousins. Aucun homme n'était là pour poursuivre la vendetta. Seule, la mère y pensait, la vieille.   15

De l'autre côté du détroit, elle voyait du matin au soir un point blanc sur la côte. C'est un petit village sarde, Longosardo, où se réfugient les bandits corses traqués de trop près. Ils peuplent presque seuls ce hameau, en face des côtes de leur patrie, et ils attendent là le moment de revenir, de retourner au maquis[1]. C'est dans ce village, elle le savait,   20
que s'était réfugié Nicolas Ravolati.

Toute seule, tout le long du jour, assise à sa fenêtre, elle regardait là-bas en songeant à la vengeance. Comment ferait-elle sans personne, infirme, si près de la mort? Mais elle avait promis, elle avait juré sur le cadavre. Elle ne pouvait oublier, elle ne pouvait attendre. Que ferait-   25
elle? Elle ne dormait plus la nuit; elle n'avait plus ni repos ni apaisement; elle cherchait, obstinée. La chienne, à ses pieds, sommeillait, et, parfois, levant la tête, hurlait au loin. Depuis que son maître n'était plus là, elle hurlait souvent ainsi, comme si elle l'eût appelé, comme si son âme de bête, inconsolable, eût aussi gardé le souvenir que rien   30
n'efface.

---

[1] terrain couvert d'arbustes où se réfugiaient souvent les bandits

Or, une nuit, comme Sémillante se remettait à gémir, la mère, tout à coup, eut une idée, une idée de sauvage vindicatif et féroce. Elle la médita jusqu'au matin; puis, levée dès les approches du jour, elle se rendit à l'église. Elle pria, prosternée sur le pavé, abattue devant Dieu, le suppliant de l'aider, de la soutenir, de donner à son pauvre corps usé la force qu'il lui fallait pour venger le fils.

Puis elle rentra. Elle avait dans sa cour un ancien baril défoncé, qui recueillait l'eau des gouttières; elle le renversa, le vida, l'assujettit contre le sol avec des pieux et des pierres; puis elle enchaîna Sémillante à cette niche, et elle rentra.

Elle marchait maintenant, sans repos, dans sa chambre, l'oeil fixé toujours sur la côte de Sardaigne. Il était là-bas, l'assassin.

La chienne, tout le jour et toute la nuit, hurla. La vieille, au matin, lui porta de l'eau dans une jatte; mais rien de plus: pas de soupe, pas de pain.

La journée encore s'écoula. Sémillante, exténuée, dormait. Le lendemain, elle avait les yeux luisants, le poil hérissé, et elle tirait éperdument sur sa chaîne.

La vieille ne lui donna encore rien à manger. La bête, devenue furieuse, aboyait d'une voix rauque. La nuit encore se passa.

Alors, au jour levé, la mère Saverini alla chez le voisin, prier qu'on lui donnât deux bottes de paille. Elle prit de vieilles hardes qu'avait portées autrefois son mari, et les bourra de fourrage, pour simuler un corps humain.

Ayant piqué un bâton dans le sol, devant la niche de Sémillante, elle noua dessus ce mannequin, qui semblait ainsi se tenir debout. Puis elle figura la tête au moyen d'un paquet de vieux linge.

La chienne, surprise, regardait cet homme de paille, et se taisait, bien que dévorée de faim.

Alors la vieille alla acheter chez le charcutier un long morceau de boudin noir. Rentrée chez elle, elle alluma un feu de bois dans sa cour, auprès de la niche, et fit griller son boudin. Sémillante, affolée, bondissait, écumait, les yeux fixés sur le gril, dont le fumet lui entrait au ventre.

Puis la mère fit de cette bouillie fumante une cravate à l'homme de paille. Elle la lui ficela longtemps autour du cou, comme pour la lui entrer dedans. Quand ce fut fini, elle déchaîna la chienne.

D'un saut formidable, la bête atteignit la gorge du mannequin, et, les pattes sur les épaules, se mit à la déchirer. Elle retombait, un morceau de sa proie à la gueule, puis s'élançait de nouveau, enfonçait ses crocs dans les cordes, arrachait quelques parcelles de nourriture, retombait encore, et rebondissait, acharnée. Elle enlevait le visage par grands coups de dents, mettait en lambeaux le col entier.

La vieille, immobile et muette, regardait, l'oeil allumé. Puis elle renchaîna sa bête, la fit encore jeûner deux jours, et recommença cet étrange exercice.

Pendant trois mois, elle l'habitua à cette sorte de lutte, à ce repas conquis à coups de crocs. Elle ne l'enchaînait plus maintenant, mais elle la lançait d'un geste sur le mannequin. 80

Elle lui avait appris à le déchirer, à le dévorer, sans même qu'aucune nourriture fût cachée en sa gorge. Elle lui donnait ensuite, comme récompense, le boudin grillé pour elle.

Dès qu'elle apercevait l'homme, Sémillante frémissait, puis tournait les yeux vers sa maîtresse, qui lui criait: «Va!» d'une voix sifflante, en 85 levant le doigt.

*

Quand elle jugea le temps venu, la mère Saverini alla se confesser et communia un dimanche matin, avec une ferveur extatique; puis, ayant revêtu des habits de mâle, semblable à un vieux pauvre déguenillé, elle fit marché avec un pêcheur sarde, qui la conduisit, accom- 90 pagnée de sa chienne, de l'autre côté du détroit.

Elle avait, dans un sac de toile, un grand morceau de boudin. Sémillante jeûnait depuis deux jours. La vieille femme, à tout moment, lui faisait sentir la nourriture odorante, et l'excitait.

Elles entrèrent dans Longosardo. La Corse allait en boitillant. Elle 95 se présenta chez un boulanger et demanda la demeure de Nicolas Ravolati. Il avait repris son ancien métier, celui de menuisier. Il travaillait seul au fond de sa boutique.

La vieille poussa la porte et l'appela:

—Hé! Nicolas! 100

Il se tourna; alors, lâchant sa chienne, elle cria:

—Va, va, dévore, dévore!

L'animal, affolé, s'élança, saisit la gorge. L'homme étendit les bras, l'étreignit, roula par terre. Pendant quelques secondes, il se tordit, battant le sol de ses pieds; puis il demeura immobile, pendant que Sé- 105 millante lui fouillait le cou, qu'elle arrachait par lambeaux. Deux voisins, assis sur leur porte, se rappelèrent parfaitement avoir vu sortir un vieux pauvre avec un chien noir efflanqué qui mangeait, tout en marchant, quelque chose de brun que lui donnait son maître.

La vieille, le soir, était rentrée chez elle. Elle dormit bien, cette 110 nuit-là.

Extrait de Guy de Maupassant, «Une Vendetta», *Contes et Nouvelles*, Vol. 1, Paris, Bibliothèque de la Pléiade, 1974, pp. 1030–1034.

COMPRÉHENSION ET APPRÉCIATION

1. Que signifie le baiser de la mère?
2. Pourquoi la chienne gémit-elle?
3. Comment l'auteur fait-il ressortir, dès le début, l'intimité entre la vieille et la chienne?
4. Quelle est l'infirmité de la vieille?
5. Quel effet produisent les questions et les nombreux verbes (l. 22–37)?
6. Quel rapport y a-t-il entre les gémissements de Sémillante et l'inspiration qui vient à la mère?
7. Que pensez-vous de la religion de la mère?
8. Pourquoi la chienne ne réagit-elle pas devant l'homme de paille (l. 59)?
9. La mère communie «avec une ferveur extatique» (l. 88). Qu'est-ce que cela montre en ce qui concerne l'attitude de la vieille face au meurtre qu'elle va commettre?
10. Pourquoi se déguise-t-elle?
11. Pourquoi appelle-t-elle Nicolas au lieu de lancer la chienne directement sur lui?
12. Quel est le «quelque chose de brun» (l. 109) que la vieille donne à la chienne?
13. Pourquoi l'auteur mentionne-t-il que «la vieille, le soir, était rentrée chez elle» (l. 110)?
14. Que révèle la dernière phrase en ce qui concerne le caractère de la vieille?

VOCABULAIRE ET STRUCTURES

1. Remplacez le tiret par le mot qui convient:
   a) Les habitants de la Corse sont des _____ .
   b) Les habitants de la Sardaigne sont des _____ .
   c) Les habitants de la Belgique sont des _____ .
   d) Les habitants de la Suisse sont des _____ .
   e) Les habitants de l'Algérie sont des _____ .
   f) Les habitants du Maroc sont des _____ .
   g) Les habitants de la Martinique sont des _____ .
2. Faites deux phrases de votre cru où le verbe **pousser** a le même sens qu'à la ligne 8.
3. De quel mot est dérivé **apaisement** (l. 26)? Trouvez cinq autres mots de la même famille.
4. «comme si elle l'eût appelé . . . eût aussi gardé» (l. 29–30). Remplacez le subjonctif par un temps plus couramment utilisé.
5. «Il était là-bas, l'assassin» (l. 43). Quelle est la différence entre cette tournure et «L'assassin était là-bas»?
6. Trouvez, dans le texte, deux mots de la même famille que **chaîne** (l. 49).
7. Quel est le sens de **de** dans «D'un saut formidable» (l. 69)? Trouvez, dans les phrases qui suivent, une structure parallèle.
8. Donnez une définition géographique de **détroit** (l. 91).
9. Quel est l'infinitif de **étreignit** (l. 104)? Trouvez cinq autres verbes conjugués sur le même modèle.
10. Remplacez les expressions suivantes par des expressions équivalentes:
    a) **une longue plainte** (l. 8)
    b) **bandits** (l. 18)
    c) **jatte** (l. 45)
    d) **exténuée** (l. 47)
    e) **parcelles** (l. 72)
    f) **jeûnait** (l. 93).

RAPPEL: L'INFINITIF APRÈS UNE PRÉPOSITION

Pour

1. Aucun homme n'est là **pour poursuivre** la vendetta.
   J'ai fait cela **pour** lui **plaire**.

   > **Pour** indique le but.

2. Il a été mis en prison **pour avoir tué** Saverini.

   > **Pour** peut indiquer la cause; il est alors suivi de l'infinitif passé.

3. Il était **pour partir**.

   > **Pour** a le sens de **sur le point de**. Cette construction est fréquente au Canada.

Par

1. Il a commencé **par prier**.
   Elle a fini **par** le **haïr**.

   > L'infinitif précédé de **par** et désignant la **manière** ne s'emploie généralement qu'après **commencer** et **finir**.

Après

1. **Après avoir acheté** le boudin, elle l'a fait griller.
   Après s'être déguisée en mendiant, elle est partie avec la chienne.

   > **Après** est suivi de l'infinitif passé.

Avant de – Afin de – Jusqu'à – De façon à – En sorte de

1. **Avant de s'élancer**, la chienne regardait sa maîtresse.
   La veuve est allée chez le menuisier **afin de** se **venger**.
   (in order to)
   Elle est allée **jusqu'à** ne rien **donner** à la chienne.
   (so far as)
   Agissez **de façon à** ne pas **affoler** la chienne.
   (so as not to)
   Faites **en sorte de jeûner** un jour par mois.
   (in such a way as)

L'infinitif peut être précédé d'une locution prépositive (= une préposition formée de plusieurs mots).
Avant de, **afin de**, **jusqu'à**, **de façon à**, **en sorte de** sont les plus communes.

En

1. Elle marche **en boitillant**.
   Le chien mangeait **(tout) en marchant**.

En est la seule préposition qui soit suivie du **participe présent**.

AUTRES EMPLOIS DE L'INFINITIF

L'infinitif sujet

1. **Gémir est** inutile pour la pauvre bête.
   Se venger semble difficile à la veuve.

L'infinitif peut être **sujet** du verbe.

L'infinitif dans les propositions indépendantes

1. L'infinitif s'emploie comme un verbe conjugué:
   a) Que **faire**?   Qui **croire**?
                      Comment **faire** pour punir l'assassin?

Dans les propositions interrogatives indiquant la **délibération**.

b) Elle, **renoncer** à la vengeance? Jamais!
   Moi, te **suivre**? Tu rêves!
   Ah! me **venger** enfin!

Dans les propositions exclamatives exprimant la **surprise**, l'**indignation**, le **désir**.

c) **Mettre** au pluriel.
   Cuire à four modéré.
   Sonner avant d'entrer.
   Pour tout renseignement, **s'adresser** au concierge.

> Dans les propositions impératives pour donner un **ordre**, par exemple dans les **recettes**, les **manuels**, les **avis au public**.

Remarque:

Ne pas fumer.	Tâchez de **ne pas** pleurer.
Ne pas se pencher au dehors.	Nous préférons **ne pas** boire.

> Lorsque l'infinitif est négatif, **ne pas** le précède.

APPLICATION

A. Remplacez la préposition qui précède l'infinitif par celle qui est donnée entre parenthèses. Faites les changements voulus:

MODÈLE: La vieille a pleuré avant d'enterrer son fils. (après)
         La vieille a pleuré **après avoir enterré** son fils.

1. Elle s'est rendue à l'église afin de prier Dieu. (pour)
2. Elle a appelé Nicolas avant d'ouvrir la porte. (en)
3. Elle se déguise pour ne pas être reconnue. (de façon à)
4. Elle a commencé à lui parler. (par)
5. Après lui avoir donné le boudin, elle a lâché la chienne. (avant de)
6. Le chienne a hurlé pour avoir à manger. (afin de)
7. Avant de s'élancer, la chienne a regardé la vieille. (en)
8. Il a étendu les bras afin de se protéger. (de manière à)
9. La vieille a dormi avant d'aller chez Nicolas. (après)
10. Elle marche en boitillant aujourd'hui. (sans)

B. Complétez les phrases suivantes, à l'aide d'un infinitif:

MODÈLE: Elle prie pour . . .
         Elle prie pour **demander l'aide de Dieu.**

1. Refuses-tu de . . . ?
2. Il a fini par . . .
3. Elle a pris de vieux vêtements pour . . .
4. Les amis de son fils sont venus afin de . . .
5. Elle a fait griller le boudin de façon à . . .
6. Elle l'a regardé sans . . .
7. Elle ne lui donne pas à manger pour . . .
8. Sémillante a regardé la vieille avant de . . .
9. Comment faire pour . . . ?
10. Elle est allée jusqu'à . . .

RAPPEL: L'ADVERBE

I. Formation

1.
ADJECTIF MASCULIN	ADJECTIF FÉMININ	ADVERBE
lent	lente	lente**ment**
vigoureux	vigoureuse	vigoureuse**ment**
autre	autre	autre**ment**

On forme la plupart des adverbes de manière en ajoutant **-ment au féminin** de l'adjectif.

2.
aisé	aisée	aisé**ment**
vrai	vraie	vrai**ment**
éperdu	éperdue	éperdu**ment**

Si l'adjectif se termine par **-é**, **-i**, **-u**, on forme l'adverbe en ajoutant **-ment au masculin** de l'adjectif.

3.
aveugle	⟶	aveuglé**ment**
énorme	⟶	énormé**ment**
immense	⟶	immensé**ment**
précis(e)	⟶	précisé**ment**
profond(e)	⟶	profondé**ment**

Le **e caduc** de certains adjectifs devient **é** devant la terminaison **-ment**.

4.
puiss**ant**	⟶	puiss**amment**
suffis**ant**	⟶	suffis**amment**
intellig**ent**	⟶	intellig**emment**
pati**ent**	⟶	pati**emment**
prud**ent**	⟶	prud**emment**

Les terminaisons **-ant** et **-ent** deviennent respectivement **-amment** et **-emment**.

5.
bon	⟶	bien
meilleur	⟶	mieux
mauvais	⟶	mal
bref	⟶	brièvement
gentil	⟶	gentiment

Quelques adverbes ont une forme irrégulière.

6.

aussi	maintenant	toujours
encore	tôt	souvent
avant	tard	parfois
après	d'abord	beaucoup
hier	ensuite	peu
demain	déjà	ici
aujourd'hui	jamais	là, etc.

Certains adverbes, en particulier des adverbes de **temps**, ne sont pas dérivés d'adjectifs.
N.B. Elle est arrivée **ici hier**.
Les adverbes de temps et de lieu suivent le participe passé, le lieu précédant le temps.

7. Vous chantez **fort**.   Tu parles trop **bas**.
Les vêtements coûtent **cher**.   Il saute **haut**.

Certains adjectifs monosyllabiques, tels: **cher**, **fort**, **haut**, **bas**, **dur**, etc. peuvent être utilisés adverbialement après certains verbes.

II. Place de l'adverbe

1. Elle hurlait **souvent** ainsi.
La vieille marche **maintenant** en boitillant.

Un adverbe qui modifie un verbe suit généralement ce verbe.

Remarque:
Aujourd'hui, nous partons pour la Corse.
Lentement, la vieille se rend au village.

Il n'y a pas de règle formelle pour la place de l'adverbe. Placés au commencement de la phrase, ils sont en relief.

2. Ils ont **tout à coup** ouvert la porte.
Avez-vous **bien** dormi?
Nous avons **encore** jeûné.

Si le verbe est conjugué avec un auxiliaire, l'adverbe suit généralement l'auxiliaire.

3. La vieille a tout perdu; **aussi** vit-**elle** pour la vengeance.
Peut-être se vengera-t-elle de Nicolas.

Le sujet et le verbe sont inversés après **aussi** (marquant le résultat) et **peut-être**, placés au début de la phrase ou de la proposition.

Remarque:
Peut-être qu'elle **se vengera** de Nicolas.

> Quand **peut-être**, dans le style familier, est suivi de **que**, il n'y a pas d'inversion.

III. Le comparatif et le superlatif de l'adverbe

1. Elle marche **plus** lentement **que** son fils.
   Vous travaillez **moins** fort **qu'**elle.
   Il mange **aussi** peu **que** la veuve.

   > Le comparatif des adverbes est soumis aux mêmes règles que celui des adjectifs (voir p. 197).

2. C'est la vieille qui hait **le plus** intensément.
   C'est nous qui avons jeûné **le moins** longtemps.

   > Le superlatif des adverbes est soumis aux mêmes règles que celui des adjectifs (voir p. 198).

3. Tu manges **plus** que moi, mais **moins** que ton frère.
   C'est lui qui comprendra **le mieux** cette vengeance.

   > Certains adverbes ont un comparatif et un superlatif irréguliers:
   >
   > | | | |
   > |---|---|---|
   > | beaucoup ⟶ | plus ⟶ | le plus |
   > | peu ⟶ | moins ⟶ | le moins |
   > | bien ⟶ | mieux ⟶ | le mieux |
   > | mal ⟶ | plus mal; pis ⟶ | le plus mal; le pis |

Remarque:
Tout va **de mal en pis**.
Vous ne viendrez pas? **Tant pis!**
Le pis, c'est que la haine mène au crime.

Pis est surtout utilisé dans certaines expressions, comme **de mal en pis**, **tant pis**. **Le pis** est surtout employé comme nom.

APPLICATION

A. Donnez le féminin de l'adjectif et l'adverbe qui y correspond:

MODÈLES: heureux — heureuse — heureusement
aveugle — aveugle — aveuglément

1. vif
2. certain
3. vigoureux
4. autre
5. précis
6. meilleur
7. mauvais

8. pire
9. éperdu
10. lent
11. vrai
12. suffisant
13. grammatical
14. exclusif

B. Mettez l'adverbe donné entre parenthèses à la place voulue:

MODÈLE: Elle se met à lui parler (tout à coup)
Elle se met **tout à coup** à lui parler.

1. Elle a poussé la porte. (immédiatement)
2. La mère s'est penchée vers son fils. (lentement)
3. Les avez-vous fermées? (bien)
4. Ils voudront poursuivre la vendetta. (certainement)
5. Est-ce que tu as compris? (mieux)
6. Elle cherchait l'assassin de son fils. (obstinément)
7. Elle a supplié son frère de l'aider. (déjà)
8. Je ne dors pas la nuit. (profondément)
9. La veuve n'enchaînait plus la chienne. (maintenant)
10. Elle lui a appris à attaquer le mannequin. (vite)
11. Nous avons porté ces vêtements. (autrefois)
12. Ils mangent du boudin grillé. (parfois)

RÉCAPITULATION

A. Mettez l'infinitif au temps et au mode voulus:

1. Depuis son mariage, elle **cueillir** des bleuets tous les ans.
2. Il faut que François **partir** pour le chantier.
3. L'an dernier, il **aller** deux fois en Corse.
4. En **voir** arriver la jeune fille, il s'est écrié: «Pourvu qu'elle ne **être** pas mariée!»
5. Il me semble que les contes de Maupassant **être** parfois morbides.
6. C'était toujours la même chose. Après **gronder** son fils, elle le **prendre** dans ses bras.
7. Il demande que tu **apporter** de l'avoine pour les chevaux.
8. Elle nous a dit que sa mère **être** veuve depuis longtemps.
9. Je souhaite qu'elle **venir**; mais hélas! il est fort probable que mon souhait ne se **réaliser** pas.
10. Il est possible que la chienne **devenir** sauvage.
11. Je savais qu'elle **se venger**.
12. Il **vouloir** partir, mais c'était impossible.
13. Lorsque nous **donner** à manger à la chienne, nous allions dormir.

B. Remplacez le tiret par le pronom indéfini ou interrogatif qui convient:

1. _____ a fait cela?
2. _____ François a promis à Maria?
3. Avec _____ a-t-il acheté ces fleurs, lui qui n'a pas d'argent?
4. Ont-ils rencontré _____ dans le parc?
   —Non, ils n'ont vu _____ .
5. De _____ ou de _____ avez-vous parlé avec elle?
6. A-t-il remarqué _____ ?
   —Non, je crois qu'il n'a _____ vu.
7. _____ des Corses ne s'est pas vengé?
8. As-tu dit _____ à ta mère?
   —Non, mais j'ai _____ raconté à mon père.
9. _____ vous a demandé la veuve?
10. _____ des pêcheurs n'a voulu l'aider.
11. _____ sont venus chez la veuve; mais _____ ne lui a offert d'argent.
12. Jacques et François s'aident _____ .
13. _____ de ces brigands l'ont attaqué?
14. _____ ont-ils fait du pauvre ermite?

DISCUSSIONS À BÂTONS ROMPUS

1. Croyez-vous que l'amour maternel ou paternel puisse être parfois nuisible à celui ou à celle qui en est l'objet?
2. Nicolas Ravolati méritait-il d'être puni comme il l'a été?
3. Croyez-vous que la mort de son fils ait rendu folle la veuve Saverini?

SUJETS POUR DÉBATS

1. Se venger est toujours une preuve de faiblesse.
2. On a le droit de se servir d'animaux dans les expériences scientifiques.
3. On ne devrait pas avoir le droit de posséder une arme à feu.

DEVOIRS ÉCRITS

1. D'après ce que vous avez lu, faites en quelques phrases un résumé du caractère de la veuve.
2. Vous écrirez une lettre de condoléances à une veuve qui vient de perdre son fils.

PRÉSENTATIONS ORALES

1. Le Corse le plus célèbre est, sans doute, Napoléon Bonaparte. Vous vous documenterez sur sa jeunesse en Corse et en parlerez à la classe.
2. Vous lirez quelques-uns des contes de Maupassant (par exemple, «La Ficelle», «Coco», «La Peur», «La Parure», etc.) et vous les résumerez pour la classe en illustrant l'idée que se fait Maupassant de la nature humaine.

TRAVAIL D'ÉQUIPE

La veuve Saverini est accusée de meurtre. Préparez son procès. Un(e) étudiant(e) jouera le rôle d'avocat de la défense, un(e) autre, d'avocat de la Couronne. Les autres membres de l'équipe serviront de témoins oculaires ou de témoins de moralité. La classe sera le jury.

NOUS CONCLUONS . . .

Un amour partagé apporte à François et à Maria un bonheur que d'autres sentiments peuvent rarement procurer. Mais l'amour est aussi un sentiment fragile, souvent éphémère. «Nevermore», dit le poète qui se souvient d'une promenade aux côtés de sa bien-aimée. Le tragique, c'est que, dans un couple, l'un cesse parfois d'aimer, alors que l'autre aime encore. Don José ne pardonne pas à Carmen de vouloir le quitter et, tout en aimant encore la bohémienne, il se met aussi à la haïr.

C'est encore l'amour, maternel cette fois, qui donne naissance à la haine dans le coeur de la veuve Saverini. L'objet de cette haine n'est plus un être aimé, mais le meurtrier d'un fils unique chéri. La vieille femme tue pour assouvir sa haine et savoure tous les préparatifs de sa sinistre vengeance. Don José est un personnage plus complexe, mais l'un et l'autre montrent où peut mener un des sentiments les plus violents que connaisse le coeur humain.

VOUS CONCLUEZ . . .

1. Quel est le personnage de cette unité pour qui vous ressentez le plus de sympathie et pourquoi?
2. Y a-t-il un personnage dont la conduite vous paraisse particulièrement inepte? Qu'auriez-vous fait à sa place?

U·N·I·T·É·7

L'ÉCHEC ET LA RÉUSSITE

Sans doute désirons-nous tous réussir notre vie et rien ne nous apporte plus de satisfaction que l'effort couronné de succès. Il arrive pourtant qu'on se lance dans une carrière pour laquelle on n'est pas fait et qu'on aille droit vers un échec. Il arrive aussi que la malchance ou la méchanceté se mette de la partie et réduise à néant ce qui s'annonçait comme une belle réussite. Car rien n'est plus capricieux ni plus fragile que le succès.

LES GRANDS DÉPARTS

Jacques Languirand est né à Montréal en 1931. Il s'est, de tout temps, intéressé au théâtre et a étudié en France avec de grands metteurs en scène. Sa première pièce, *Les Insolites* (1956), qui a remporté plusieurs prix, se rattache au théâtre de l'absurde, dont l'influence se fait également sentir dans *Les Grands Départs* (1957).

UN ROMANCIER PEU PROLIFIQUE

Hector, sa femme Margot, et sa fille Sophie attendent les déménageurs. Le grand-père, complètement paralysé, a été déposé sur son matelas, parmi les bagages. Eulalie, soeur de Margot, est, comme d'habitude, dans sa chambre noire.

Hector et Margot: deux solitudes.

HECTOR   Il n'arrive jamais rien. Je manque d'inspiration.

MARGOT   Fais appel à ton imagination!

HECTOR   J'ai commencé trois ou quatre romans dans lesquels le personnage principal est un paralytique, et je me suis arrêté un peu avant la fin du premier chapitre. 5

MARGOT   Tu me fais rire.

HECTOR   Tu es bien la seule que ça amuse, alors que précisément tu devrais t'inquiéter: si je ne termine pas l'une de mes oeuvres, comment allons-nous vivre?

MARGOT   Et comment avons-nous vécu jusqu'à maintenant? 10

HECTOR   Je me le demande.

MARGOT   Eh bien! moi, je peux te le dire: nous avons mangé les économies de mon père, mangé les économies de ma soeur, et mangé les miennes! Voilà comment nous avons vécu jusqu'à maintenant!

HECTOR, *impressionné*   Une belle famille économe. 15

MARGOT   Sais-tu bien que tu vis, pour ainsi dire, à mes crochets[1], depuis vingt ans?

HECTOR   Le temps passe vite.

MARGOT   Et nous n'avons plus d'argent. C'est la raison pour laquelle nous déménageons. 20

HECTOR, *doctoral*   Situation embarrassante. Que faire?

MARGOT   Il va falloir travailler, Hector.

HECTOR   Je vois où tu veux en venir.

MARGOT   Tu dois prendre une décision.

HECTOR   Minute! le moment est venu de faire le point[2]. Sophie veut se marier; ton père mange de moins en moins; quant à ta soeur, si nous allons demeurer dans un appartement plus petit, elle devrait envisager sérieusement de nous quitter; reste nous deux — prenons la résolution de vivre pour les choses de l'esprit, et nous sommes sauvés! 25

MARGOT   Et tu te demandes pourquoi tes romans n'ont jamais été publiés? 30

HECTOR   Parce que je demeure un incompris.

MARGOT   Tu arrives au bout de ton rouleau[3], mon pauvre ami.

---

[1] à mes frais
[2] revoir la situation
[3] Tu es fatigué, épuisé.

HECTOR   Si j'ai attendu jusqu'à ce jour pour m'exprimer vraiment, j'avais mes raisons.

MARGOT   Tu permets que . . .   35

HECTOR   Remontons au déluge[4], si tu le veux bien, c'est-à-dire à ma vingtième année — époque où je t'ai connue! Je savais déjà qu'un jour j'accoucherais d'une oeuvre importante. Mais qu'a-t-on à dire à vingt ans? Rien. À vingt ans, on pisse vinaigre[5]. Il faut avoir le courage de ne pas s'avorter, il faut porter à terme. Aurais-je dû accoucher à trente   40
ans? J'ai fait une tentative.

MARGOT   Infructueuse . . .

HECTOR   C'est exact. Infructueuse parce qu'à l'époque les problèmes de la vie quotidienne me dévoraient vivant.

MARGOT   Tu veux dire que j'étais entrée dans ta vie.   45

HECTOR   Je veux dire qu'avec toi, les mille et une choses de la petite vie ont tenté une invasion dans mon oeuvre; et je n'ai pas su prendre la situation en main. J'ai attendu dix ans pour comprendre ce qui s'était passé en moi jusqu'à ma vingtième année. Mais au moment d'écrire, je me suis aperçu qu'il me fallait assimiler mon expérience de vingt   50
ans à trente ans, parce que précisément, elle remettait tout en question[6].

MARGOT   Et ainsi de suite . . .

HECTOR   Et ainsi de suite, parfaitement!

MARGOT   Jusqu'à maintenant!   55

HECTOR   Jusqu'à maintenant!

MARGOT   Tu t'écoutes parler.

HECTOR   Je suis mon plus fidèle auditeur. Mais j'écoute aussi le monde.

MARGOT   Dans ce cas, écoute-moi bien! Que comptes-tu faire?

HECTOR   Je compte accoucher bientôt. Je suis prêt.   60

MARGOT   Tu m'en vois ravie.

HECTOR   Je savais que tu comprendrais.

MARGOT   Moi? Pas du tout. Je ne comprends rien! Et je ne veux rien comprendre!

HECTOR   Ainsi, tu m'abandonnerais au seuil de la gloire! Ainsi, je vais faire   65
seul mon entrée dans le monde officiel de la création littéraire!

---

[4] au commencement, très loin (allusion au déluge dans la Bible)
[5] on a l'esprit triste et morose
[6] elle me forçait à tout réexaminer

MARGOT   Je refuse de comprendre! La poire[7] refuse de comprendre! Le citron qu'on pressure refuse d'être pressuré davantage.

HECTOR   C'est la révolte des fruits et légumes!

On entend une plainte déchirante.   70

MARGOT   Va voir ce qu'il veut.

HECTOR   Je ne suis pas devin. C'en est un autre qui ne s'exprime pas clairement!

MARGOT   Va!

HECTOR, *il se rend auprès du grand-père*   Ça va? *Il revient.* Ça va.   75

MARGOT   C'est tout ce que tu trouves à lui dire?

HECTOR   Il n'est guère loquace non plus.

MARGOT   Tu est inhumain.

HECTOR   Ce n'est pas facile de toujours interpréter ses silences! As-tu déjà interrogé un arbre?   80

MARGOT   Avec ton imagination, tu devrais pouvoir faire parler les arbres.

HECTOR   Je ne suis pas un fabuliste.

MARGOT   Il devrait t'être encore plus facile de comprendre le langage intérieur d'un paralytique.

HECTOR   Quand il est content, il se tait; quand il est furieux, il se tait. Et   85
dans les deux cas, la façon de se taire est tellement semblable qu'on s'y tromperait! Rien ne ressemble plus au silence d'un paralytique qu'un autre silence de paralytique.

MARGOT   Où est Sophie?

HECTOR   Je n'en sais rien.
   90
MARGOT   Sophie! Sophie!

HECTOR   Tu as entendu l'écho?

MARGOT   Je t'en prie! Sophie! Où es-tu?

HECTOR, *imitant l'écho*   Tu . . . tu . . .

MARGOT   Tu as bientôt fini de faire le perroquet?   95

Sophie arrive de la chambre d'Eulalie.

SOPHIE   J'étais avec tante Eulalie.

---

[7] personne trop bonne, dont on abuse

MARGOT   Et alors?

SOPHIE   Elle ne veut pas bouger de son lit. Elle prétend qu'on ne l'a pas consultée au sujet du déménagement. Elle refuse de partir. 100

HECTOR   Hé bien! qu'elle reste! La vie est courte! Le moment est venu de trancher dans le vif[8].

MARGOT   Elle a raison. Nous aurions dû la consulter. Pour la forme[9].

HECTOR   Je veux bien la consulter maintenant! qu'est-ce que je risque? Ou bien elle est favorable à l'idée de déménager et tout va pour le mieux 105 dans le meilleur des mondes, ou bien elle s'y oppose et nous l'abandonnerons dans son lit, son lit dans sa chambre noire, sa chambre noire dans la maison vide — voilà! Tranchons dans le vif!

MARGOT   Ma parole! Tu es inconscient! Oublies-tu que ma soeur a consacré sa vie à prendre soin de mon père . . . 110

HECTOR   Qui nous est finalement tombé sur les bras.

MARGOT   Laisse-moi finir! Et que, de ce fait, tu as eu ta large part des économies familiales.

HECTOR   Moi ou l'hospice, quelle différence?

SOPHIE   Tante Eulalie prétend qu'elle n'est pas le chien de la famille. 115

HECTOR   Heureusement! les nouveaux propriétaires interdisent les enfants en bas âge et les chiens; c'est écrit en toutes lettres dans le bail.

MARGOT   Tes plaisanteries sont de mauvais goût!

HECTOR   Je plaisante parce que j'en ai par-dessus la tête de tante Eulalie.

MARGOT   Maintenant que le citron n'a plus un sou, qu'il n'en reste plus que 120 l'écorce!

HECTOR   Encore la révolte des fruits et légumes!

MARGOT   Ma soeur est malade, Hector!

HECTOR   Toute la famille est malade! Fondez un hôpital!

MARGOT   Tu devrais avoir honte. 125

HECTOR   La honte est un sentiment que je refuse d'éprouver désormais. Je vais entrer bientôt dans ma grande époque de création, et j'ai décidé de me protéger; à l'avenir, je serai égoïste pour sauver l'essentiel. Tante Eulalie, c'est l'accessoire! Et j'en ai par-dessus la tête de son univers intime, comme elle le dit si bien. Je m'en balance[10] de son univers 130

---

[8] littéralement, couper dans la chair: prendre une décision, même si elle est désagréable
[9] par politesse
[10] je me moque

intime. A-t-on idée de vivre au lit quand on n'est pas malade, et dans le noir encore! A-t-on idée d'avoir peur à ce point de la lumière! Fiat lux, madame Eulalie! Fiat lux et lux fuit[11]! Non mais! Elle se conduit comme si elle couvait une oeuvre philosophique. Elle vit comme un penseur! Je vais lui en faire voir des pensées, moi, et de toutes les   135
couleurs . . .

MARGOT   J'ai honte pour toi!

HECTOR   C'est une excellente idée!

SOPHIE   Je vous remercie, papa.

HECTOR   Me remercier? Pourquoi?   140

SOPHIE   Je voulais savoir quel était le sort de ceux qui refusent de faire leur vie, de ceux qui se sacrifient pour les autres. Maintenant, je sais: ils finissent comme des chiens. Je vous remercie de m'avoir appris.

Elle sort.

MARGOT   C'est du propre. Malheur à ceux par qui le scandale arrive[12]!   145

HECTOR   Le scandale? Je ne comprends pas . . .

MARGOT   Tu vas prendre dix ans pour assimiler cette expérience, je suppose?

Elle sort par la porte empruntée par sa fille.

HECTOR   Qu'est-ce qu'ils ont tous? Si seulement je pouvais faire le tour de   150
tous ces problèmes — un véritable chapelet de problèmes!

On entend une plainte déchirante.

Ah vous! Je vous en prie! la paix! vous comprenez, la paix! Si ce mot a encore une signification pour vous . . .
Je sens confusément naître en moi une grande énergie créatrice; de la   155
matière grise de mon cerveau à l'encre de mon stylo, je veux une ligne droite — le plus court chemin entre deux points. Et désormais, tout ce qui va menacer ma muraille de Chine[13], je vais l'écarter, le repousser violemment: je ne veux plus rien entre ma véritable identité et mon oeuvre. Vous avez compris? Vous vous taisez, bien sûr. Vous réalisez   160
que je suis maintenant en possession de tous mes moyens . . . J'interprète votre silence comme une soumission à la force qui émane de moi. Je suis comme la femelle qui prépare le nid où déposer son oeuf; je vais pondre, monsieur mon beau-père! Je suis sur le point de! . . .

---

[11] «Que la lumière soit, et la lumière fut.» Début de la Genèse.
[12] proverbe biblique
[13] Mur et fortification de 3,000 km de long, entre la Chine et la Mongolie, construit au IIIe siècle avant Jésus-Christ. Ici, «ce qui me protège, m'isole».

Vous avez raison de garder le silence. Il vaut mieux s'incliner devant 165
la force que de se raidir et d'être cassé par elle comme une éclisse de
bois sec.

Entre Sophie

J'ai l'oeuf dans les tripes! Arrière! Je deviens méchante! Je protège mon
petit! Le sang de mon sang! La chair de ma chair! 170

SOPHIE, *tranquille*   Qu'est-ce qu'il en pense?

HECTOR *sursaute*   Tu pourrais frapper avant d'entrer!

Extrait de Jacques Languirand, *Les Grands Départs*, Montréal, Le Cercle du Livre de France
Limitée/Éditions Pierre Tisseyre, 1958, pp. 16–28.

COMPRÉHENSION ET APPRÉCIATION

1. Pourquoi le personnage principal des romans d'Hector est-il un paralytique?
2. Hector s'est arrêté avant la fin du premier chapitre dans les romans qu'il a commencés. Qu'est-ce que cela montre?
3. Que penser du fait qu'Hector a commencé «trois ou quatre romans»?
4. Pour ne pas répondre à Margot, Hector feint de prendre au sens propre des expressions qu'elle emploie au sens figuré. Relevez deux exemples de ce malentendu volontaire.
5. Commentez l'emploi de l'adjectif **belle** (l. 15).
6. Que signifie la réplique de Margot: «Et ainsi de suite . . . »(l. 53)?
7. Qui est **la poire** et **le citron** selon Margot (l. 67)?
8. Hector utilise deux métaphores dont le sens est proche pour la création littéraire. Relevez les expressions qui se rattachent à ces métaphores.
9. Qu'insinue Margot par sa remarque «Il devrait t'être encore plus facile de comprendre le langage intérieur d'un paralytique» (l. 83–84)?
10. Expliquez la réplique de Margot: «Tu as bientôt fini de faire le perroquet?» (l. 95).
11. Que pensez-vous de la remarque d'Hector: «je serai égoïste pour sauver l'essentiel» (l. 128)?
12. À qui pourrait s'appliquer la remarque **Fiat lux** (l. 132–133)? Pourquoi?
13. Sur quel ton Sophie parle-t-elle à son père?
14. Pourquoi Hector adresse-t-il sa longue tirade au grand-père?
15. À votre avis, que ressent Hector lorsque Sophie le surprend en train de monologuer?
16. Quel est l'âge approximatif d'Hector?

VOCABULAIRE ET STRUCTURES

1. Exprimez autrement: «je manque d'inspiration (l. 1) en gardant le verbe **manquer**. Faites trois phrases où le verbe **manquer** est utilisé dans des sens différents.
2. Remplacez **dans lesquels** (l. 3) par un équivalent.
3. Justifiez l'accord des participes passés:
   a) **publiés** (l. 30)
   b) **connue** (l. 37)
   c) **consultée** (l. 100).
4. Trouvez deux mots de la même famille que:
   a) **embarrassante** (l. 21)
   b) **accoucher** (l. 40)
   c) **tentative** (l. 41)
   d) **infructueuse** (l. 42)
   e) **déménagement** (l. 100).
5. Quel est le temps de **abandonnerais** (l. 65)? Quel sens a-t-il ici?
6. Remplacez les expressions suivantes par des expressions équivalentes dans le contexte:
   a) **Ma parole** (l. 109)
   b) **qui nous est tombé sur les bras** (l. 111)
   c) **prétend** (l. 115)
   d) **désormais** (l. 126)
   e) **par-dessus la tête** (l. 129)
   f) **A-t-on idée** (l. 131)
   g) **du propre** (l. 145).
7. Employez chacune des expressions suivantes dans une phrase qui en illustre le sens:
   a) **vivre aux crochets de quelqu'un** (l. 16)
   b) **voir où quelqu'un veut en venir** (l. 23)
   c) **remonter au déluge** (l. 36)
   d) **pisser vinaigre** (l. 39)
   e) **porter à terme** (l. 40)
   f) **sa muraille de Chine** (l. 158).

Un peu de sel . . . .

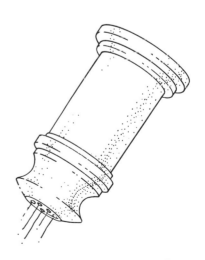

Le mot juste! le mot juste!
Quelle économie de papier
le jour où une loi
obligera les écrivains
à ne se servir
que du mot juste!

Jules Renard

RAPPEL: DEVOIR + INFINITIF, POUVOIR + INFINITIF, CONNAÎTRE ET SAVOIR

Devoir + infinitif

Selon le contexte et le temps du verbe, **devoir** + infinitif indique:

1. Tu **dois** prendre une décision. (Il te faut prendre une décision.)
   You ***must, have to*** *make a decision.*

   Nous **avons dû** économiser. (Il nous a fallu économiser.)
   We ***had to, have had to*** *economize.*

   Elle **devait** s'occuper tous les jours de son mari.
   (Il lui fallait s'occuper tous les jours de son mari.)
   She ***had to*** *take care of her husband every day.*

   Nous **devrons** travailler. (Il nous faudra travailler.)
   We ***shall (will) have to*** *work.*

   l'obligation, la nécessité. Dans ce sens, **falloir** peut être employé. Il indique la nécessité avec plus de force encore que **devoir**.

2. Je **dois** déménager bientôt.
   I ***am supposed to*** *move soon.*

   Nous **devions** consulter Eulalie.
   We ***were supposed to***, ***we were to*** *consult Eulalie.*

   une intention (être censé(e)(s), avoir l'intention de)

3. Tante Eulalie **doit** être dans sa chambre noire.
   Tante Eulalie ***must be, is probably*** *in her dark bedroom.*

   Elle **devait** manger ses économies.
   She ***must have been, probably was*** *spending her savings.*

   Il **a dû** trop presser le citron.
   He ***must have, probably has*** *squeezed the lemon too hard.*

   Il **devrait t'être** facile de comprendre un paralytique.
   It ***should be, ought to be*** *easy for you to understand a paralyzed man.*

   une supposition, une probabilité

4. Il **devrait** finir son roman.
   He ***ought to, should*** *finish his novel.*

   Nous **aurions dû** consulter tante Eulalie.
   We ***ought to have, should have*** *consulted Aunt Eulalie.*

un conseil, un reproche. Généralement, c'est le **conditionnel** qui est utilisé ici.

Pouvoir + infinitif

Pouvoir + infinitif est employé pour indiquer:

1. Je **peux** te le dire.
   Puis-je entrer?
   Elle ne **pouvait** pas sortir; sa mère le lui interdisait.
   Il **pourrait** travailler s'il le voulait.

   la possibilité, la permission

2. Ce paralytique ne **peut** ni marcher ni parler.
   Il ne **peut** pas terminer un seul roman.
   Si elle **pouvait** comprendre son mari!

   la capacité (= être capable, à même de)

3. Tu **pourrais** frapper! (= tu devrais)
   Vous **auriez pu** écouter Hector. (= vous auriez dû)

   un reproche

   Remarque:
   Les déménageurs **ne** peuvent venir.

   Avec **pouvoir** au **négatif**, l'emploi de **pas** est facultatif. C'est le cas aussi pour le verbe **oser**.

Connaître et savoir

Deux verbes à ne pas confondre:

1. Elle **connaît Hector**.
   Connaissez-vous **quelqu'un** ici? —Non, je ne **connais personne**.
   J'ai **connu** autrefois **un paralytique**.
   Il **connaissait** bien **les meubles anciens**.
   Nous **connaissons ces parcs**.

   Connaître est utilisé avec un nom ou un pronom **objet**. Il n'a jamais comme objet une proposition et n'est donc jamais suivi de **que**, ni d'un infinitif.

2. Il **connaît** la littérature.
   Elle croit **connaître** le poème.

> **Connaître** + un nom de chose indique une connaissance moins précise que **savoir**.

3. Il **sait le français**.
   Elle **sait sa leçon**.
   Il est romancier.—Oui, nous **le savions**.

> **Savoir** + nom ou pronom, indique une connaissance précise. Il n'est jamais utilisé devant les noms de personnes, d'animaux, d'endroits ni d'objets, ni avec les pronoms qui remplacent ces noms.

4. a) Je savais **que tu comprendrais**.
      Il sait **qu'il accouchera d'une oeuvre importante**.
   b) Je sais **où est grand-père**.
      Savez-vous **comment ce déménagement finira?**
   c) Il sait **trouver de l'argent**.
      Je n'ai pas su **prendre la situation en main**.

> **Savoir** est utilisé devant une **proposition objet** introduite par **que**, par un mot interrogatif ou par un infinitif.

APPLICATION

A. Transformez chaque phrase en utilisant soit **devoir**, soit **pouvoir** au temps voulu:

MODÈLES: Il n'a probablement pas beaucoup de matière grise.
Il **ne doit pas avoir** beaucoup de matière grise.

Il lui sera impossible de venir demain.
Il **ne pourra pas** venir demain.

1. Il ne manque probablement pas d'imagination.
2. Il te faudrait prendre la situation en main.
3. Tante Eulalie n'est pas censée être dans sa chambre.
4. Il nous aurait fallu la consulter.
5. Il vous est impossible de comprendre.
6. Ils se sont probablement trompés.
7. Ils étaient censés déménager.
8. Elle n'a pas eu la permission de rester chez elle.
9. Il nous a fallu remonter au déluge.
10. Il sera incapable de terminer son roman.
11. Pourquoi n'as-tu pas frappé avant d'entrer?
12. Il a probablement trop pressé le citron.
13. Il faudra qu'Hector travaille.
14. Il serait fort capable de vivre à vos crochets.
15. Nous étions censés prendre une décision.

B. Remplacez le tiret par **savoir** ou **connaître**, selon le cas:

MODÈLE: _____ -vous Hector? — Non, mais je _____ qu'il est
romancier.
Connaissez-vous Hector? — Non, mais je **sais** qu'il est romancier.

1. Elle _____ qu'il n'y a rien à faire.
2. Je _____ peu la banlieue montréalaise, mais je _____
bien le centre de Montréal.
3. Elle _____ que son mari ne travaillera jamais car, depuis qu'elle
le _____ , il n'a jamais rien fait.
4. Il _____ qu'un jour, il écrira un beau roman.
5. Sophie dit qu'elle _____ un chien mieux traité que Tante Eulalie.
6. Elle ne _____ pas s'exprimer clairement.
7. _____ -vous à quelle heure les déménageurs arriveront?
8. Elle croit _____ sa leçon par coeur, mais en vérité, elle la _____
à peine.
9. Nous _____ bien les fleurs de cette région, mais nous ne
_____ pas le nom de celle-ci.
10. _____ -vous si vous pourrez trouver un appartement plus grand?
— Non, je n'en _____ rien, mais je _____ un logement
qui me plairait beaucoup.

DISCUSSIONS À BÂTONS ROMPUS

1. Il faut toujours aider sa famille.
2. Un homme ne devrait jamais vivre aux crochets de sa femme.
3. Les filles sont souvent plus proches de leur père que de leur mère.

SUJETS POUR DÉBATS

1. Un(e) artiste a le droit d'exiger que sa famille se sacrifie pour lui (elle).
2. «Mariage demande ménage», dit le proverbe. Êtes-vous d'accord ou non?
3. On ne peut être heureux sans argent.

DEVOIRS ÉCRITS

1. Écrivez environ 150 mots sur le caractère d'Hector, tel qu'il se manifeste dans cet extrait.
2. Quel est, à votre avis, le rôle du grand-père dans ce passage? Est-ce un personnage convaincant? À qui ressemble-t-il? Pourquoi gémit-il? Illustrez votre réponse.
3. Écrivez une lettre à un(e) ami(e) qui veut devenir écrivain pour lui dire ce que vous pensez de cette carrière.

PRÉSENTATIONS ORALES

1. Lisez le reste de la pièce (ou *Les Insolites*) et parlez-en à la classe en tâchant de faire ressortir les grandes idées de Languirand.
2. Comparez cette scène à une autre scène que vous avez lue et où les personnages se querellent.

TRAVAIL D'ÉQUIPE

L'équipe rédigera et jouera une scène intitulée: «Une querelle de ménage».

TOPAZE

Marcel Pagnol (1895–1974) est né à Aubagne, dans le Midi de la France où il situe très souvent ses pièces et ses romans. Bon nombre de ses ouvrages, à la fois amusants et émouvants, ont été portés à l'écran. C'est le cas de *Topaze* (1928).

Si Hector cherchait injustement à rendre les autres responsables de son impuissance et de ses échecs, Topaze, lui, est tout simplement trop naïf pour réussir dans la vie. Médiocre professeur, il ne se rend pas compte que de bonnes intentions ne suffisent pas pour avoir du succès dans l'enseignement et que, dans les rapports humains, une franchise trop brutale peut être néfaste. C'est, malheureusement, lorsqu'il aura perdu son honnêteté que la vie lui sourira.

UN PROFESSEUR PEU DIPLOMATE

Monsieur Muche, directeur d'une pension qui porte son nom et où Topaze enseigne, entre dans la classe de celui-ci avec la baronne Pitart-Vergniollos.

Monsieur Muche demande à Topaze de revoir ses notes (version filmée de la pièce).

MUCHE   Monsieur Topaze, Mme la baronne Pitart-Vergniolles désire vous parler.

TOPAZE   Monsieur le directeur, je suis à votre entière disposition, quoique ma leçon ne soit point terminée . . . Et il serait peut-être préférable, dans l'intérêt des élèves . . .   5

MUCHE   La matière ne souffre point de retard. *(Il se tourne vers les élèves qui sont restés debout.)* Mes enfants, vous pouvez aller jouer. *(À Topaze.)* J'ai prévenu M. Le Ribouchon qui les surveillera.

Les élèves sortent. L'un d'eux se détache des rangs et vient embrasser la Baronne. C'est le jeune Pitart-Vergniolles.   10

MUCHE, *souriant.*   Le charmant enfant . . .

LA BARONNE, *à Topaze.* Je viens vous demander, monsieur Topaze, ce que vous pensez du travail de mon fils Agénor . . .

TOPAZE Madame, je serai très heureux de vous le dire, mais je préférerais que cet enfant n'entendît pas notre conversation.   15

MUCHE, *à la Baronne.*   Excellent principe . . . Allez rejoindre vos camarades . . . *(La Baronne embrasse l'enfant qui sort.)* Enfant sympathique et bien élevé.

LA BARONNE, *à Topaze.*   Il vous aime beaucoup, monsieur. Il parle souvent de vous à son père en des termes qui marquent une grande estime.   20

TOPAZE   J'en suis très heureux, madame . . . Je tiens à mériter l'estime de mes élèves . . .

MUCHE   Vous l'avez, mon cher Topaze . . . Je dirai même que vous savez gagner leur affection.

Topaze se rengorge et sourit.   25

LA BARONNE   L'enfant vous apprécie à tel point qu'il a exigé que je vienne vous demander des leçons particulières . . .

MUCHE, *à Topaze.*   Tout à votre louange[1] . . .

TOPAZE   J'en suis très flatté, madame . . .

LA BARONNE   Il en a eu envie comme d'une friandise ou d'un jouet . . .   30
C'est charmant, n'est-ce pas? Je viens donc vous dire, monsieur, que vous lui donnerez chaque semaine autant d'heures que vous voudrez, et au prix que vous fixerez . . .

---

[1] phrase elliptique: Ceci est tout à votre louange, à votre honneur.

MUCHE   Hé, hé . . . très significatif . . .

LA BARONNE   Quand on a la chance de rencontrer un maître de cette valeur, le mieux que l'on puisse faire, c'est de s'en remettre à lui entièrement . . .

TOPAZE   Madame, j'en suis confus . . .

LA BARONNE   Et de quoi seriez-vous confus? D'être la perle des professeurs?

TOPAZE   Oh! madame . . .

LA BARONNE   C'est donc entendu. Vous viendrez chez moi demain soir et vous me mettrez au courant de ce que vous aurez décidé pour le nombre et le prix des leçons.

TOPAZE   C'est entendu, madame. Je vais vous dire, d'ailleurs, tout de suite quelles sont mes heures de liberté . . . *(Il feuillette un petit carnet.)*

LA BARONNE   Demain, demain . . . Permettez-moi maintenant de vous parler d'une affaire qui me tient à coeur . . .

MUCHE   Oh! Une bagatelle qui sera promptement rectifiée . . .

TOPAZE   De quoi s'agit-il, madame?

LA BARONNE, *elle tire de son sac une enveloppe.* Je viens de recevoir les notes trimestrielles de mon fils et je n'ai pas osé montrer ce bulletin à son père . . .

MUCHE   J'ai déjà expliqué à Mme la baronne qu'il y a eu sans doute une erreur de la part du secrétaire qui recopie vos notes . . .

TOPAZE   Je ne crois pas, monsieur lo directeur . . . Car je n'ai pas de secrétaire, et ce bulletin a été rédigé de ma main . . .

Il prend le bulletin et l'examine.

MUCHE, *il appuie sur certaines phrases.*   Mme la baronne, qui vient de vous demander des *leçons particulières, a trois enfants dans notre maison, et je lui ai moi-même de grandes obligations!* . . . C'est pourquoi je ne serais pas étonné qu'il y *eût une* erreur.

TOPAZE, *regarde le bulletin.*   Pourtant, ces notes sont bien celles que j'ai données à l'élève . . .

LA BARONNE   Comment? *(Elle lit sur le bulletin.)* Français: zéro. Calcul: zéro. Histoire: un quart. Morale: zéro[2].

MUCHE   Allons! Regardez bien, monsieur Topaze . . . Regardez *de plus près,* avec *toute votre perspicacité* . . .

---

[2] En France, on note souvent sur 10.

TOPAZE   Oh! c'est vite vu . . . Il n'a eu que des zéros . . . Je vais vous montrer mes cahiers de notes . . . *(Il prend un cahier ouvert.)*

MUCHE, *il lui prend le cahier et le referme.* Écoutez-moi, mon cher ami. Il   70
n'y a pas grand mal à se tromper: *Errare humanum est, perseverare diabolicum.*[3] *(Il le regarde fixement entre les deux yeux.)* Voulez-vous être assez bon pour refaire le calcul de la moyenne de cet enfant?

TOPAZE   Bien volontiers . . . Ce ne sera pas long . . .

Il s'installe à sa chaire, ouvre plusieurs cahiers et commence ses calculs.   75
Cependant, la Baronne et Muche, debout, de part et d'autre de la chaire,
échangent quelques phrases à haute voix, tout en regardant Topaze.

MUCHE   Aurez-vous bientôt, madame la baronne, l'occasion de rencontrer M. l'inspecteur d'Académie[4]?

LA BARONNE   Je le verrai mercredi, car c'est le mercredi soir qu'il a son   80
couvert chez moi . . . C'est un ancien condisciple du baron, il a pour nous une très grande amitié . . .

MUCHE   Il a beaucoup d'estime pour notre ami M. Topaze, mais il n'a pas pu lui donner les palmes[5] cette année . . . Il ne les lui a décernées que moralement.
                                                                                85
LA BARONNE   Oh! . . . M. Topaze aura son ruban[6] à la première occasion. Je vous le promets!

MUCHE   Dites donc, mon cher ami, Mme la baronne promet que vous aurez réellement les palmes l'an prochain . . .

TOPAZE, *il relève la tête.*   Ce serait vraiment une grande joie, madame . . .   90
Cette nouvelle est pour moi plus que vous ne pensez, madame . . .

MUCHE   Vous avez retrouvé l'erreur?

TOPAZE   Mais non . . . Il n'y a pas d'erreur . . .

MUCHE, *impatienté.*   Voyons, voyons, soyez logique avec vous-même! . . .
Vous croyez Mme la baronne quand elle vous dit que vous aurez les   95
palmes et vous ne la croyez pas quand elle affirme qu'il y a une erreur!

TOPAZE   Mais madame, je vous jure qu'il n'y a pas d'erreur possible. Sa meilleure note est un 2 . . . Il a eu encore un zéro hier, en composition mathématique . . . Onzième et dernier: Pitart-Vergniolles . . .

LA BARONNE, *elle change de ton.*   Et pourquoi mon fils est-il le dernier?   100

---

[3] Se tromper est humain; persévérer est diabolique.
[4] sorte d'inspecteur en chef
[5] Il s'agit des **palmes académiques**, décoration accordée par le Ministre de l'Éducation.
[6] Une personne décorée porte un mince ruban sur ses vêtements.

MUCHE, *il se tourne vers Topaze.* Pourquoi dernier?

TOPAZE Parce qu'il a eu zéro.

MUCHE, *à la Baronne.* Parce qu'il a eu un zéro.

LA BARONNE Et pourquoi a-t-il eu zéro?

MUCHE, *il se tourne vers Topaze sévèrement.* Pourquoi a-t-il eu zéro? 105

TOPAZE Parce qu'il n'a rien compris au problème.

MUCHE, *à la Baronne, en souriant.* Rien compris au problème.

LA BARONNE Et pourquoi n'a-t-il rien compris au problème? Je vais vous
le dire, monsieur Topaze, puisque vous me forcez à changer de ton.
(Avec éclat.) Mon fils a été le dernier parce que la composition était 110
truquée.

MUCHE Était truquée! . . . ho! ho! ceci est d'une gravité exceptionnelle . . .

Topaze est muet de stupeur et d'émotion.

LA BARONNE Le problème était une sorte de labyrinthe à propos de deux 115
terrassiers qui creusent un bassin rectangulaire. Je n'en dis pas plus.

MUCHE, *à Topaze, sévèrement.* Mme la baronne n'en dit pas plus!
TOPAZE Madame, après une accusation aussi infamante, il convient d'en
dire plus.

MUCHE Calmez-vous, cher ami.

LA BARONNE, *à Topaze.* Nierez-vous qu'il y ait dans votre classe un élève 120
nommé Gigond?

MUCHE, *à Topaze.* Un élève nommé Gigond?

TOPAZE Nullement. J'ai un élève nommé Gigond.

MUCHE, *à la Baronne.* Un élève nommé Gigond.

LA BARONNE, *brusquement.* Quelle est la profession de son père? 125

TOPAZE Je n'en sais rien!

LA BARONNE, *à Muche sur le ton de quelqu'un qui porte un coup décisif.*
Le père du nommé Gigond *a une entreprise de terrassement.* Dans le
jardin du nommé Gigond, il y a un bassin rectangulaire. Voilà. Je n'é-
tonnerai personne en disant que le nommé Gigond a été premier. 130

MUCHE, *sévèrement.* Que le nommé Gigond a été premier. *(À la Baronne
en souriant.)* Mon Dieu, madame . . .

TOPAZE, *stupéfait.* Mais je ne vois nullement le rapport . . .

LA BARONNE, *avec autorité.*   Le problème a été choisi pour favoriser le nommé Gigond. Mon fils l'a compris tout de suite. Et il n'y a rien qui décourage les enfants comme l'injustice et la fraude. 135

TOPAZE, *tremblant et hurlant.*   Madame, c'est la première fois que j'entends mettre en doute ma probité . . . qui est entière, madame . . . qui est entière . . .

MUCHE, *à Topaze.*   Calmez-vous, je vous prie. Certes, on peut regretter que 140 le premier en mathématique soit précisément un élève qui, par la profession de son père, et par la nature même du bassin qu'il voit chez lui, ait pu bénéficier d'une certaine familiarité avec les données du problème. *(Sévèrement.)* Ceci d'ailleurs ne se reproduira plus, car j'y veillerai . . . Mais d'autre part, madame, *(la main sur le coeur)* je puis 145 vous affirmer l'entière bonne foi de mon collaborateur.

LA BARONNE   Je ne demande qu'à vous croire. Mais il est impossible d'admettre que mon fils soit dernier.

MUCHE, *à Topaze.*   Impossible d'admettre que son fils soit dernier.

TOPAZE   Mais, madame, cet enfant est dernier, c'est un fait. 150

LA BARONNE   Un fait inexplicable.

MUCHE, *à Topaze.*   C'est peut-être un fait, mais il est inexplicable.

TOPAZE   Mais non, madame, et je me charge de vous l'expliquer.

LA BARONNE   Ah! vous vous chargez de l'expliquer! Eh bien, je vous écoute, monsieur. 155

TOPAZE   Madame, cet enfant est en pleine croissance.

LA BARONNE   Très juste.

TOPAZE   Et physiquement, il oscille entre deux états nettement caractérisés.

MUCHE   Hum . . .

TOPAZE   Tantôt il bavarde, fait tinter des sous dans sa poche, ricane sans 160 motif et jette des boules puantes. C'est ce que j'appellerai la période active. Le deuxième état est aussi net. Une sorte de dépression. À ces moments-là, il me regarde fixement, il paraît m'écouter avec une grande attention. En réalité, les yeux grands ouverts, il dort.

LA BARONNE, *elle sursaute.*   Il dort? 165

MUCHE   Ceci devient étrange. Vous dites qu'il dort?

TOPAZE   Si je lui pose une question, il tombe de son banc.

LA BARONNE   Allons, monsieur, vous rêvez.

TOPAZE   Non, madame, je veux vous parler dans son intérêt, et je sais que ma franchise lui sera utile, car les yeux d'une mère ne voient pas tout. 170

MUCHE Allons, mon cher Topaze, je crois que vous feriez beaucoup mieux de trouver l'erreur.

LA BARONNE, *à Muche.* Laissez parler monsieur Topaze. Je crois qu'il va nous dire quelque chose d'intéressant. Qu'est-ce que les yeux d'une mère ne peuvent pas voir?   175

TOPAZE, *convaincu et serviable.* Regardez bien votre fils, madame. Il a un facies terreux, les oreilles décollées, les lèvres pâles, le regard incertain.

LA BARONNE, *outrée.* Oh!

MUCHE, *en écho.* Oh! ·   180

TOPAZE, *rassurant.* Je ne dis pas que sa vie soit menacée par une maladie aiguë: non. Je dis qu'il a probablement des végétations, ou peut-être le ver solitaire, ou peut-être une hérédité chargée, ou peut-être les trois à la fois. Ce qu'il lui faut, c'est une surveillance médicale.

Pendant les dernières phrases, la Baronne a tiré de son sac un face-à-main,   185
et elle examine Topaze.

LA BARONNE, *à Muche.* Mais qu'est-ce que c'est que ce galvaudeux mal embouché[7]?

MUCHE, *sévère et hurlant.* Monsieur Topaze! *(Humble et désolé.)* Madame la baronne!   190

TOPAZE Mais madame . . .

LA BARONNE Un pion galeux[8] qui se permet de juger les Pitart-Vergniolles.

MUCHE Monsieur Topaze, c'est incroyable . . . Vous jugez les Pitart-Vergniolles!

LA BARONNE Un crève-la-faim[9] qui cherche à raccrocher des leçons parti-   195
culières . . .

TOPAZE Mais je parlais en toute sincérité . . .

LA BARONNE Et ça court après les palmes!

TOPAZE Mais, madame, je les ai déjà moralement[10].

MUCHE, *sarcastique.* Moralement! Faites des excuses, monsieur, au lieu de   200
dire de pareilles niaiseries! Chère madame . . .

---

[7] ce vaurien qui parle si vulgairement
[8] surveillant méprisable
[9] un pauvre homme qui n'a pas de quoi manger
[10] Dans une scène précédente, Muche a dit à Topaze que l'Inspecteur lui décernait les palmes «moralement», qu'on ne pouvait les lui accorder, mais qu'il les méritait. Le naïf Topaze l'a cru.

LA BARONNE   Monsieur Muche, si ce diffamateur professionnel doit demeurer dans cette maison, je vous retire mes trois fils séance tenante[11]. Quant à ce bulletin hypocrite, voilà ce que j'en fais.

Elle déchire le bulletin, jette les morceaux au nez de Topaze et sort. M. Muche,   205
affolé, la suit, en bégayant: «Madame la baronne . . . Madame la baronne.» Topaze reste seul, ahuri . . .

Marcel Pagnol, *Topaze*, Paris, Fasquelle éditeur, 1930, pp. 64–77.

COMPRÉHENSION ET APPRÉCIATION

1. Que montre la première réplique de Topaze en ce qui concerne son caractère?
2. Quelle est l'attitude de Muche envers la baronne?
3. Pourquoi la baronne commence-t-elle par demander à Topaze des leçons particulières?
4. Qu'est-ce qui montre que Topaze a besoin d'argent?
5. Pourquoi Topaze devrait-il se rendre compte que la baronne ment quand elle dit que son fils voudrait des leçons particulières?
6. Relevez un mensonge flagrant de Muche.
7. Pourquoi la vérification des notes d'Agénor est-elle si rapide?
8. Muche a recours à de nombreuses répétitions. Qu'est-ce qu'elles indiquent?
9. Combien y a-t-il d'élèves dans la classe de Topaze?
10. D'après la description de Topaze, comment jugeriez-vous Agénor?
11. Dans le diagnostic de Topaze, qu'est-ce qui doit particulièrement blesser la baronne?
12. Que pensez-vous des noms des protagonistes et de ceux des personnages mentionnés dans cet extrait?

VOCABULAIRE ET STRUCTURES

1. Justifiez l'emploi du subjonctif:
   a) **soit** (l. 4)   b) **vienne** (l. 26).
   Relevez quatre autres subjonctifs utilisés dans la scène.
2. Justifiez l'orthographe de:
   a) **restés** (l. 7)   b) **décernées** (l. 84)   c) **caractérisés** (l. 158).
3. Faites deux phrases où vous utiliserez **tenir à** dans le sens qu'a cette expression à la l. 21.
4. Expliquez le sens du préfixe dans chacun des mots suivants et trouvez deux autres mots formés à l'aide de ce même préfixe:
   a) **trimestrielles** (l. 51)   c) **inexplicable** (l. 151)
   b) **condisciple** (l. 81)   d) **dépression** (l. 162).

_____

[11] immédiatement

5. Quel est le verbe dont est dérivé **croissance** (l. 156)? Quel est le participe passé de ce verbe?

6. Dans le nom composé **crève-la-faim** (l. 195), la première partie du mot est un verbe. Trouvez trois autres noms composés dont le premier élément soit un verbe.

7. Trouvez un homonyme des mots suivants et utilisez chacun dans une phrase qui en montre le sens:
   a) **soit** (l. 4)
   b) **père** (l. 20)
   c) **près** (l. 66)
   d) **voit** (l. 142)
   e) **court** (l. 198).

8. Quels sont les adjectifs signifiant:
   a) **une fois par jour**
   b) **une fois par mois**
   c) **deux fois par an**
   d) **une fois tous les deux ans**?

Un peu de sel . . . .

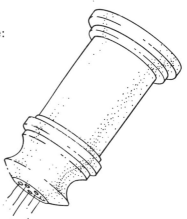

En Floride, un professeur demande à un nouvel élève:
   —Montre-moi comment tu comptes.
   L'enfant compte:
   —10, 9, 8, 7, 6, 5, 4, 3, 2, 1, zut!
   Le professeur, étonné:
   —Qui t'a appris à compter de cette façon?
   —Mon père, mademoiselle.
   —Et que fait-il, ton père?
   —Il lance des fusées au Cap Kennedy.

DU NOUVEAU: LE SUBJONCTIF APRÈS LES VERBES EXPRIMANT LA NÉGATION, LE DOUTE, L'ÉMOTION, UN JUGEMENT

Le subjonctif est employé:

1. **Je ne dis pas** que sa vie **soit** menacée.
   Nierez-vous qu'il y **ait** dans votre classe un élève nommé Gigond?

   après les verbes exprimant la **négation**, tels **nier**, **ne pas dire**, **ne pas affirmer**, etc.

2. **Je doute** que tu **puisses** faire une erreur.
   Je ne pense pas qu'elle **veuille** donner des leçons particulières.
   Elle ne trouve pas que Topaze **soit** un bon professeur.
   Il est douteux que Topaze **se permette** de juger la baronne.

   après les verbes ou les expressions impersonnelles exprimant le **doute**, tels **douter**, **ne pas croire**, **ne pas penser**, **ne pas trouver**, **il est douteux**, **il n'est pas certain (sûr)**, etc.

   Remarque:
   Je ne crois (pense) pas qu'il **reçoive** de bonnes notes.
   Croyez-vous (Pensez-vous) qu'il **reçoive** de bonnes notes?
   Mais: Je crois (pense) qu'il **recevra** de bonnes notes.

   Croire et **penser à l'affirmatif** sont suivis de **l'indicatif**.

3. Topaze **est désolé** qu'Agénor n'**ait** rien compris.
   Muche **est étonné** qu'il y **ait** une erreur.
   On peut **regretter** que cet élève ne **soit** pas premier en maths.
   Il est honteux qu'Agénor **ait été** dernier.
   Il vaut mieux qu'il ne **vienne** pas.

   après les verbes ou expressions impersonnelles marquant une **émotion**, tels **craindre**, **avoir peur**, **aimer**, **préférer**, **être content**, **heureux**, **triste**, **malheureux**, **désolé**; **regretter**, **s'étonner**, **il est honteux**, **il est heureux**, etc.

   Remarque:
   Je crains qu'il **ne** vienne.

   Avec **avoir peur**, **craindre**, un **ne explétif** est généralement utilisé.

4. **Il est bon** que Topaze **punisse** Agénor.
   Il vaut mieux que Muche ne **voie** pas la baronne.
   Il est dommage que l'enfant **ait** un zéro.
   (langue parlée: **C'est** dommage)

Après des expressions impersonnelles impliquant un **jugement**, tels **il est bon**, **juste**, **préférable**, **important**, **sage**; **il vaut mieux**, **il (c') est dommage**, etc.

LE SUBJONCTIF DANS LES PROPOSITIONS RELATIVES

On emploie le subjonctif:

1. Il est **le seul** qui **ait eu** zéro.
   C'est **le premier** élève qui **veuille** des leçons particulières.
   Le mieux que l'on **puisse** faire, c'est de lui donner un B.
   Il n'y a que Topaze qui **ait** l'audace de parler ainsi.

   après des adjectifs superlatifs ou ayant un sens **superlatif**, tels **seul**, **unique**, **premier**, **dernier**, etc., utilisés comme noms ou adjectifs; après des noms tels que **le mieux**, **le pire** (superlatif de l'adjectif employé comme **nom**); après **il n'y a que**.

2. Y a-t-il un élève qui **ait eu** zéro?
   Il n'y a pas d'élève qui **ait eu** zéro.
   > **mais**
   Il y a un élève qui **a eu** un zéro. (L'élève existe.)
   *
   Posez des questions que nous **comprenions**.
   Ne posez pas **de** questions que nous ne **comprenions** pas.
   > **mais**
   Il a posé des questions que nous ne **comprenons** pas.
   (Les questions existent.)
   *
   Connaissez-vous quelqu'un qui **puisse** aider Agénor?
   Je ne connais personne qui **puisse** aider Agénor.
   > **mais**
   Je connais quelqu'un qui **peut** aider Agénor. (La personne existe.)

   lorsque l'antécédent du pronom relatif est un nom précédé d'un article indéfini ou un pronom indéfini, **ce qui indique que le fait est mis en doute**. Le verbe de la proposition principale est alors soit à l'**impératif**, soit **interrogatif** ou **négatif**.

Remarque:
C'est la première fois que j'**entends** (entende) mettre en doute ma probité.
Il est le seul qui me **comprend**. (comprenne)
Je m'étonne que le nommé Gigond **a été** (ait été) premier.

lorsqu'on veut insister sur **la réalité** d'un fait, on emploie parfois l'indicatif alors que la règle générale demande le subjonctif.

APPLICATION

A. Mettez les phrases suivantes **au négatif** en faisant les changements voulus:

MODÈLE: Il y a une dame qui veut parler à l'enfant.
Il n'y a pas de dame qui **veuille** parler à l'enfant.

1. J'affirme que sa vie est menacée.
2. Je dis que le professeur est à votre disposition.
3. Il pense que les enfants peuvent aller jouer.
4. Croit-il que vous l'aimiez beaucoup?
5. Il y a des personnes qui veulent des leçons particulières.
6. Elle trouve que Topaze est incompétent.
7. Il y a un élève qui lit couramment.
8. Nous trouvons que cet enfant se comporte mal.
9. J'ai rencontré un homme qui met en doute la probité de Topaze.
10. Il voit un élève qui ne paraît pas l'écouter attentivement.

B. Remplacez l'infinitif par la forme voulue du verbe entre parenthèses:

MODÈLE: Je ne pense pas que vous (apprécier) votre professeur.
Je ne pense pas que vous **appréciiez** votre professeur.

1. Le pire que nous (pouvoir) faire, c'est de le croire.
2. Je doute que tu (réussir) à voir le directeur.
3. Muche nie que Topaze (choisir) les problèmes pour favoriser Gigond.
4. Il croit que la baronne (vouloir) qu'Agénor (prendre) des leçons particulières.
5. Nous trouvons que cet enfant (avoir) le visage pâle.
6. Elle admet que son fils ne (être) pas brillant, mais elle ne peut admettre qu'il (être) dernier.
7. Niez-vous que vous (poser) des questions difficiles?
8. La seule baronne que nous (connaître) est Madame Pitart-Vergniolles.
9. Posez des questions auxquelles nous (pouvoir) répondre!
10. Crois-tu que ces deux élèves (savoir) leur leçon?

RÉCAPITULATION

Mettez le verbe entre parenthèses au temps et au mode voulus:

1. C'est l'enfant le moins intelligent que nous (avoir) dans la classe.
2. Pourvu que vous (accepter) de donner des leçons particulières à son fils, elle sera satisfaite.
3. Croyez-vous qu'il y (avoir) des erreurs dans ma composition?—Non, je ne crois pas qu'elle (contenir) d'erreurs, mais je suis sûre que vous (tricher) souvent.
4. Bien que nous (parler) souvent à l'Inspecteur d'Académie, nous ne mentionnons jamais Topaze.
5. Quand elle (arriver), vous lui montrerez vos cahiers.
6. L'Inspecteur a promis à Topaze qu'il lui (donner) bientôt les palmes et il a ajouté qu'il les (avoir) déjà moralement.
7. J'ordonne que vous (sortir) immédiatement parce que vous (déranger) les autres.
8. La meilleure note qu'on (obtenir) jamais dans sa classe, c'est 90%.
9. Il y a une chose qui me (tenir) à coeur: c'est que mon fils ne (sortir) pas dernier.
10. Il ne faut pas que vous (dormir) en classe si vous (vouloir) de bonnes notes.
11. Les terrassiers attendent que vous (choisir) l'endroit où vous (vouloir) creuser le bassin.
12. Nous regrettons que vous (truquer) les compositions.
13. Vous choisissez le problème de sorte que le nommé Gigond (être) premier.
14. Je ne nie pas que vous (travailler) dur, mais je dis que vos résultats (être) médiocres.
15. Dès que la baronne entrera, nous (se lever) sans que tu (avoir) besoin de nous le demander.
16. C'est la première fois qu'on m' (accuser) d'une telle chose!
17. Faites entrer le directeur, afin qu'il (voir) comme les élèves (être) sérieux.
18. Il exige que vous (cesser) de jeter des boules puantes.
19. À moins que nous ne (travailler) mieux, nous n'aurons pas de bonnes notes.
20. Je doute que tu (réussir) à voir le directeur car j'ai appris qu'il (passer) quinze jours à la campagne.

DISCUSSIONS À BÂTONS ROMPUS

1. Un bon professeur est un professeur sévère.
2. Il est impossible d'apprendre convenablement dans de grandes classes.
3. Devrait-on séparer les élèves surdoués des élèves moyens?

SUJETS POUR DÉBATS

1. Trouvez-vous que les rencontres parents-professeurs soient une bonne idée?
2. L'éducation qu'on reçoit à la maison est plus importante que celle qu'on reçoit à l'école.
3. Les examens ne devraient pas exister.

DEVOIRS ÉCRITS

1. Faites le portrait d'un des protagonistes.
2. Vous êtes professeur et vous écrivez une lettre à la mère (ou au père) d'un(e) de vos élèves pour vous plaindre de sa conduite.

PRÉSENTATIONS ORALES

1. Imaginez une scène entre un professeur et un père (une mère) furieux (furieuse) parce que son fils (sa fille) a eu une mauvaise note en français. Jouez cette scène pour la classe avec la collaboration d'un(e) de vos camarades.
2. Lisez une des oeuvres provençales de Marcel Pagnol (*Marius*, *Fanny*, *Jean de Florette*, etc.) et présentez-la à la classe en faisant ressortir ce qui fait le charme de Pagnol.

TRAVAIL D'ÉQUIPE

L'équipe se chargera de la mise en scène et de l'interprétation de la scène citée ici.

LES SOUVENIRS DU PEUPLE

Pierre-Jean de Béranger (1780–1857) est l'auteur de nombreuses chansons, très populaires à son époque, où il s'attaque, en particulier, à la monarchie des Bourbons. Il a été emprisonné deux fois pour ses idées politiques. Napoléon 1er est, à ses yeux, un héros, comme le montre le texte cité. Un des exemples les plus frappants de réussite, c'est celui de Napoléon Bonaparte. Né en Corse, dans une famille modeste, il est devenu empereur de France et a fait trembler toute l'Europe et même le Moyen-Orient. Mais rien n'est aussi fragile que le succès. Le conquérant devait mourir déchu et dans l'isolement, à l'île Sainte-Hélène, dans l'Océan Atlantique.

Une vieille évoque ses souvenirs de Napoléon.

LES SOUVENIRS DU PEUPLE

On parlera de sa gloire
Sous le chaume bien longtemps,
L'humble toit, dans cinquante ans,
Ne connaîtra plus d'autre histoire.
Là viendront les villageois   5
Dire alors à quelque vieille:
Par des récits d'autrefois,
Mère, abrégez notre veille.
Bien, dit-on, qu'il nous ait nui,
Le peuple encor le révère,   10
   Oui, le révère.
Parlez-nous de lui, grand'mère,
   Parlez-nous de lui.

Mes enfants, dans ce village,
Suivi de rois, il passa[1].   15
Voilà bien longtemps de ça:
Je venais d'entrer en ménage.
À pied grimpant le coteau
Où pour voir je m'étais mise,
Il avait petit chapeau   20
Avec redingote grise.
Près de lui je me troublai;
Il me dit: Bonjour, ma chère,
   Bonjour, ma chère.
—Il vous a parlé, grand'mère!   25
   Il vous a parlé!

L'an d'après, moi, pauvre femme,
À Paris étant un jour,
Je le vis avec sa cour:
Il se rendait à Notre-Dame.   30
Tous les coeurs étaient contents;
On admirait son cortège.
Chacun disait: Quel beau temps!
Le ciel toujours le protège.
Son sourire était bien doux;   35
D'un fils Dieu le rendait père,
   Le rendait père.
—Quel beau jour pour vous, grand'mère!
   Quel beau jour pour vous!

Mais quand la pauvre Champagne[2]   40
Fut en proie aux étrangers,

---

[1] Napoléon allait à la rencontre de sa seconde femme, Marie-Louise d'Autriche, en 1810.

[2] Les alliés européens, en lutte contre Napoléon, avaient envahi cette région en 1815, pendant les Cent Jours. Napoléon, prisonnier à l'île d'Elbe, avait réussi à s'enfuir et régna encore cent jours avant d'être définitivement battu par les alliés et emprisonné à l'île Sainte-Hélène.

Lui, bravant tous les dangers,
Semblait seul tenir la campagne.
Un soir, tout comme aujourd'hui,
J'entends frapper à la porte;   45
J'ouvre. Bon Dieu! c'était lui,
Suivi d'une faible escorte.
Il s'assoit où me voilà,
S'écriant: Oh! quelle guerre!
    Oh! quelle guerre!   50
—Il s'est assis là, grand'mère!
    Il s'est assis là!

J'ai faim, dit-il; et bien vite
Je sers piquette[3] et pain bis;
Puis il sèche ses habits,   55
Même à dormir le feu l'invite.
Au réveil, voyant mes pleurs,
Il me dit: Bonne espérance!
Je cours de tous ses malheurs
Sous Paris venger la France[4].   60
Il part; et, comme un trésor,
J'ai depuis gardé son verre,
    Gardé son verre.
—Vous l'avez encor, grand'mère!
    Vous l'avez encor!   65

Le voici. Mais à sa perte
Le héros fut entraîné.
Lui, qu'un pape a couronné,
Est mort dans une île déserte.
Longtemps aucun ne l'a cru;   70
On disait: Il va paraître.
Par mer il est accouru[5];
L'étranger va voir son maître.
Quand d'erreur on nous tira,
Ma douleur fut bien amère!   75
    Fut bien amère!
—Dieu vous bénira, grand'mère,
    Dieu vous bénira.

Pierre-Jean de Béranger, *Oeuvres complètes*, tome 2, Paris, Perrotin, 1857, pp. 186–188.

---

[3] du mauvais vin
[4] Napoléon remporta une dernière victoire à Montmirail, en février 1814.
[5] allusion à son évasion de l'île d'Elbe

COMPRÉHENSION ET APPRÉCIATION

1. Quel vers (à part les deux vers plus courts) est surtout employé? Pourquoi le poète a-t-il opté pour un vers court?
2. Quel usage le poète fait-il de la répétition?
3. Trouvez, dans la première strophe, une expression équivalente à **chaume** (v. 2).
4. Le nom de Napoléon n'est jamais mentionné. Pourquoi, à votre avis?
5. Rétablissez l'ordre normal dans les vers:
   a) 18–21
   b) 59–60.
6. Qu'est-ce qui explique la popularité de Napoléon parmi le peuple?
7. Pourquoi Napoléon se rendait-il à Notre-Dame (v. 30)?
8. Pourquoi **encor** (v. 10, v. 64) est-il orthographié sans **e**?
9. Pourquoi Napoléon s'exclame-t-il «Oh! quelle guerre!» (v. 50)?
10. De quelle erreur s'agit-il (v. 74)?
11. Relevez un vers où le mal fait par Napoléon est mentionné avec réticence.
12. Quelle sorte de vocabulaire l'auteur utilise-t-il? Pourquoi?
13. Comment faut-il interpréter la conclusion: «Dieu vous bénira»?

VOCABULAIRE ET STRUCTURES

1. Quel est le sens du suffixe dans **villageois** (v. 5)? Trouvez trois autres mots où ce suffixe a le même sens.
2. Quels sont le temps et le mode de **ait nui** (v. 9) et de **protège** (v. 34)? Justifiez-en l'emploi.
3. Quel est le genre du suffixe dans **village** (v. 14)? Trouvez deux autres mots formés à l'aide de ce suffixe.
4. Donnez les infinitifs des participes passés suivants:
   a) **nui** (v. 9)
   b) **suivi** (v. 15)
   c) **mise** (v. 19)
   d) **assis** (v. 51)
   e) **accouru** (v. 72).
5. On dit **à pied** (v. 18). Quelle préposition utilise-t-on généralement devant les noms suivants:
   a) **cheval**
   b) **voiture**
   c) **bicyclette**
   d) **bateau**
   e) **traîneau**?
6. **J'ai faim** (v. 53). Trouvez cinq autres expressions formées avec le verbe **avoir**.
7. Remplacez les expressions suivantes par des expressions équivalentes dans le contexte:
   a) **Voilà** (v. 16)
   b) **entrer en ménage** (v. 17)
   c) **L'an d'après** (v. 27)
   d) **tenir la campagne** (v. 43)
   e) **me voilà** (v. 48).
8. Trouvez quatre noms composés, autres que **grand'mère** (orthographe moderne: **grand-mère**), formés avec l'adjectif **grand**.

RAPPEL: LE PLURIEL DES NOMS

1. le récit ⟶ les récits   l'escorte ⟶ les escortes
   le coeur ⟶ les coeurs   l'île ⟶ les îles

> On forme généralement le pluriel des noms en ajoutant **-s** au singulier.

2. un héros ⟶ des héros   un nez ⟶ des nez
   une croix ⟶ des croix

> Les noms en **-s**, **-x**, **-z** ne changent pas au pluriel.

3. un tuy**au** ⟶ des tuy**aux**   un f**eu** ⟶ des f**eux**
   un chap**eau** ⟶ des chap**eaux**

> Les noms en **-au**, **-eau**, **-eu** prennent un **-x** au pluriel.

Attention:
un pn**eu** ⟶ des pn**eus**

4. un cheval ⟶ des chevaux   un canal ⟶ des canaux

> **-al** devient **-aux**.

Attention:
un b**al** ⟶ des b**als**   un carnav**al** ⟶ des carnav**als**

> **Bal**, **cal**, **carnaval**, **chacal**, **festival**, **régal** prennent **-s** au pluriel.

5. un dét**ail** ⟶ des dét**ails**   un chand**ail** ⟶ des chand**ails**
   mais:
   un bail ⟶ des baux   un ém**ail** ⟶ des ém**aux**

> Quelques noms en **-ail** forment leur pluriel en **-aux**. Les principaux sont: **bail**, **émail**, **soupirail**, **travail**, **vitrail**.

6. un cl**ou** ⟶ des cl**ous**   un f**ou** ⟶ des f**ous**
   mais:
   un bij**ou** ⟶ des bij**oux**   un ch**ou** ⟶ des ch**oux**

> Sept noms en **-ou** prennent **-x** au pluriel. Ce sont: **bijou**, **caillou**, **chou**, **genou**, **hibou**, **joujou**, **pou**.

7. un oeil ⟶ des **yeux**
   un **aïeul** ⟶ des **aïeuls**   (= grands-parents)
   ⟶ des **aïeux**   (= ancêtres)
   le **ciel** ⟶ les **ciels**   (= aspects variés du ciel dans la nature ou dans la peinture)
   ⟶ les **cieux**   (= le firmament, le paradis)

Certains noms ont un pluriel **irrégulier**.

Attention:

un boeuf $\longrightarrow$ des boeufs $\quad \Big\{$ Le **f** ne se prononce pas au pluriel.
un oeu**f** $\longrightarrow$ des oeufs $\qquad$ La voyelle est fermée.

un o**s** $\longrightarrow$ des os $\qquad \Big\{$ Le **s** ne se prononce pas au pluriel.
$\qquad\qquad\qquad\qquad\qquad$ La voyelle est fermée.

Certains noms forment leur pluriel selon les règles, mais la prononciation diffère.

8. madame $\longrightarrow$ mesdames
mademoiselle $\longrightarrow$ mesdemoiselles
monsieur $\longrightarrow$ messieurs
un gentilhomme $\longrightarrow$ des gentilshommes
un bonhomme $\longrightarrow$ des bonshommes

Dans certains noms formés de deux éléments, mais maintenant écrits en un seul mot, chacun des deux éléments prend la marque du pluriel.

9. un grand amour $\longrightarrow$ de grand**es** amours
un vrai délice $\longrightarrow$ de vrai**es** délices
un bel orgue $\longrightarrow$ de bell**es** orgues

Amour, **délice** et **orgue** sont masculins au singulier et féminins au pluriel.

LE PLURIEL DES NOMS COMPOSÉS

1. un grand-père $\longrightarrow$ des grand**s**-père**s**
une grand-mère $\longrightarrow$ des grand**s**-mère**s**
une basse-cour $\longrightarrow$ des basse**s**-cour**s**
un coffre-fort $\longrightarrow$ des coffre**s**-fort**s**

Dans les noms composés d'un nom et d'un adjectif, les deux éléments prennent généralement la marque du pluriel.

Attention:

un nouveau-né $\longrightarrow$ des nouveau-nés

Nouveau a ici un sens **adverbial**.

2. un timbre-poste $\longrightarrow$ des timbre**s**-poste (pour la poste)
un arc-en-ciel $\longrightarrow$ des arc**s**-en-ciel (dans le ciel)

un chef-d'oeuvre ⟶ des chef**s**-d'oeuvre (de l'oeuvre)

> Quand un nom composé est formé de deux noms dont l'un dépend de l'autre, le nom dépendant reste invariable.

3. un abat-jour ⟶ des abat-jour
   un gratte-ciel ⟶ des gratte-ciel
   un couvre-lit ⟶ des couvre-lit**s**

> Dans les noms composés d'un verbe et d'un nom, le verbe reste invariable. Le nom varie ou ne varie pas selon le sens.

> **Attention:**
> Même les grammairiens ne parviennent pas toujours à s'accorder sur le pluriel des noms composés. En cas de doute, fiez-vous au dictionnaire. Les grammairiens ne s'entendent guère non plus sur le pluriel des noms propres.

LE PLURIEL DES NOMS PROPRES

1. Les Dupont et les Scott

> En général, les noms propres ne prennent pas la marque du pluriel.

2. Les Bourbons   les Stuarts   les Corses
   les Français   les Canadiens   **mais** les Bonaparte

> Ils prennent la marque du pluriel quand ils désignent des **familles royales ou princières** ou **un peuple**.

3. Les Napoléon**s** nuisent aux peuples;
   les Molière**s** et les Shakespeare**s** enrichissent la vie.

> Ils prennent la marque du pluriel quand ils désignent des **types**.

4. Les deux Corneill**e**, Pierre et Thomas, ont été célèbres au XVIIe siècle.
   Des deux Bront**ë**, Charlotte était la plus douée.

> Ils restent invariables quand ils désignent, non une famille entière, mais des **individus** qui ont porté le même nom.

APPLICATION

Mettez les noms en caractères gras au pluriel. Faites les changements voulus:

MODÈLE: Le **fils** du **villageois** viendra parler à la **vieille**.
Les fils des villageois viendront parler aux vieilles.

1. La **grand-mère** abrège notre **veillée** par un **récit** d'autrefois.
2. Elle est sortie pour acheter un **journal** et est revenue avec un **chapeau** neuf.
3. Avez-vous vu ce **chef-d'oeuvre** d'architecture? — Non, ce **gratte-ciel** ne m'intéresse pas.
4. Le **vieux** s'en va vivre sous un **ciel** plus clément.
5. La grand-mère a mal au **genou** parce qu'elle a grimpé le **coteau**.
6. Notre-Dame de Paris possède un très beau **vitrail**.
7. Moi, j'ai une **grand-tante** que je ne connais pas; lui a une **petite fille** qu'il n'a jamais vue.
8. Voici le **Béranger** qui habite à Paris.
9. **Madame, mademoiselle, monsieur**, je vous présente un vrai **gentilhomme**.
10. Avez-vous apporté un nouvel **abat-jour** pour cette **jeune fille**?
11. Cette jeune fille, qui aime un peu trop le **bal**, a vécu un grand **amour**.
12. Ils ont allumé un **feu** pour sécher leurs habits.
13. Ce **héros** est un vrai **dieu** pour le peuple.
14. Ont-ils leur **passe-partout** et un **pneu** de rechange?
15. L'**homme** que vous voyez est un vrai **Napoléon**.

Un peu de sel . . . .

J'écris **pneux** et non **pneus** ainsi que
le font la plupart des bécanographes[1].
Les mots en **-eu** prennent un **-x** au
pluriel. Je ne vois pas pourquoi on
ferait exception pour **pneu**.

Alphonse Allais

Voici qui prouve que les Français ne respectent
pas toujours la grammaire . . .

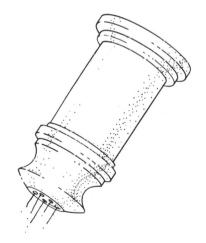

---

[1] bécanographe—mot inventé par Allais = cycliste (bécane—mot familier = bicyclette)

RAPPEL: LES PRÉPOSITIONS DEVANT LES NOMS GÉOGRAPHIQUES

Pour indiquer le lieu où l'on habite ou la direction, on emploie:

1.

Il habite
Il va

en France, en Angleterre, en Écosse,
en Louisiane, en Provence, en Champagne,
en Colombie-Britannique
en Afrique, en Europe, en Amérique du Nord
en Sardaigne, en Corse
en Iran, en Afghanistan, en Alberta, en Orient

en devant les noms:

(a) de pays et de régions (provinces, états, etc.) féminins
(b) de continents (tous féminins)
(c) de certaines îles
(d) de pays ou de régions masculins commençant par une voyelle

Remarque:
Tous les noms de pays se terminant par **-e** sont féminins, sauf **le Mexique**, **le Belize**, **le Mozambique**, **le Zaïre**, **le Zimbabwe**.

2.

Il habite
Il va

au Canada, au Portugal
aux États-Unis
au Manitoba, au Québec, au Texas

à + article devant les noms de pays ou de régions masculins.

3.

Il habite
Il va

à Cuba, à Chypre, à Malte, à Sainte-Hélène

à devant les noms de la plupart des îles.

4.

Il habite
Il va

aux Indes, aux Antilles.

aux devant les noms de pays et de régions féminin pluriel (assez rares).

5.

Il habite
Il va

à Paris, à Rome, à Toronto, à Québec,
à la Nouvelle Orléans, au Caire.

À est utilisé devant les noms de **villes**. On garde l'article lorsqu'il fait partie intégrante du nom de la ville.

Pour exprimer le lieu d'où l'on vient, l'origine, on emploie:

1.

Elle vient
Elle est
originaire

de France, d'Angleterre, d'Italie
de Californie, de Bretagne, de Champagne

de Cuba, de Malte, de Corse, de Sardaigne

d'Iran, d'Afghanistan, d'Alberta, d'Arizona

de devant les noms:

(a) de pays ou de régions féminins
(b) d'îles
(c) de pays ou de régions masculins commençant par une voyelle.

Remarque:
Elle est originaire de l'Ontario, lui de l'Ohio.

Devant les noms de régions masculins commençant par une voyelle, on emploie parfois **de l'**.

2. Elle vient
Elle est originaire

du Canada, du Mexique, du Nouveau-Brunswick,
du Québec, du Maroc, du Pérou

du devant les noms de pays ou de régions masculins.

3. Elle vient
Elle est originaire

de Paris, de Londres
du Havre, de la Nouvelle-Orléans

de devant les noms de villes. On garde l'article lorsqu'il fait partie intégrante du nom.

APPLICATION

Remplacez le tiret par la préposition qui convient:

MODÈLE: Elle était _____ Paris quand elle a vu le cortège.
Elle était **à** Paris quand elle a vu le cortège.

1. _____ Havre _____ Paris, le trajet n'est pas long.
2. Napoléon a fait campagne _____ Allemagne, _____ Égypte, _____ Russie et il est mort, dans la solitude, _____ Sainte-Hélène.
3. Il a grimpé des coteaux _____ Champagne et des montagnes _____ Afghanistan.
4. _____ Manitoba, _____ Nouveau-Brunswick, _____ Québec, _____ Ontario, on aime les récits d'autrefois.
5. Elle est allée _____ Mexique, _____ Chili et _____ Argentine pour apprendre l'espagnol.
6. _____ Bruxelles, _____ Belgique, elle a porté son petit chapeau et _____ Vienne, _____ Autriche, sa redingote.
7. Je voudrais passer des vacances _____ Antilles ou _____ Californie, car je n'aime guère l'hiver _____ Canada.
8. Le pape est venu _____ Rome pour couronner Napoléon _____ Paris.
9. Elle a pleuré en arrivant _____ New York _____ la Nouvelle Orléans.
10. C'est _____ Corse que venait Napoléon.

DISCUSSIONS À BÂTONS ROMPUS

1. Qu'est-ce qu'un héros (une héroïne)?
2. Le peuple choisit mal ses héros.
3. Les gens d'aujourd'hui ont-ils perdu le don de raconter des histoires?

SUJETS POUR DÉBATS

1. Ce sont les médias qui nous imposent nos héros.
2. Les vêtements peuvent contribuer à notre réussite et à notre popularité.
3. Les contacts avec les gens âgés enrichissent la vie des jeunes.

DEVOIRS ÉCRITS

1. Faites le portrait d'un héros canadien.
2. Écrivez une dizaine de vers sur le héros ou l'héroïne que vous admirez le plus.

PRÉSENTATIONS ORALES

1. Vous vous documenterez sur la courte vie de l'Aiglon, fils de Napoléon 1er, et en parlerez à la classe.
2. Vous présenterez à la classe deux autres chansons de Béranger.

TRAVAIL D'ÉQUIPE

L'équipe fera des recherches sur la vie de Napoléon après son arrivée en France (son ascension, ses guerres, ses bienfaits, ses méfaits, etc.).

LE TALENT

Claire Martin est née Claire Montreuil à Montréal en 1914. Elle a travaillé pendant plusieurs années comme annonceur à la radio à Québec et à Montréal. En 1958, son premier ouvrage, le recueil de nouvelles *Avec ou sans amour*, reçoit le Prix du Cercle du Livre de France. Elle publie ensuite plusieurs romans et deux volumes autobiographiques. Son oeuvre est, à la fois, une analyse souvent impitoyable du coeur humain et une satire sociale.

Sans être des Napoléons, nombreux sont ceux et celles qui connaissent leur moment de gloire, mais qui voient bientôt celle-ci leur échapper. Dans sa nouvelle, *Le Talent*, Claire Martin s'amuse à montrer, avec un grain de malice, le rôle que peut jouer le hasard dans la réussite ou l'échec. Sonia semble posséder un vrai talent, mais elle n'aurait guère pu le mettre à profit si elle n'avait eu aussi beaucoup de ruse et de sex-appeal et si elle n'avait fait la rencontre de Francis. Quant à celui-ci, s'il n'avait été trahi par Sonia, il n'aurait pas connu la haine qui lui permet d'écrire son unique roman. Sonia et Francis retombent d'ailleurs bientôt dans l'obscurité d'où un heureux (!) hasard les avait tirés.

TALENT OU HASARD?

Francis Thierry écrit des sketches à l'eau de rose[1] pour la radio, lesquels ont un succès fou, et des poèmes douceâtres grâce auxquels les jeunes filles lui tombent dans les bras. Jusqu'au jour où il rencontre une rousse, lui qui, jusque là, avait eu un faible pour les blondes.

Puis il y avait eu cette rousse. Dieu sait où il l'avait dénichée. Assurément pas au recrutement[2]. Ça n'était pas son genre. Elle s'appelait Sonia, comme de juste[3], et semblait considérer le monde du haut d'un iceberg. Elle semblait aussi intimider furieusement notre Thierry, ce dont il avait l'air d'être le premier étonné. Peu de temps après cette   5
soirée au cinéma, il l'avait amenée écouter le sketch au poste. Pour asseoir[4] son prestige sans doute. Le pauvre cher garçon!

Nous eussions préféré qu'il l'installât dans la salle d'écoute. Mais Thierry voulait se faire voir dans toute sa *glamour*, avec toute son autorité. Aussi la garda-t-il avec lui.   10

Elle s'était posée, du bout des fesses, près de l'ingénieur du son et, au travers de la grande vitre qui séparait le contrôle du studio, nous ne pouvions faire autrement que de voir son sourire glaçant. De toute évidence, la prose de Thierry ne remplissait pas, ici, sa fonction.

Les comédiens, qui avaient grand besoin d'encouragement pour   15
régurgiter tout ce miel, perdaient pied chaque fois que, levant les yeux de leur texte, ils apercevaient ce menton blanc, projeté en avant, et qui semblait les désigner au mauvais sort[5]. Gênés de leurs répliques, comme ils l'auraient été d'autant d'aveux pénibles, ils essayaient de tempérer, de jouer sobre. Après sept ou huit répétitions sur le mode   20
délirant, c'était désastreux.

Le mot de la fin dit, Sonia se leva comme une déesse qui retourne à l'Olympe et sortit du contrôle. Thierry la suivit. Quand nous sortîmes du studio, quelques secondes après, il venait de lui présenter le directeur avec qui elle resta à causer jusqu'à la fin des appels télépho-   25
niques[6].

Dès la semaine suivante, il apparut tout de suite que Francis avait du plomb dans l'aile[7]. On le vit bien à l'heure des admiratrices. Il avait essayé de faire différent et, mon Dieu, il en était fort incapable.

---

[1] sentimentaux et insipides
[2] Thierry profite de ce que les jeunes filles lui demandent son autographe pour obtenir des rendez-vous. Ses collègues appellent cette stratégie «le recrutement».
[3] naturellement
[4] assurer
[5] qui allait leur porter malheur
[6] les appels des admiratrices de Thierry, lesquelles lui téléphonent après chaque émission
[7] avait perdu confiance en lui-même (comme un oiseau blessé)

Sonia avait préféré, dès cette semaine-là, aussi, rester dans la salle 30
d'écoute où le directeur lui tint compagnie.

Et puis, ce fut la même chose toutes les semaines. Thierry continuait
de se chercher et il ne trouvait rien. Après chaque émission il revenait
la trouver, l'oeil à la fois quémandeur et désespéré d'avance, humble.
Mais le petit menton blanc était toujours aussi impitoyable. Et le *rating* 35
dégringolait.

En août Thierry fut convoqué au bureau du directeur pour s'entendre
dire que son contrat ne serait pas renouvelé, mais qu'on avait besoin
de quelqu'un ayant un joli brin de plume[8] pour écrire les textes de la
publicité. Après avoir, en vain, offert ses services à tous les autres 40
postes radiophoniques de la ville, il fut bien obligé d'accepter.

La même semaine, il reçut une courte lettre qu'il me montra, les
larmes aux yeux. Sonia lui expliquait, en quatre phrases, qu'ils n'é-
taient pas faits l'un pour l'autre.

Et là, nous eûmes ce spectacle imprévu, inimaginable, ce spectacle 45
qui eût bien épaté les blondinettes du temps jadis: Thierry désespéré,
hagard, maigre, les yeux cernés et les lèvres grises. Ce petit bourreau
des coeurs payait pour toutes les autres et il payait comptant[9].

Et pourtant il ne connaissait pas encore toute sa disgrâce. Il croyait
avoir été plaqué[10] parce qu'il n'était plus rien, comme il disait, le 50
pauvre. Il racontait à qui voulait l'entendre qu'elle n'avait aimé en lui
que l'auteur à succès. Quand la saison recommença, il ne dit plus rien.
Sa demi-heure avait été confiée à Sonia.

Il se mit à faire son terne boulot[11], bouche cousue, délaissé de tous,
il va sans dire. En quelques jours, il avait pris ce teint bilieux qui ne 55
l'a plus quitté depuis. Il devait publier un volume de poèmes vers la
Noël. Il ne publia rien du tout et nul ne s'en préoccupa. Seul dans son
coin, il écrivait inlassablement et personne n'avait jamais vu de scripteur publicitaire travailler avec autant d'ardeur. Il tapait du matin au
soir et je voyais souvent passer sur son visage des ondes de fureur qui 60
lui tordaient la bouche et le nez. Pas joli. J'en chuchotai dans les coins
avec les autres pendant quelques semaines et puis je m'y habituai.

Les mois passaient. Sonia faisait maintenant, au poste, la pluie et le
beau temps[12]. Ses sketches, excellents il faut bien le dire, avaient un
vif succès, et on ne lui ménageait pas le battage[13]. Elle était très lancée, 65
au mieux avec le directeur. Nous lui faisions consciencieusement la
cour. Francis, lui, semblait vivre sur une autre planète. Il ne levait
même pas la tête quand la jupe verte passait auprès de lui.

---

[8] un joli style
[9] Ce séducteur était puni de toutes les souffrances qu'il avait imposées à ses conquêtes.
[10] abandonné
[11] travail (langage populaire)
[12] avait maintenant, au poste, une forte influence
[13] la publicité

Vint le mois de mai. Un midi, je ne l'oublierai jamais, j'étais à lui parler travail quand son téléphone sonna. Avant de décrocher, il regarda l'heure et pâlit un peu. Et pendant qu'il écoutait, je voyais une expression extraordinaire envahir son visage. J'y voyais ce battement pathétique qui défigure le coureur atteignant le poteau. Ce fut très court. Il raccrocha d'un geste cassé, feignit de ne pas voir mon regard interrogateur, s'excusa, et partit précipitamment me laissant sur ma faim[14].

Je n'y pensais déjà plus, quand un groupe gesticulant et piailleur émergea de la salle des dépêches[15]. Francis Thierry venait de gagner le grand prix du roman. Nous étions sidérés et, il faut bien en convenir, nous avions tous des gueules de coupables.

Nous les avions encore quand il revint tranquillement reprendre sa place, le lendemain matin. Il fallait nous voir[16], l'un après l'autre, tortillant péniblement du derrière, pour aller le féliciter. Il n'y eut vraiment que le directeur et Sonia à le faire de façon désinvolte. Francis secouait toutes les mains avec le même sourire aigu et, aussitôt libéré, plongeait le nez vers son clavier.

Quelques jours plus tard, le livre était en librairie. Nous savions déjà, par les articles de journaux, les reportages, les interviews, qu'il ne s'agissait pas d'un roman rose, mais de là à imaginer . . . Ah! je vous jure bien qu'on était loin des «enfants adorées» et que si Thierry y avait appelé son héroïne «petite âme» on aurait tout de suite compris que son vocabulaire avait changé de valeurs[17]. C'était un livre étonnant, qu'on aurait dit poussé à son terme à coups de cravache[18]. La phrase dure, rigoureuse, portait merveilleusement ce fardeau de haine et de cruauté qui pesait tout au long de chaque page, et dont l'auteur se délestait[19] sans jamais l'épuiser.

Sonia avait d'abord essayé de tenir le coup[20]. Que ce fût d'elle qu'il s'agissait dans ce roman, ça ne faisait pas l'ombre d'un doute, mais, cela, elle feignait de ne pas même le soupçonner. Nous aussi. Ce qu'elle ne put supporter ce fut la pluie d'honneurs qui se mit à choir sur la tête de Francis. Pendant plusieurs jours, il n'y eut pas un matin qui n'apportât une nouvelle bénédiction. C'étaient les États-Unis qui demandaient une traduction en anglais, l'Amérique du Sud qui en voulait une en espagnol. Hollywood décidait d'en faire un film. Un éditeur de Paris demandait le contrat du bouquin suivant, par téléphone, pendant que nous entourions Thierry d'un cercle de bouches bées. Sonia fit ses bagages et partit au Mexique pour des vacances indéfinies.

---

[14] sans satisfaire ma curiosité
[15] salle où on reçoit les nouvelles
[16] vous auriez dû nous voir (*you should have seen us*)
[17] n'avait plus le même sens
[18] par la violence
[19] se libérait
[20] de résister

Il ne parut jamais, le bouquin suivant. La haine, je veux dire la vraie, l'efficace, ça se défait encore plus vite que l'amour. C'est platonique. C'est self-nourri. Il y manque la participation, la provocation des corps. 110 Ça vous file entre les doigts. Thierry a changé de situation: ça n'est pas les offres qui lui ont manqué, il s'est marié avec une petite blonde, rose et tendre, il a eu une ribambelle d'enfants, blonds et roses. Avec l'argent d'Hollywood il s'est acheté une propriété magnifique. Et il a pardonné à celle à qui il devait son petit moment de génie. 115

Et puis, pour finir, il a repris son véritable nom: Gaston Dupont.

Extrait de Claire Martin, «Le Talent», *Avec ou sans amour*, Montréal, Cercle du Livre de France Limitée/Éditions Pierre Tisseyre, Poche canadien, 1970, pp. 16–20.

Un peu de sel . . . .

Nous pouvons paraître grands dans un emploi au-dessous de notre mérite, mais nous paraissons souvent petits dans un emploi plus grand que nous.

La Rochefoucauld

COMPRÉHENSION ET APPRÉCIATION

1. Pourquoi le prénom de Sonia lui convient-il si bien?
2. Pourquoi Francis était-il étonné d'être intimidé?
3. Pourquoi les comédiens ne pouvaient-ils jouer convenablement lorsque Sonia les regardait?
4. Expliquez les deux phrases:
   «Dès la semaine suivante . . . admiratrices.» (l. 27–28).
5. Pourquoi Sonia va-t-elle s'asseoir dans la salle d'écoute la seconde semaine?
6. Qu'est-ce qui provoquait «les ondes de fureur» (l. 60) qui passaient sur le visage de Francis?
7. Pourquoi les autres employés faisaient-ils la cour à Sonia?
8. Expliquez la comparaison (l. 72–73).
9. Pourquoi les collègues de Francis ont-ils du mal à le féliciter?
10. En quoi le style de Francis Thierry a-t-il changé?
11. Pourquoi le second roman ne parut-il jamais?
12. Qu'est-ce qui montre le plus clairement que Thierry a perdu toutes ses ambitions?
13. Quel est le ton du passage?
14. Claire Martin utilise des mots anglais dans cette nouvelle. Pourquoi?

VOCABULAIRE ET STRUCTURES

1. De quel mot est dérivé chacun des mots suivants? Donnez deux mots de la même famille que chacun d'eux:
   a) **dénichée** (l. 1)   c) **inimaginable** (l. 45)
   b) **impitoyable** (l. 35)   d) **participation** (l. 110).
2. «Nous eussions préféré qu'il l'installât dans la salle d'écoute» (l. 8). Que dirait-on plus couramment?
3. Donnez trois mots de la même famille que:
   a) **blanc** (l. 17)
   b) **plomb** (l. 28)
   c) **renouvelé** (l. 38).
4. Employez chacune des expressions suivantes dans une phrase de votre cru:
   a) **avoir du plomb dans l'aile** (l. 28)
   b) **bouche cousue** (l. 54)
   c) **tenir le coup** (l. 97).
5. Faites deux phrases où le mot **brin** aura un autre sens que celui qu'il a à la l. 39. Utilisez le dictionnaire s'il y a lieu.
6. Remplacez les expressions suivantes par des expressions équivalentes dans le contexte:
   a) **miel** (l. 16)   d) **bilieux** (l. 55)
   b) **le mot de la fin** (l. 22) e) **bouches bées** (l. 106).
   c) **en vain** (l. 40)
7. «Ça n'est pas les offres qui lui ont manqué» (l. 111–112). Que dirait-on plus élégamment?

DU NOUVEAU: LES ADJECTIFS ET LES PRONOMS DÉMONSTRATIFS

Formes

	Masculin singulier	Féminin singulier	Masculin pluriel	Féminin pluriel
Adjectifs	ce + consonne cet + voyelle ou **h** muet	cette	ces	ces
Pronoms	celui celui-ci celui-là	celle celle-ci celle-là	ceux ceux-ci ceux-là	celles celles-ci celles-là
Pronoms neutres	ce c' + voyelle ou **h** muet ceci, cela (ça: langue parlée)			

Emplois

1. ce roman   cet amour   cette rousse
   ce hibou   cet homme   ces fenêtres
     (**h** aspiré)   (**h** muet)

   > Au masculin, **cet** est utilisé devant une voyelle ou un **h** muet.

2. **Cette** rousse-**ci** est encore plus belle que **cette** blonde-**là**.

   > Pour marquer la distinction entre deux personnes ou objets, on ajoute -**ci** et -**là** après le nom, -**ci** s'appliquant à l'objet le plus proche.

3. C'est **celui de** Thierry.
   C'est **celle à qui** il doit son moment de génie.

   > Les formes simples **celui**, **celle**, **ceux**, **celles** sont utilisées devant une préposition, généralement **de**, ou devant une proposition relative.

4. Préférez-vous **ce** sketch-**ci** ou **celui-là**?
   Voulez-vous **celles-ci** ou **celles-là**?

   > Les formes composées avec -**ci** et -**là** sont utilisées lorsque le pronom n'est pas suivi d'une expression marquant la possession ou d'une proposition relative.

5. Connaissez-vous Sonia et Francis?
   Celui-ci (ce dernier) est romancier, **celle-là** écrit des sketches.

   > **-ci** et **-là**, après le pronom démonstratif, renvoient respectivement au dernier objet mentionné (ce dernier = **celui-ci**) et au premier objet mentionné.

6. **Cela** le peine de voir le vif succès de Sonia.
       (**cela** = voir le vif succès de Sonia)
   C'est elle qui inspire Francis, mais **cela**, il l'ignore.
       (**cela** = le fait qu'elle l'inspire)

   > **Cela** s'emploie généralement pour renvoyer à une idée déjà exprimée ou pour annoncer une idée qui va être exprimée.

   Remarque: **Ça** remplace **cela** uniquement dans le style familier.

7. Écoutez bien **ceci**: vous n'avez pas de talent.
   Qui vous a dit **cela**?

   > Avec des verbes tels que **dire**, **écouter**, **expliquer**, **raconter**, **se rappeler**, etc., **ceci** désigne ce qui va être dit ou pensé; **cela**, ce qui a déjà été dit ou pensé.

8. Il aime **ce qui** coûte cher.
   Il ne sait pas **ce qui** plairait à Sonia.

   > Le pronom neutre **ce** est utilisé comme antécédent d'un relatif quand il n'y a pas d'antécédent exprimé. Il a le sens de **les choses**.

   Remarque: **Tout ce qu'**elle fait est excellent.
                     J'ai **tout ce dont** j'ai besoin.

   > **Ce** est inséré entre **tout** + **pronom relatif**.

(Pour **ce** + **être**, voir p. 25.)

APPLICATION

Remplacez le tiret par le démonstratif (pronom ou adjectif) qui convient:

MODÈLES: Avez-vous lu _____ deux romans? _____ est mieux écrit que
_____ .

Avez-vous lu **ces** deux romans? **Celui-ci** est mieux écrit que **celui-là**.

De _____ jeunes filles, _____ est la blonde qu'il préfère.
De **ces** jeunes filles, **c'**est la blonde qu'il préfère.

1. _____ blonde, _____ n'est pas son genre.
2. _____ dont il est étonné, _____ est qu'elle ait été embauchée.
3. _____ menton blanc, _____ yeux verts, _____ air insolent attiraient l'attention.
4. _____ est la même chose toutes les semaines: les sketches de Sonia sont intéressants, _____ de Francis pleins de miel.
5. Connaissez-vous Peter et Jacques? _____ est Anglais, _____ est Français.
6. Comprends-tu _____ qu'il raconte? — Non, je ne comprends rien à _____ qu'il dit.
7. Écoutez bien _____: vos sketches _____ année sont moins bons que _____ de l'année dernière.
8. Il a été plaqué. — Oui, j'ai appris _____ .
9. L'amour, _____ ne dure guère.
10. _____ avec qui il s'est marié est une petite blonde.
11. Qu'il ait payé comptant, _____ m'étonne.
12. _____ est d'elle qu'il s'agissait dans le roman, mais _____ , elle faisait semblant de l'ignorer.

RÉCAPITULATION

Remplacez le tiret par le pronom (personnel, relatif, interrogatif, indéfini, démonstratif) qui convient:

1. Voyez-vous le monsieur _____ parle à la baronne? _____ est _____ qui a reçu les palmes académiques.
2. Montrez-moi le roman _____ vous venez de terminer. Est-ce _____ que vous aviez commencé il y a deux ans?
3. As-tu vu Topaze et Muche? _____ est directeur d'une pension, _____ professeur.
4. On cherche _____ qui ait un joli style, mais _____ ne trouve _____ .
5. Il a fini par accoucher de son roman. _____ n'est impossible.
6. Vous dites qu'il est intelligent. Je ne crois pas _____ .
7. _____ que vous voyez vient de se marier avec un grand blond.
8. La vieille n'oublie pas le jour _____ Napoléon lui a parlé.
9. Tu dis qu'il est mort dans une île déserte. _____ t'a raconté _____ ?
10. Il vous donnera _____ ce _____ vous avez besoin.
11. Nous avons aperçu _____ qui grimpait le coteau _____ habitait grand-mère.
12. Les questions _____ il a posées et _____ vous avez répondu étaient difficiles.
13. _____ est celle à _____ on vous a présenté?
14. _____ fait Agénor dans la classe de Topaze?
15. L'homme à la famille _____ vous avez parlé est le directeur.

DISCUSSIONS À BÂTONS ROMPUS

1. Devrait-on interdire toute violence et toute pornographie à la télévision?
2. La publicité devrait être interdite à la radio et à la télévision.
3. Est-il possible de réussir dans la vie sans travailler dur?

SUJETS POUR DÉBATS

1. Le talent seul ne peut mener à la réussite.
2. Une femme doit travailler plus fort qu'un homme pour réussir dans sa profession.
3. Il y a des métiers qui conviennent aux femmes et des métiers qui conviennent aux hommes.

DEVOIRS ÉCRITS

1. Écrivez votre curriculum vitae en vue d'obtenir une situation.
2. Imaginez un extrait d'une centaine de mots tiré du roman à succès de Francis Thierry ou d'un roman à l'eau de rose.

PRÉSENTATIONS ORALES

1. Lisez deux autres nouvelles de *Avec ou sans amour* et parlez-en à la classe, en faisant ressortir les idées de Claire Martin ou les rapports homme-femme dans son oeuvre.
2. Lisez *Dans un gant de fer*, premier volume autobiographique de Claire Martin, et présentez-le en insistant particulièrement sur le tableau qu'elle trace du Québec des années 20–30.

TRAVAIL D'ÉQUIPE

Deux groupes écriront et joueront chacun un sketch pour la télévision. Le reste de la classe fera la critique des textes et de leur interprétation.

NOUS CONCLUONS . . .

Bien des facteurs interviennent dans notre réussite ou notre échec. Il y a, d'abord, le talent. Que de gens ne savent pas utiliser, ni même découvrir, celui qu'ils possèdent! Combien d'autres se lancent dans une carrière pour laquelle ils n'ont aucun don ou ne veulent pas fournir l'effort nécessaire pour mener à bien ce qu'ils ont entrepris. Tel est Hector. D'autre part, il est triste d'avoir à reconnaître que le travail et l'honnêteté ne soient pas toujours récompensés, comme nous le voyons dans le cas de Topaze. Souvent, pour les artistes et les hommes politiques en particulier, le succès est dû à un coup du hasard ou aux caprices d'un public qui a parfois mauvais goût. Rien n'est moins durable que le succès, comme le montre si bien la nouvelle de Claire Martin et, mieux encore, l'exemple de Napoléon.

VOUS CONCLUEZ . . .

1. Lequel des personnages rencontrés au cours de cette unité vous paraît le plus digne de sympathie ou d'admiration et pourquoi?
2. À votre avis, lequel des auteurs a su le mieux montrer les traits de personnalité qui peuvent mener à la réussite ou à l'échec? Quels sont ces traits? Illustrez votre réponse à l'aide d'exemples tirés de l'extrait cité.

U·N·I·T·É·8

LA PAUVRETÉ ET LA RICHESSE

«L'argent ne fait pas le bonheur», dit le proverbe. Et il est vrai que l'argent seul ne peut rendre heureux. Mais il faut tout de même qu'un être humain ait les moyens de subvenir aux nécessités de la vie et même de se procurer un peu de superflu. Une misère noire mène au défaitisme, voire au crime. L'être humain qui n'a aucun espoir de sortir d'un milieu sordide par des moyens légitimes n'hésite plus parfois à enfreindre les lois pour arriver à ses fins.

ZONE

Marcel Dubé est né à Montréal en 1930. Il est l'auteur d'une trentaine de pièces, dont plusieurs ont été présentées à la télévision. Ses premières oeuvres mettent en scène des adolescents des milieux pauvres en lutte avec une société qui les écrase. Dans *Zone* (1953), l'auteur cherche à montrer qu'il est difficile pour de jeunes déshérités de sortir de leur milieu, de leur «zone».

UN CONTREBANDIER A DES PRINCIPES

Les événements de *Zone* se situent à Montréal. Moineau fait partie d'un groupe de jeunes qui font la contrebande de cigarettes américaines. La bande vient d'être arrêtée et Moineau est interrogé par la police.

La police interroge l'accusé.

ROGER   T'es[1] sourd?

MOINEAU   Non, je prenais mon temps.

LE CHEF   Ton nom?

MOINEAU   Moineau.

LE CHEF   Ton vrai nom?   5

MOINEAU   Moineau. J'en[2] connais pas d'autre.

LEDOUX   Perdez pas votre temps chef, y[3] est sans génie[4].

MOINEAU   Pourquoi que[5] vous dites ça?

LEDOUX   T'as pas l'air tellement brillant.

MOINEAU   Vous devriez vous regarder dans un miroir avant de parler.   10

LEDOUX, *qui le saisit au collet.*   Écoute l'ami! . . .

LE CHEF   C'est bon, Ledoux, laissez. *(À Moineau)* Ton âge?

MOINEAU   Vingt ans, à peu près.

LE CHEF   Qu'est-ce que tu fais pour gagner ta vie?

MOINEAU   Toutes sortes de choses. Un jour j'en fais une, le lendemain j'en   15
    fais une autre: ça fait que j'ai pas le temps de m'ennuyer.

ROGER   Le chef t'a posé une question précise, donne une réponse précise.

MOINEAU   J'ai répondu du mieux que j'ai pu. Comment voulez-vous que je
    vous donne des précisions si je fais jamais la même chose?

LEDOUX   Pourquoi que tu flânais dans un fond de cour cet après-midi?   20

MOINEAU   Je flânais pas, je jouais de la musique à bouche.

LEDOUX   Et ce soir qu'est-ce que tu faisais?

MOINEAU   Je jasais[6] avec mes amis.

LE CHEF   Et quand tu joues pas de la musique à bouche, quand tu jases pas
    avec tes amis, qu'est-ce que tu fais pour passer le temps?   25

MOINEAU   Ça dépend. Des fois, je lis un peu.

ROGER   Tu lis quoi?

MOINEAU   Des «comics» à dix cents.

LEDOUX   Belle lecture!

---

[1] tu es
[2] je n'en. Le **ne** est omis dans la plupart des répliques (langue populaire).
[3] il
[4] intelligence
[5] est-ce que
[6] je bavardais

MOINEAU   C'est vrai. Moi, c'est les histoires du «surhomme» que j'aime le   30
  plus.

LE CHEF   Et quand tu lis pas?

MOINEAU   Je travaille.

LE CHEF   Où?

MOINEAU   Un peu partout.   35

ROGER, *plus dur.*   Où?

MOINEAU   Des fois pour les voisins.

ROGER   Tu travailles à quoi, pour les voisins?

MOINEAU   Ça dépend des jours. Je fais ce qu'ils me demandent de faire. C'est
  pas moi qui choisis.   40

LE CHEF   Parmi tous ces petits travaux, tu fais pas de contrebande de cigarettes par hasard? *(Moineau ne répond pas.)*

ROGER   On t'a posé une question, l'ami.

MOINEAU   Je sais pas ce que vous voulez dire.

LE CHEF   Tu n'as jamais livré de cigarettes américaines nulle part?   45

MOINEAU   Jamais. On me demande souvent de porter des colis à certains
  endroits mais je regarde jamais ce qu'y a dedans.

ROGER   Tu fais le naïf, hein?

LE CHEF   C'est vrai, Moineau, tu fais le naïf. Mais ça prend pas[7] beaucoup
  ici ce genre-là. *(Astucieux.)* Et si je te disais moi qu'on a des preuves,   50
  qu'on t'a suivi plusieurs fois, qu'on sait tout, qu'on peut même t'énumérer les jours, les heures et les adresses où tu as été surpris en flagrant
  délit[8] sans le savoir.

MOINEAU   Pourquoi que vous me questionnez si vous savez tout?

LE CHEF   C'est parce qu'on veut en savoir plus long[9]. Il nous manque juste   55
  une petite chose et c'est la plus importante . . .

LEDOUX   Ça veut dire que si tu nous renseignais ça nous rendrait un grand
  service.

ROGER   Et quand on rend des grands services on est récompensé.

LE CHEF   Autrement dit, on aimerait bien connaître le nom de celui qui vous   60
  fournissait les cigarettes et le lieu de leur provenance.

LEDOUX   Comme tu vois, on te demande pas beaucoup.

---

[7] ça ne réussit pas
[8] sur le fait (*red-handed*)
[9] avoir plus de détails

ROGER   C'est presque rien même.

MOINEAU   J'ai jamais fait la contrebande, je sais pas de quoi vous parlez.

ROGER   Tu mens.   65

LEDOUX   On a trouvé soixante mille cigarettes dans votre hangar.

LE CHEF   Qu'est-ce que vous faisiez avec ces cigarettes?

LEDOUX   Vous vouliez les fumer, je suppose?

LE CHEF   Allons, parle, dis-nous le nom du fournisseur. *(Moineau se tait.)*

LEDOUX   Réponds.   70

ROGER   Réponds, ou bien on te jette en prison tout de suite. *(Moineau se tait toujours.)*

LE CHEF   Tu veux rien dire, hein?

MOINEAU   Non. Je suis pas un traître moi.

LE CHEF   Évidemment, Moineau. Tu as l'air trop honnête pour ça . . . Mais   75
si tu dis que tu n'es pas un traître, c'est parce qu'il y a quelque chose
que tu pourrais trahir. Et tu te trahis par le fait même. Tu es un traître
Moineau, comme tous ceux qui vont passer après toi. Ils vont tous finir
par parler eux aussi. Le mieux que tu peux faire maintenant c'est de
tout dire pour pas empirer ton cas.   80

ROGER   Vas-y, dis-le ce que tu veux pas trahir.

LEDOUX   C'est pas la peine de nous faire perdre du temps pour rien puisque
tu sais qu'on réussira à tout savoir.

MOINEAU   Vous vous trompez. Vous saurez rien de moi . . . J'ai pas l'air
brillant, c'est vrai, mais j'ai la tête dure.   85

LE CHEF   Tu veux rien sortir, hein?

MOINEAU   Non.

ROGER   Pourquoi?

MOINEAU   Parce que je sais rien, parce que vous posez trop de questions,
parce que je suis fatigué et que j'ai envie de jouer de la musique . . .   90
Je veux que vous me laissiez tranquille, je vous ai rien fait moi.

LE CHEF   Bien sûr, tu nous as rien fait, mais tu as transgressé la loi et nous
on représente la loi mon garçon. Quand on veut pas avoir d'ennuis
avec la police, on s'arrange pour respecter la justice, tu comprends?
Pourquoi t'es-tu fait contrebandier Moineau, pour devenir riche?   95

MOINEAU   Non.

LE CHEF   Pourquoi faire alors?

MOINEAU   Pour gagner un peu d'argent.

LE CHEF   Donc tu faisais de la contrebande!

MOINEAU   Vous m'avez dit que vous le saviez tout à l'heure.   100

LE CHEF   C'était un petit truc pour te faire parler. Tu vois, on réussit toujours à savoir ce qu'on veut. Mais revenons à nos moutons[10]. Tu disais que tu faisais la contrebande pour gagner de l'argent, ça revient donc à ce que je disais: c'était pour t'enrichir?

MOINEAU   Non. Je voulais gagner de l'argent pour apprendre la musique . . .   105
pour m'acheter une autre musique à bouche que celle-là, *(il la montre)* une vraie, une plus longue avec beaucoup de clés et beaucoup de notes.

LEDOUX   Je vous avais prévenu chef, ça va pas du tout dans le ciboulot[11] . . .

LE CHEF   Mais non Ledoux, mais non, je trouve au contraire qu'il a l'air très   110
intelligent moi.

MOINEAU   Si vous dites ça pour me faire parler, vous vous trompez d'adresse[12].

LE CHEF   Je me tromperais d'adresse, Moineau, si je te promettais un harmonica selon tes goûts?   115

MOINEAU   Oui. Parce que je sais qu'avec Tarzan je pourrai tout avoir un jour.

LE CHEF   Qui est Tarzan?

MOINEAU   C'est notre chef. Lui non plus parlera pas, vous allez voir.

ROGER   Et si on vous jette tous en prison, tu vas être bien avancé avec ton
Tarzan.   120

MOINEAU   Ça fait rien, un jour on en sortira et on deviendra quelqu'un, il nous l'a promis.

LE CHEF   Tu l'aimes beaucoup ton chef?

MOINEAU   Oui.

LE CHEF   Pourquoi?   125

MOINEAU   Parce que c'est lui qui va nous sauver. Parce qu'avec lui j'aurai ce que je cherche dans la vie. Je deviendrai musicien.

Extrait de Marcel Dubé, *Zone*, Montréal, Leméac, 1969, pp. 83–89.

---

[10] à notre sujet
[11] populaire pour **la tête**
[12] vous me jugez mal

COMPRÉHENSION ET APPRÉCIATION

1. Qu'évoque pour vous le nom de Moineau?
2. Que révèle le fait qu'il n'a pas d'autre nom?
3. Citez deux répliques qui montrent que Moineau n'est pas aussi naïf qu'on pourrait le croire.
4. **Belle lecture!** (l. 29). Expliquez le sens que donnent respectivement à **belle** Ledoux et Moineau.
5. Quelle distinction Moineau fait-il entre «s'enrichir» (l. 104) et «gagner de l'argent» (l. 105)?
6. Qu'est-ce qui explique le goût de Moineau pour les histoires de «surhomme»?
7. Pourquoi les jeunes contrebandiers ont-ils donné à leur chef le surnom de Tarzan?
8. Quelle réplique du chef montre qu'il n'est pas convaincu de la loyauté de Moineau envers Tarzan?
9. En quoi le chef diffère-t-il de Ledoux et de Roger?
10. Expliquez l'importance de la réplique: «Ça fait rien, un jour on en sortira et on deviendra quelqu'un, il nous l'a promis.» (l. 121–122).
11. Que signifie la musique pour Moineau?
12. Comment Dubé s'y prend-il pour rendre l'accusé plus sympathique que les policiers?
13. Expliquez brièvement la différence entre le langage parlé par les personnages de Tremblay et ceux de Dubé.

VOCABULAIRE ET STRUCTURES

1. Moineau est un nom d'oiseau. Quels autres noms d'oiseaux connaissez-vous?
2. Quel est le mode de **donne** (l. 17)? Pourquoi est-il utilisé ici?
3. Quelle est l'expression française pour *comics* (l. 28)?
4. Quel est le sens du préfixe dans **surhomme** (l. 30); **provenance** (l. 61)? Trouvez quatre autres mots formés à l'aide de chacun de ces préfixes.
5. Quelle est la racine de **énumérer** (l. 52) et **enrichir** (l. 104)? Trouvez trois mots de la même famille que ces deux verbes.
6. Comment dirait-on, correctement:
    a) «rend des grands services» (l. 59)
    b) «Le mieux que tu peux faire» (l. 79)?
    Justifiez vos corrections.
7. Justifiez l'emploi de la forme **eux** (l. 79). Trouvez, dans le texte, un autre pronom utilisé de la même manière.
8. Qu'est-ce que **le** remplace (l. 81)?
9. Donnez le contraire de:
    a) **le lendemain** (l. 15)
    b) **m'ennuyer** (l. 16)
    c) **partout** (l. 35)
    d) **enrichir** (l. 104).
10. Employez chacune des expressions suivantes dans une phrase qui en montre le sens:
    a) **faire le naïf** (l. 48)
    b) **ça ne prend pas** (l. 49)
    c) **surprendre en flagrant délit** (l. 53)
    d) **se tromper d'adresse** (l. 112–113).

Un peu de sel . . . .

Dialogue entre un policier et son chef:

LE CHEF: Qu'est-ce que l'accusé a dit quand on l'a arrêté?
LE POLICIER: En retirant les mots grossiers, Chef?
LE CHEF: Mais certainement.
LE POLICIER: Pas un mot, Chef.

RAPPEL: LES PROPOSITIONS CONDITIONNELLES

FUTUR   PRÉSENT

Ça nous **rendra** service, si tu nous **renseignes**.

CONDITIONNEL PRÉSENT   IMPARFAIT

Ça nous **rendrait** service, si tu nous **renseignais**.

CONDITIONNEL PASSÉ   PLUS-QUE-PARFAIT

Ça nous **aurait rendu** service, si tu nous **avais renseigné**.

Si l'action exprimée dans la proposition principale est **postérieure** à celle de la proposition conditionnelle, les temps utilisés sont les suivants:

PROPOSITION PRINCIPALE	PROPOSITION CONDITIONNELLE
Futur ⟶	Présent
Conditionnel présent ⟶	Imparfait
Conditionnel passé ⟶	Plus-que-parfait

Remarque:

Si vous **dites** cela, vous vous **trompez**.

Si Moineau **jouait** de l'harmonica, ses amis l'**écoutaient**.

> Si l'action de la proposition principale et celle de la proposition conditionnelle sont simultanées, le même temps (présent ou imparfait) est utilisé dans les deux propositions. **Si** a alors le sens de **quand**.

Attention:

Si elle va en prison, on sera bien malheureux.

S'il va en prison, on sera bien malheureux.

> Devant le pronom **il**, le **i** de **si** est élidé.

APPLICATION

A. Transformez les phrases en remplaçant le présent par l'imparfait dans la proposition conditionnelle. Faites les changements voulus:

MODÈLE: Si tu avoues, on te pardonnera.
          Si tu **avouais**, on te **pardonnerait**.

1. Si vous dites cela, ils ne vous croiront pas.
2. Si tu fais le naïf, ça ne prendra pas.
3. Vous ne saurez rien si vous le questionnez.
4. S'il nous rend service, il sera récompensé.
5. Si elle reçoit des cigarettes, est-ce qu'elle les livrera?
6. Si on nous donne des cigarettes, nous ne les fumerons pas.
7. Si tu ne parles pas, on te jettera en prison.
8. Il ne trahira pas, même si vous le torturez.
9. Si je préviens le chef, il fera suivre Moineau.
10. Si on le suit, on le surprendra peut-être en flagrant délit.

B. Refaites l'exercice ci-dessus en remplaçant le présent de la proposition conditionnelle par le plus-que-parfait. Faites les changements voulus:

MODÈLE: Si tu avoues, on te pardonnera.
          Si tu **avais avoué**, on **t'aurait pardonné**.

RAPPEL: L'ARTICLE INDÉFINI

MASCULIN SINGULIER un	FÉMININ SINGULIER une	PLURIEL des

1. C'est **un** miroir.
   Le chef t'a posé **une** question.
   On porte **des** colis.
   Je vous donne **des** précisions.

   > L'article indéfini désigne un objet ou une personne indéterminé(e).

2. Il est **Canadien**.[1]
   Je deviendrai **musicien**.
   Elle est devenue **catholique**.
   Ledoux est **policier**.   **mais:**   Ledoux est **un** mauvais policier.

   > Après certains verbes dont les principaux sont: **être**, **devenir**, **rester**, **sembler**, l'article indéfini ne s'emploie pas devant un nom désignant la nationalité, la religion, la profession, le parti politique, si ce nom n'est pas qualifié.

3. Moineau, jeune contrebandier, n'a pas trahi Tarzan.
   Tarzan, chef de bande, a été arrêté.

   > On omet généralement l'article devant les noms en apposition.

4. Moineau n'a pas **de** père.
   Tu n'as jamais livré **de** cigarettes américaines.
   On ne veut pas avoir **d'**ennuis.
   mais
   Je ne suis pas **un** traître.

   > Après un verbe au **négatif**, autre que **être**, **devenir**, **sembler**, **paraître**, l'article indéfini est **de** (**d'** + voyelle ou **h** muet).

5. Il a fait **de** belles lectures.
   Elle pose **d'**étranges questions.

   > **Des** devient **de** (**d'** + voyelle ou **h** muet) lorsque l'adjectif précède le nom.

   Remarque:
   Ils interrogent **des jeunes gens**.
   Il mange **des petits pois**.

[1] Pour **c'est** + **un(e)**, voir p. 25.

343

Quand l'adjectif fait partie d'un nom composé (jeunes filles, jeunes gens, grands-pères, petits pois, etc.), on utilise **des**.

L'article partitif

MASCULIN SINGULIER	FÉMININ SINGULIER
du, **de l'** + voyelle ou **h** muet	**de la**, **de l'** + voyelle ou **h** muet

L'article partitif est formé de **de** + **article défini**.

1. Tu nous fais perdre **du** temps.
   Tu fais **de la** contrebande.
   Il veut gagner **de l'**argent.

L'article partitif est employé pour désigner une quantité **indéterminée** ou une **partie** d'un tout.

2. Je ne fais pas **de** contrebande.
   Il n'a pas **d'**argent.

Au négatif, l'article partitif est **de** (**d'** + voyelle ou **h** muet).

Expressions suivies de **de** (**du**, **de l'**, **de la**, **des**)

1. Il veut gagner **un peu d'**argent.
   Vous posez **trop de** questions.
   Il veut une musique à bouche avec **beaucoup de** clés et **beaucoup de** notes.

Après certaines expressions désignant la **quantité**, **de** seul est employé. Les plus fréquemment utilisées sont les suivantes:

assez
autant
beaucoup   } + **de**
combien
moins
pas mal

peu
un peu
plus   } + **de**
tant
trop

Remarque:
Il a perdu **beaucoup de** force.
   mais
Il a perdu **beaucoup de la** force **qu'il avait**.
Donnez-lui **un peu d'**argent.
   mais
Donnez-lui **un peu de l'**argent **que vous avez gagné**.

Lorsque le nom qui suit l'expression de quantité est qualifié, **du**, **de la**, **de l'** sont employés.

2. **La plupart (la majorité) des** contrebandiers aiment leur chef.
   Bien des jeunes rêvent de devenir musiciens.
   Il s'est donné **bien de la** peine.

> **La plupart**, **la majorité**, **bien** sont suivis de **du**, **de la**, **des**.

Attention:
La plupart, ayant toujours un sens **pluriel**, est donc suivi de **des**, sauf dans l'expression **la plupart du temps**.

3. Elle **a besoin d'**argent.
   mais
   Elle **a besoin de l'**argent **qu'on lui a promis**.

   *

   Il **a envie de** chocolat.
   mais
   Il **a envie du** chocolat **que vous lui avez acheté**.

   *

   Elle **a manqué d'**astuce.
   mais
   Elle **a manqué de l'**astuce **nécessaire**.

   *

> Après certaines expressions comme **avoir besoin**, **avoir envie**, **manquer**, etc., **de** seul est utilisé **si le nom n'est pas qualifié**.

N.B. Ils vivent **sans** espoir.
   Elle n'avait plus **ni** parents, **ni** amis.
   Vous avez agi **avec** courage.
   mais
   Vous avez agi avec **un** courage **extraordinaire**.

> L'article n'est pas employé après **sans**, **ni . . . ni**, et, souvent, après **avec** + nom abstrait non qualifié.

APPLICATION

Remplacez le tiret, s'il y a lieu, par l'article (défini, indéfini ou partitif) qui convient:

MODÈLES: Moineau, _____ jeune contrebandier, est _____ montréalais.
Moineau, jeune contrebandier, est montréalais.

   Il lui a fallu beaucoup _____argent.
Il lui a fallu beaucoup **d'**argent.

1. Nous n'avons pas _____ temps à perdre.
2. Ce garçon est sans _____ talent.
3. Il fait beaucoup _____ choses pour gagner sa vie; malheureusement, il fait surtout _____ contrebande.
4. Est-ce que vous jouez _____ musique à bouche?
   —Non, je joue surtout _____ piano.
5. A-t-il _____ amis?
   —Non, il n'a pas _____ amis.
6. Elle voudrait devenir _____ musicienne, mais elle n'a pas assez _____ argent pour prendre _____ leçons.
7. Les policiers veulent savoir _____ nom _____ fournisseur _____ cigarettes que vendent _____ jeunes contrebandiers.
8. As-tu remarqué ces jeunes filles?
   —Oui, ce sont _____ belles jeunes filles et _____ jeunes filles sérieuses.
9. Bien _____ gens croient que _____ amour et _____ haine sont plus proches que _____ amour et _____ amitié.
10. Zone, _____ pièce de Marcel Dubé, a été créée en 1953.
11. Il est entré, _____ harmonica dans _____ main.
12. Nous avons trop _____ honnêteté pour trahir.
13. Elle n'est pas _____ musicienne, elle est _____ écrivain; mais son frère est _____ excellent pianiste.
14. Elle a envie _____ bijoux, mais moi, j'ai besoin _____ argent pour voyager.
15. Ce sont _____ étranges jeunes gens que ces contrebandiers!

DISCUSSIONS À BÂTONS ROMPUS

1. Dans l'extrait cité ici, ce n'est pas Moineau qui est malhonnête.
2. La société est-elle responsable des délits commis par les pauvres?
3. Il y a plus de malhonnêteté chez les riches que chez les pauvres.

SUJETS POUR DÉBATS

1. Un enfant né dans un milieu pauvre a peu de chance de réussir dans la vie.
2. Le pour et le contre du libre-échange entre le Canada et les États-Unis.
3. Un séjour en prison corrige un criminel.

DEVOIRS ÉCRITS

1. Écrivez une lettre à Moineau pour tâcher de lui montrer que la contrebande est immorale et dangereuse.
2. Écrivez environ 150 mots sur le caractère de Moineau, tel qu'il se révèle dans cet extrait.

PRÉSENTATIONS ORALES

1. Vous lirez le reste de la pièce et en parlerez à la classe.
2. Vous présenterez à la classe une des pièces de Dubé qui se situent dans un milieu bourgeois (*Les Beaux Dimanches*, *Bilan*, *Au retour des oies blanches*, etc.).

TRAVAIL D'ÉQUIPE

Plusieurs groupes interpréteront la scène citée. Un jury composé d'étudiant(e)s évaluera les interprétations.

LE SAVETIER ET LE FINANCIER

Jean de La Fontaine (1621–1695), né à Château Thierry, est le plus grand fabuliste français. La plupart de ses fables mettent en scène des animaux, mais bon nombre, dans le deuxième recueil en particulier, ont comme personnages des humains. Le premier recueil, dédié au Dauphin, fils de Louis XIV, a paru en 1668; le second, dédié à Madame de Montespan, maîtresse du roi, date de 1678–1679.

Les jeunes de *Zone* se voyaient condamnés à une existence misérable parce qu'ils n'avaient pas d'argent. Le désespoir les poussait au crime. Pourtant, l'argent ne résoud pas tous les problèmes. Au contraire, il arrive qu'il soit nuisible. Alors que le pauvre dort sur ses deux oreilles[1], le riche, parfois, craignant de perdre ce qu'il possède, ne connaît aucun repos.

---

[1] très bien, d'un sommeil profond

LE SAVETIER[2] ET LE FINANCIER

Un savetier chantait du matin jusqu'au soir;
   C'était merveilles[3] de le voir,
Merveilles de l'ouïr; il faisait des passages[4],
   Plus content qu'aucun des Sept Sages[5].
Son voisin, au contraire, étant tout cousu d'or[6],   5
   Chantait peu, dormait moins encor;
   C'était un homme de finance[7].
Si, sur le point du jour, parfois il sommeillait,
Le Savetier alors en chantant l'éveillait;
   Et le Financier se plaignait   10
   Que les soins de la Providence
N'eussent pas au marché fait vendre le dormir[8],
   Comme le manger et le boire.
   En son hôtel il fait venir
Le chanteur, et lui dit: «Or çà[9], sire Grégoire[10],   15
Que gagnez-vous par an? — Par an? Ma foi, Monsieur,
   Dit, avec un ton de rieur,
Le gaillard[11] Savetier, ce n'est point ma manière
De compter de la sorte; et je n'entasse guère
   Un jour sur l'autre[12]: il suffit qu'à la fin   20
     J'attrape le bout de l'année[13];
     Chaque jour amène son pain.
   —Eh bien! que gagnez-vous, dites-moi, par journée?
   —Tantôt plus, tantôt moins: le mal est que toujours
(Et sans cela nos gains seraient assez honnêtes[14]),   25
Le mal est que dans l'an s'entremêlent des jours
   Qu'il faut chômer; on nous ruine en fêtes[15];
L'une fait tort à l'autre; et Monsieur le curé
De quelque nouveau saint charge toujours son prône[16].»
Le Financier, riant de sa naïveté[17],   30

---

[2] On dirait maintenant **le cordonnier**.
[3] une merveille
[4] des roulements de voix
[5] philosophes grecs
[6] très riche
[7] banquier, financier
[8] **dormir** était autrefois employé comme nom
[9] Eh bien!
[10] Monsieur (condescendant)
[11] joyeux
[12] d'un jour à l'autre
[13] je joigne les deux bouts (= je puisse survivre)
[14] satisfaisants
[15] Allusion au grand nombre de fêtes religieuses qu'il y avait à cette époque (55 plus les dimanches, jusqu'en 1666). Ces jours-là, il était interdit de travailler.
[16] son sermon
[17] sa franchise

Lui dit: «Je vous veux mettre aujourd'hui sur le trône.
Prenez ces cent écus; gardez-les avec soin,
    Pour vous en servir au besoin.»
Le Savetier crut voir tout l'argent que la terre
    Avait, depuis plus de cent ans,   35
    Produit pour l'usage des gens.
Il retourne chez lui; dans sa cave il enserre[18]
    L'argent, et sa joie à la fois.
    Plus de chant: il perdit la voix,
Du moment qu'il gagna ce qui cause nos peines.   40
    Le sommeil quitta son logis;
    Il eut pour hôtes les soucis,
    Les soupçons, les alarmes vaines;
Tout le jour, il avait l'oeil au guet; et la nuit,
    Si quelque chat faisait du bruit,   45
Le chat prenait l'argent[19]. À la fin le pauvre homme
S'en courut[20] chez celui qu'il ne réveillait plus:
«Rendez-moi, lui dit-il, mes chansons et mon somme,
    Et reprenez vos cent écus.»

La Fontaine, «Le Savetier et le Financier», *Fables choisies*,
Livres 7 à 12, tome II, Paris, Nouveaux Classiques Larousse, 1965, pp. 42–44.

COMPRÉHENSION ET APPRÉCIATION

1. Pourquoi La Fontaine mentionne-t-il le métier du savetier dès le premier vers et ne mentionne-t-il celui du financier qu'après avoir comparé leur vie?
2. Qu'est-ce qui prouve que le financier dormait fort peu?
3. Comment La Fontaine imite-t-il le rythme des paroles du savetier?
4. Quelle sorte de vocabulaire le savetier utilise-t-il? Donnez-en des exemples.
5. Comment le savetier révèle-t-il son insouciance en ce qui concerne l'argent?
6. Expliquez les expressions suivantes:
    a) «l'une fait tort à l'autre» (v. 28)
    b) «Je vous veux mettre aujourd'hui sur le trône» (v. 31).
7. Le vers 40 est un exemple de périphrase (groupe de mots utilisés quand un seul pourrait suffire). Expliquez pourquoi cette périphrase est bien choisie.
8. Quel motif pousse le financier à faire cadeau de cent écus au savetier?
9. Comment La Fontaine montre-t-il la rapidité du changement produit par l'argent dans la vie du savetier?
10. Quels mots montrent que le don du financier a produit le résultat espéré?
11. Quel effet est produit par la brièveté du dernier vers?
12. La Fontaine utilise surtout deux sortes de vers ici. Quels sont ces vers?
13. Expliquez pourquoi le fabuliste passe du passé au présent dans la narration.
14. Dans bon nombre de fables, la morale est exprimée. Ce n'est pas le cas ici. Pourquoi? Formulez votre propre morale.

---

[18] il enferme
[19] Structure elliptique: il pensait que le chat prenait l'argent.
[20] courut

VOCABULAIRE ET STRUCTURES

1. Substituez une autre préposition à:
   a) **jusqu'au** (v. 1)
   b) **avec** (v. 17).
2. Quel est le sens du participe présent dans **étant tout cousu d'or** (v. 5)? Remplacez-le par un autre temps en faisant les changements voulus.
3. Quel est l'infinitif de **cousu** (v. 5), **se plaignait** (v. 10)? Donnez la première personne du singulier de ces deux verbes:
   a) à l'indicatif présent
   b) à l'imparfait
   c) au futur
   d) au subjonctif présent.
4. **Dormir** (v. 12) était autrefois employé comme nom, ainsi que le sont encore **manger** et **boire** (v. 13). Trouvez d'autres infinitifs utilisés comme noms.
5. Remplacez **que** (v. 16) par un autre mot.
6. «Je vous veux mettre aujourd'hui sur le trône» (v. 31) est une forme archaïque. Que dirait-on en français moderne?
7. Trouvez des expressions équivalentes pour:
   a) **du matin jusqu'au soir** (v. 1)
   b) **ouïr** (v. 3)
   c) **à la fois** (v. 38)
   d) **il avait l'oeil au guet** (v. 44).
8. Trouvez, dans le texte, deux mots dérivés de **somme** (v. 48). Trouvez deux autres mots de la même famille.

Un peu de sel . . . .

Un pauvre sonne chez un riche et lui dit:
«Je suis déjà venu tout à l'heure et votre belle-mère m'a donné un peu de sa tarte. Vous n'auriez pas autre chose?
—J'ai ce qu'il vous faut», répond l'homme, et il va chercher une pilule contre les brûlures d'estomac.

RAPPEL: LES PRÉPOSITIONS DEVANT LES NOMS OU LES PRONOMS

À et **de** sont les prépositions les plus fréquemment employées.

À

À est employé:

1. Le savetier parle **au** (à + le) financier.
   L'une fait tort **à** l'autre.
   Il a donné cent écus **au** savetier. Il **lui** a donné cent écus.

   > pour introduire l'objet indirect. Il est toujours exprimé, sauf quand le pronom objet précède le verbe.

2. Il est **à** la campagne.
   Ils vont **à** la ville.

   > pour indiquer le lieu où l'on est ou le lieu où l'on va.

3. Il s'éveillait **à** six heures.
   Nous arriverons **à** temps.
   À la fin, il a couru chez le financier.
   À demain ou **à** ce soir!

   > pour indiquer le moment, l'heure.

4. Donnez-moi un verre **à** eau.
   Elle a un joli sac **à** main.

   > pour indiquer l'usage.

5. Voyez ce savetier **au** visage rieur et ce financier **au** visage morose.
   La dame **à** la robe grise est arrivée.

   > Pour indiquer un trait physique, une caractéristique.

6.
   Il voyage
   {
   à bicyclette
   à vélo
   à moto(cyclette)
   à pied
   à cheval
   }

   > pour indiquer un moyen de locomotion quand on n'est pas à l'intérieur d'un véhicule.

352

7. Il habite **à** vingt mètres de l'hôtel.
L'accident a eu lieu **à** deux kilomètres de chez lui.

> pour indiquer la distance.

8. Il lui parle **à** voix basse.
Il est arrivé **à** toute vitesse.
Ces souliers sont faits **à** la main.
Elle tape bien **à** la machine.

> pour indiquer la manière.

9. **Au** secours!   **À** moi!   **Au** feu!

> pour un appel à l'aide (**Venez** est sous-entendu).

De

> **De** est employé:

1. Il se souvient **de** ces chansons.
Elle s'aperçoit **du** changement. (de + le)

> pour introduire l'objet après certains verbes.

2. Il a cru voir tout l'argent **de** la terre.
Les chansons **du** savetier éveillaient le financier.
Il se lève au point **du** jour.

> devant le complément déterminatif.

3. Il vient **de** l'hôtel du financier.
Il a sorti cent écus **de** son coffre.

> pour indiquer l'endroit d'où l'on vient, la provenance.

4. Ce sont des souliers **de** cuir. (ou **en** cuir)
Il porte une chemise **de** soie. (ou **en** soie)

> pour indiquer la matière.

5. Il tremble **de** peur.
Le financier rit **de** sa naïveté.

> pour indiquer la cause.

6. Il parle **d'**un ton rieur.
Vous me regardez **d'**un oeil soupçonneux.

Le sol est couvert **de** neige.
Il est cousu **d'**or.

après certains verbes et adjectifs pour indiquer la manière.

7. Donnez-moi un sac **d'**écus. (= rempli d'écus)
Il a apporté un verre **d'**eau. (= rempli d'eau)
Le financier a beaucoup **d'**argent et beaucoup **de** soucis.
Le sac est plein **d'**argent.

pour indiquer le contenu ou la quantité.

8. C'est l'homme le moins joyeux **du** monde.
Le financier est l'être le plus triste **de** la terre.

après le superlatif (voir p. 198)

9. Le savetier est quelqu'un **d'**heureux.
Il n'a rien **d'**intéressant à dire.

après certains pronoms indéfinis (voir p. 242)

En

En est employé:

1.
Il voyage
{
en train.
en voiture.
en bateau.

en avion.
etc.

pour indiquer le moyen de transport quand on est à l'intérieur du
véhicule. On dit, plus rarement, **en** moto, **en** vélo, etc.

2. Il a changé **en** quelques jours.

pour indiquer le temps que prend une action.

3. La maison du financier est **en** pierres, celle du savetier **en** bois.

pour indiquer la matière (**de** peut également être employé, mais **en**
est plus courant après un verbe).

4. Les élèves sont **en** classe.
Est-il encore **en** vie?
Le financier est **en** colère.

avec un nom employé sans article.

Dans

1. Ils sont **dans** la maison.
   Il enferme l'argent **dans** la cave.
   L'homme est malheureux **dans** ce bel hôtel.
   Dans l'année, il y a des jours où il faut chômer.

   > **Dans** signifie «à l'intérieur de».

2. Il viendra **dans** deux jours.

   > **Dans** indique dans combien de temps un événement se produira (voir p. 65).

Par

> **Par** est employé:

1. Il lui a donné les cent écus **par** bonté.
   Je l'ai aidé **par** pitié.

   > pour indiquer la cause.

2. C'est **par** son influence que j'ai obtenu un emploi.
   Par lui, nous avons réussi à voir le financier.

   > pour indiquer le moyen (= grâce à).

3. Il a été ruiné **par** le jeu.
   L'argent lui a été donné **par** le financier.

   > pour introduire l'être ou l'objet par lequel l'action est accomplie après un verbe passif.

4. Nous passerons **par** l'hôtel.
   Il est entré **par** la fenêtre.

   > pour indiquer le lieu (par) où l'on passe.

5. Que gagnez-vous **par** an, **par** jour? (= **en** un an, **en** une journée)

   > avec des expressions de temps pour indiquer l'unité. (Voir p. 65)

Pour

> **Pour** est employé:

1. J'ai fait cela **pour** lui.
   Il travaille **pour** ses enfants.
   L'argent est fait **pour** l'usage des gens.

   > pour indiquer le but.

2. Il vient **pour** trois jours. (= pour passer trois jours)

   > pour indiquer la durée après certains verbes comme **aller**, **venir**, **partir**, etc.

3. Il a **pour** hôtes les soucis.
   Je l'ai pris **pour** un autre.

   > dans le sens de **comme**, **à la place de**.

Vers — Envers

1. Il va **vers** l'hôtel.
   Le financier est cruel **envers** le savetier.

   > **Vers** indique la direction au sens physique, **envers** au sens moral.

Avant — Devant

1. Il est arrivé **avant** moi.
   Le financier se tient **devant** le savetier.

   > **Avant** indique **le temps**; **devant** indique **le lieu**.

Chez

1. Il va **chez** le financier.
   Il retourne **chez** lui.
   Il va **chez** le médecin.
   Chez les Français, on mange bien.

   > **Chez** signifie **dans la maison de**, **dans le bureau de**, **dans le cabinet de**, etc. Il est toujours suivi d'un **nom** de personne ou d'un pronom remplaçant un nom de personne.

2. **Chez** La Fontaine, la morale est parfois sous-entendue.
   Chez ce garçon, l'intelligence n'est pas brillante.

   > **Chez** peut signifier **dans l'oeuvre de**, **dans la personnalité de**.

1. Il vit **sans** argent, **sans le moindre** argent.
   Il travaille **avec** courage, **avec un** courage **qu'on voit rarement**.

   > **Sans**, et généralement **avec**, s'emploient sans article, à moins qu'ils n'introduisent un nom qualifié.

APPLICATION

Remplacez le tiret par la préposition qui convient. Faites les changements voulus:

MODÈLES: La fable _____ savetier et _____ financier montre que l'on peut être heureux _____ argent.
La fable **du** savetier et **du** financier montre que l'on peut être heureux **sans** argent.

Le financier demeurait _____ une belle maison _____ pierres. Bien que tout cousu _____ or, il ne dormait pas la nuit parce qu'il pensait _____ son argent. Son bonheur avait été détruit _____ sa richesse.

Le savetier habitait _____ une maison _____ bois, _____ confort, mais il avait assez _____ argent pour se nourrir et, comme il vivait _____ soucis, il vivait heureux. Il chantait _____ matin _____ soir, et ses chansons réveillaient le financier qui sommeillait _____ l'aube.

C'est pourquoi le financier, poussé non _____ la bonté, mais _____ un désir _____ vengeance, a offert _____ savetier un sac plein _____ écus. Le savetier est rentré _____ lui _____ toute vitesse et il a enterré sa fortune _____ sa cave. _____ quelques jours, il s'est cru l'homme le plus chanceux _____ monde, mais bientôt, il a perdu sa joie de vivre. Se souvenant _____ son bonheur passé, il a couru _____ le financier et lui a dit: «Ma joie a été détruite _____ l'argent. Je préfère gagner quelques sous _____ jour que d'être riche et malheureux». Et il a rendu ses écus _____ financier.

RÉCAPITULATION

Remplacez le tiret par la préposition qui convient. Faites les changements voulus:

1. Le financier va partout _____ limousine; le cordonnier va _____ pied.
2. Nous partons demain _____ Miami, _____ quinze jours.
3. Il a terminé son travail _____ huit jours; moi, j'ai commencé le mien la semaine dernière et je l'aurai fini jeudi, _____ trois jours.
4. Le train fait cent vingt-cinq kilomètres _____ l'heure. _____ quelle heure arrive-t-il _____ Marseille?
5. Il parle _____ pauvre homme _____ un ton condescendant.
6. Parler _____ quelqu'un _____ voix basse _____ d'autres personnes est impoli.
7. Il est parti _____ avion et est revenu _____ bateau.
8. Combien gagne-t-il _____ jour?
9. _____ Dubé, il y a souvent un certain humour noir.
10. _____ travail, on n'arrive _____ rien _____ bon.
11. Nous habitons _____ Suisse, toutefois aujourd'hui, nous n'arrivons pas _____ Genève, mais _____ Londres.
12. Dès que je suis arrivée _____ mon ami, sa mère s'est levée et est venue _____ moi.
13. J'ai passé _____ la bibliothèque _____ choisir des livres.
14. Pourquoi entrez-vous _____ la fenêtre au lieu de passer _____ la porte?
15. Il m'a demandé _____ écrire _____ son frère _____ lui annoncer la nouvelle.
16. Craignez-vous _____ être interrogé _____ la police?
17. _____ les jeunes _____ *Zone*, la contrebande n'est pas un crime.
18. Moineau veut apprendre _____ jouer _____ l'harmonica.
19. Le policier a demandé _____ son collègue _____ faire venir l'accusé.
20. Les contrebandiers jouent souvent _____ poker.
21. _____ Canada, il fait très froid _____ hiver et trop chaud _____ été, mais il fait très beau _____ printemps et _____ automne.
22. Avez-vous jamais fait un voyage _____ États-Unis?
    —Oui, je suis allé _____ New York et _____ la Nouvelle-Orléans _____ voiture.
23. Il faut être charitable _____ les autres.

DISCUSSIONS À BÂTONS ROMPUS

1. Pensez-vous que l'argent soit un esclavage ou procure-t-il, au contraire, une certaine liberté?
2. Les travailleurs manuels ne sont pas suffisamment rémunérés.
3. Pensez-vous que les banques s'enrichissent à nos dépens?

SUJETS POUR DÉBATS

1. Le vol n'est pas assez sévèrement puni dans notre société.
2. Tous les magasins devraient avoir le droit d'ouvrir le dimanche.
3. Vivre au jour le jour est une excellente philosophie.

DEVOIRS ÉCRITS

1. Que feriez-vous si vous héritiez tout à coup d'une grande fortune?
2. En vous inspirant de la fable de La Fontaine, écrivez une histoire en prose qui aura comme thème la pauvreté et la richesse.

PRÉSENTATIONS ORALES

1. Vous lirez deux fables de La Fontaine mettant en scène des animaux et présenterez ces fables à la classe.
2. Vous vous documenterez sur la vie des riches et des pauvres au XVIIe siècle et en parlerez à la classe.

TRAVAIL D'ÉQUIPE

Plusieurs groupes écriront et interpréteront des saynètes où un personnage riche et un personnage pauvre compareront leur vie.

LES CARACTÈRES

Jean de La Bruyère (1645–1696) est né à Paris. Fin observateur de la ville et de la cour, quelque peu misanthrope, il est l'auteur d'un livre unique intitulé *Les Caractères*, dont la première édition date de 1688. Sept autres éditions ont paru de son vivant, le livre grossissant à chaque nouvelle édition. *Les Caractères*, ouvrage souvent ironique et mordant, contiennent des maximes, des commentaires sur l'homme en société, de nombreux portraits.

Le savetier, homme simple, vivant au jour le jour, était heureux malgré le manque d'argent. Mais tous les pauvres ne sont pas aussi philosophes. Les riches sont généralement sûrs d'eux, quelquefois arrogants, et cette suffisance est encouragée par l'admiration peu méritée qu'on leur accorde. Le pauvre, au contraire, émacié par les privations, mal vêtu, a honte de son apparence. Il est si peu sûr de lui qu'il paraît stupide. Timide et craintif, il semble vouloir se cacher, mais le monde ne s'intéresse même pas à lui.

LE RICHE ET LE PAUVRE

Les portraits antithétiques (qui s'opposent) du riche et du pauvre comptent parmi les plus célèbres qu'ait créés La Bruyère.

> *Giton* a le teint frais, le visage plein et les joues pendantes, l'oeil fixe et assuré, les épaules larges, l'estomac haut[1], la démarche ferme et délibérée. Il parle avec confiance; il fait répéter celui qui l'entretient, et il ne goûte que médiocrement tout ce qu'il lui dit. Il déploie un ample mouchoir, et se mouche avec grand bruit; il crache fort loin, et 5 il éternue fort haut. Il dort le jour, il dort la nuit, et profondément; il ronfle en compagnie. Il occupe à table et à la promenade plus de place qu'un autre. Il tient le milieu en se promenant avec ses égaux; il s'arrête, et l'on s'arrête; il continue de marcher, et l'on marche: tous se règlent sur lui. Il interrompt, il redresse ceux qui ont la parole: on ne 10 l'interrompt pas, on l'écoute aussi longtemps qu'il veut parler; on est

---

[1] la poitrine bombée

de son avis, on croit les nouvelles qu'il débite. S'il s'assied, vous le voyez s'enfoncer dans un fauteuil, croiser les jambes l'une sur l'autre, froncer le sourcil, abaisser son chapeau sur ses yeux pour ne voir personne, ou le relever ensuite, et découvrir son front par fierté et par audace. Il est enjoué, grand rieur, impatient, présomptueux, colère[2], libertin[3], politique[4], mystérieux sur les affaires du temps; il se croit[5] des talents et de l'esprit. Il est riche. 15

Phédon a les yeux creux, le teint échauffé[6]; le corps sec et le visage maigre; il dort peu, et d'un sommeil fort léger; il est abstrait[7], rêveur, et il a avec de l'esprit l'air d'un stupide; il oublie de dire ce qu'il sait, ou de parler d'événements qui lui sont connus; et s'il le fait quelquefois, il s'en tire mal[8], il croit peser[9] à ceux à qui il parle, il conte brièvement, mais froidement; il ne se fait pas écouter, il ne fait point rire. Il applaudit, il sourit à ce que les autres lui disent, il est de leur avis; il court, il vole pour leur rendre de petits services. Il est complaisant, flatteur, empressé; il est mystérieux sur ses affaires, quelquefois menteur; il est superstitieux, scrupuleux, timide. Il marche doucement et légèrement, il semble craindre de fouler la terre; il marche les yeux baissés, et il n'ose les lever sur ceux qui passent. Il n'est jamais du nombre de ceux qui forment un cercle pour discourir; il se met derrière celui qui parle, recueille furtivement ce qui se dit, et il se retire si on le regarde. Il n'occupe point de lieu, il ne tient point de place; il va les épaules serrées, le chapeau abaissé sur ses yeux pour n'être point vu; il se replie et se renferme dans son manteau; il n'y a point de rues ni de galeries si embarrassées et si remplies de monde, où il ne trouve moyen de passer sans effort, et de se couler sans être aperçu. Si on le prie de s'asseoir, il se met à peine sur le bord d'un siège; il parle bas dans la conversation, et il articule mal; libre[10] néanmoins sur les affaires publiques, chagrin contre le siècle[11], médiocrement prévenu des ministres[12] et du ministère. Il n'ouvre la bouche que pour répondre; il tousse, il se mouche sous son chapeau, il crache presque sur soi, et il attend qu'il soit seul pour éternuer, ou, si cela lui arrive, c'est à l'insu de la compagnie[13]: il n'en coûte à personne ni salut ni compliment. Il est pauvre. 20 25 30 35 40 45

Extrait de Jean de La Bruyère, *Les Caractères*, Paris, Éditions Bordas, 1969, pp. 97–99.

---

[2] colérique
[3] incroyant (sans croyances religieuses)
[4] réservé
[5] il croit avoir
[6] le visage boutonneux (couvert de boutons)
[7] rêveur, distrait
[8] il réussit mal
[9] ennuyer
[10] il parle librement
[11] son époque
[12] assez soupçonneux des ministres du gouvernement
[13] c'est sans que les gens s'en aperçoivent.

COMPRÉHENSION ET APPRÉCIATION

1. Que décrit l'auteur dans la première phrase du premier portrait? Quelle phrase ou partie de phrase y correspond dans le second portrait?

2. Comment La Bruyère montre-t-il, dès le début des portraits, que Giton occupe beaucoup de place, alors que Phédon tend à disparaître?

3. Pourquoi les deux portraits ne sont-ils pas absolument parallèles? En quoi diffèrent-ils?

4. Relevez, dans le texte, les expressions qui signifient approximativement le contraire des suivantes:
   a) **le visage plein** (l. 1)
   b) **la démarche ferme et délibérée** (l. 2–3)
   c) **il crache fort loin** (l. 5)
   d) **il éternue fort haut** (l. 6)
   e) **Il dort . . . profondément** (l. 6)
   f) **il se met à peine sur le bord d'un siège** (l. 38)

5. Pourquoi Phédon est-il «libre sur les affaires publiques» (l. 39–40), alors que Giton est «mystérieux» (l. 17)?

6. Relevez, dans le premier portrait, quatre exemples de l'impolitesse de Giton.

7. Quels sont, à votre avis, les mots les plus durs à l'égard de Giton?

8. Quel effet produit la répétition du **on** dans le premier portrait?

9. Trouvez, dans ces passages, des allusions à des coutumes qui ont changé.

10. Trouvez, dans le texte, un exemple de la gradation ascendante comparable à **il court, il vole** (l. 26)

11. Pourquoi Phédon cherche-t-il tellement à rendre service?

12. Pourquoi les adjectifs sont-ils si nombreux?

VOCABULAIRE ET STRUCTURES

1. **Entretenir** (l. 3) a plusieurs sens. Faites une phrase de votre cru où il aura un autre sens que celui qu'il a dans le passage.
2. Expliquez l'absence de préposition dans l'expression : **il dort le jour, il dort la nuit** (l. 6).
3. De quels adjectifs sont dérivés les adverbes suivants:
   a) **profondément** (l. 6)
   b) **brièvement** (l. 23)
   c) **furtivement** (l. 32)?
4. Expliquez le sens des prépositions dans les expressions suivantes:
   a) **pour ne voir personne** (l. 14)
   b) **par fierté et par audace** (l. 15–16)
   c) **d'un sommeil fort léger** (l. 20)
   d) **remplies de monde** (l. 36).
5. a) Donnez trois exemples d'adjectifs employés comme adverbes.
   b) Donnez deux exemples d'adverbes modifiant un adverbe.
6. Faites une phrase sur le modèle de la première phrase du portrait de Giton.
7. Le subjonctif n'est utilisé qu'une seule fois, dans le second portrait. Relevez-le et justifiez-en l'emploi.
8. Trouvez, dans le texte, deux mots de la même famille que:
   a) **rire** (l. 24)
   b) **bas** (l. 38).
9. Remplacez les expressions suivantes par des expressions équivalentes dans le contexte:
   a) **ample** (l. 5)
   b) **de** (l. 9)
   c) **redresse** (l. 10)
   d) **de son avis** (l. 11–12)
   e) **il se croit** (l. 17)
   f) **du nombre de ceux** (l. 31)
   g) **on le prie de s'asseoir** (l. 37–38).
10. Remplacez **pour n'être point vu** (l. 34–35) par une expression équivalente en utilisant le subjonctif.

Un peu de sel . . . .

«Pauvreté n'est pas vice. Parbleu! Un vice est agréable».

Paul Léautaud

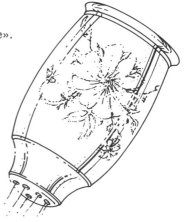

RAPPEL: LA VOIX PASSIVE (LE PASSIF)

LA VOIX ACTIVE:

Nous n'écoutons pas.
Le professeur critiquait beaucoup.

Il interrompra constamment.

LA VOIX PASSIVE:

Nous ne **sommes** pas **écoutés**.
Le professeur était beaucoup critiqué.

Il **sera** constamment **interrompu**.

Un verbe à la voix passive indique que le sujet subit l'action exprimée par le verbe.
Le passif est formé à l'aide du verbe **être** suivi du participe passé d'un verbe **transitif**.

Remarque:

À la voix passive, seul **l'objet direct** peut être **sujet** du verbe:

Nous offrons **un repas** à Phédon.
Un repas est offert à Phédon **par nous**.
(**Phédon** ne peut pas être le sujet du verbe.)

1. Beaucoup d'argent est dépensé **par** le riche.
   La ville a été détruite **par** une tornade.
   Il a été interrompu **par** Giton.
   Les élèves seront punis **par** le professeur.

Le complément du verbe passif s'appelle **complément d'agent**. Ce complément indique qui (ou ce qui) fait l'action exprimée par le verbe. Il est généralement introduit par la préposition **par**.

2. Il est connu **de** tous.
   Elle était aimée **de** ceux qui l'entouraient.
   Elle est dévorée **de** remords.

> **De** est employé après certains verbes, en particulier:
> a) les verbes qui expriment un état.
> b) les verbes qui expriment une émotion, un sentiment.
> c) les verbes employés au sens figuré.

3. La voix passive est souvent lourde. Il est donc bon de l'éviter, si possible:
   a) Il est écouté de **tous**.
      Tous l'écoutent.

   Elle a été punie par **son père**.
   Son père l'a punie.

> On utilise le complement d'agent comme sujet.

> Lorsque l'agent n'est pas exprimé:

   b) Il sera écouté.
      On l'écoutera.

   Elle n'a pas été interrompue.
   On ne l'a pas interrompue.

   Il sourit s'il est regardé.
   Il sourit si **on** le regarde.

> on utilise le pronom indéfini **on**.

   c) La nouvelle **sera** bientôt **sue**.
      La nouvelle **se saura** bientôt.

   Cela **était dit** autrefois.
   Cela **se disait** autrefois.

> on emploie un verbe pronominal.

APPLICATION

Remplacez le passif par la voix active, selon les modèles. Respectez les temps!

MODÈLES: Ce que vous dites n'est pas apprécié.
On n'apprécie pas ce que vous dites.

Phédon a été interrompu par quelqu'un.
Quelqu'un a interrompu Phédon.

Cette expression n'est plus utilisée aujourd'hui.
Cette expression ne **s'utilise** plus aujourd'hui.

1. La phrase a été répétée trois fois.
2. Il est occupé par son travail.
3. Un ample mouchoir a été déployé par Giton.
4. Elles étaient constamment interrompues par le professeur.
5. Les nouvelles n'ont pas été crues par ses auditeurs.
6. Tout sera oublié demain.
7. Si de telles erreurs étaient faites trop souvent, beaucoup d'argent serait perdu.
8. Phédon a été remercié par nous des petits services qu'il nous a rendus.
9. Cet homme riche est craint de tous ses domestiques.
10. Vous êtes attendus chez le ministre.
11. Le pauvre Phédon n'est guère aimé de ceux qui l'entourent.
12. Il a été aperçu par plusieurs personnes.
13. Un moyen de sauver Moineau sera certainement trouvé.
14. Le nom **savetier** n'est guère employé de nos jours.
15. Un comité sera rapidement formé.
16. L'histoire a été brièvement contée par Phédon.

RÉCAPITULATION

Mettez le portrait de Phédon au passé en commençant par les mots: «Lorsque j'ai connu Phédon . . . »

DISCUSSIONS À BÂTONS ROMPUS

1. Est-il vrai que l'argent ouvre toutes les portes?
2. «Bonne renommée vaut mieux que ceinture dorée», dit le proverbe; en d'autres termes, il vaut mieux avoir une bonne réputation qu'une grande fortune. Êtes-vous d'accord?
3. Au Canada, la pauvreté n'existe guère.

SUJETS POUR DÉBATS

1. La richesse rend arrogant.
2. Les riches ont une obligation morale d'aider les pauvres.
3. Les jeunes d'aujourd'hui ont trop d'argent.

DEVOIRS ÉCRITS

1. Faites le portrait d'un(e) avare ou d'un(e) snob à la manière de La Bruyère.
2. Faites le portrait d'un(e) ami(e).
3. Montrez que La Bruyère critique toute la société dans ses deux portraits.

PRÉSENTATIONS ORALES

1. Examinez un des chapitres des *Caractères* et présentez-le à la classe en faisant ressortir ce qui nous concerne encore de nos jours dans ces pages.
2. Relevez une dizaine de sentences (maximes) dans l'oeuvre de La Bruyère et commentez-les.

TRAVAIL D'ÉQUIPE

Les portraits sont de petites comédies. Dans ceux du riche et du pauvre, Giton et Phédon ne sont pas les seuls personnages. L'équipe interprétera ces deux «portraits».

LA MORT DU DAUPHIN

Alphonse Daudet (1840–1897) est né à Nîmes, en France. Il est l'auteur de romans, dont *Le Petit Chose* et *Tartarin de Tarascon*, et de deux volumes de nouvelles, *Contes du lundi* et *Lettres de mon moulin*. Dans son oeuvre, où de nombreuses pages sont inspirées par le Midi, il réussit à la fois à amuser et à émouvoir le lecteur.

Giton est fier, arrogant, sûr de lui parce qu'il est riche. Pourtant, toutes les richesses du monde ne peuvent rien contre la toute-puissance de la mort. Devant elle, tous les hommes sont égaux et elle frappe également le riche et le pauvre, comme va l'apprendre le petit Dauphin, fils aîné du roi de France.

LA MORT DU DAUPHIN[1]

Le petit Dauphin est malade, le petit Dauphin va mourir . . . Dans toutes les églises du royaume, le Saint-Sacrement demeure exposé nuit et jour et de grands cierges brûlent pour la guérison de l'enfant royal. Les rues de la vieille résidence sont tristes et silencieuses, les cloches ne sonnent plus, les voitures vont au pas . . . Aux abords du palais,   5
les bourgeois curieux regardent, à travers les grilles, des suisses[2] à bedaines dorées qui causent[3] dans les cours d'un air important.

Tout le château est en émoi . . . Des chambellans[4], des majordomes[5], montent et descendent en courant les escaliers de marbre . . . Les galeries sont pleines de pages et de courtisans en habits de soie qui vont   10
d'un groupe à l'autre quêter des nouvelles à voix basse. Sur les larges

---

[1] titre donné par l'auteur
[2] des mercenaires d'origine suisse
[3] parlent, discutent
[4] gentilshommes chargés des chambres des souverains
[5] chefs des domestiques

perrons, les dames d'honneur éplorées se font de grandes révérences en essuyant leurs yeux avec de jolis mouchoirs brodés.

Dans l'Orangerie[6], il y a nombreuse assemblée de médecins en robe. On les voit, à travers les vitres, agiter leurs longues manches noires et incliner doctoralement leurs perruques à marteaux[7] . . . Le gouverneur[8] et l'écuyer du petit Dauphin se promènent devant la porte, attendant les décisions de la Faculté[9]. Des marmitons[10] passent à côté d'eux sans les saluer. M. l'écuyer jure comme un païen, M. le gouverneur récite des vers d'Horace[11] . . . Et pendant ce temps-là, là-bas, du côté des écuries, on entend un long hennissement plaintif. C'est l'alezan[12] du petit Dauphin que les palefreniers[13] oublient et qui appelle tristement devant sa mangeoire vide.

Et le roi! Où est monseigneur le roi? . . . Le roi s'est enfermé tout seul dans une chambre, au bout du château . . . Les Majestés n'aiment pas qu'on les voie pleurer . . . Pour la reine, c'est autre chose . . . Assise au chevet du petit Dauphin, elle a son beau visage baigné de larmes, et sanglote bien haut devant tous, comme ferait une drapière[14].

Dans sa couchette de dentelles, le petit Dauphin, plus blanc que les coussins sur lesquels il est étendu, repose, les yeux fermés. On croit qu'il dort; mais non. Le petit Dauphin ne dort pas . . . Il se retourne vers sa mère, et voyant qu'elle pleure, il lui dit:

«Madame la Reine, pourquoi pleurez-vous? Est-ce que vous croyez bonnement que je m'en vais mourir?»

La reine veut répondre. Les sanglots l'empêchent de parler.

«Ne pleurez donc pas, madame la reine; vous oubliez que je suis le Dauphin, et que les Dauphins ne peuvent pas mourir ainsi . . . »

La reine sanglote encore plus fort, et le petit Dauphin commence à s'effrayer.

«Holà, dit-il, je ne veux pas que la mort vienne me prendre, et je saurai bien l'empêcher d'arriver jusqu'ici . . . Qu'on fasse venir sur l'heure quarante lansquenets[15] très forts pour monter la garde autour de notre lit! . . . Que cent gros canons veillent nuit et jour, mèche allumée, sous nos fenêtres! Et malheur à la mort, si elle ose s'approcher de nous! . . . »

Pour complaire à l'enfant royal, la reine fait un signe. Sur l'heure, on entend les gros canons qui roulent dans la cour; et quarante grands

---

[6] À notre époque, lieu planté d'oranges. Ici, serre où l'on gardait les oranges pendant l'hiver.
[7] bob-wig
[8] professeur particulier
[9] la Faculté de médecine (les médecins)
[10] jeunes gens qui aident à la cuisine
[11] poète latin
[12] cheval brun
[13] valets qui s'occupent des chevaux
[14] marchande de drap
[15] soldats allemands mercenaires

lansquenets, la pertuisane[16] au poing, viennent se ranger autour de la chambre. Ce sont de vieux soudards[17] à moustaches grises. Le petit Dauphin bat des mains en les voyant. Il en reconnaît un et l'appelle: 50

«Lorrain! Lorrain!»

Le soudard fait un pas vers le lit:

«Je t'aime bien, mon vieux Lorrain . . . Fais voir un peu ton grand sabre . . . Si la mort veut me prendre, il faudra la tuer, n'est-ce pas?»

Lorrain répond: 55

«Oui, monseigneur.»

Et il a deux grosses larmes qui coulent sur ses joues tannées.

À ce moment, l'aumônier s'approche du petit Dauphin et lui parle longtemps à voix basse en lui montrant un crucifix. Le petit Dauphin l'écoute d'un air fort étonné, puis tout à coup l'interrompant: 60

«Je comprends bien ce que vous me dites, monsieur l'abbé: mais enfin est-ce que mon petit ami Beppo ne pourrait pas mourir à ma place, en lui donnant beaucoup d'argent? . . . »

L'aumônier continue à lui parler à voix basse, et le petit Dauphin a l'air de plus en plus étonné.   65

Quand l'aumônier a fini, le petit Dauphin reprend avec un gros soupir:

«Tout ce que vous me dites là est bien triste, monsieur l'abbé; mais une chose me console, c'est que là-haut, dans le paradis des étoiles, je vais encore être le Dauphin . . . Je sais que le bon Dieu est mon   70
cousin et ne peut pas manquer de me traiter selon mon rang.»

Puis il ajoute, en se tournant vers sa mère:

«Qu'on m'apporte mes plus beaux habits, mon pourpoint d'hermine blanche et mes escarpins de velours! Je veux me faire brave pour les anges et entrer au paradis en costume de Dauphin.»   75

Une troisième fois, l'aumônier se penche vers le petit Dauphin et lui parle longuement à voix basse . . . Au milieu de son discours, l'enfant royal l'interrompt avec colère:

«Mais alors, crie-t-il, d'être Dauphin, ce n'est rien du tout!»

Et, sans vouloir plus rien entendre, le petit Dauphin se tourne vers   80
la muraille, et il pleure amèrement.

Alphonse Daudet, «La Mort du Dauphin», *Lettres de mon moulin*, Paris, Fasquelle (Livre de poche), 1962, pp. 122–126.

---

[16] genre de lance
[17] soldats (mot ancien); sens moderne: individu grossier

COMPRÉHENSION ET APPRÉCIATION

1. À quoi les trois premiers paragraphes sont-ils consacrés?
2. Que veut dire l'auteur par **bedaines dorées** (l. 7)?
3. Pourquoi l'écuyer jure-t-il (l. 19)?
4. Qu'est-ce qui montre l'importance du gouverneur et de l'écuyer?
5. Quel sentiment pousse le roi à cacher ses larmes?
6. Dans la brève description que l'auteur fait du Dauphin, quels mots indiquent que l'enfant est très malade?
7. Quel pronom, utilisé par le Dauphin, montre qu'il prend au sérieux son rôle de futur roi?
8. Dans la façon de s'exprimer du Dauphin, qu'est-ce qui montre qu'il a l'habitude de donner des ordres?
9. Daudet excelle à trouver le détail descriptif qui fait vivre ses personnages. Relevez quatre exemples de ces détails descriptifs et expliquez votre choix.

VOCABULAIRE ET STRUCTURES

1. Justifiez l'emploi de **de**, article indéfini (l. 3). Trouvez, dans le texte, trois exemples de **de** employé dans des structures parallèles.
2. **pleines de** (l. 10). Qu'est-ce que **de** exprime ici? Trouvez trois autres adjectifs suivis de **de** ayant le même sens.
3. «jure comme un païen» (l. 19). Complétez les comparaisons suivantes. Servez-vous du dictionnaire, s'il y a lieu:
   a) boire comme un . . .
   b) manger comme un . . .
   c) fumer comme un . . .
   d) nager comme un . . .
   e) dormir comme un . . .
4. Le **hennissement** (l. 21) est le cri du cheval. Comment appelle-t-on le cri de la vache, du chat, du chien, de la poule, du lion? Quels sont les verbes dont sont dérivés ces noms?
5. De quel mot sont dérivés:
   a) **éplorées** (l. 12)   c) **couchette** (l. 29)
   b) **mangeoire** (l. 23)   d) **dentelles** (l. 29)?
   Trouvez trois mots de la même famille que chacun de ces quatre mots.
6. Remplacez **sur lesquels** (l. 30) par un autre pronom relatif.
7. Justifiez l'emploi du subjonctif dans (a) **voie** (l. 26); (b) **vienne** (l. 40). Relevez trois autres subjonctifs dans le texte et justifiez-en l'emploi.
8. Remplacez les expressions suivantes par des expressions équivalentes:
   a) **vont au pas** (l. 5)   e) **bonnement** (l. 34)
   b) **en émoi** (l. 8)   f) **a l'air** (l. 64–65)
   c) **quêter** (l. 11)   g) **avec colère** (l. 78)
   d) **au chevet** (l. 27)

Un peu de sel . . . .

QUELQUES S . . .

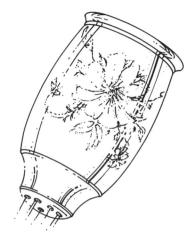

Six cent six Suisses suçaient sans cesse et sans souci six cent six saucissons sans sauce.

DU NOUVEAU: LES ADJECTIFS ET PRONOMS INTERROGATIFS VARIABLES

Quel—Quelle—Quels—Quelles: Adjectifs interrogatifs

1. De **quel** Dauphin s'agit-il?
   À **quel** vieux soldat a-t-il parlé?
   Quels sont les médecins qui soignent le Dauphin?
   Quelles dames sanglotent?

   Les **adjectifs** interrogatifs **quel**, **quelle**, **quels**, **quelles** s'accordent avec le nom qu'ils qualifient.

2.   Lequel, etc.: pronom interrogatif

	MASCULIN SINGULIER	FÉMININ SINGULIER	MASCULIN PLURIEL	FÉMININ PLURIEL
	lequel	laquelle	lesquels	lesquelles
+ à	auquel	à laquelle	auxquels	auxquelles
+ de	duquel	de laquelle	desquels	desquelles

   Lequel des soldats a salué le gouverneur?
   Laquelle des dames a pleuré?
   Avec **lesquels** les médecins ont-ils parlé?
   Auquel de ses amis a-t-il pensé?
   Avez-vous vu ces beaux escarpins? **Desquels** avez-vous envie?

   Lequel, etc., **pronom** interrogatif, s'emploie pour les personnes et pour les choses. Il indique **un choix** et est du même genre que le nom qu'il remplace.

APPLICATION

Remplacez le tiret par la forme voulue de **quel** ou de **lequel**.

MODÈLES: Dans _____ église auront lieu les funérailles?
           Dans **quelle** église auront lieu les funérailles?

           De ces deux voitures, _____ préfères-tu?
           De ces deux voitures, **laquelle** préfères-tu?

1. Dans _____ rues les voitures vont-elles au pas?
2. _____ des suisses les bourgeois ont-ils parlé?
   —Au plus grand.

3. _____ des courtisans as-tu appris la nouvelle?
 —De celui de gauche.
4. Avec _____ mouchoir s'est-elle essuyé les yeux?
5. _____ des médecins ont examiné l'enfant?
6. Dans _____ chambre le roi s'est-il enfermé?
7. _____ des gros canons ont été amenés sous les fenêtres?
8. _____ des soldats le Dauphin a-t-il parlé?
 —À Lorrain.
9. _____ de ses amis le Dauphin voudrait-il demander de prendre sa place?
10. _____ idée se fait-il du paradis?

RÉCAPITULATION

Posez la question à laquelle répondent les mots en caractères gras en utilisant un **pronom interrogatif**. Évitez **est-ce que** dans la mesure du possible et faites les changements nécessaires.

MODÈLES: **Les enfants** sont malades.
 Qui est malade?

 C'est **à ce médecin-là** qu'il a parlé.
 Auquel des médecins a-t-il parlé?

1. Ils ont oublié **le cheval**.
2. **Les rues** sont silencieuses.
3. Il a passé par **celle-là**.
4. Il a choisi **le bel alezan**.
5. Le petit Dauphin est étendu sur **les coussins**.
6. **Les sanglots** l'empêchent de parler.
7. **Les Dauphins** ne peuvent pas mourir ainsi.
8. Il a appelé **celui-là**.
9. Le soldat fait un pas vers **le lit**.
10. **Deux grosses larmes** coulent sur ses joues.
11. Il lui montre **un crucifix**.
12. Il se tourne vers **celle-là**.
13. C'est à **celui de droite** que j'ai donné le livre.
14. **Cette dame-là** m'a parlé hier.

DU NOUVEAU: POUR ÉVITER LE SUBJONCTIF

Les subjonctifs imparfait et plus-que-parfait sont peu euphoniques, sauf à la troisième personne. Ils ne sont pas utilisés dans la conversation, si ce n'est, parfois, dans un but humoristique (voir p. 64). Mais il vaut souvent mieux éviter le subjonctif, même au présent ou au passé, et employer une construction plus simple quand c'est possible.

1. Le petit Dauphin ne croit pas **qu'il doive mourir**.
 Le petit Dauphin ne croit pas **devoir mourir**.

Elle ne pleurera pas avant **qu'elle ait vu mourir le Dauphin**.
Elle ne pleurera pas avant **d'avoir vu mourir le Dauphin**.

> Quand la proposition principale et la subordonnée ont le même
> sujet, on utilise de préférence un infinitif dans la subordonnée.

2. **Bien qu'il soit riche**, il n'est pas heureux.
   Malgré sa richesse, il n'est pas heureux.

   Avant que le Dauphin ne tombe malade, la résidence était joyeuse.
   Avant la maladie du Dauphin, la résidence était joyeuse.

   Je suis heureux **qu'il soit guéri**.
   Je suis heureux **de sa guérison**.

   Croyez-vous **que l'enfant soit malade**?
   Croyez-vous **l'enfant malade**?

   > La proposition subordonnée peut être remplacée par un nom ou une
   > construction adjectivale.

3. La reine est heureuse **que le curé arrive**.
   La reine est heureuse **de voir arriver le curé**.

   Cela suffit pour **que l'enfant pleure**.
   Cela suffit pour **faire pleurer l'enfant**.

   Elles sont désolées **qu'ils aient eu un accident**.
   Elles sont désolées **d'apprendre leur accident**.

   > On peut insérer un infinitif tel que **voir**, **apprendre**, **savoir**,
   > **faire**, etc.

4. Il faudra **qu'on lui parle**.   Il faut **qu'on cache** ses larmes.
   Il faudra **lui parler**.   Il faut **cacher** ses larmes.

   Il faut **qu'il meure**.   Il est impossible **qu'il guérisse**.
   Il **lui** faut **mourir**.   Il **lui** est impossible **de guérir**.

   > Après certaines expressions impersonnelles, en particulier après
   > **il faut**, on peut employer un infinitif avec un objet indirect, s'il
   > y a lieu.

5. **Il faut que** le roi reste dans sa chambre.
   Le roi **doit**[1] rester dans sa chambre.

   ---
   [1] Il faut se rappeler, toutefois, que **devoir** n'indique pas toujours l'obligation (voir
   p. 288).

> Le petit Dauphin fait le brave, **bien qu'**il ait peur.
> Le petit Dauphin fait le brave; **pourtant**, il a peur.

> On peut formuler la phrase de façon différente en utilisant un autre verbe principal, une conjonction ou un adverbe.

APPLICATION

Transformez les phrases suivantes de façon à éviter le subjonctif:

MODÈLE: Des cierges brûlent pour que l'enfant guérisse.
Des cierges brûlent pour **la guérison de l'enfant**.

1. Il faut que les voitures aillent au pas devant la résidence.
2. Quoique le château soit en émoi, les suisses causent d'un air indifférent.
3. Les parents de l'enfant attendent que les médecins prennent une décision.
4. La reine sanglote tout haut sans qu'elle ait honte.
5. La douleur de la reine empêche qu'elle ne parle.
6. Crois-tu que le roi soit enfermé dans sa chambre?
7. Est-il possible qu'il comprenne l'aumônier?
8. Elle ordonne qu'on fasse venir quarante soldats.
9. Les dames d'honneur sont heureuses que l'enfant soit guéri.
10. Le gouverneur et l'écuyer se promènent devant la porte en attendant que le prêtre arrive.
11. Croit-il qu'il soit plus important que Beppo?
12. «Il faudra que tu tues la mort, Lorrain».

DISCUSSIONS À BÂTONS ROMPUS

1. Est-ce que les privations endurées au cours de l'enfance nous apprennent à mieux faire face aux difficultés de l'existence?
2. Les gens haut placés sont-ils plus heureux que ceux qui ont une situation modeste?
3. Croyez-vous que pleurer en public soit une marque de faiblesse?

SUJETS POUR DÉBATS

1. Ce sont les gens qui aiment le plus la vie qui pensent le plus à la mort.
2. La religion est un réconfort pour qui souffre.
3. Devant la maladie et la mort, tous les êtres sont égaux.

DEVOIRS ÉCRITS

1. Imaginez la conversation entre l'aumônier et le Dauphin et écrivez-la sous forme de dialogue.
2. Écrivez une lettre à un(e) ami(e) qui est à l'hôpital pour lui souhaiter un prompt rétablissement.

PRÉSENTATIONS ORALES

1. Choisissez deux *Lettres de mon moulin* humoristiques (par exemple: «Le Curé de Cucugnan», «Les Trois Messes basses», «La Mule du pape») ou tragiques («L'Arlésienne», «La Chèvre de M. Seguin,» «Le Secret de Maître Cornille») et résumez-les en faisant ressortir les qualités du conteur.
2. Vous lirez et résumerez *Le Petit Chose*.

TRAVAIL D'ÉQUIPE

L'équipe écrira et interprétera un petit sketch intitulé: «Conversation autour du lit d'un malade».

NOUS CONCLUONS . . .

Les auteurs sont partagés en ce qui concerne le bonheur que procure la richesse et la souffrance que cause la pauvreté. Pour les jeunes de *Zone*, manque d'argent signifie aussi absence d'espoir, et c'est ce sentiment qui les pousse au crime. Pour Phédon, la pauvreté est une honte qui colore toutes ses actions, qui le rend timide et gauche. Cercle vicieux, car cette timidité et cette gaucherie le rendent ridicule et le font mépriser par une société impitoyable. En revanche, pour le savetier, homme sans ambition, satisfait du peu qu'il possède, l'argent est un fardeau. Il est également un fardeau pour le financier qui ne connaît aucun repos parce qu'il craint de perdre cela même «qui cause nos peines». Si Giton, lui, jouit de sa fortune, il est arrogant et grossier; mais la société qui flatte les riches et leur accorde une admiration dont ils sont indignes est responsable de leur attitude méprisante. D'ailleurs, si certains vivent dans l'abondance et d'autres dans le dénuement, la mort a tôt fait de rendre tous les hommes égaux. À ses yeux, il n'y a ni riches ni pauvres, rien que des mortels, comme l'apprend à ses dépens le Dauphin.

VOUS CONCLUEZ . . .

1. Lequel des auteurs, à votre avis, a le mieux décrit les effets de la pauvreté (ou de la richesse) et pourquoi?
2. Faites votre propre portrait du riche et du pauvre.

U·N·I·T·É·9

LA NAISSANCE ET LA MORT

La naissance et la mort sont, sans aucun doute, les deux grands événements de toute vie humaine. Il ne faut pas s'étonner, cependant, que beaucoup moins de pages aient été consacrées à la naissance qu'à la mort. Nous ne nous souvenons pas de notre naissance, mais quel être pensant ne songe pas à la mort? Toutefois, certains écrivains du XIXe — et surtout du XXe — siècles ont décrit la naissance et les sentiments qu'elle éveille, en particulier chez la mère.

LES CRAPAUDS — BROUSSE

Tierno Monénembo est né en 1947, à Poré-
daka, en Guinée (Afrique). Il a quitté son
pays natal en 1969 et a vécu au Sénégal, en
Côte d'Ivoire, en France et enseigne maintenant la biochimie en Algérie. Il est l'auteur
de deux romans: *Les Crapauds-brousse*
(1969) et *Les Écailles du ciel* (1986).

UNE MÈRE MARTYRE

La mère de Diouldé a quitté son village pour venir s'installer chez son fils, à la ville. Mère, comme on l'appelle, a l'habitude de se plaindre et de sermonner. En réalité, elle est très fière de ce précieux fils dont elle rappelle ici la naissance.

—Mère, pour une fois que vous avez la chance de vous reposer, profitez-en, intercédait Râhi[1].

—Râhi, tu connais donc mal Mère, disait alors Diouldé. Elle a besoin de la fureur de père; je crois qu'elle commence à avoir la nostalgie de sa hargne et de sa grogne[2].

—Que veux-tu, fils? Sur cette terre, chacun a son propriétaire; le mien c'est ton père. Et puis tu sais, Diouldé, il y a du travail qui m'attend à Bouroûrè.

—Travail? Dites plutôt corvée. Depuis que je suis né, je ne vous ai pas vue à l'ombre. Vous n'avez fait que piocher, semer, récurer et servir. Et père n'a jamais été satisfait de vous. Je ne lui ai jamais entendu un mot gentil pour vous. Pas un fil, pas un grain pour vous. Tout pour ses successives jeunes épouses. *Hâaa Môdi*[3]!

—Ce que tu dis n'est peut-être pas faux, mais je sens que tu en veux à ton père, Diouldé.

—En vouloir ou ne pas en vouloir . . .

—*Fankou*[4]! Diouldé, s'il est vrai que je suis ta mère, celle qui t'a souffert neuf mois au creux des entrailles[5], je t'interdis de prendre ce ton quand tu parles de ton père. Ton père c'est ton père! Tu n'as pas d'avis sur lui, même si aujourd'hui, grâce à Dieu, tu es pour ainsi dire arrivé à quelque chose. Ta grande maison, ta belle voiture, on dirait le paradis; un don de Dieu, certes, mais aussi le prix de mon dévouement et de ma résignation. Les coups de ton père, que je n'ai jamais esquivés, les injures qui ne m'ont pas fait bouder, les privations qui ne m'ont pas révoltée te valent aujourd'hui ce que tu as, ce que tu es. Un seul mauvais geste, Diouldé, et tout va chambouler[6] et te ravaler[7] au rang de fils maudit.

—Mère, Dieu qui nous écoute sait que je n'ai de pitié que pour vous, mais il sait aussi que j'ai de la peine à voir ce que père fait. Quand j'étais enfant, n'a-t-il pas dit que je ne réussirais jamais puisque je suis le fils d'une impure? Aujourd'hui, il me traite de maudit parce que, dit-il, je ne lui envoie pas assez d'argent. Et le peu que j'arrive à vous

[1] femme de Diouldé
[2] de ses colères et de sa mauvaise humeur
[3] sorte de juron (note de l'auteur)
[4] Silence. (note de l'auteur)
[5] dans son ventre
[6] tout va être détruit
[7] te réduire

◄ Un sculpteur au travail en Guinée.

envoyer à vous qui n'avez ni vaches, ni terres, ni femmes, qui n'avez que moi, il s'empresse de vous en démunir. Non, Mère, je ne veux pas être mal élevé, mais que dire alors?

—Te taire, fils; te taire et laisser faire[8] comme tu m'as vu faire moi-même. Le soleil est d'une chaleur torride le jour, mais qui n'empêche en rien la venue du crépuscule. Tout finit par passer, fils, tout.

—Vous l'avez dit, Mère, vous l'avez dit.

—Mieux vaut, fils, mieux vaut pour tous. Hoûhoun[9], quel éclair, cette vie . . .

—Oui, je vous concède tout, mais je vous en prie, ne recommencez pas . . .

—Oui, un vrai éclair. Je me souviens . . . Ce sont tes petits bras qui me rappellent toujours . . . Ce crabe qui battait l'air de ses pinces et que les femmes âgées lavaient derrière la case. Lavaient? Une goutte d'eau aurait suffi pour te noyer. Dans la cour, le griot chantait: «Un don du ciel! À nous la miséricorde de Dieu! Une fleur de plus sur l'arbre de la Bénédiction! L'enfant est né. Que mille *tabalas*[10] rugissent, qu'autant de voix le clament. Le jour est grand qui nous l'amène! L'enfant est né! Un choeur, je dis; qu'un choeur de prières grandisse pour s'élever jusqu'au ciel. Malheur sur le chemin de qui ne sait pas dire merci au propriétaire de nos humbles âmes. *Yettou Alla jarnâmo!*[11] Alfâ Bâkar, fils d'Oumarou Sow, lui-même fils de Siré Sow le guerrier aux deux bras, un pour écraser l'ennemi, l'autre pour nourrir l'ami de Dieu, l'homme à la parole juste et aux gestes généreux . . . Alfâ Bâkar, ta souche est pureté, et merveille est ta descendance. Regarde et remercie Dieu . . . Le pleur de vie du grand bébé, le sourire heureux de ta biche . . . »

«Moi, j'étais couchée dans le petit lit en terre, le corps tout ankylosé, l'âme hantée par l'angoisse: vivrais-tu? ne vivrais-tu pas? Ces questions suffisaient pour reléguer à un plan mille fois secondaire les fourmillements qui faisaient vibrer mon corps, la déchirure qui chauffait mes entrailles. Je n'eus de cesse à[12] me tourmenter que quand je sus que grâce à Dieu tu avais vécu, que dis-je? survécu, et que cette fois pour de bon j'avais un enfant, un vrai fils, tout en chair et en os, dont je sentais la flamme de vie me réchauffer le ventre. Je sortais d'un coma séculaire et je sentais tes pleurs, tes grimaces de singe pestiféré, la chaleur de braise de ton corps rondelet me ranimer. Jusqu'ici le regard de Dieu ne s'était pas ouvert sur moi; mes enfants, tes deux aînés, étaient morts juste après leur naissance. Woûri[13], les réprimandes acerbes de ton père, le *venin* du voisinage, la déception allant à l'outrance ressentie par mes cousins qui restaient de ma famille, l'humi-

[8] ne pas intervenir
[9] Vraiment!
[10] tambours de solennité (note de l'auteur)
[11] Salue Dieu et remercie-le! (note de l'auteur)
[12] je ne cessai de
[13] un autre nom de Diouldé (voir plus loin)

liation en un mot, je ne saurais te la décrire. Je me souviens des mots de ton père: «Je croyais avoir pris femme, voilà que c'est une pierre 75 qui m'est tombée dessus. Une pierre, je te dis! Tu entends! Une pierre! Pauvre chevrette, tu ne sais même pas ce que c'est. Une pierre! Une masse rude à laquelle il manque le jus de la fécondité[14]. *Lâ ilâha ilallâhou*[15]! Qu'ai-je donc fait au Maître de ce monde?»

«Me voilà alors courant le pays à la recherche d'un guérisseur, au 80 guet d'un homme miraculeux pour me soulager de la lèpre. J'échangeai l'or qui me restait contre des amulettes, et des flacons de *nassi*[16]. Mais, cette fois, je le tenais, mon enfant; je te tenais si fort qu'un instant je m'affolai de t'avoir étranglé . . . Hoûhoun, un vrai éclair . . . Neuf mois, neuf mois durant je t'avais senti pousser. Tout mon être était 85 tendu vers le moindre bruit de mon ventre. J'ai supporté tes grouillements, j'ai attendu plus longtemps qu'une mère doit attendre, et toi, petit coquin, déjà non content de venir à temps, tu avais choisi de venir au mois de carême. Vingt-neuf jours de crachats et de faim[17] . . . Qu'est-ce que[18] tu m'as torturée, petit diable . . . 90

Diouldé était né le vingt-neuvième jour du mois de ramadan, à la veille de la fête du même nom. La coutume voulait qu'un tel enfant, venu au monde à l'approche d'une fête, fût appelé Diouldé, c'est-à-dire «fête». D'un autre côté, un enfant né après une fausse couche devait porter le nom de Woûri, ce qui veut dire «le survécu». Sans 95 compter que tout bon musulman se rompt à coller à son premier rejeton le nom sacro-saint du grand prophète.[19] Autant de raisons qui feront prénommer Diouldé, Mamadou Woûri Diouldé, nom éloquent sans doute, mais irritant par sa longueur et aussi par l'absurdité de ces prénoms qui décidément n'étaient pas faits pour aller ensemble. Un cli- 100 vage s'était tout de suite opéré entre le père et la mère. Le père appelait l'enfant Diouldé, prénom de pompes à l'honneur d'une radieuse moisson. La mère l'appelait Woûri, ultime soupir d'une âme en naufrage[20] qui, enfin, tenait tête au-dessus de l'eau.

Extrait de Tierno Monénembo, *Les Crapauds-brousse*, Paris, Éditions du Seuil, 1979, pp. 24–28.

---

[14] la fertilité
[15] façon d'implorer la miséricorde de Dieu
[16] sorte de potion magique (note de l'auteur)
[17] Les musulmans jeûnent et n'avalent pas leur salive pendant le ramadan. Le ramadan correspond au Carême chrétien, période de 40 jours qui précèdent Pâques.
[18] combien
[19] s'efforce de donner à son premier enfant le très saint nom du prophète Mahomet.
[20] tourmenté

COMPRÉHENSION ET APPRÉCIATION

1. Où travaille la mère lorsqu'elle est au village?
2. Que signifie ici l'expression «à l'ombre» (l. 10)?
3. Selon la mère, à quoi est dû le succès du fils?
4. Pourquoi ne veut-elle pas que Diouldé critique son père?
5. Quelle caractéristique domine chez la mère? Quelle phrase le montre le plus clairement?
6. Complétez la phrase de Diouldé: «Ne recommencez pas . . . » (l. 42–43).
7. Expliquez pourquoi l'enfant est comparé à un crabe.
8. Comment s'appelle le grand-père de Diouldé?
9. Expliquez «Le pleur de vie du grand bébé, le sourire heureux de ta biche . . . » (l. 58–59).
10. Pourquoi la mère a-t-elle douté que le bébé vive?
11. Pourquoi la femme est-elle comparée à une pierre (l. 75)?
12. Qu'est-ce que **la lèpre** (l. 81) ici?
13. Expliquez la prédilection du père pour le prénom Diouldé et celle de la mère pour Woûri. Qu'est-ce que cette prédilection révèle quant au caractère des personnages?
14. Quels sont les seuls paragraphes où le narrateur parle?
15. Le style de la mère est rempli d'images. Relevez-en quatre.

VOCABULAIRE ET STRUCTURES

1. Faites deux phrases illustrant la différence de sens entre **travail** et **corvée** (l. 9).
2. «Je ne lui ai jamais entendu un mot gentil» (l. 11–12). Que dirait-on plus correctement?
3. Justifiez la terminaison des participes passés:
   a) **esquivés** (l. 23)
   b) **fait** (l. 24)
   c) **révoltée** (l. 25).
4. Quel est le mode de **rugissent** (l. 49)? Pourquoi est-il utilisé ici? Trouvez deux autres verbes au même mode.
5. **de qui** (l. 52). Que dirait-on dans un style plus simple?
6. Trouvez, dans le texte, une expression équivalente à:
   a) **satisfait** (l. 11)
   b) **né** (l. 49)
   c) **entrailles** (l. 64)
   d) **au guet** (l. 80–81).
7. Trouvez, dans le texte, deux exemples de suffixes diminutifs. Donnez trois autres mots formés à l'aide de chacun de ces suffixes.
8. Donnez le contraire des expressions suivantes:
   a) **à l'ombre** (l. 10)
   b) **satisfait** (l. 11)
   c) **gentil** (l. 12)
   d) **quelque chose** (l. 21)

e) **ravaler** (l. 26)

f) **peine** (l. 29)

g) **réussirais** (l. 30)

h) **crépuscule** (l. 38).

9. Trouvez deux mots de la même famille que:

a) **fourmillements** (l. 62)

b) **humiliation** (l. 73)

c) **guérisseur** (l. 80)

d) **veille** (l. 92)

e) **couche** (l. 94).

Un peu de sel . . . .

«Dieu a sagement agi en plaçant la naissance
avant la mort, sans cela, que saurait- on
de la vie?»

Alphonse Allais

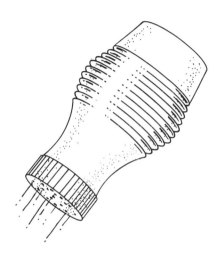

DU NOUVEAU: LE SUBJONCTIF APRÈS QUELQUES LOCUTIONS

Le subjonctif est utilisé:

1. **Quelle que soit la fureur** du père, elle se tait. (= *whatever*)
   Quelles qu'elles soient, je ne les aime guère. (= *whoever*)

   après les adjectifs **quel, quels, quelle, quelles** + **que** + **être**. Ces adjectifs s'accordent avec le sujet du verbe.

2. **Quelques** réprimandes **qu'**elle **reçoive**, elle se résigne.
   (= *whatever*)

   après l'adjectif **quelque(s)** + **nom** + **que**. **Quelque(s)** s'accorde avec le nom qu'il qualifie.

3. **Qui que** tu **sois**, respecte ton père!
   (= *whoever*)
   Je ne parle pas à **qui que** ce **soit** qui vienne du village.
   (= *whomever*)
   Quoi que vous lui **concédiez**, il ne sera pas satisfait.
   (= *whatever*)
   Dioulté a toujours tort pour sa mère, **quoi que** ce **soit** qu'il fasse.
   (= *whatever*)

   après les locutions pronominales objets **qui que, qui que ce soit qui, qui que ce soit que** pour les personnes; après les locutions pronominales objets **quoi que, quoi que ce soit que** pour les choses.

   Remarques: 1. Les tournures **qui que ce soit que**, **quoi que ce soit que** sont lourdes et devraient être évitées.
   2. Ne confondez pas la locution **quoi que** et la conjonction **quoique** (= bien que).

4. **Où qu'**elle **aille**, elle rencontre ce monsieur.

   après la locution **où que**.

5. **Quelque** généreux **que** nous nous **montrions**, elle se plaint.
   (= *however*)
   Tout heureuse **qu'**elle **paraisse**, elle est maltraitée par son mari.
   (= *however*)
   Si stupidement **qu'**il **agisse**, elle pardonne à ce fils.
   (= *however*)

   Après les locutions adverbiales invariables:
   quelque . . . que, tout . . . que, si . . . que + adjectif ou adverbe.

APPLICATION

Remplacez le tiret par la locution qui convient:

MODÈLE: _____ malade _____ elle soit, il faudra qu'elle se lève.

        Quelque malade **qu'**elle soit, il faudra qu'elle se lève.

1. À _____ date _____ il naisse, ce sera jour de fête.
2. _____ on fasse pour Mère, elle a besoin de son mari.
3. _____ tu sois né, ta patrie est maintenant le Canada.
4. _____ belles _____ soient ta maison et ta voiture, je préfère les miennes.
5. _____ coups _____ elle reçoive, elle ne se plaint jamais.
6. _____ nous lui envoyions, elle est toujours fauchée.
7. Ne parlez pas à _____ !
8. De _____ vous parliez, je ne vous comprends jamais.
9. _____ éloquent _____ soit son nom, l'homme est désagréable.
10. _____ vous soyez, je ne vous connais pas.
11. _____ soient les amulettes qu'elle porte, elle ne sauvera pas son fils.
12. _____ vous souffriez, tout finit par passer.

RÉCAPITULATION

Remplacez le verbe de la proposition principale par la forme voulue de l'infinitif entre parenthèses. Faites les changements nécessaires:

MODÈLE: Il sait que vous parlez français. (vouloir)

        Il **veut** que vous **parliez** français.

1. Vous ne dites pas qu'elle est hantée par le passé. (croire)
2. Il ignore que nous avons tous un dictionnaire. (exiger)
3. J'affirme que l'enfant vivra. (penser)
4. Je crois qu'il viendra. (attendre)
5. Nous souhaitons que sa douleur cesse. (espérer)
6. Elle pense que son fils se taira. (désirer)
7. Je me souviens qu'il était comme un crabe. (s'étonner)
8. Je connais quelqu'un qui a la nostalgie de son village. (chercher)
9. Je m'étonne qu'il veuille venir à la fête. (regretter)
10. Il espère que vous éviterez le coup. (vouloir)
11. Elle pense qu'il achètera une Jaguar. (douter)
12. Avez-vous rencontré des enfants qui soient reconnaissants? (voir)
13. Vous ne voulez pas que nous nous affolions. (craindre)
14. Il ne sait pas qu'il doit dire merci. (croire)
15. Le garçon pense qu'il sera puni. (douter)

DISCUSSIONS À BÂTONS ROMPUS

1. La naissance d'un enfant rapproche-t-elle les époux?
2. L'instinct maternel n'existe pas.
3. Les enfants n'ont pas le droit de critiquer leurs parents.

SUJETS POUR DÉBATS

1. Les enfants uniques sont malheureux.
2. Les enfants ont le devoir de s'occuper de leurs vieux parents.
3. Le pour et le contre du divorce.

DEVOIRS ÉCRITS

1. Inventez un dialogue entre deux époux au sujet du prénom à donner à leur nouveau-né(e).
2. Mère, dans ce passage, présente certaines analogies avec *Les Belles-soeurs*. Comparez-la aux personnages de Michel Tremblay (voir p. 139).
3. Il y a certainement eu, ces derniers temps, une naissance chez des proches ou même chez vous. Décrivez comment on a fêté cet événement.

PRÉSENTATIONS ORALES

1. Vous vous documenterez sur le ramadan et en parlerez à la classe.
2. Comme Camara Laye, Tierno Monénembo est originaire de Guinée. Quelles différences de style remarquez-vous chez les deux écrivains? (Lequel utilise le français le plus classique ou le plus familier, le plus d'images, etc?)Lequel illustre le mieux sa culture?

TRAVAIL D'ÉQUIPE

Plusieurs groupes écriront chacun une scène où une mère de famille fait des reproches à ses enfants. Les scènes seront ensuite interprétées. Un groupe d'étudiant(e)s se chargera de juger les scènes et leur interprétation.

UNE SAISON DANS LA VIE D'EMMANUEL

Marie-Claire Blais, poète, dramaturge et, surtout, romancière, née à Québec en 1939, a publié son premier roman, *La Belle Bête*, alors qu'elle n'avait pas vingt ans. *Une Saison dans la vie d'Emmanuel* (1965), où la poésie et l'humour côtoient un réalisme souvent noir, est un des ouvrages les plus populaires de Blais. Le roman s'est mérité le Prix Médicis et le Prix France-Canada.

Dans le premier extrait, nous voyions la naissance du point de vue de la mère qui met un enfant au monde. Dans celui qui suit, c'est un bébé qui vient de naître qui regarde d'un oeil étonné le monde autour de lui, un monde déjà hostile.

UN NOUVEAU-NÉ REGARDE LE MONDE

Voici les premières pages du roman à l'exclusion du premier paragraphe. Emmanuel vient de naître.

Né sans bruit par un matin d'hiver, Emmanuel écoutait la voix de sa grand-mère. Immense, souveraine, elle semblait diriger le monde de son fauteuil. (Ne crie pas, de quoi te plains-tu donc? Ta mère est retournée à la ferme. Tais-toi jusqu'à ce qu'elle revienne. Ah! déjà tu es égoïste et méchant, déjà tu me mets en colère!) Il appela sa mère. 5 (C'est un bien mauvais temps pour naître, nous n'avons jamais été aussi pauvres, une saison dure pour tout le monde, la guerre, la faim, et puis tu es le seizième . . .) Elle se plaignait à voix basse, elle égrenait un chapelet gris accroché à sa taille. Moi aussi j'ai mes rhumatismes, mais personne n'en parle. Moi aussi, je souffre. Et puis, je déteste les 10 nouveaux-nés; des insectes dans la poussière! Tu feras comme les autres, tu seras ignorant, cruel et amer . . . (Tu n'as pas pensé à tous ces ennuis que tu m'apportes, il faut que je pense à tout, ton nom, le baptême . . .)

Il faisait froid dans la maison. Des visages l'entouraient, des silhouettes apparaissaient. Il les regardait mais ne les reconnaissait pas encore. Grand-Mère Antoinette était si immense qu'il ne la voyait pas en entier. Il avait peur. Il diminuait, il se refermait comme un coquillage. (Assez, dit la vieille femme, regarde autour de toi, ouvre les yeux, je suis là, c'est moi qui commande ici! Regarde-moi bien, je suis la seule personne digne de la maison. C'est moi qui habite la chambre parfumée, j'ai rangé les savons sous le lit . . .) Nous aurons beaucoup de temps, dit Grand-Mère, rien ne presse pour aujourd'hui . . .

Sa grand-mère avait une vaste poitrine, il ne voyait pas ses jambes sous les jupes lourdes mais il les imaginait, bâtons secs, genoux cruels, de quels vêtements étranges avait-elle enveloppé son corps frissonnant de froid?

Il voulait suspendre ses poings fragiles à ses genoux, se blottir dans l'antre de sa taille, (car il découvrait qu'elle était si maigre sous ces montagnes de linge, ces jupons rugueux, que pour la première fois il ne la craignait pas. Ces vêtements de laine le séparaient encore de ce sein glacé qu'elle écrasait de la main d'un geste d'inquiétude ou de défense, car lorsqu'on approchait son corps étouffé sous la robe sévère, on croyait approcher en elle quelque fraîcheur endormie, ce désir ancien et fier que nul n'avait assouvi — on voulait dormir en elle, comme dans un fleuve chaud, reposer sur son coeur. Mais elle écartait Emmanuel de ce geste de la main qui, jadis, avait refusé l'amour, puni le désir de l'homme.

—Mon Dieu, un autre garçon, qu'est-ce que nous allons devenir? Mais elle se rassurait aussitôt: «Je suis forte, mon enfant. Tu peux m'abandonner ta vie. Aie confiance en moi.»

Il l'écoutait. Sa voix le berçait d'un chant monotone, accablé. Elle l'enveloppait de son châle, elle ne le caressait pas, elle le plongeait plutôt dans ce bain de linges et d'odeurs. Il retenait sa respiration. Parfois, sans le vouloir, elle le griffait légèrement de ses doigts repliés, elle le secouait dans le vide, et à nouveau il appelait sa mère. (Mauvais caractère, disait-elle avec impatience.) Il rêvait du sein de sa mère qui apaiserait sa soif et sa révolte.

— Ta mère travaille comme d'habitude, disait Grand-Mère Antoinette. C'est une journée comme les autres. Tu ne penses qu'à toi. Moi aussi j'ai du travail. Les nouveaux-nés sont sales. Ils me dégoûtent. Mais tu vois, je suis bonne pour toi, je te lave, je te soigne, et tu seras le premier à te réjouir de ma mort . . .

Mais Grand-Mère Antoinette se croyait immortelle. Toute sa personne triomphante était immortelle aussi pour Emmanuel qui la regardait avec étonnement. «Oh! Mon enfant, personne ne t'écoute, tu pleures vainement, tu apprendras vite que tu es seul au monde!»

—Toi aussi, tu auras peur . . .

Les rayons de soleil entraient par la fenêtre. Au loin, le paysage était confus, inabordable. Emmanuel entendait des voix, des pas, autour de lui. (Il tremblait de froid tandis que sa grand-mère le lavait, le noyait plutôt à plusieurs reprises dans l'eau glacée . . .) Voilà, disait-elle, c'est fini. Il n'y a rien à craindre. Je suis là, on s'habitue à tout, tu verras. 60

Elle souriait. Il désirait respecter son silence; il n'osait plus se plaindre car il lui semblait soudain avoir une longue habitude du froid, de la faim, et peut-être même du désespoir. Dans les draps froids, dans la chambre froide, il a été rempli d'une étrange patience, soudain. Il a su que cette misère n'aurait pas de fin, mais il a consenti à vivre. 65

Extrait de Marie-Claire Blais, *Une Saison dans la vie d'Emmanuel*, Montréal, Éditions du Jour, 1970, pp. 7–9.

COMPRÉHENSION ET APPRÉCIATION

1. Pourquoi la Grand-Mère paraît-elle immense?
2. Que signifie le prénom Emmanuel?
3. À quelle époque semblent se situer les événements?
4. Pourquoi la Grand-Mère joue-t-elle un rôle plus important que la mère ici?
5. Le chapelet de Grand-Mère est **gris** (l. 9). Quelle est l'importance de cette couleur?
6. Quels sont les visages qui entourent Emmanuel?
7. Pourquoi cette famille est-elle si pauvre?
8. Un mot, nom et adjectif, revient fréquemment sous la plume de l'auteur. Quel est ce mot? Pourquoi est-il aussi fréquemment utilisé?
9. Commentez la réplique de la Grand-Mère: «Toi aussi, tu auras peur . . . » (l. 58).
10. La Grand-Mère dit ne pas aimer les nouveau-nés (l. 10). Montrez qu'elle a pourtant une certaine tendresse pour Emmanuel. Tâchez d'expliquer son attitude.
11. Pourquoi Emmanuel retient-il sa respiration (l. 44)?
12. Pourquoi Emmanuel pleure-t-il?
13. Quelle phrase ne paraît pas s'accorder avec le reste du texte? Pourquoi?
14. Relevez deux phrases où se révèle la notion d'hérédité.
15. En quoi Grand-Mère Antoinette diffère-t-elle des grands-mères traditionnelles?
16. Quel est le temps qui domine dans ce texte? Pourquoi?

VOCABULAIRE ET STRUCTURES

1. Quel est le sens de **par** dans:
   a) **par un matin d'hiver** (l. 1)
   b) **par la fenêtre** (l. 59)?
2. Justifiez le mode de:
   a) **revienne** (l. 4)
   b) **pense** (l. 13).
3. Corrigez l'orthographe de **nouveaux-nés** (l. 11). Justifiez cette correction.
4. Justifiez l'absence d'article dans **bâtons secs**, **genoux cruels** (l. 25).
5. Quel est le mode de **aie** (l. 41)?
6. Trouvez, dans le texte, un autre verbe conjugué comme:
   a) **apparaissaient** (l. 16)
   b) **se plaindre** (l. 65–66).
7. Trouvez trois mots de la même famille que:
   a) **égrenait** (l. 8)
   b) **inquiétude** (l. 32)
   c) **dégoûtent** (l. 51)
   d) **immortelle** (l. 54)
   e) **triomphante** (l. 55)
   f) **inabordable** (l. 60).
8. Trouvez une expression équivalente à:
   a) **en entier** (l. 18)
   b) **rugueux** (l. 30)
   c) **écartait** (l. 36)
   d) **jadis** (l. 37)
   e) **à plusieurs reprises** (l. 62)
   f) **il a consenti à** (l. 69).

RAPPEL: LES NOMBRES ORDINAUX

1. Le **septième** enfant joue un rôle important dans le roman.
   (**sept + ième**)
   Tu es le **seizième**. (**seiz(e) + ième**)

   > Les nombres ordinaux, qui désignent l'ordre ou le rang, sont formés en ajoutant **-ième** au nombre cardinal, en omettant le **-e** final s'il y a lieu. Ces mots sont des adjectifs qui s'accordent avec le nom ou le pronom qu'ils qualifient.

   > **Remarque:** Emmanuel aura neu**f** mois.
   > Il est le neu**v**ième enfant.

   > Attention à l'orthographe de **neuvième**, **dix-neuvième**, etc.

2. C'est la **première** de la classe, son frère est **second**; mais leurs amis sont **vingt et unième** et **vingt-deuxième**.

   > Le nombre ordinal correspondant à **un** est premier, mais dans les nombres composés, on emploie **unième**.
   > **Second** est synonyme de **deuxième**. Dans les nombres composés, on utilise **deuxième**.

3. Les **deux premiers** enfants n'ont pas vécu.
   Ce sont les **cinq dernières**.

   > **Premier** et **dernier** suivent le nombre cardinal.

APPLICATION

Écrivez en toutes lettres le nombre ordinal correspondant au chiffre donné:

MODÈLE: 22 — vingt-deuxième

1. 38
2. 40
3. 3
4. 10
5. 19
6. 5
7. 1
8. 80
9. 1000
10. 100
11. 12
12. 90

RÉCAPITULATION

A. Mettez au passé (imparfait, passé composé et plus-que-parfait):

> Emmanuel vient de naître. Il regarde Grand-Mère Antoinette et elle lui paraît immense. Elle a une large poitrine et ses jambes maigres sont cachées sous de vastes jupes rugueuses. Il fait froid dans la maison et Emmanuel a faim. Il commence à pleurer, mais Grand-Mère Antoinette lui dit de ne pas être impatient, d'attendre le retour de sa mère qui, comme d'habitude, est allée travailler aux champs. Grand-Mère prend Emmanuel dans ses bras, mais elle ne le caresse pas. Elle le lave dans de l'eau glacée, ce qui fait pleurer l'enfant encore plus fort. Enfin, sa mère arrive et le nourrit.

B. Mettez l'infinitif au temps voulu:

1. Pendant que la mère (travailler), Grand-Mère dirigeait la maison.
2. Depuis qu'Emmanuel (naître), il pleure.
3. Aussitôt que la mère (rentrer), Emmanuel cessera de pleurer.
4. Il n'est jamais content; il faut toujours qu'il (se plaindre).
5. Croyez-vous qu'il (agir) comme les autres?
6. Bien qu'il (faire) froid dans la maison, il ne semble pas que Grand-Mère s'en (apercevoir).
7. Il y avait plusieurs années qu'elle (occuper) la chambre parfumée.
8. Grand-Mère pense qu'elle (être) immortelle.
9. Reste tranquille jusqu'à ce que nous (revenir)!
10. Il semble à Emmanuel qu'il (avoir) froid jusqu'à son dernier jour.
11. Il a consenti à vivre, même s'il (savoir) que sa misère n'aura pas de fin.
12. Quoi que Grand-Mère (dire), les enfants ont peur.

DISCUSSIONS À BÂTONS ROMPUS

1. Les grands-parents ont-ils tendance à trop gâter leurs petits-enfants?
2. Les parents devraient élever leurs enfants eux-mêmes (ne pas les confier à des gardien(ne)s ou à des garderies, etc.).
3. On est toujours marqué par son enfance.

SUJETS POUR DÉBATS

1. Les compagnies devraient être obligées de fournir des garderies sur place pour les enfants de leurs employés.
2. La mère peut mieux élever un enfant que le père.
3. À la longue, les enfants profitent d'une discipline sévère.

DEVOIRS ÉCRITS

1. Imaginez ce que vous avez vu autour de vous le premier jour de votre vie et racontez-le.
2. Faites le portrait de votre grand-mère (grand-père), d'une tante ou d'un oncle.

PRÉSENTATIONS ORALES

1. Vous lirez *La Belle Bête* ou *Tête Blanche* et présenterez le roman en insistant sur la façon dont Blais peint l'enfance ou l'adolescence.
2. Présentez un ou deux poèmes de Marie-Claire Blais.

TRAVAIL D'ÉQUIPE

Travaillant par groupes, vous vous documenterez sur l'histoire du Québec dans les années 30, en particulier sur la vie des cultivateurs à cette époque. Vous échangerez votre documentation avec les autres groupes.

Un peu de sel . . . .

On entre, on crie,
Et c'est la vie.
On crie, on sort,
Et c'est la mort.

Ausone de Chancel
(1808–1876)

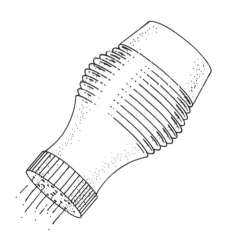

LA SAGOUINE[1]

Antonine Maillet est née en 1929 à Bouc-touche, au Nouveau-Brunswick, et est docteur-es-lettres de l'Université Laval. Auteur prolifique, elle a écrit de nombreux ouvrages: pièces de théâtre, contes, romans, et même un guide touristique (*L'Acadie pour quasiment rien*, 1973). *La Sagouine* (1971) a conquis le public, tant anglophone que fran-cophone. Le roman de Maillet, *Pélagie-la-Charrette* (1969) a obtenu le Goncourt, le prix littéraire français le plus prestigieux.

La naissance à un bout, la mort à l'autre. L'espace entre les deux est plus ou moins long, mais il paraît toujours trop court. Même les plus vieux, les plus malades quittent cette terre à regret.

> Plutôt souffrir que mourir,
> C'est la devise des hommes,

déclare La Fontaine. La Sagouine, âgée, usée par la misère et des tâches pénibles et humiliantes, voit arriver la mort avec appréhension. Elle craint surtout ce qu'il peut y avoir «de l'autre bôrd», dans «ce pays inconnu dont nul voyageur ne revient».

La Sagouine est une Acadienne de soixante-douze ans qui n'a guère connu de la vie que ses misères. Pour nourrir ses enfants, dont neuf sur douze n'ont pas vécu, elle a tout fait, mais surtout des ménages. Elle se présente d'ailleurs sur la scène avec son seau et sa vadrouille. La pièce est un long monologue où, s'adressant à un interlocuteur imaginaire, l'héroïne raconte sa vie.

LA MORT[2]

Dans le passage cité, qui constitue la fin du monologue, elle sent venir la mort et se demande ce qui l'attend dans l'au-delà.

---

[1] Une sagouine est une femme laide et malpropre, un souillon. La Sagouine fait des ménages et a toujours les mains dans l'eau sale. Elle n'a guère non plus l'occasion de se laver en hiver, dans sa cabane glacée.
[2] titre donné par l'auteur au dernier chapitre du monologue

Viola Léger dans le rôle de La Sagouine.

. . . Si seurement[1] je pouvions[2] saouère[3]. Saouère avant d'arriver de l'autre bôrd[4]. Parce qu'une fois là, il sera trop tard. Ce que j'arons[5] fait, je l'arons fait. Si y a[6] rien de l'autre côté, je nous tracasserions pas pour un rien[7]. Je pourrions vivre le temps qui nous est alloué. Ça serait pas encore un gros lotte[8], mais je le viverions sans que les boyaux[9]   5
nous le reprocheriont. Et si y a de quoi[10], quoi c'est que c'est[11] à votre dire[12]? Ça serait-i' Djeu possible[13] que je devions encore coumencer[14] à souffri' là? J'en avons-t-i' pas[15] eu assez? Va-t-i' fallouère encore, durant toute l'étarnité[16] que le Bon Djeu amène, geler les pieds du coumencement des Avents[17] à la fin du Carême[18]; manger des fayots[19]   10
réchauffés d'un dimanche à l'autre; vendre tes palourdes, tes coques[20] pis[21] tes mouques[22] de clayon en clayon[23]; porter les hardes de la femme du docteur qui te les doune[24] par charité; pis enterrer tes enfants avant qu'ils ayont les yeux rouverts[25]? . . . Ça serait-i' Djeu possible?
. . . Pourtant, j'en demandions pas tant. J'avons même pas demandé   15

---

[1] seulement
[2] La première personne du pluriel est très souvent employée au lieu de la première personne du singulier. On trouve également la terminaison -ont à la troisième personne du pluriel (cf. **reprocheriont**, l. 6).
[3] **ouère** = (v)oir; **saouère** = savoir
[4] de l'autre côté
[5] aurons, aurai
[6] s'il n'y a (Le **ne** est omis, comme dans toute langue populaire.)
[7] pour rien
[8] beaucoup
[9] mot vulgaire pour **intestins**; ici, la conscience
[10] quelque chose
[11] qu'est-ce que c'est
[12] selon vous
[13] serait-il vraiment possible
[14] commencer (**o** + **m** devient **ou**; voir plus loin, **coume**)
[15] n'en ai-je pas
[16] éternité (**e** + **r** devient souvent **ar**)
[17] de l'Avent (le mois qui précède Noël)
[18] période de pénitence d'une durée de quarante jours qui précède Pâques
[19] fèves
[20] petites palourdes. La Sagouine vit au bord de la mer et vend des fruits de mer quand il s'en trouve.
[21] puis
[22] moules
[23] de porte en porte
[24] donne
[25] ouverts

à venir au monde, parsoune[26], t'as qu'à ouère[27]! Et je demandons pas à mourir, non plus. Ça fait qu'ils allont-i' nous bailler[28] une autre vie de l'autre bôrd qui ressemblera à celle-citte[29]? Mais celle-là, je pouvons pas la refuser, je pouvons pas nous en clairer[30]. Gapi[31], lui, il dit qu'on peut s'en aller se jeter en bas du tchai[32] quand on en a eu assez de c'te charôme[33] de vie. Mais y ara-t-i'[34] un tchai de l'autre bôrd?

Je crois ben[35] que je finirai par aller ouère le docteur . . .

. . . Tout ce que je demande, c'est d'aouère la paix là-bas. Et je ferai pus[36] de mal, ça c'est garanti. D'abôrd il vient un temps où c'est qu'une parsoune a pus même le goût ni la jarnigoine[37] de mal faire. Si ils voulont que j'allions à la messe et aux sacrements, j'y serons. Même aux vêpres durant toute leur étarnité qui durera étarnellement. Je ferai tout ce qu'ils me diront. Je résisterai aux superbes et pis j'arai un extrême regret de vous avoir offensé[38]. Et pis que ça saye[39] fini. Pus d'hivers frettes[40], pus de fayots, pus de douleurs dans les boyaux, que ça saye fini.

Ben sûr, si y a de quoi de plusse[41], je ferons pas les difficiles. J'avons pas été accoutumés aux fantaisies. Je demandons pas des châteaux, ni des Californies, ni des fleurs en plastique. Mais si les anges pouvont nous sarvir du fricot au petit-noir[42] et de la tarte au coconut faite au magasin, et si Djeu-le-Pére en parsoune pouvait s'en venir câler[43] la danse le samedi souère, ça serait point de refus. Pour un paradis coume ça, je rechignerions pas devant la mort[44] . . . j'arions pus peur . . . je crèverions contents, ma grand foi Djeu oui! . . .

Dès demain, j'irai ouère le docteur.

20

25

30

35

40

Extrait d'Antonine Maillet, *La Sagouine*, Ottawa, Leméac, 1974, pp. 206–208.

---

[26] à personne
[27] tu n'as qu'à voir, c'est certain
[28] donner
[29] celle-ci
[30] l'éviter
[31] mari de la Sagouine
[32] quai
[33] charogne
[34] y aura-t-il
[35] bien
[36] je ne ferai plus
[37] la capacité
[38] expressions tirées de l'Écriture sainte et des prières. La phrase n'a guère de sens, la Sagouine ne comprenant pas toujours la signification des mots utilisés par l'Église.
[39] soit
[40] froids
[41] quelque chose de plus
[42] du ragoût de canard (particulier à l'Acadie)
[43] mot anglais **to call** (une danse carrée)
[44] j'accepterais la mort

COMPRÉHENSION ET APPRÉCIATION

1. Quel temps domine dans le premier paragraphe? Pourquoi?
2. Quelles sont les souffrances que la Sagouine a dû endurer?
3. Quel effet produisent les nombreuses questions dans ce passage?
4. Quelles remarques de la Sagouine font ressortir l'importance de la mer dans sa vie?
5. Il y a, dans le passage, une certaine révolte. Comment se manifeste-t-elle?
6. Qui le **ils** (l. 25) représente-t-il?
7. Il y a une gradation entre la phrase: «Je crois ben que je finirai par aller ouère le docteur . . . » (l. 22) et la dernière phrase. En quoi réside cette gradation? Que signifie-t-elle en ce qui concerne la Sagouine?
8. Comment la Sagouine imagine-t-elle le paradis? Qu'est-ce qui explique cette vision?
9. D'où provient l'humour dans ce passage?
10. Transcrivez le premier paragraphe en français standard. Consultez les notes.
11. Quelles caractéristiques trouvez-vous à la langue de la Sagouine qui la distinguent du français standard?

RÉCAPITULATION

A. Mettez l'infinitif au temps et au mode voulus:

1. Avant que vous n'(arriver) de l'autre côté, il faudra que vous (faire) votre examen de conscience.
2. Est-il possible qu'il (falloir) encore souffrir?
3. Si je pouvais savoir, je (vivre) en paix.
4. Connaissez-vous quelqu'un qui (pouvoir) me renseigner?
5. Je ne crois pas qu'elle (aller) voir le docteur hier.
6. Je pense qu'il (faire) tout ce que je lui dirai.
7. La Sagouine serait heureuse si les anges (servir) de la tarte.
8. Bien que vous (aimer) le travail, vous ne le faites pas bien.
9. Ah! que l'hiver (finir) vite! Que le printemps (revenir)!
10. Depuis qu'elle (être) malade, elle (répéter) qu'elle ira voir le médecin.
11. C'est la femme la plus pauvre que je (connaître).
12. Quel dommage qu'on ne (pouvoir) éviter les peines!
13. C'est la seule personne qui (vouloir) lui acheter ses moules.
14. En attendant que le beau temps (revenir), restons chez nous et (travailler).
15. Nous regrettons qu'il (être) trop tard.
16. Le médecin doute qu'elle (mourir) cette semaine.
17. Il est probable qu'elle (acheter) de la tarte au magasin ce matin.
18. Il est heureux que vous (aimer) les moules.
19. Je suis contente que vous (réchauffer) ces fèves.
20. Quoi que tu (dire), elle ne te croira pas.
21. Même si vous (se tracasser), à quoi cela sert-il?

Un peu de sel . . . .

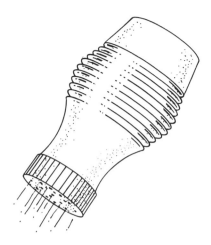

Une plaisanterie de Raymond Devos:

«L'argent fait tout. Lorsque le jeune Rockefeller a demandé à sa bonne de devenir sa femme, elle a accepté tout de suite; moi, lorsque j'ai demandé à ma femme de devenir ma bonne, elle m'a ri au nez.»

Honoré Bostel

* *

Quelques expressions pittoresques . . .

Cette pauvre femme «a mangé de la vache enragée» toute sa vie. Elle a toujours été «fauchée comme les blés», «chargée d'argent comme un crapaud de plumes».

RÉCAPITULATION

B. Remplacez le tiret par une préposition ou une locution prépositive (= un groupe de mots formant une préposition), s'il y a lieu. Faites les changements voulus:

1. La Sagouine aimerait _____ savoir ce qu'il y a _____ l'autre côté _____ y arriver.
2. Il a l'habitude _____ se tracasser _____ rien.
3. On commence _____ souffrir _____ la naissance et on continue _____ souffrir _____ la mort. Heureusement qu'il y a tout de même des moments _____ bonheur!
4. Personne n'a demandé _____ venir au monde, mais personne ne désire _____ mourir.
5. Elle a fini _____ décider _____ aller voir le docteur.
6. Il faut qu'on s'habitue _____ manger des palourdes quand on habite _____ bord _____ la mer.
7. Nous regrettons _____ ne pas avoir acheté de moules _____ la Sagouine.
8. _____ Nouveau-Brunswick, on parle _____ français.
9. Nous avons peur _____ partir _____ le Mexique _____ tremblements de terre.
10. Excusez-moi _____ être _____ retard.
11. Pouvez-vous _____ me dire où habite ce monsieur qui sait si bien _____ chanter?
12. Elle se plaint _____ son existence, mais elle a tort _____ se plaindre.
13. Nous venions _____ d'écrire à notre amie quand nous avons reçu une lettre _____ elle.
14. La Sagouine rêve _____ un paradis fait _____ les pauvres.
15. Je suis obligé _____ donner _____ manger _____ mes petits frères _____ le retour _____ mes parents qui rentrent tard.
16. Est-ce que vous vous intéressez _____ la musique? Moi, j'apprends _____ jouer _____ piano.
17. Il n'est plus jeune: il se souvient _____ la Deuxième Guerre.
18. Nous avons conseillé _____ Pierre _____ renoncer _____ poursuivre _____ ses études.
19. Il s'attend _____ réussir _____ étudier, le paresseux!
20. Ne vous rappelez-vous pas _____ le petit Emmanuel?

DISCUSSIONS À BÂTONS ROMPUS

1. Devrait-on garder en vie, par des moyens médicaux, des malades pour qui il n'y a aucun espoir de guérison?
2. Faire la charité à des mendiants dans la rue, c'est encourager la paresse.
3. Avez-vous plus peur de la maladie que de la mort?

SUJETS POUR DÉBATS

1. On devrait permettre aux gens âgés de conserver leur situation.
2. Les travailleurs manuels devraient être mieux rémunérés qu'ils ne le sont.
3. La société ne s'occupe pas assez des personnes âgées.

DEVOIRS ÉCRITS

1. Vous disposez d'un million de dollars et vous voulez en faire profiter des gens qui ont besoin d'argent. Comment distribuez-vous votre million?
2. Décrivez la Sagouine, telle que vous l'imaginez.

PRÉSENTATIONS ORALES

1. Vous lirez un des romans d'Antonine Maillet (*Pélagie-la-Charrette, Crache-à-pic, Mariaagélas*) et en parlerez à la classe en insistant surtout sur le caractère de l'héroïne.
2. Lisez le reste du chapitre «La Mort» et résumez-en les principales idées en faisant ressortir ce qui vous semble régional (= typique de l'Acadie) dans ce chapitre.

TRAVAIL D'ÉQUIPE

Vous vous documenterez sur l'histoire des Acadiens, sur les régions qu'ils occupent, leurs problèmes économiques, politiques et culturels. Vous résumerez votre documentation pour en faire un rapport.

LES VIEUX et DEMAIN, DÈS L'AUBE . . .

Auteur-compositeur-chanteur, Jacques Brel est né à Bruxelles et mort à Paris. Célèbre surtout dans les années 60-70, il a donné des représentations dans le monde entier, des États-Unis à l'Union soviétique. Bon nombre de ses chansons, inspirées souvent par la Belgique, sont satiriques, mais il est aussi capable de composer des oeuvres pleines de tendresse, comme le montre «Les Vieux».

Victor Hugo (1802–1885), né à Besançon, mort à Paris après avoir passé de nombreuses années d'exil à Jersey et à Guernesey, est le plus grand des romantiques français. Véritable géant de la littérature, il est l'auteur de poèmes, de romans, de pièces de théâtre, d'essais. Tous ses ouvrages ne sont pas des chefs-d'oeuvre, mais ses meilleurs poèmes comptent parmi les plus beaux de la langue française. Il a le goût du gigantesque, mais il sait aussi être tendre et émouvant.

Hélas! qu'on le veuille ou non, la mort a le dernier mot. Les vieux attendent la mort, ils savent que le temps qui leur est alloué peut se mesurer au compte-gouttes; il faut bien qu'ils se résignent. Mais la mort ne frappe pas seulement les vieillards. Elle frappe aussi les jeunes et coupe court à des vies qui s'annonçaient heureuses ou brillantes. Elle paraît alors plus tragique encore et plus cruelle.

LES VIEUX

Les vieux ne parlent plus ou alors seulement parfois du bout des yeux
Même riches ils sont pauvres, ils n'ont plus d'illusions et n'ont qu'un
    coeur pour deux
Chez eux ça sent le thym, le propre, la lavande et le verbe d'antan[1]
Que l'on vive à Paris[2] on vit tous en province quand on vit trop
    longtemps
Est-ce d'avoir trop ri que leur voix se lézarde quand ils parlent d'hier   5
Et d'avoir trop pleuré que des larmes encore leur perlent aux paupières
Et s'ils tremblent un peu est-ce de voir vieillir la pendule d'argent
Qui ronronne au salon, qui dit oui qui dit non, qui dit: je vous attends
Les vieux ne rêvent plus, leurs livres s'ensommeillent, leurs pianos
    sont fermés
Le petit chat est mort, le muscat du dimanche ne les fait plus chanter   10
Les vieux ne bougent plus leurs gestes ont trop de rides leur monde
    est trop petit
Du lit à la fenêtre, puis du lit au fauteuil et puis du lit au lit
Et s'ils sortent encore bras dessus bras dessous tout habillés de raide
C'est pour suivre au soleil l'enterrement d'un plus vieux, l'enterrement
    d'une plus laide
Et le temps d'un sanglot, oublier toute une heure la pendule d'argent   15
Qui ronronne au salon, qui dit oui qui dit non, et puis qui les attend
Les vieux ne meurent pas ils s'endorment un jour et dorment trop
    longtemps
Ils se tiennent la main, ils ont peur de se perdre et se perdent pourtant
Et l'autre reste là, le meilleur ou le pire, le doux ou le sévère
Cela n'importe pas, celui des deux qui reste se retrouve en enfer   20
Vous le verrez peut-être, vous la verrez parfois en pluie et en chagrin
Traverser le présent en s'excusant déjà de n'être pas plus loin
Et fuir devant vous une dernière fois la pendule d'argent
Qui ronronne au salon, qui dit oui qui dit non, qui leur dit: je t'attends
Qui ronronne au salon, qui dit oui qui dit non et puis qui nous attend   25

[1] les mots anciens
[2] même si l'on vit à Paris

Le 4 septembre, 1843, la fille de Victor Hugo, Léopoldine, s'est noyée avec son mari, au cours d'une promenade en barque sur la Seine, en Normandie. Elle n'avait pas vingt ans. Elle est enterrée à Villequier et le poète projette de faire à pied les trente-cinq kilomètres du Havre au cimetière, tel un pélerinage.

Léopoldine, à qui s'adresse le poète dans «Demain, dès l'aube . . . »

DEMAIN, DÈS L'AUBE . . .

Demain, dès l'aube, à l'heure où blanchit la campagne,
Je partirai. Vois-tu, je sais que tu m'attends.
J'irai par la forêt, j'irai par la montagne.
Je ne puis demeurer loin de toi plus longtemps.

Je marcherai, les yeux fixés sur mes pensées,   5
Sans rien voir au-dehors, sans entendre aucun bruit,
Seul, inconnu, le dos courbé, les mains croisées,
Triste, et le jour pour moi sera comme la nuit.

Je ne regarderai ni l'or du soir qui tombe,
Ni les voiles au loin descendant vers Harfleur,   10
Et, quand j'arriverai, je mettrai sur ta tombe
Un bouquet de houx vert et de bruyère en fleur.

3 septembre 1847.

Victor Hugo, «Demain, dès l'aube», *Collection Lagarde et Michard, XIXᵉ siècle*, Paris, Les Éditions Bordas, p. 178.

COMPRÉHENSION ET APPRÉCIATION

LES VIEUX

1. Expliquez «du bout des yeux» (v. 1). Sur quelle expression celle-ci est-elle calquée?
2. **le propre** (v. 3). Comment cette expression est-elle formée? Que dirait-on plus couramment? Pourquoi **le propre** est-il plus frappant ici?
3. Expliquez «on vit tous en province» (v. 4).
4. Expliquez ce que signifient le **oui**, le **non** de la pendule. Que représente-t-elle pour les vieux?
5. Expliquez les expressions suivantes:
    a) **leurs gestes ont trop de rides** (v. 11)
    b) **tout habillés de raide** (v. 13)
    c) **le temps d'un sanglot** (v. 15)
    d) **en pluie et en chagrin** (v. 21).
6. Commentez le choix des adjectifs (employés ici comme noms) **vieux** et **laide** (v. 14) s'appliquant respectivement à l'homme et à la femme.
7. Que veut dire «n'être pas plus loin» (v. 22) pour celle ou celui qui reste?
8. Commentez les derniers mots: «qui **nous** attend» (v. 25). Que veut dire ici Brel?
9. Combien de pieds a chaque vers? Où se trouvent les césures?
10. Quelle est la rime qui domine? Que semble-t-elle imiter?
11. Les répétitions sont nombreuses. Quel effet produisent-elles?
12. Trouvez un exemple d'onomatopée.

DEMAIN, DÈS L'AUBE ... .

1. Il y a dans les six premiers vers une sorte de suspense. À qui le poète donne-t-il l'impression de s'adresser?
2. Quel est le premier mot qui révèle que le poète est malheureux?
3. Par quels moyens stylistiques crée-t-il l'impression que sa décision de partir est ferme?
4. Comment crée-t-il l'impression d'intimité entre la personne à qui il s'adresse et lui-même?
5. Comment le lecteur apprend-il que le trajet sera long?
6. Qu'est-ce qui montre que le poète a cueilli les fleurs en route?
7. Que symbolisent **le houx vert** et **la bruyère en fleur** (v. 12)?
8. Quel vers utilise ici Hugo? Quelles rimes?
9. Quel effet créent les trois césures au vers 7?
10. Montrez que, malgré ce que dit le poète, la nature est présente ici.
11. Montrez que Hugo trace ici le portrait d'un homme abattu.
12. Pourquoi le poète utilise-t-il des mots très simples?

VOCABULAIRE ET STRUCTURES

LES VIEUX

1. De quel nom est dérivé **lézarde** (v. 5)? Trouvez deux autres verbes formés d'après des noms d'animaux.
2. Quel est le sens de la préposition **de** devant l'infinitif aux vers 5, 6, 7?
3. Quelle est la différence entre les infinitifs des vers 5 et 6 et celui du vers 7?
4. Faites deux phrases illustrant la différence entre **larme(s)** (v. 6) et **sanglot** (v. 15).
5. Relevez, dans le texte, six expressions antonymiques.
6. Justifiez l'orthographe de **tout** dans **tout habillés** (v. 13) et **toute une heure** (v. 15).
7. Trouvez trois mots de la même famille que:
   a) **vieux** (v. 1)
   b) **riches** (v. 2)
   c) **propre** (v. 3)
   d) **ri** (v. 5)
   e) **enterrement** (v. 14)
   f) **temps** (v. 15).
8. Les adverbes de temps sont nombreux dans ce poème, pour cause. Relevez-en cinq.

DEMAIN, DÈS L'AUBE . . .

1. Quel est le sens de **par** (v. 3), **vers** (v. 10)?
2. Faites deux phrases illustrant la différence entre **vers** et **envers**.
3. Faites une phrase de votre cru où vous utiliserez la même structure que **le dos courbé, les mains croisées** (v. 7).
4. Justifiez l'emploi du temps dans **arriverai** (v. 11).
5. Trouvez trois mots de la même famille que:
   a) **montagne** (v. 3)
   b) **dos** (v. 7)
   c) **croisées** (v. 7)
   d) **jour** (v. 8).
6. Trouvez des expressions signifiant le contraire de:
   a) **aube** (v. 1)
   b) **blanchit** (v. 1)
   c) **au-dehors** (v. 6)
   d) **courbé** (v. 7)
   e) **triste** (v. 8)
   f) **arriverai** (v. 11).
7. Remplacez les expressions suivantes par des expressions équivalentes:
   a) **dès l'aube** (v. 1)
   b) **à l'heure** (v. 1)
   c) **demeurer** (v. 4)
   d) **l'or du soir qui tombe** (v. 9)
   e) **les voiles** (v. 10).

Un peu de sel . . . .

Le lit est l'endroit le plus dangereux du monde:
   90 pour cent des gens y meurent!
****

Deux mille-pattes sont tombés amoureux
et ils se promènent
         bras dessus
           bras dessous
             bras dessus
               bras dessous
                 bras dessus
                   bras dessous
                     bras dessus
                       bras dessous
                         bras dessus
                           bras dessous
                             bras dessus
                               bras dessous
                                 bras dessus
                                   bras dessous
                                     bras dessus
                                       bras dessous
                                         bras dessus
                                           bras dessous
                                             bras dessus
                                               bras dessous . . .

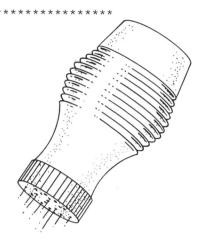

RÉCAPITULATION

A. Remplacez, s'il y a lieu, le tiret par l'article ou la préposition qui convient:

1. Est-il bon _____ avoir _____ illusions?
2. Je voudrais aller _____ France et _____ Portugal, mais mes parents ont décidé _____ aller _____ Malte.
3. Parle-t-il français? —Oui, il parle _____ français couramment.
4. _____ thym et _____ lavande ont _____ parfum qui me plaît.
5. Il est entré, _____ chapeau _____ _____ tête. Quel impoli!
6. Habitez-vous _____ Régina? —Non, j'habite _____ Alberta.
7. Vous avez toujours _____ larmes _____ paupières; mais _____ larmes _____ crocodile sont inutiles!
8. _____ temps passe vite et _____ pendule parle toutes _____ langues.
9. Il marche _____ mains _____ _____ dos.
10. Il y a souvent _____ beaux bouquets _____ cette tombe.
11. _____ plus difficile _____ deux, c'est _____ plus grand.
12. Il est parti _____ Le Havre _____ cinq heures _____ matin et il est arrivé _____ destination _____ huit heures _____ soir.
13. Il faut être gentil _____ _____ vieux; ils apprécient _____ gentillesses.
14. _____ avoir quitté _____ la Nouvelle-Orléans, nous nous sommes dirigés _____ Saint-Louis.

B. Mettez les expressions en caractères gras au pluriel. Faites les changements voulus:

1. **Elle a vécu** très longtemps dans **un bel appartement**.
2. **Je suis parti** dès l'aube et **j'ai marché** toute la journée.
3. **Il s'est fait mal au genou** en tombant.
4. **J'ai vu un pauvre vieux** tout triste qui suivait l'enterrement.
5. **Le chat** a ronronné parce qu'il était content.
6. Quand **il vient** nous voir, il a toujours **l'oeil fixé** sur la pendule.
7. **Il s'est lavé** les mains avant de venir à table.
8. **J'ai lu un Molière** quand **j'étudiais** le français.
9. **Ce nouvel ouvrage** n'est pas un best-seller, mais il est intéressant.
10. **La vieille grand-mère** gâte trop **son petit-fils**.
11. **Le grand amour** qu'a connu cette jeune fille l'a marquée.
12. Après la pluie, il y a souvent **un arc-en-ciel**.

C. Remplacez le tiret par le pronom qui convient. Faites les changements voulus.

1. Je ne comprends pas _____ _____ vous voulez dire.
2. Connaissez-vous _____ qui veuille m'accompagner?
3. As-tu tout _____ _____ tu as besoin?
4. _____ de terrible est arrivé à ce pauvre homme.
5. Irez-vous chez les vieux? — Oui, j'irai chez _____ la semaine prochaine.
6. Le monsieur au fils _____ vous avez parlé est médecin.
7. _____ qui porte le bouquet est ma soeur; _____ est ma cousine.
8. Combien d'ordinateurs as-tu achetés? — Je _____ ai acheté deux.
9. Ces deux vieux s'aident _____ _____ .
10. Nous sommes allées à l'enterrement, elle et _____ .
11. On travaille chacun pour _____ .
12. _____ sent bon chez vous!

D. Mettez l'infinitif à la forme voulue:

1. Il faut que les humains (mourir), hélas!
2. Il prétend qu'on (vivre) mieux en province qu'à Paris.
3. Quand le ciel (commencer) à blanchir, il partira.
4. Qu'il (venir) ou ne (venir) pas, cela importe peu.
5. Je crois que vous (voir) la vieille dame demain.
6. Je suis contente que les vieux (pouvoir) encore sortir.
7. J'ordonne que vous (fermer) le piano.
8. Y a-t-il quelqu'un qui (répondre) à votre lettre? —Certainement, il y a plusieurs personnes qui y (répondre).
9. Nous craignons que vous n' (arriver) trop tard.
10. Elle demande que nous (mettre) un bouquet sur la tombe.
11. Demandez-lui si elle (vouloir) de la tarte.
12. Il est probable qu'elle (s'endormir) pendant que tu parles.
13. Pensez-vous qu'il (être) à même de faire trente kilomètres à pied?
14. Je ne trouve pas qu'elle (avoir) beaucoup de rides.
15. Nous regrettons qu'il (mourir) si jeune.

DISCUSSIONS À BÂTONS ROMPUS

1. Trouvez-vous que le sujet de la mort soit trop souvent exploité dans la chanson moderne?
2. Vaut-il mieux s'habituer à l'idée de la mort ou vaut-il mieux ne pas y penser?
3. Qu'est-ce qui explique que les vieillards et les enfants s'entendent souvent très bien?

SUJETS POUR DÉBATS

1. Il vaut mieux mourir alors qu'on est encore en bonne santé plutôt que de végéter pendant de longues années de vieillesse.
2. On peut être jeune à soixante ans et vieux à vingt ans.
3. Cacher son âge est inutile.

DEVOIRS ÉCRITS

1. Décrivez un paysage que vous aimez.
2. Écrivez un poème de dix vers ayant comme thème la fuite du temps.

PRÉSENTATIONS ORALES

1. Lisez une pièce de Victor Hugo (*Hernani, Ruy Blas*) ou une partie des *Misérables*. Parlez-en à la classe en faisant ressortir les caractéristiques du héros romantique.
2. Vous présenterez à la classe la nouvelle de Gabrielle Roy, «Le Vieillard et l'enfant» dans *La Route d'Altamont*. Vous ferez ressortir les angoisses respectives du vieillard et de l'enfant et ce qui explique leur amitié.

TRAVAIL D'ÉQUIPE

Inventez un dialogue entre un vieillard et un adolescent au sujet du passé et de l'avenir.

NOUS CONCLUONS . . .

La naissance est, généralement, une source de joie. On a longtemps cru — et c'est encore le cas dans certains pays — que l'unique rôle de la femme était d'être mère, la femme stérile étant autrefois considérée comme maudite. Mais la naissance peut être aussi une source de tristesse chez les pauvres pour qui le bébé représente simplement une bouche de plus à nourrir. Quel avenir peuvent espérer des enfants comme Emmanuel? Pourtant, quelque sombre que soit cet avenir, Emmanuel le préférera à la mort. Car la mort est rarement acceptée avec résignation. Sans doute est-elle particulièrement cruelle quand elle met brusquement fin à de jeunes vies pleines de promesse. Mais même ceux qui souffrent, même les vieux qui peuvent à peine se mouvoir, quittent cette existence à regret.

VOUS CONCLUEZ . . .

1. Lequel des passages vous a le plus ému(e) et pourquoi?
2. Malgré le sérieux du sujet, trois des extraits contiennent de l'humour. Relevez les passages qui vous ont fait sourire dans l'extrait que vous préférez et examinez d'où naît l'humour chez l'auteur en question.

MATIÈRE À RÉFLEXION

VERS SUR UN ALBUM

> Le livre de la vie est le livre suprême
> Qu'on ne peut ni fermer ni rouvrir à son choix;
> Le passage attachant ne s'y lit pas deux fois,
> Mais le feuillet fatal se tourne de lui-même:
> On voudrait revenir à la page où l'on aime,
> Et la page où l'on meurt est déjà sous nos doigts!

> Alphonse de Lamartine

APPENDICE

A. EMPLOIS PRINCIPAUX DU SUBJONCTIF

ON EMPLOIE LE SUBJONCTIF DANS LA PROPOSITION SUBORDONNÉE APRÈS:

LES VERBES OU LOCUTIONS QUI EXPRIMENT UN DOUTE OU UNE INCERTITUDE	LES VERBES OU LOCUTIONS QUI EXPRIMENT UN ORDRE, UNE VOLONTÉ, UNE ATTENTE	LES VERBES OU LOCUTIONS QUI EXPRIMENT UN SENTIMENT OU UNE OPINION NÉGATIVE
je doute que	je commande que	j'ai peur que
je ne crois pas que	j'ordonne que	je crains que
croyez-vous que?	j'exige que	je suis content(e) que
je ne pense pas que	je permets que	je suis désolé(e) que
pensez-vous que?	je défends que	je suis fâché(e) que
etc.	j'interdis que	je suis triste que
	je veux que	je regrette que
Expressions	je souhaite que	je suis étonné(e) que
impersonnelles	je désire que	je suis surpris(e) que
il est douteux que	je préfère que	je ne dis pas que
il n'est pas sûr que	j'ai envie que	je nie que
il n'est pas probable	j'empêche que	etc.
que	j'attends que	
il se peut que	etc.	
il semble que		Expressions
il ne me semble pas		impersonnelles
que	Expressions	il est (mal)heureux que
il est incroyable que	impersonnelles	il est triste que
il n'est pas vrai que	il faut que	il est bon que
il est (im)possible que	il est nécessaire que	il est sage que
il n'est pas clair que	il n'est pas nécessaire	il est préférable que
etc.	que	il vaut mieux que
	il est essentiel que	il est honteux que
	il est urgent que	il (c')est dommage que
	etc.	il est important que
		etc.

ON EMPLOIE LE SUBJONCTIF DANS LA PROPOSITION SUBORDONNÉE APRÈS:

CERTAINES CONJONCTIONS

bien que	à moins que	où que
quoique	sans que	quelque . . . que
malgré que	pourvu que	quel(s), quelle(s) . . .
afin que	de peur que	que
pour que	de crainte que	tout . . . que
avant que	soit que . . . soit que	si . . . que
en attendant que	quoi que ce soit que	etc.
jusqu'à ce que	qui que ce soit que	

UN SUPERLATIF

le plus . . . que	le plus que . . .	le moins . . . que
le meilleur . . . que	le mieux que . . .	le moins que . . .
le pire . . que	le pire que . . .	

le seul . . . que	le seul que . . .
le premier . . . que	le premier que . . .
le dernier . . . que	le dernier que . . .
il n'y a que . . .	

UN ANTÉCÉDENT INDÉFINI

Connaissez-vous quelqu'un qui **puisse** nous aider?

   (**quelqu'un** est l'antécédent indéfini)

UN VERBE SOUS-ENTENDU EXPRIMANT UN SOUHAIT

Qu'il **vienne**!
Dieu **soit** béni!
Vive le Canada!

B. FORMATION DES VERBES RÉGULIERS—PREMIER GROUPE

INFINITIF	PARTICIPE PRÉSENT	PARTICIPE PASSÉ	PRÉSENT DE L'INDICATIF	PASSÉ SIMPLE
aimer	aimant*	aimé	j'aime tu aimes il aime nous aimons vous aimez ils aiment	j'aimai tu aimas il aima nous aimâmes vous aimâtes ils aimèrent
FUTUR j'aimerai tu aimeras il aimera nous aimerons vous aimerez ils aimeront	**IMPARFAIT** j'aimais tu aimais il aimait nous aimions vous aimiez ils aimaient	**PASSÉ COMPOSÉ** j'ai aimé	**IMPÉRATIF** aime aimons aimez	**IMPARFAIT DU SUBJONCTIF** j'aimasse tu aimasses il aimât nous aimassions vous aimassiez ils aimassent
		PLUS-QUE-PARFAIT j'avais aimé		
		FUTUR ANTÉRIEUR j'aurai aimé	**PRÉSENT DU SUBJONCTIF** j'aime tu aimes il aime nous aimions vous aimiez ils aiment	
CONDITIONNEL j'aimerais tu aimerais il aimerait nous aimerions vous aimeriez ils aimeraient		**CONDITIONNEL PASSÉ** j'aurais aimé		
		SUBJONCTIF PASSÉ j'aie aimé		
		SUBJONCTIF PLUS-QUE-PARFAIT j'eusse aimé		

*Le participe présent est généralement formé du radical de la première personne du pluriel du présent de l'indicatif: **aim**-ons → **aim**-ant

C. FORMATION DES VERBES RÉGULIERS — DEUXIÈME GROUPE

INFINITIF	PARTICIPE PRÉSENT	PARTICIPE PASSÉ	PRÉSENT DE L'INDICATIF	PASSÉ SIMPLE
finir	finissant	fini	je finis tu finis il finit nous finissons vous finissez ils finissent	je finis tu finis il finit nous finîmes vous finîtes ils finirent
FUTUR je finirai tu finiras il finira nous finirons vous finirez ils finiront	**IMPARFAIT** je finissais tu finissais il finissait nous finissions vous finissiez ils finissaient	**PASSÉ COMPOSÉ** j'ai fini	**IMPÉRATIF** finis finissons finissez	**IMPARFAIT DU SUBJONCTIF** je finisse tu finisses il finît nous finissions vous finissiez ils finissent
		PLUS-QUE-PARFAIT j'avais fini		
		FUTUR ANTÉRIEUR j'aurai fini	**PRÉSENT DU SUBJONCTIF** je finisse tu finisses il finisse nous finissions vous finissiez ils finissent	
CONDITIONNEL je finirais tu finirais il finirait nous finirions vous finiriez ils finiraient		**CONDITIONNEL PASSÉ** j'aurais fini		
		SUBJONCTIF PASSÉ j'aie fini		
		SUBJONCTIF PLUS-QUE-PARFAIT j'eusse fini		

D. FORMATION DES VERBES RÉGULIERS — TROISIÈME GROUPE

INFINITIF	PARTICIPE PRÉSENT	PARTICIPE PASSÉ	PRÉSENT DE L'INDICATIF	PASSÉ SIMPLE
rendre	rendant	rendu	je rends tu rends il rend nous rendons vous rendez ils rendent	je rendis tu rendis il rendit nous rendîmes vous rendîtes ils rendirent

FUTUR
je rendrai
tu rendras
il rendra
nous rendrons
vous rendrez
ils rendront

IMPARFAIT
je rendais
tu rendais
il rendait
nous rendions
vous rendiez
ils rendaient

PASSÉ COMPOSÉ
j'ai rendu

IMPÉRATIF
rends
rendons
rendez

IMPARFAIT DU SUBJONCTIF
je rendisse
tu rendisses
il rendît
nous rendissions
vous rendissiez
ils rendissent

CONDITIONNEL
je rendrais
tu rendrais
il rendrait
nous rendrions
vous rendriez
ils rendraient

PLUS-QUE-PARFAIT
j'avais rendu

FUTUR ANTÉRIEUR
j'aurai rendu

CONDITIONNEL PASSÉ
j'aurais rendu

PRÉSENT DU SUBJONCTIF
je rende
tu rendes
il rende
nous rendions
vous rendiez
ils rendent

SUBJONCTIF PASSÉ
j'aie rendu

SUBJONCTIF PLUS-QUE-PARFAIT
j'eusse rendu

E. FORMATION D'UN VERBE PRONOMINAL (RÉFLÉCHI)

INFINITIF	PARTICIPE PRÉSENT	PARTICIPE PASSÉ	PRÉSENT DE L'INDICATIF	PASSÉ SIMPLE
se fâcher	**se** fâchant	fâché	je **me** fâche	je **me** fâchai
			tu **te** fâches	tu **te** fâchas
			il **se** fâche	il **se** fâcha
			nous **nous** fâchons	nous **nous** fâchâmes
			vous **vous** fâchez	vous **vous** fâchâtes
			ils **se** fâchent	ils **se** fâchèrent

FUTUR

je **me** fâcherai
tu **te** fâcheras
il **se** fâchera
nous **nous** fâcherons
vous **vous** fâcherez
ils **se** fâcheront

CONDITIONNEL

je **me** fâcherais
tu **te** fâcherais
il **se** fâcherait
nous **nous** fâcherions
vous **vous** fâcheriez
ils **se** fâcheraient

IMPARFAIT

je **me** fâchais
tu **te** fâchais
il **se** fâchait
nous **nous** fâchions
vous **vous** fâchiez
ils **se** fâchaient

PASSÉ COMPOSÉ

je **me** suis fâché(e)

PLUS-QUE-PARFAIT

je **m'**étais fâché(e)

FUTUR ANTÉRIEUR

je **me** serai fâché(e)

CONDITIONNEL PASSÉ

je **me** serais fâché(e)

SUBJONCTIF PASSÉ

je **me** sois fâché(e)

SUBJONCTIF PLUS-QUE-PARFAIT

je **me** fusse fâché(e)

IMPÉRATIF

fâche-**toi**
fâchons-**nous**
fâchez-**vous**

PRÉSENT DU SUBJONCTIF

je **me** fâche
tu **te** fâches
il **se** fâche
nous **nous** fâchions
vous **vous** fâchiez
ils **se** fâchent

IMPARFAIT DU SUBJONCTIF

je **me** fâchasse
tu **te** fâchasses
il **se** fâchât
nous **nous** fâchassions
vous **vous** fâchassiez
ils **se** fâchassent

F. VERBE AUXILIAIRE—AVOIR

INFINITIF
avoir

PARTICIPE PRÉSENT
ayant

PARTICIPE PASSÉ
eu

PRÉSENT DE L'INDICATIF
j'ai
tu as
il a
nous avons
vous avez
ils ont

PASSÉ SIMPLE
j'eus
tu eus
il eut
nous eûmes
vous eûtes
ils eurent

FUTUR
j'aurai
tu auras
il aura
nous aurons
vous aurez
ils auront

IMPARFAIT
j'avais
tu avais
il avait
nous avions
vous aviez
ils avaient

CONDITIONNEL
j'aurais
tu aurais
il aurait
nous aurions
vous auriez
ils auraient

PASSÉ COMPOSÉ
j'ai eu

PLUS-QUE-PARFAIT
j'avais eu

FUTUR ANTÉRIEUR
j'aurai eu

CONDITIONNEL PASSÉ
j'aurais eu

SUBJONCTIF PASSÉ
j'aie eu

SUBJONCTIF PLUS-QUE-PARFAIT
j'eusse eu

IMPÉRATIF
aie
ayons
ayez

PRÉSENT DU SUBJONCTIF
j'aie
tu aies
il ait
nous ayons
vous ayez
ils aient

IMPARFAIT DU SUBJONCTIF
j'eusse
tu eusses
il eût
nous eussions
vous eussiez
ils eussent

G. VERBE AUXILIAIRE—ÊTRE

INFINITIF	PARTICIPE PRÉSENT	PARTICIPE PASSÉ	PRÉSENT DE L'INDICATIF	PASSÉ SIMPLE
être	étant	été	je suis tu es il est nous sommes vous êtes ils sont	je fus tu fus il fut nous fûmes vous fûtes ils furent

FUTUR	IMPARFAIT	PASSÉ COMPOSÉ	IMPÉRATIF	IMPARFAIT DU SUBJONCTIF
je serai tu seras il sera nous serons vous serez ils seront	j'étais tu étais il était nous étions vous étiez ils étaient	j'ai été	sois soyons soyez	je fusse tu fusses il fût nous fussions vous fussiez ils fussent

CONDITIONNEL	PLUS-QUE-PARFAIT	FUTUR ANTÉRIEUR	CONDITIONNEL PASSÉ	PRÉSENT DU SUBJONCTIF
je serais tu serais il serait nous serions vous seriez ils seraient	j'avais été	j'aurai été	j'aurais été	je sois tu sois il soit nous soyons vous soyez ils soient

SUBJONCTIF PASSÉ	SUBJONCTIF PLUS-QUE-PARFAIT
j'aie été	j'eusse été

H. VERBES IRRÉGULIERS

1. acquérir to acquire

Présent de l'indicatif	Impératif	Imparfait	Futur	Passé simple	Présent du subjonctif
j'acquiers tu acquiers il acquiert nous acquérons vous acquérez ils acquièrent	acquiers acquérons acquérez	j'acquérais	j'acquerrai	j'acquis	j'acquière tu acquières il acquière nous acquérions vous acquériez ils acquièrent
Participe présent	**Participe passé**	**Conditionnel**	**Conjugués comme acquérir**		
acquérant	acquis	j'acquerrais	conquérir s'enquérir		

2. aller to go

Présent de l'indicatif	Impératif	Imparfait	Futur	Passé simple	Présent du subjonctif
je vais tu vas il va nous allons vous allez ils vont	va (vas-y) allons allez	j'allais	j'irai	j'allai	j'aille tu ailles il aille nous allions vous alliez ils aillent
Participe présent	**Participe passé**	**Conditionnel**			
allant	allé (conjugué avec **être**)	j'irais			

3. appeler to call

Présent de l'indicatif	Impératif	Imparfait	Futur	Passé simple	Présent du subjonctif
j'appelle tu appelles il appelle nous appelons vous appelez ils appellent	appelle appelons appelez	j'appelais	j'appellerai	j'appelai	j'appelle tu appelles il appelle nous appelions vous appeliez ils appellent
	Participe présent	**Participe passé**	**Conditionnel**	**Conjugués comme appeler**	
	appelant	appelé	j'appellerais	ficeler rappeler	

4. (s')asseoir to sit, to sit down

Présent de l'indicatif	Impératif	Imparfait	Futur	Passé simple	Présent du subjonctif
je (j')(m')assieds tu (t')assieds il (s')assied nous (nous) asseyons vous (vous) asseyez ils (s')asseyent **ou** (plus rarement) j' (je m')assois, tu (t')assois il (s')assoit nous (nous) assoyons vous (vous) assoyez ils (s')assoient	assieds(-toi) asseyons(-nous) asseyez(-vous) **ou** assois(-toi) assoyons(-nous) assoyez(-vous)	j' (je m')asseyais **ou** j' (je m')assoyais	j' (je m')asseyerai **ou** j' (je m')assoirai **ou** j' (je m')assiérai	j' (je m')assis	j' (je m')asseye tu (t')asseyes il (s')asseye nous (nous) asseyions vous (vous) asseyiez ils (s')asseyent **ou** j' (je m')assoie tu (t')assoies il (s')assoie nous (nous) assoyions vous (vous) assoyiez ils (s')assoient
	Participe présent	**Participe passé**	**Conditionnel**		
	(s')asseyant **ou** (s')assoyant	assis (conjugué avec **être** au sens réfléchi: je me suis assis(e)	j' (je m')asseyerais **ou** j' (je m')assoirais **ou** j' (je m')assiérais		

5. battre to beat, to hit

Présent de l'indicatif	Impératif	Imparfait	Futur	Passé simple	Présent du subjonctif
je bats tu bats il bat nous battons vous battez ils battent	bats battons battez	je battais	je battrai	je battis	je batte tu battes il batte nous battions vous battiez ils battent
	Participe présent	**Participe passé**	**Conditionnel**	**Conjugués comme battre**	
	battant	battu	je battrais	abattre combattre	

6. boire to drink

Présent de l'indicatif	Impératif	Imparfait	Futur	Passé simple	Présent du subjonctif
je bois tu bois il boit nous buvons vous buvez ils boivent	bois buvons buvez	je buvais	je boirai	je bus	je boive tu boives il boive nous buvions vous buviez ils boivent
	Participe présent	**Participe passé**	**Conditionnel**		
	buvant	bu	je boirais		

7. conduire to drive

Présent de l'indicatif	Impératif	Imparfait	Futur	Passé simple	Présent du subjonctif
je conduis tu conduis il conduit nous conduisons vous conduisez ils conduisent	conduis conduisons conduisez	je conduisais	je conduirai	je conduisis	je conduise tu conduises il conduise nous con- duisions vous conduisiez ils conduisent
	Participe présent	**Participe passé**	**Conditionnel**	**Conjugués comme conduire**	
	conduisant	conduit	je conduirais	construire cuire déduire détruire induire réduire traduire	

8. connaître to know

Présent de l'indicatif	Impératif	Imparfait	Futur	Passé simple	Présent du subjonctif
je connais tu connais il connaît nous con- naissons vous connaissez ils connaissent	connais connaissons connaissez	je connaissais	je connaîtrai	je connus	je connaisse tu connaisses il connaisse nous con- naissions vous connaissiez ils connaissent
	Participe présent	**Participe passé**	**Conditionnel**	**Conjugués comme connaître**	
	connaissant	connu	je connaîtrais	apparaître disparaître paître[1] paraître reconnaître	

[1]Ne s'emploie pas au participe passé ni au passé simple.

425

9. coudre to sew

Présent de l'indicatif	Impératif	Imparfait	Futur	Passé simple	Présent du subjonctif
je couds tu couds il coud nous cousons vous cousez ils cousent	couds cousons cousez	je cousais	je coudrai	je cousis	je couse tu couses il couse nous cousions vous cousiez ils cousent
	Participe présent	**Participe passé**	**Conditionnel**		
	cousant	cousu	je coudrais		

10. courir to run

Présent de l'indicatif	Impératif	Imparfait	Futur	Passé simple	Présent du subjonctif
je cours tu cours il court nous courons vous courez ils courent	cours courons courez	je courais	je courrai	je courus	je coure tu coures il coure nous courions vous couriez ils courent
	Participe présent	**Participe passé**	**Conditionnel**	**Conjugués comme courir**	
	courant	couru	je courrais	accourir discourir recourir	

11. craindre to fear, to be afraid of

Présent de l'indicatif	Impératif	Imparfait	Futur	Passé simple	Présent du subjonctif
je crains tu crains il craint nous craignons vous craignez ils craignent	crains craignons craignez	je craignais	je craindrai	je craignis	je craigne tu craignes il craigne nous craignions vous craigniez ils craignent
	Participe présent	**Participe passé**	**Conditionnel**	**Conjugués comme craindre**	
	craignant	craint	je craindrais	atteindre ceindre éteindre feindre peindre plaindre	

12. croire to believe

Présent de l'indicatif	Impératif	Imparfait	Futur	Passé simple	Présent du subjonctif
je crois tu crois il croit nous croyons vous croyez ils croient	crois croyons croyez	je croyais	je croirai	je crus	je croie tu croies il croie nous croyions vous croyiez ils croient
	Participe présent	**Participe passé**	**Conditionnel**		
	croyant	cru	je croirais		

13. cueillir to gather, to pick

Présent de l'indicatif	Impératif	Imparfait	Futur	Passé simple	Présent du subjonctif
je cueille tu cueilles il cueille nous cueillons vous cueillez ils cueillent	cueille cueillons cueillez	je cueillais	je cueillerai	je cueillis	je cueille tu cueilles il cueille nous cueillions vous cueilliez ils cueillent
	Participe présent	**Participe passé**	**Conditionnel**	**Conjugués comme cueillir**	
	cueillant	cueilli	je cueillerais	accueillir recueillir	

14. devoir to have to, to must; to owe

Présent de l'indicatif	Impératif	Imparfait	Futur	Passé simple	Présent du subjonctif
je dois tu dois il doit nous devons vous devez ils doivent	dois devons devez	je devais	je devrai	je dus	je doive tu doives il doive nous devions vous deviez ils doivent
	Participe présent	**Participe passé**	**Conditionnel**		
	devant	dû (due, dus, dues)	je devrais		

428

15. dire to say, to tell

Présent de l'indicatif	Impératif	Imparfait	Futur	Passé simple	Présent du subjonctif
je dis tu dis il dit nous disons vous dites ils disent	dis disons dites	je disais	je dirai	je dis	je dise tu dises il dise nous disions vous disiez ils disent
	Participe présent disant	**Participe passé** dit	**Conditionnel** je dirais	**Conjugués comme dire** contredire prédire (Ces deux verbes suivent la règle normale sauf à la 2e personne du pluriel de l'indicatif présent: vous contredisez, vous prédisez.)	

16. dormir to sleep

Présent de l'indicatif	Impératif	Imparfait	Futur	Passé simple	Présent du subjonctif
je dors tu dors il dort nous dormons vous dormez ils dorment	dors dormons dormez	je dormais	je dormirai	je dormis	je dorme tu dormes il dorme nous dormions vous dormiez ils dorment
	Participe présent dormant	**Participe passé** dormi	**Conditionnel** je dormirais	**Conjugué comme dormir** (r)endormir	

17. écrire to write

Présent de l'indicatif	Impératif	Imparfait	Futur	Passé simple	Présent du subjonctif
j'écris tu écris il écrit nous écrivons vous écrivez ils écrivent	écris écrivons écrivez	j'écrivais	j'écrirai	j'écrivis	j'écrive tu écrives il écrive nous écrivions vous écriviez ils écrivent
	Participe présent	**Participe passé**	**Conditionnel**	**Conjugués comme écrire**	
	écrivant	écrit	j'écrirais	décrire inscrire réécrire	

18. employer to use, to employ

Présent de l'indicatif	Impératif	Imparfait	Futur	Passé simple	Présent du subjonctif
j'emploie tu emploies il emploie nous employons vous employez ils emploient	emploie employons employez	j'employais	j'emploierai	j'employai	j'emploie tu emploies il emploie nous employions vous employiez ils emploient
	Participe présent	**Participe passé**	**Conditionnel**	**Conjugués comme employer**	
	employant	employé	j'emploierais	aboyer déployer essuyer ennuyer défrayer essayer frayer payer (Les verbes en -ayer, tels payer, essayer, balayer se conjuguent comme des verbes réguliers ou sur le modèle **d'employer**.)	

19. envoyer to send

Présent de l'indicatif	Impératif	Imparfait	Futur	Passé simple	Présent du subjonctif
j'envoie tu envoies il envoie nous envoyons vous envoyez ils envoient	envoie envoyons envoyez	j'envoyais	j'enverrai	j'envoyai	j'envoie tu envoies il envoie nous envoyions vous envoyiez ils envoient
Participe présent	**Participe passé**	**Conditionnel**	**Conjugué comme envoyer**	
envoyant	envoyé	j'enverrais	renvoyer	

20. espérer to hope

Présent de l'indicatif	Impératif	Imparfait	Futur	Passé simple	Présent du subjonctif
j'espère tu espères il espère nous espérons vous espérez ils espèrent	espère espérons espérez	j'espérais	j'espérerai	j'espérai	j'espère tu espères il espère nous espérions vous espériez ils espèrent
Participe présent	**Participe passé**	**Conditionnel**	**Conjugués comme espérer**	
espérant	espéré	j'espérerais	céder inquiéter interpréter lécher refléter régler sécher	

21. faillir almost to . . . Verbe défectif employé aux formes suivantes:

Temps composés	Futur	Conditionnel	Passé simple
j'ai failli j'avais failli etc.	je faillirai	je faillirais	je faillis

22. faire to do, to make

Présent de l'indicatif	Impératif	Imparfait	Passé simple	Présent du subjonctif
je fais tu fais il fait nous faisons vous faites ils font	fais faisons faites	je faisais	je fis	je fasse tu fasses il fasse nous fassions vous fassiez ils fassent

Participe présent	Participe passé	Futur	Conjugués comme faire
faisant	fait	je ferai	défaire refaire satisfaire

Conditionnel
je ferais

23. falloir to have to, must   Verbe impersonnel employé aux formes suivantes:

Présent de l'indicatif	Impératif		Imparfait		Futur		Passé simple	Présent du subjonctif
il faut			il fallait		il faudra		il fallut	il faille
	Participe présent		**Participe passé**		**Conditionnel**			
			fallu (il a fallu, il avait fallu, etc.)		il faudrait			

24. fuir to flee

Présent de l'indicatif	Impératif	Imparfait	Futur	Passé simple	Présent du subjonctif
je fuis	fuis	je fuyais	je fuirai	je fuis	je fuie
tu fuis	fuyons				tu fuies
il fuit	fuyez				il fuie
nous fuyons					nous fuyions
vous fuyez	**Participe présent**	**Participe passé**	**Conditionnel**	**Conjugué comme fuir**	vous fuyiez
ils fuient	fuyant	fui	je fuirais	s'enfuir	ils fuient

25. haïr to hate

Présent de l'indicatif	Impératif	Imparfait	Futur	Passé simple	Présent du subjonctif
je hais	hais	je haïssais	je haïrai	je haïs	je haïsse
tu hais	haïssons				tu haïsses
il hait	haïssez				il haïsse
nous haïssons					nous haïssions
vous haïssez	**Participe présent**	**Participe passé**	**Conditionnel**		vous haïssiez
ils haïssent	haïssant	haï	je haïrais		ils haïssent

26. jeter to throw

Présent de l'indicatif	Impératif	Imparfait	Futur	Passé simple	Présent du subjonctif
je jette tu jettes il jette nous jetons vous jetez ils jettent	jette jetons jetez	je jetais	je jetterai	je jetai	je jette tu jettes il jette nous jetions vous jetiez ils jettent
	Participe présent	**Participe passé**	**Conditionnel**	**Conjugués comme jeter**	
	jetant	jeté	je jetterais	cliqueter feuilleter rejeter	

27. lever to raise, to lift

Présent de l'indicatif	Impératif	Imparfait	Futur	Passé simple	Présent du subjonctif
je lève tu lèves il lève nous levons vous levez ils lèvent	lève levons levez	je levais	je lèverai	je levai	je lève tu lèves il lève nous levions vous leviez ils lèvent
	Participe présent	**Participe passé**	**Conditionnel**	**Conjugués comme lever**	
	levant	levé	je lèverais	acheter amener crever emmener enlever mener peser semer	

28. lire to read

Présent de l'indicatif	Impératif	Imparfait	Futur	Passé simple	Présent du subjonctif
je lis tu lis il lit nous lisons vous lisez ils lisent	lis lisons lisez	je lisais	je lirai	je lus	je lise tu lises il lise nous lisions vous lisiez ils lisent
	Participe présent	**Participe passé**	**Conditionnel**	**Conjugués comme lire**	
	lisant	lu	je lirais	élire relire	

29. mentir to lie

Présent de l'indicatif	Impératif	Imparfait	Futur	Passé simple	Présent du subjonctif
je mens tu mens il ment nous mentons vous mentez ils mentent	mens mentons mentez	je mentais	je mentirai	je mentis	je mente tu mentes il mente nous mentions vous mentiez ils mentent
	Participe présent	**Participe passé**	**Conditionnel**	**Conjugués comme mentir**	
	mentant	menti	je mentirais	partir ressortir sortir	

to put, to place

Présent de l'indicatif	Impératif	Imparfait	Futur	Passé simple	Présent du subjonctif
je mets	mets	je mettais	je mettrai	je mis	je mette
tu mets	mettons				tu mettes
il met	mettez				il mette
nous mettons					nous mettions
vous mettez					vous mettiez
ils mettent					ils mettent

	Participe présent	Participe passé	Conditionnel	Conjugués comme mettre	
	mettant	mis	je mettrais	commettre, promettre, remettre, soumettre	

31. mourir to die

Présent de l'indicatif	Impératif	Imparfait	Futur	Passé simple	Présent du subjonctif
je meurs	meurs	je mourais	je mourrai	je mourus	je meure
tu meurs	mourons				tu meures
il meurt	mourez				il meure
nous mourons					nous mourions
vous mourez					vous mouriez
ils meurent					ils meurent

	Participe présent	Participe passé	Conditionnel		
	mourant	mort (conjugué avec être)	je mourrais		

32. naître to be born

Présent de l'indicatif	Impératif	Imparfait	Futur	Passé simple	Présent du subjonctif
je nais		je naissais	je naîtrai	je naquis	je naisse
tu nais					tu naisses
il naît					il naisse
nous naissons					nous naissions
vous naissez					vous naissiez
ils naissent					ils naissent

	Participe présent	Participe passé	Conditionnel		
	naissant	né (conjugué avec être)	je naîtrais		

33. ouvrir to open

Présent de l'indicatif	Impératif	Imparfait	Futur	Passé simple	Présent du subjonctif
j'ouvre tu ouvres il ouvre nous ouvrons vous ouvrez ils ouvrent	ouvre ouvrons ouvrez	j'ouvrais	j'ouvrirai	j'ouvris	j'ouvre tu ouvres il ouvre nous ouvrions vous ouvriez ils ouvrent
	Participe présent	**Participe passé**	**Conditionnel**	**Conjugués comme ouvrir**	
	ouvrant	ouvert	j'ouvrirais	couvrir découvrir offrir souffrir	

34. plaire to please, to like

Présent de l'indicatif	Impératif	Imparfait	Futur	Passé simple	Présent du subjonctif
je plais tu plais il plaît nous plaisons vous plaisez ils plaisent	plais plaisons plaisez	je plaisais	je plairai	je plus	je plaise tu plaises il plaise nous plaisions vous plaisiez ils plaisent
	Participe présent	**Participe passé**	**Conditionnel**	**Conjugués comme plaire**	
	plaisant	plu	je plairais	complaire taire (**N.B.** il tait)	

35. pleuvoir to rain   Verbe impersonnel employé aux formes suivantes:

Présent de l'indicatif	Impératif	Imparfait	Futur	Passé simple	Présent du subjonctif
il pleut ils pleuvent		il pleuvait ils pleuvaient	il pleuvra ils pleuvront	il plut ils plurent	il pleuve ils pleuvent
	Participe présent	**Participe passé**	**Conditionnel**		
	pleuvant	plu (il a plu, ils ont plu; etc.)	il pleuvrait ils pleuvraient		

N.B. Pleuvoir est utilisé surtout à la 3ᵉ personne du singulier. Toutefois, on peut aussi dire: Les insultes (etc.) pleuvent.

36. pouvoir to be able to, can

Présent de l'indicatif	Impératif	Imparfait	Futur	Passé simple	Présent du subjonctif
je peux (je puis) tu peux il peut nous pouvons vous pouvez ils peuvent		je pouvais	je pourrai	je pus	je puisse tu puisses il puisse nous puissions vous puissiez ils puissent
	Participe présent	**Participe passé**	**Conditionnel**		
	pouvant	pu	je pourrais		

37. prendre to take

Présent de l'indicatif	Impératif	Imparfait	Futur	Passé simple	Présent du subjonctif
je prends tu prends il prend nous prenons vous prenez ils prennent	prends prenons prenez	je prenais	je prendrai	je pris	je prenne tu prennes il prenne nous prenions vous preniez ils prennent
	Participe présent	**Participe passé**	**Conditionnel**	**Conjugués comme prendre**	
	prenant	pris	je prendrais	apprendre comprendre dépendre entreprendre	

38. recevoir to receive

Présent de l'indicatif	Impératif	Imparfait	Futur	Passé simple	Présent du subjonctif
je reçois tu reçois il reçoit nous recevons vous recevez ils reçoivent	reçois recevons recevez	je recevais	je recevrai	je reçus	je reçoive tu reçoives il reçoive nous recevions vous receviez ils reçoivent
	Participe présent	**Participe passé**	**Conditionnel**	**Conjugués comme recevoir**	
	recevant	reçu	je recevrais	apercevoir concevoir décevoir percevoir	

39. résoudre to solve, to resolve

Présent de l'indicatif	Impératif	Imparfait	Futur	Passé simple	Présent du subjonctif
je résous tu résous il résout nous résolvons vous résolvez ils résolvent	résous résolvons résolvez	je résolvais	je résoudrai	je résolus	je résolve tu résolves il résolve nous résolvions vous résolviez ils résolvent
	Participe présent résolvant	**Participe passé** résolu	**Conditionnel** je résoudrais		

40. rire to laugh

Présent de l'indicatif	Impératif	Imparfait	Futur	Passé simple	Présent du subjonctif
je ris tu ris il rit nous rions vous riez ils rient	ris rions riez	je riais	je rirai	je ris	je rie tu ries il rie nous riions vous riiez ils rient
	Participe présent riant	**Participe passé** ri	**Conditionnel** je rirais	**Conjugué comme rire** sourire	

41. rompre to break

Présent de l'indicatif	Impératif	Imparfait	Futur	Passé simple	Présent du subjonctif
je romps tu romps il rompt nous rompons vous rompez ils rompent	romps rompons rompez	je rompais	je romprai	je rompis	je rompe tu rompes il rompe nous rompions vous rompiez ils rompent
	Participe présent rompant	**Participe passé** rompu	**Conditionnel** je romprais	**Conjugué comme rompre** interrompre	

440

42. savoir to know, to know how

Présent de l'indicatif	Impératif	Imparfait	Futur	Passé simple	Présent du subjonctif
je sais tu sais il sait nous savons vous savez ils savent	sache sachons sachez	je savais	je saurai	je sus	je sache tu saches il sache nous sachions vous sachiez ils sachent
	Participe présent	**Participe passé**	**Conditionnel**		
	sachant	su	je saurais		

43. servir to serve

Présent de l'indicatif	Impératif	Imparfait	Futur	Passé simple	Présent du subjonctif
je sers tu sers il sert nous servons vous servez ils servent	sers servons servez	je servais	je servirai	je servis	je serve tu serves il serve nous servions vous serviez ils servent
	Participe présent	**Participe passé**	**Conditionnel**		
	servant	servi	je servirais		

44. suffire to suffice, to be enough

Présent de l'indicatif	Impératif	Imparfait	Futur	Passé simple	Présent du subjonctif
je suffis tu suffis il suffit nous suffisons vous suffisez ils suffisent	suffis suffisons suffisez	je suffisais	je suffirai	je suffis	je suffise tu suffises il suffise nous suffisions vous suffisiez ils suffisent
	Participe présent	**Participe passé**	**Conditionnel**		
	suffisant	suffi	je suffirais		

441

45. suivre to take, to follow

Présent de l'indicatif	Impératif	Imparfait	Futur	Passé simple	Présent du subjonctif
je suis	suis	je suivais	je suivrai	je suivis	je suive
tu suis	suivons				tu suives
il suit	suivez				il suive
nous suivons					nous suivions
vous suivez	**Participe présent**	**Participe passé**	**Conditionnel**	**Conjugué comme suivre**	vous suiviez
ils suivent	suivant	suivi	je suivrais	poursuivre	ils suivent

46. vaincre to defeat

Présent de l'indicatif	Impératif	Imparfait	Futur	Passé simple	Présent du subjonctif
je vaincs	vaincs	je vainquais	je vaincrai	je vainquis	je vainque
tu vaincs	vainquons				tu vainques
il vainc	vainquez				il vainque
nous vainquons					nous vainquions
vous vainquez	**Participe présent**	**Participe passé**	**Conditionnel**	**Conjugué comme vaincre**	vous vainquiez
ils vainquent	vainquant	vaincu	je vaincrais	convaincre	ils vainquent

47. valoir to value, to be worth

Présent de l'indicatif	Impératif	Imparfait	Futur	Passé simple	Présent du subjonctif
je vaux	vaux	je valais	je vaudrai	je valus	je vaille
tu vaux	valons				tu vailles
il vaut	valez				il vaille
nous valons					nous valions
vous valez	**Participe présent**	**Participe passé**	**Conditionnel**		vous valiez
ils valent	valant	valu	je vaudrais		ils vaillent

48. venir to come

Présent de l'indicatif	Impératif	Imparfait	Futur	Passé simple	Présent du subjonctif
je viens tu viens il vient nous venons vous venez ils viennent	viens venons venez	je venais	je viendrai	je vins	je vienne tu viennes il vienne nous venions vous veniez ils viennent
	Participe présent	**Participe passé**	**Conditionnel**	**Conjugués comme venir**	
	venant	venu (conjugué avec **être**)	je viendrais	a) avec **être:** devenir intervenir parvenir provenir (se) souvenir b) avec **avoir:** convenir prévenir subvenir tenir (et ses composés)	

49. vivre to live

Présent de l'indicatif	Impératif	Imparfait	Futur	Passé simple	Présent du subjonctif
je vis tu vis il vit nous vivons vous vivez ils vivent	vis vivons vivez	je vivais	je vivrai	je vécus	je vive tu vives il vive nous vivions vous viviez ils vivent
	Participe présent	**Participe passé**	**Conditionnel**	**Conjugués comme vivre**	
	vivant	vecu	je vivrais	revivre survivre	

443

50. voir to see

Présent de l'indicatif	Impératif	Imparfait	Futur	Passé simple	Présent du subjonctif
je vois tu vois il voit nous voyons vous voyez ils voient	vois voyons voyez	je voyais	je verrai	je vis	je voie tu voies il voie nous voyions vous voyiez ils voient
	Participe présent voyant	**Participe passé** vu	**Conditionnel** je verrais	**Conjugué comme voir** revoir	

51. vouloir to want

Présent de l'indicatif	Impératif	Imparfait	Futur	Passé simple	Présent du subjonctif
je veux tu veux il veut nous voulons vous voulez ils veulent	veux voulons voulez	je voulais	je voudrai	je voulus	je veuille tu veuilles il veuille nous voulions vous vouliez ils veuillent
	Participe présent voulant	**Participe passé** voulu	**Conditionnel** je voudrais		

1. Les verbes se terminant par **-cer** prennent un **-c cédille** (ç) avant les lettres **-a** et **-o**.

    exemples: je commençais

    nous commençons

    Parmi ces verbes, il y a: annoncer, avancer, balancer, effacer, forcer, s'efforcer, lancer, menacer, prononcer, remplacer.

2. Les verbes se terminant par **-ger** prennent un **-e** avant les lettres **-a** et **-o**.

    exemples: je mangeais

    nous mangeons

    Tels sont: arranger, changer, déranger, diriger, juger, nager, neiger, partager, plonger, protéger, songer, soulager, voyager.

J. VERBES SUIVIS DE L'INFINITIF SANS PRÉPOSITION

affirmer	estimer	prétendre
aimer	faillir	se rappeler
aller	faire	regarder
compter	falloir	rentrer
courir	s'imaginer	retourner
croire	juger	revenir
descendre	laisser	savoir
désirer	mener	sembler
détester	monter	sentir
devoir	oser	valoir mieux
dire	paraître	venir
écouter	partir	voir
entendre	penser	vouloir
envoyer	pouvoir	
espérer	préférer	

K. VERBES SUIVIS DE LA PRÉPOSITION À DEVANT UN INFINITIF

aider
amener
s'amuser
s'appliquer
apprendre
arriver
s'attendre
autoriser
avoir
chercher
commencer (**à** ou **de**)
se condamner
conduire
consacrer
consentir

continuer (**à** ou **de**)
décider*
se décider**
donner
s'efforcer
s'employer
encourager
s'ennuyer
enseigner
s'entendre
s'exercer
habituer
s'habituer

hésiter
s'intéresser
inviter
mettre
se mettre
obliger
parvenir
se plaire
se résigner
rester
réussir
servir
songer
tarder
tenir
travailler

* Il m'a décidé **à** partir.
  J'ai décidé **de** partir.

** Je me suis décidé **à** partir.

L. VERBES SUIVIS DE LA PRÉPOSITION DE DEVANT UN INFINITIF

achever
s'apercevoir
arrêter
s'arrêter
avertir
blâmer
cesser
charger
commander
conseiller
se contenter
continuer
craindre
crier
décider
défendre
demander
se dépêcher
dire
douter

se douter
écrire
s'efforcer
empêcher
s'ennuyer
essayer
éviter
s'excuser
se fatiguer
feindre
féliciter
finir
se garder
se hâter
inspirer
interdire
se lasser
louer
manquer
se mêler

menacer
mériter
se moquer
négliger
obliger
s'occuper
offrir
omettre
ordonner
oublier
pardonner
parler
se passer
permettre
persuader
plaindre
se plaindre
se presser
prier
priver

promettre
proposer
punir
recommander
refuser
regretter
remercier
reprocher
risquer
se soucier
souffrir
soupçonner
se souvenir
supplier
tâcher
tenter
se vanter

VOCABULAIRE

A

abaisser to lower
abandonner to leave, to abandon
abasourdi(e) stunned
abattoir, m. slaughterhouse
abat-jour, m. lampshade
abattre (s') to come down
abattu(e) downcast, dejected
abbé, m. priest
abîme, m. slope, chasm
aboi, m. barking
abord, m. approach
  aux abords de close to
  d'abord first
  tout d'abord first of all
aboutir to end, to lead to
aboyer to bark
abréger to shorten
abreuver to water, to irrigate
abuser to take advantage
accablé(e) downhearted
accent, m. accent, voice
acception, f. meaning
accessoire, m. (the) unimportant, secondary
accompagner to accompany, to go with
accomplir to accomplish
accorder to grant, to give
  s'accorder to agree, to harmonize
accoté(e) leaning (against)
accoucher to give birth
accoudoir, m. arm (of chair)
accourir to come running, to hasten, to run **(p.p. accouru)**
accoutumé(e) used, accustomed
accoutumée (à notre) as usual, as is our custom
accoutumer (s') to get used to
accroché(e) hanging, tied
accroupi (e) crouching, squatting
accroupir (s') to crouch
accueillir to welcome, to meet
acerbe sharp, harsh
acharné(e) fierce
achevé(e) finished
achever to finish (something)
  s'achever to come to an end
acier, m. steel
acquérir to acquire, to get **(p.p. acquis)**
action, f. action; share

activer to activate, to set in motion
actuel(le) present
adieu, m. farewell
  faire ses adieux to bid farewell, to say goodbye
Administration, f. government service
admirateur (trice) admiring
admiratrice, f. admirer, fan (female)
aérien(ne) air
affaire, f. matter, business, thing
  avoir affaire à to deal with
affairé(e) busy
affaissé(e) collapsed, weighed down
affermir to strengthen
affirmer to state, to declare, to guarantee
affligés, m. pl. (the) bereaved, (the) afflicted
affolé(e) demented, panic-stricken
affoler (s') to panic
affranchir to free
  s'affranchir to free oneself
affre, f. anguish, pang
affronter to face, to confront
affûter to sharpen
afin de in order to
  afin que in order that
agacer to annoy
âge, m. age
  en bas âge very young (of children)
âgé(e) old
agenouiller (s') to kneel down
agent de bord, m. flight attendant
agent de police, m. policeman
agir to act
  il s'agit de it is about, it is a question of
agiter to shake
agréer to accept
agrément, m. pleasure
agripper to clutch
  s'agripper to cling to
aguets (aux) on the watch
  l'oeil aux aguets eyes on the watch
ahuri(e) dumbfounded
aïeul, m. grandparent
  aïeux, m. pl. ancestors, forefathers
aigu, aigüe acute, sharp

aiguiser to sharpen
aile, f. wing
ailleurs elsewhere
  d'ailleurs besides
aîné, m. elder
aîné(e) older, oldest, elder, eldest
ainsi so, therefore
  et ainsi de suite and so on
  pour ainsi dire so to speak
air, m. air
  avoir l'air to appear, to seem
  d'un air looking
aire, f. surface, area
aise (être bien) to be very pleased
aise, f. comfort
  vivre à l'aise to live comfortably
aisé(e) easy, well-to-do
ajouter to add
alarme, f. fear
alentours, m. pl. surroundings
Allemagne, f. Germany
Allemand, m. German
aller to go; to work; to position
  allons! come!
  allons donc! come now!
  ça va? O.K.?, all right?
alliance, f. alliance, marriage
alloué(e) allocated, alloted, granted
allumé(e) alight
allumer to light
  s'allumer to light up
allumette, f. match
allusion, f. reference
  faire allusion to refer
alors then, therefore
  alors que while
alouette, f. lark
amasser to gather, to hoard
âme, f. soul, spirit
  état d'âme mood, feelings
améliorer to better, to improve
amener to bring
amer (ère) bitter
amertume, f. bitterness
ami, m.; amie, f. friend
  faux ami false cognate
amitié, f. friendship, affection
amour, m. love
  amours, f. pl. loves, love affairs
amoureux (euse) enamoured, in love
amulette, f. amulet, charm
amuser to amuse

s'amuser to enjoy oneself
an, m. year
  jour de l'an New Year's Day
ancien(ne) former; old
ancrer to anchor
anéanti(e) overwhelmed, prostrate
ange, m. angel
Angleterre, f. England
angoisse, f. anguish, anxiety
animer to drive on
ankylosé(e) stiff
anneau, m. link, ring
annonce, f. announcement, notice
annoncer to announce
  s'annoncer to promise to be
anse, f. cove
antérieur(e) previous, prior
antre, f. cave
apaisement, m. peace
apaiser to appease, to soothe
aparté, m. aside
apercevoir to catch a glimpse, to see
  s'apercevoir to notice
apostropher to address
apparaître to appear
apparenté(e) related
appartenir to belong
appel, m. call
  faire appel to call upon, to summon up
appeler to call
  faire appeler to send for
appliquer to apply
  s'appliquer to apply oneself, to be applied
appointements, m. pl. salary, wages
apporter to bring
apposer to affix, to put
apprendre to learn, to teach
apprenti, m. apprentice
apprivoisé(e) tame, friendly
approche, f. approach
  à l'approche near
  les approches du jour sunrise
approcher to bring close
  s'approcher to come close, to approach
appui, m. support
  à l'appui to support (it, them)
appuyer to support
  s'appuyer to lean on; to base oneself on, to refer to
  appuyer sur to insist on, to emphasize
après after, later
  après ça! who cares!
  d'après according to
  après-demain the day after tomorrow

après-midi, m. ou f. afternoon
arbalète, f. crossbow
arc-en-ciel, m. rainbow
archevêque, m. archbishop
ardeur, f. zeal
argent, m. money; silver
arracher to tear out, to pull out
arranger to repair, to put right
  s'arranger to manage
arrêter to stop; to arrest
  s'arrêter to stop, to come to a stop
arrière, m. back
arrivée, f. arrival
arriver to arrive
  il arrive it happens
  arriver à to manage, to succeed
  c'est arrivé à it has come to the point of
arroser to water
  arroser de larmes to cover with tears
ascension, f. ascent, rise
aspiration, f. wish, desire
aspirer à to aspire to, to long to
asseoir (s') to sit down (p.p. **assis**)
assez enough; rather, quite
  en avoir assez to be fed up
assis(e) sitting
assister (à) to be present at, to attend; to help
assoiffé(e) thirsty, parched
assommé(e) knocked senseless, stunned
assommer to knock (someone) out
assouvir to satisfy
assujettir to fasten, to fix
assurance, f. insurance
  assurance-chômage, f. unemployment insurance
assuré(e) insured, guaranteed; bold
assurément surely, certainly
astre, m. heavenly body, star
astucieux (euse) astute, wily
atone dull; unaccented
attachant(e) appealing, engaging
attaquer to attack
  s'attaquer à to attack
atteindre to reach (p.p. **atteint**)
atteint(e) (de) suffering (from)
attendre to wait (for), to expect
  s'attendre à to expect
attendrissement, m. feeling of tenderness
attente, f. wait, waiting; expectation

atténuer (s') to diminish
attirance, f. attraction
attirer to attract, to draw
  s'attirer to attract one another
attraper to catch
aube, f. dawn
auberge, f. inn
aubergiste, m. innkeeper
aucun(e) none, not any
audace, f. boldness, courage, impudence
au-delà, m. beyond
au-dessous below
au-dessus above, over
auditeur, m. listener
augmentation, f. raise
aumône, f. alms, charity
aumônier, m. chaplain
aune, m. alder
auparavant before
auprès de close to, near
aussi also, too; therefore
aussitôt immediately
  aussitôt que as soon as
autant as much, as many; the same
autoriser to allow
autour around
  autour de about, around
autre other
  autre chose something else
autrefois formerly, (in) past times
autrement otherwise; differently
Autriche, f. Austria
autrui another, others
avance, f. advance, headstart
  en avance ahead (of time), early
  d'avance ahead of time, in advance
avancé(e) further ahead
  Je (etc.) vais être bien avancé A lot of good it will do me (etc.).
avancer, s'avancer to come (go) forward
avant before
  plus avant further ahead
  avant tout mainly
  en avant! forward march!
avant-hier the day before yesterday
avare, m. ou f. miser
avare miserly
avenir, m. future
  à l'avenir in the future
aveu, m. confession
aveuglant(e) blinding
aveugle, m. ou f. blind person
aveugle blind

aveuglément blindly; implicitly
avis, m. opinion, notice
  à votre avis in your opinion
  être de l'avis de quelqu'un to agree with someone
aviser to spot, to notice
  s'aviser to take into one's head
avocat, m. lawyer
avoine, f. oats
  folle avoine wild oats
avoir, m. wealth, belongings
avoir to have
  avoir beau in vain
  il y a there is, there are; ago; far
  qu'avez-vous? qu'a-t-il? (etc.) what is the matter?
avorter (s') to miscarry
avouer to confess
azur, m. blue, sky

B

bafoué(e) ridiculed, humiliated
bagages, m. pl. luggage
bagatelle, f. trifle
bague, f. ring
baguette, f. rod, stick; cleaning rod (for guns)
baie, f. berry
baigner to bathe
bail, m. lease
bain, m. bath
baiser to kiss
baiser, m. kiss
baisser to lower
bal, m. ball, dance
balancer to swing; to throw out
  se balancer to swing, to dance
balise, f. beacon, mark
balle, f. bullet
balustrade, f. railing
bananier, m. banana tree
banc, m. bench; school (of fish)
bande, f. gang
bander to put a bandage on
  bander les yeux to blindfold
banlieue, f. suburbs
banquise, f. ice bank
baptême, m. baptism
barbe, f. beard
baril, m. barrel
barque, f. boat
barrière, f. gate
bas, m. bottom; stocking, sock
bas(se) low
bas low down
  en bas below
  parler bas to speak softly
  tout bas very softly
basse-cour, f. farmyard

bataille, f. battle
  livrer bataille to give battle
batailler to fight
bateau, m. boat, ship
bâton, m. stick
  à bâtons rompus open-ended
battement, m. throbbing
battre to beat, to hit
  se battre to fight
  battre des mains to clap one's hands
bavarder to chatter, to chat
beau, bel, belle beautiful, fine
  bel et beau fine
beau-frère, m. brother-in-law
beau-père, m. father-in-law
bec, m. beak, mouth; kiss
  bec de gaz gaslight; lamppost
  bec fin gourmet
bedaine, f. stomach, paunch
bée
  bouche bée gaping, open-mouthed
bégayer to stutter
Belgique, f. Belgium
belle-mère, f. mother-in-law; stepmother
belle-soeur, f. sister-in-law
bénédiction, f. blessing
bénéfice, m. profit
bénéficier to benefit, to profit
béni(e) (te) blessed
bénir to bless
berceau, m. cradle
bercer to rock
bergère, f. shepherdess
besogne, f. work
besoin, m. need
  avoir besoin (de) to need
  au besoin if need be
bête, f. beast, animal
bêtise, f. mistake
biche, f. doe; darling
bien, m. wealth, good
bien well, quite, certainly
  bien que although, at least
  si bien que so that
  eh bien! well!
  bien du (de la, des) much, many
  fort bien very well
  hé bien! well!
bien-aimé(e) beloved
bien-aimée, f. beloved, loved one
bienfait, m. benefit, good deed
bière, f. beer
bijou, m. jewel
bilieux (euse) bilious, yellowish
billet, m. ticket
bis(e) brown

bise, f. kiss; North wind
blague, f. joke
  blague à tabac tobacco pouch
Blanc, m. white man
blanchir to whiten
blé, m. wheat
blême pale, livid
blessé, m. wounded
blesser to wound, to injure, to hurt
bleuet, m. blueberry
blondeur, f. blondness, fairness
blondinette, f. blond young lady
blottir (se) to snuggle up
bock, m. glass of beer
boeuf, m. ox
bohémien(ne), m.(f.) gipsy
boire, m. drink
boire to drink
  (p.p. bu)
bois, m. wood
boitiller to hobble along
bombé(e) puffed out, bulging
  la poitrine bombée with chest stuck out
bon(ne) good, right
  c'est bon it's O.K., it's all right
  pour de bon for good
bond, m. jump
bondir to bounce, to jump, to leap up
bonheur, m. happiness
  porter bonheur to bring luck
bonhomme, m. man
bonne, f. maid
bonnement simply
bonté, f. kindness
bord, m. edge; side (in Canada)
  bord de la mer seaside
borgne, m. ou f. one-eyed man, woman
botte, f. bunch, sheath
bottine, f. boot (ankle)
boucherie, f. massacre, slaughter
bouder to sulk
boudin (noir), m. black pudding
boue, f. mud
bouger to move
bougie, f. candle
bougre, m. fellow
boule, f. ball
bouillie, f. pulp
boulanger, m. baker
bouleau, m. birch
bouquin, m. book
bourdonnement, m. buzzing
bourgeois, m. bourgeois, boss
bourrasque, f. gust (of wind), flurry
bourreau, m. executioner

bourreau des coeurs heart-breaker
bourrer to stuff, to fill
bousculer to hustle, to bump
bout, m. end; bit, fragment, piece
  un bout de temps a short time
bouteille, f. bottle
bouton, m. pimple
brailler to shout, to squawk, to be noisy
braise, f. embers
bras, m. arm
  bras dessus bras dessous arm in arm
brasserie, f. pub, bar
brave brave; good; smart
braver to brave, to be ready to face
Bretagne, f. Brittany
bridé(e) slit, narrowed (of eyes)
brièvement briefly
brièveté, f. brevity, shortness
brin, m. blade; bit
brodé(e) embroidered
broussailles, f.pl. undergrowth
brousse, f. jungle
bruire to rustle, to make a noise
bruit, m. noise
brûlant(e) burning
brûler to burn
  brûlure, f. burn
  brûlure d'estomac, f. heartburn
brusquement suddenly, quickly
bruyant(e) noisy
bruyère, f. heather
bûche, f. log
bûcheron, m. woodcutter, lumberer
bulletin, m. report
burlesque ridiculous
but, m. aim

C

ça, cela that, it
  oh ça! goodness!
cabane, f. hut, shed
cabaret, m. tavern
cacher to hide
  se cacher to hide oneself
cachette, f.
  en cachette on the sly
cachot, m. prison cell
cadeau, m. present
  faire cadeau to give (as a present)
cadre, m. frame; background
  avoir pour cadre to be situated in, to take place in

caduc (caduque) falling (of the vowel -e)
caillou, m. pebble
cal, m. callosity
calcul, m. arithmetic; calculation
calembour, m. pun
calme, m. peace, tranquillity
calquer to copy
campagne, f. country(side); campaign
  à la campagne in the country
canard, m. duck
canne, f. sugar cane
canon, m. gun
cantonade, f. wings (of a theatre)
  à la cantonade to speak to someone behind the scenes
caprice, m. whim
car for, because
carabine, f. rifle
caractère, m. character
  mauvais caractère bad temper
caractérisé(e) distinguishable
carême, m. Lent
caresser to stroke; to dream about
carnet, m. notebook
carogne, f. woman of loose morals
carré, m. square
carrière, f. career
carrossier, m. coach-maker
carte, f. map
casanier (ère) home-loving
case, f. house, hut
caser to settle
casser to break
cassure, f. break
catéchisé(e) catechized, coached in catechism
cause, f.
  pour cause for good reasons
causer to speak, to chat
causerie, f. talk
cave, f. cellar
céder to yield
ceindre to encircle
ceinture, f. belt
célibataire, m. ou f. bachelor, single person
cendre, f. ash
cendrier, m. ashtray
censé(e) supposed to
centaine, f. hundred (about a)
centenaire a hundred years old
cependant however
  cependant que while
cérémonieux (euse) formal
cerné(e) encircled
  les yeux cernés with circles

around one's eyes
certain(e)s some
certain for sure
certainement certainly, of course
certes certainly
cerveau, m. brain
cervelle, f. brain
cesse: sans cesse continuously, nonstop
cesser to stop, to cease
césure, f. caesura
chacal, m. jackal
chacun(e) each, everyone
chagrin, m. sorrow
chagrin(e) sad, displeased
chair, f. flesh
chaire, f. desk (for teacher)
châle, m. shawl
chaleur, f. heat
chambellan, m. chamberlain
chambre, f. room
  chambre à coucher bedroom
champ, m. field
  champ d'honneur battlefield
  sur-le-champ immediately
chance, f. luck, chance
chandail, m. sweater
change, m. exchange
changeant(e) changing
changement, m. change
chant, m. song, singing
chanteur, m. singer
chantier, m. lumber camp
chapelet, m. rosary; string
chaque each, every
charcutier, m. pork butcher
chargé(e) loaded
  hérédité chargée tainted heredity
charger to load
  se charger to take it upon oneself
chariot, m. trolley
charité, f. charity
  faire la charité to give alms
charmant(e) charming
charme, m. yoke-elm
charogne, f. carrion
  cette charogne de vie this wretched life
charrue, f. plough
chasse, f. hunt, hunting
chasser to hunt, to drive out
châtié(e) careful (of speech)
chatouillé(e) tickled
chauffer to heat, to burn
chaume, m. straw, thatched (roof)
chaussette, f. sock
chaussure, f. shoe
chef, m. chief, manager, boss

chef-d'oeuvre, m. masterpiece
chemin de fer, m. railway
cheminée, f. fireplace, hearth; chimney
chêne, m. oak
chenille, f. caterpillar
cher, chère dear
chercher to look for, to try
    venir (aller) chercher to fetch, to call for, to pick up
chercheur, m. searcher
    chercheur d'or gold digger
chéri(e) beloved, dear
chétif (ive) puny, sickly
chevelure, f. hair
chevet, m. head (of a bed)
    au chevet at the bedside
cheveu, m. hair
chevrette, f. kid, young goat
chez at the home of
chicaner (se) to squabble, to quarrel
chienne, f. bitch
chiffon, m. rag
chirurgien, m. surgeon
choeur, m. chorus
choir to fall
choisir to choose
choix, m. choice
    au choix according to (your) preference
chômage, m. unemployment
chômer to be idle
chômeur, m. unemployed man
chose, f. thing, matter
chou, m. cabbage
chrétien, m. Christian
chromé(e) chrome . . .
chuchoter to whisper
chute, f. fall
ci-dessous below
ciel, m. heaven, sky
    cieux, m.pl. the heavens
cierge, m. candle
cil, m. eyelash
cimetière, m. cemetery
citadin(e), m.(f.) city dweller
citer to quote, to mention, to name
citoyen, m. citizen
citron, m. lemon
citrouille, f. pumpkin
civière, f. stretcher
civilement politely
clair(e) clear, light
clairement clearly
clamer to cry out
claquement, m. cracking, smacking
claquer to crack, to smack
clarté, f. light
clavier, m. keyboard

clé, f. key
clémence, f. clemency, leniency
clenche, f. latch
cligner (de l'oeil) to wink
cliqueter to rattle, to clang
clivage, m. cleaving, separation
cloche, f. bell
clou, m. nail
clouer to nail
    clouer le bec to shut (someone) up
cocher, m. coachman
cocotier, m. coconut tree
coeur, m. heart, courage, eagerness
    avoir le coeur à to feel like
coffre, m. chest
coffre-fort, m. safe
cohue, f. crowd
coiffé(e) wearing (on one's head)
coiffer to dress the hair, to put on (the head), to cover (usually the head)
coin, m. corner
    un coin de terre a piece of land
col, m. collar
    faux-col detachable collar
colère, f. anger
    en colère angry
    se mettre en colère to get angry
colérique easily angered, quick-tempered
colis, m. package
coller to glue, to give
collet, m. collar
    saisir au collet to seize by the scruff of the neck
collier, m. necklace
    reprendre le collier to start work again
colloque, m. conversation
colombe, f. dove
colorer to colour, to influence
combat, m. fight
combattre to fight
comique, m. humour
comme as, like, as if; how!
    comme pour as if to
    tout comme just as
commerçant, m. tradesman, merchant
commettre to commit, to make (p.p. commis)
commission, f. errand, message
commissionnaire, m. porter
communier to take communion
compagne, f. companion (female), spouse
compagnon, m. companion

compère, m. friend, crony
complainte, f. complaint; (plaintive) ballad
complaire to please
complaisant(e) obliging
compositeur, m. composer
composition f. paper, test, examination
    de bonne composition good-natured, easy to deal with
compte, f. account, reckoning, amount
    à bon compte at a good price
    à mon compte at my expense
    se rendre compte to realize
compte-gouttes, m. eyedropper
compter to count; to expect; to take into account
concevoir to conceive (p.p. conçu)
concierge, m. ou f. caretaker
conclure to conclude, to settle
condamnable wrong, to be blamed
condamné(e) condemned, sentenced
condisciple, m. fellow student
conduire to lead, to take (someone)
    se conduire to behave
conduite, f. behaviour, conduct
cordé(e) twisted, corded
confiance, f. trust, confidence
    avoir confiance to trust
confier to entrust
confiture, f. jam
confondre to confuse
confus(e) embarrassed, overwhelmed; indistinct
confusément vaguely
congé, m. leave
    avoir congé to be on holiday
    congés payés paid holiday
    prendre congé to take leave
connaissance, f. knowledge, acquaintance
conquérant, m. conqueror
conquis(e) conquered, earned
consacré(e) consecrated
consacrer to devote
conseil, m. advice; a piece of advice
conseiller to advise
conseiller (ère), m.(f.) counsellor, adviser, consultant
consentement, m. consent
consentir to consent, to agree
conserver to preserve, to keep
constamment constantly, all the time
constater to establish, to note

m. story
...mporain, m. contemporary
...ntenir to contain, to hold
contentement, m. satisfaction, pleasure
contenter to please, to satisfy
se contenter to be satisfied
contenu, m. contents
conter to tell
continuel(le) continuous
contrainte, f. constraint, compulsion
contraire, m. opposite
contrarier to annoy, to vex
contrebande, f. contraband, smuggling
faire la contrebande to smuggle
contrebandier, m. smuggler
convaincant(e) convincing
convaincu(e) convinced
convenablement properly
convenir to agree; to suit
il convient it is good, wise, fitting
copain, m. chum, pal
copine, f. chum, pal
coq, m. rooster
coquelicot, m. poppy
coquillage, m. shellfish
coquin, m. rascal
coquine, f. hussy
corde, f. rope
cordonnier, m. shoemaker
corps, m. body
à corps perdu recklessly, madly
corps-de-garde, m. guardhouse
corriger to correct
corsage, m. bodice
Corse, f. Corsica
corse Corsican
cortège, m. procession, suite
corvée, f. drudgery
costume, m. suit
côte, f. coast
côte à côte side by side
côté, m. side
du côté in the direction of
de ce côté in that direction, that way
d'un autre côté on the other hand
coteau, m. hillside
côtoyer to border, to be side by side with
couche, f. labour
fausse couche miscarriage
coucher to lay down
se coucher to lie down, to go to bed
couchette, f. small bed

coudre to sew
(p.p. cousu)
couler to flow, to run
se couler to slip (into a crowd, etc.)
couleur, f. colour
de toutes les couleurs of all kinds
couloir, m. corridor
coup, m. blow, gesture
un bon coup very hard
coup de bec peck, dig
coup de couteau stab
coup de dent bite
coup de feu shot
coup de foudre love at first sight
coup de hasard stroke of luck
coup de tête nod
monter un coup to plot
porter un coup to strike a blow
sur le coup de on the stroke of
coupable, m. guilty person, culprit
coupable guilty
coupe, f. cup
coupé(e) cut, severed
couper to cut
coupé de mixed with
cour, f. court, courtyard
faire la cour to court, to try to win favour
couramment generally, fluently
courant, m. current
à contre-courant against the current, the flow
mettre au courant to inform
tenir au courant to keep up to date
courbe, f. curve
courbé(e) bent, stooping
coureur, m. runner
coureur de bois, m. one who works most of his life in the woods
courir to run, to run about
couronne, f. crown
Couronne Crown
couronner to crown
cours, m. course
au cours de in the course of
avoir cours to be legal tender
course, f. race
à la course quickly
court(e) short
courtisan, m. courtier
coussin, m. cushion
cousu(e) sewn
bouche cousue silently
coutume, f. custom, habit
avoir coutume to be in the

habit
couver to sit on (eggs), to conceive
couvert, m. fork, spoon, knife
avoir son couvert to be a guest
couverture, f. blanket
couvre-lit, m. bedspread
cracher to spit
craindre to fear
(p.p. craint)
crainte, f. fear
craintif (ive) fearful
crâne skull
crapaud, m. toad
crapaud-brousse jungle toad
cravache, f. riding whip
créateur (trice) creative
créer to create
crépitement, m. crackling
crépuscule, m. twilight
creuser to dig, to hollow out
creux, m. hollow
creux (euse) hollow, empty
yeux creux sunken eyes
crevé(e) exhausted, dead (with fatigue)
crever to die
crisper(se) to become irritated
critique, f. criticism, critics
croc, m. fang
croire to believe
(p.p. cru)
croire à to believe in
croisé(e) crossed
croiser to pass (someone); to cross (legs)
croissance, f. growth
croix, f. cross
croupe, f. hindquarters
monter en croupe to ride behind the rider
croyance, f. belief
croyant(e) believing
être croyant to believe (in God)
cru, m. vintage; invention
cruauté, f. cruelty
crudité, f. coarseness
cueillette, f. gathering, picking
cueillir to pick, to gather
cuiller, f. spoon
cuir, m. leather
cuir chevelu scalp
cuire to cook
cuivré(e) copper-coloured
cul, m. backside, ass
culotte, f. pants
cultivateur, m. farmer
curé, m. parish priest
curieux (euse) inquisitive, interested

D

daigner to deign, to condescend
d'ailleurs besides
darder to flash (of sun)
davantage more, longer
débarquer to disembark
débarrasser to rid (someone)
débiter to recite
déborder to overflow, to brim
over
debout standing
débris, m.pl. pieces, remains
début, m. beginning
débuter to start
déception, f. disappointment
déchaîner to unleash
déchirant(e) heartrending
déchirer to tear (up)
déchirure, f. tear, wound
déchu(e) fallen (from glory)
décisif (ive) decisive, conclusive
décollé(e) sticking out (of ears)
décolleté(e) low-cut
découvrir to discover, to find, to
uncover
décrire to describe
décrocher to lift (of receiver)
déçu(e) disappointed
dedans inside
dédié(e) dedicated
déesse, f. goddess
défaut, m. fault
être en défaut to be at fault
défaillance, f. swoon, lapse
défaire to undo
se défaire to come undone, to
disintegrate
défendre to forbid
défenseur, m. defender
défi, m. challenge
défigurer to disfigure
défilé, m. parade
définitivement finally
défoncé(e) battered
défrayer to pay the expenses
dégager to bring out
dégoûter to disgust
dégrisé(e) having sobered up;
come back to reality
déguenillé(e) tattered, in tatters
déguiser to disguise
se déguiser to disguise
oneself
dehors outside
déjeuner, m. lunch, breakfast
déjeuner to have lunch, to have
breakfast
déjoindre to disjoin, to separate
délaissé(e) abandoned, deserted
délibéré(e) resolute
délicatesse, f. tact, refinement

délice, m. delight
délices, f.pl. delights
délirant(e) frenzied, delirious,
extravagant
délit, m. offence
délivrer to free
déluge, m. flood
demande, f. request, question
demander to ask
se demander to wonder
démarche, f. walk
démêler to unravel
déménagement, m. moving
déménager to move
déménageur, m. mover
démesurément inordinately,
excessively
demeure, f. house
demeurer to stay; to live; to
remain
démission, f. resignation
demoiselle, f. young lady
démon, m. devil
démontrer to show, to prove
démunir to deprive
dénicher to discover
dénouer to untie, to undo
dentelle, f. lace
dénuement, m. destitution,
need
départ, m. departure
dépasser to go past, to overtake
dépaysé(e) out of his (her)
element, lost
dépêche, f. dispatch, telegram
dépêcher (se) to hurry up
dépenaillé(e) torn, tattered
dépens, m.pl.
a mes dépens at my expense
dépense, f. spending, expense
déplacer to move, to change the
place of
se déplacer to move, to travel
déplaire to displease
déployer to open out, to display
déposer to place, to put
dépouillé(e) bare, stripped
dépouiller to strip, to cast off
dépourvu(e) devoid
depuis since, for, since then
déranger to bother, to trouble
dérivé, m. derivative
dérouté(e) confused
derrière behind
par derrière from behind,
from the back
dès from, as early as
dès que as soon as
désabusé, m. disillusioned,
disenchanted person
désagrément, m.
unpleasantness

descendance, f. lineage
descendre to go (come) down;
to bring down
descendre en courant to run
down
désespéré(e) in despair
désespérer to despair
désespoir, m. despair
déshabiller to undress
se déshabiller to get
undressed
déshérité, m. underprivileged
person
déshériter to disinherit
désigner to show; to indicate; to
designate; to appoint
désinvolte detached, carefree
désolé(e) deeply grieved
désormais from now on
dessein, m. plan, intention
dessous below, underneath
ci-dessous below
dessus on it (them, etc.)
destin, m. fate
destinataire, m. recipient,
addressee
détacher to untie
se détacher to separate
détasser (se) to spread out
détendu(e) hanging
détenir to hold (a diploma, etc.)
détoner to explode
détour, m. deviation
sans détour frank
détourner to turn away
détroit, m. straits
détruire to destroy
devenir to become
(p.p. devenu)
devin, m. soothsayer
devise, f. motto
devoir must, to have to, to be
supposed to; to owe
(p.p. dû, due)
devoir, m. duty
dévouement, m. self-sacrifice
diable, m. devil
pourquoi diable why the
devil
dicter to dictate
Dieu, m. God
Bon Dieu! Good Heavens!
le bon Dieu God
mon Dieu! dear me!
diffamateur, m. slanderer
digne dignified; worthy,
deserving
dignement proudly
diminuer to diminish, to
become smaller
dîner, m. dinner, lunch
dire, m. saying

au dire de according to
dire to say, to tell
  c'est-à-dire that is to say
  dis donc! I say!
  dit known as
  dites donc! I say!
  on dirait it looks as if
  si on ne dirait pas does it not
    look like
  vouloir dire to mean
directive, f. order
diriger to direct, to rule
  se diriger vers to go towards
discourir to talk, to hold
  discourse
discours, m. speech
disparaître to disappear
disposer to lay out, to dispose;
  to have at one's disposal, to
  have at hand
disputer to reprimand, to tell
  (someone) off
  se disputer to quarrel
disque m. record
dissimuler to hide
distancer to distance, to leave
  behind
distraction, f. entertainment
distraire to entertain, to amuse
  se distraire to amuse oneself
distrait(e) absent-minded,
  inattentive
distributrice, f. dispenser
divaguer to rave
divers(e) various
divertir (se) to enjoy oneself
dizaine, f. about ten, series of
  ten
doctoralement pompously
documenter (se) to gather
  information
doigt, m. finger
  se mettre le doigt dans l'oeil
    to be mistaken
domestique, m. servant
domicile, m. home
don, m. gift
donc therefore, then; really
données, f.pl. data, given
  information
donner to give
  donner sur to look on to, to
    lead to
  donner un exemple to set an
    example
dont of which, whose
doré(e) gilt
dos, m. back
doubler (le pas) to march faster
douceâtre sickly, insipid
doucement quietly, softly
douceur, f. gentleness,

sweetness
douleur, f. pain, sorrow
douloureux (euse) pained,
  painful
doute, m. doubt, suspicion
  sans doute doubtless,
    certainly, probably
  mettre en doute to question
douter to doubt
  se douter to suspect
douteux (euse) doubtful
doux, douce sweet, gentle, soft
dramaturge, m. ou f. dramatist
drap, m. cloth; sheet
drapeau, m. flag
dresser (se) to stand, to appear
droit, m. right
  avoir droit to be entitled
  droit (tout) straight ahead
droite, f. right
  à droite on (to) the right
  de droite et de gauche right
    and left
drôle funny, amusing, strange
  on en voit de drôles one sees
    strange things
  pas drôle (of a person) not
    pleasant, not interesting
dur(e) hard
durée, f. duration
durement (vivre) to live a hard
  life
durer to last

E

ébaucher to sketch out
  s'ébaucher to show faintly
éblouir to dazzle
écarter to move, to thrust
  (something, someone)
  aside, to brush away (of
  mosquitoes, etc.)
  s'écarter to move aside
échancrer to cut low (of a
  dress), to pull down the
  neckline
échange, m. exchange
échanger to exchange
échapper to escape
échec, m. failure
échelle, f. ladder
échine, f. spine
  courber l'échine to submit
éclair, m. lightning
éclairage, m. lighting
éclairé(e) enlightened
éclat, m. burst (of laughter,
  anger, etc.); glamour;
  ostentation
éclatant(e) loud, ringing

éclater to burst out, to break out
  (of war)
éclisse, f. wood chip, splinter
écluse, f. lock
écoeurant(e) disgusting
écoeurer to disgust, to repel
écolier, m. school boy
économe thrifty
économie, f. savings
écorce, f. bark
écorché(e) skinned
écouler (s') to pass (of time)
écoute, f. listening
  salle d'écoute control booth
écran, m. screen
écraser to squash, to crush
écrier (s') to exclaim, to burst
  out
écrivain, m. writer
écu, m. crown
écumer to foam
écureuil, m. squirrel
écurie, f. stable
écuyer, m. equerry
éditeur, m. publisher
effacer to obliterate, to wipe out
effectuer to effect, to
  accomplish
effet, m. effect
  à cet effet for that reason
  en effet indeed
  faire l'effet to look as if
efficace effective
efflanqué(e) lean, thin
effrayant(e) frightening
effrayer to frighten
  s'effrayer to become
    frightened
égal(e) equal
également equally, also
égaliser to equalize, to adjust
égard, m. consideration, respect
  à mon (ton, etc.) égard
    towards me (you, etc.)
égaré(e) lost
égarer to lose
église, f. church
  l'Église, f. the Church
égoïsme, m. selfishness
égoïste selfish
égorger to kill
égratigner to scratch
égrener to pick off
  égrener son chapelet to say
    one's beads
élan, m. dash, enthusiasm
élancer (s') to spring, to rush
  forward
élevé(e) brought up, raised
élever to raise, to bring up
  s'élever to arise, to rise up
éloge, m. praise

éloigné(e) distant
éloigner to drive away
  s'éloigner to move away, to fade away
émacié(e) emaciated, wasted
émail, m. enamel
émaner to emanate, to come from
embarras, m. embarrassment
embarrassant(e) awkward, perplexing
embarrassé(e) congested
embêter to annoy
  s'embêter to be bored
embranchement, m. branch line
embrasser to kiss
  s'embrasser to kiss
embrasure, f. opening (of door or window)
embrouillé(e) muddled, confused
embuscade, f. ambush
émerveillé(e) filled with wonder
émission, f. broadcast
emmener to take (away)
émoi, m. agitation, excitement
  en émoi in a commotion, in a flutter
émouvant(e) moving, touching
émouvoir to move
  (p.p. ému)
empêcher to stop, to prevent
empirer to worsen
emplir to fill
emploi, m. use; job
employé, m. clerk; employee
employer to use
  s'employer to be used
emportement, m. anger
emporter to take away; to prevail, to win
  s'emporter to get angry
empressé(e) eager
empresser (s') to hasten
emprise, f. hold
emprisonner to imprison
emprunté(e) borrowed, used
ému(e) moved
encadré(e) framed
enchaîner to chain up
enchanteur (eresse) enchanting
enclos, m. enclosure, paddock
encore again; still; too
  pas encore not yet
encre, f. ink
endimanché(e) dressed up in one's Sunday best
endormi(e) asleep, dormant
endormir (s') to fall asleep
endroit, m. spot, place
endurer to endure, to put up with

énervé(e) fidgety, on edge
enfance, f. childhood
enfer, m. hell
enfermer to shut in, to shut up
  s'enfermer to shut oneself up
enfin finally, after all
enfoncer to sink (into), to drive (into), to dig (into)
  s'enfoncer to go deep (into)
enfreindre to break (of laws)
enfuir (s') to flee
engagé(e) committed
engager (s') to take service, to hire oneself out
engouffrer to engulf, to swallow up
  s'engouffrer to be swallowed up
enivrer (s') to get drunk
enjamber to step over
enjoué(e) playful
enlever to take off, away; to tear off
ennui, m. worry, difficulty
ennuyer to annoy, to bore
  s'ennuyer to be bored
enquérir (s') to inquire
enragé(e), m.(f.) mad person
enregistrer to register; to check (baggage)
enrichir to enrich
  s'enrichir to become rich
enrôler to enlist
enseignement, m. teaching
enseigner to teach
ensemble, m. whole, group
ensoleillé(e) sunny
ensorceler to bewitch
ensuite then, next
entamer to begin, to start
entasser to pile up, to accumulate
entendre to hear, to understand
  s'entendre to agree; to get along
  entendre dire to hear (it) said
entendu(e) understood, settled
enterrer to bury
entier (ère) whole, complete
  en entier entirely; from head to foot
entourer to surround
  s'entourer to surround oneself
entrailles, f.pl. womb
entraîner to drag down, to drag along
entre between
  entre les mains in hand
entrée, f. entrance
entremêler (s') to be involved
entreprendre to undertake
entreprise, f. business

entretenir to speak (to someone)
entretien, m. conversation
entrevoir to catch a glimpse of
énumérer to enumerate, to recite
envahir to invade
envahissant(e) encroaching
envahisseur, m. invader
envelopper to wrap up
envers towards
envers, m. the wrong side; the back
  à l'envers inside out
  être à l'envers to be out of sorts
envie (avoir) to wish
envier to envy
environ about
envisager to consider
envoler (s') to fly away, to disappear
envoyer to send
  envoyer promener to send (someone) packing
épais(se) thick
épanouir (s') to blossom out; to brighten up
épatant(e) terrific
épater to astound
épaule, f. shoulder
épée, f. sword
éperdu(e) bewildered
éperdument desperately
épi, m. ear (of corn)
épice, f. spice
épier to watch, to spy on
éploré(e) in tears
épopée, f. epic
époque, f. period, time
  à notre époque nowadays
épouse, f. wife
épouser to marry
épouvantable shocking, dreadful
époux, m. husband; **m.pl.** husband and wife
épreuve, f. test
  mettre à l'épreuve to put to the test
éprouver to feel; to test
épuisement, m. exhaustion
épuiser to wear out, to tire out, to exhaust
équanimité, f. equanimity, evenness of temper
équilibré(e) balanced
équipage, m. crew
équipe, f. team
érable, m. maple tree
érafler to scratch
ermite, m. hermit
errant(e) wandering

errer to wander
erreur, f. error, mistake
  induire en erreur to mislead
  tirer d'erreur to undeceive
escalier, m. staircase, stairs
escarpin, m. pump (shoe)
esclavage, m. slavery
espace, m. space
espagnol, m. Spanish
espagnol(e) Spanish
espèce, f. species, kind
espérance, f. hope
espérer to hope
espoir, m. hope
esprit, m. mind, wit
esquinter (s') to wear oneself
  out
esquiver to avoid, to dodge
essayer to try
essentiel, m. the most important
  (thing)
essouffler (s') to become
  breathless
essuyer to wipe; to suffer, to
  endure
estime, f. respect, regard
estimer to think, to judge
établir to establish
  s'établir to settle
étape, f. stage
état, m. state, condition
  être dans tous ses états to be
    in a state, to be beside
    oneself
États-Unis, m.pl. United States
éteindre to put out (of fire,
  light)
  s'éteindre to die out
éteint(e) faded
étendard, m. flag, standard
étendre to spread out, to stretch
  out; to hang out (washing)
étendu(e) lying, stretched out
étendue, f. surface; stretch
étirer (s') to stretch out
éternuer to sneeze
étoile, f. star
étonnant(e) astonishing
étonné(e) surprised
étonnement, m. astonishment
étonner to surprise, to astonish
  s'étonner to be surprised
étouffé(e) stifled
étourdi(e) dazed
étrange strange
étranger (ère) foreign
étranger, m. foreigner, stranger;
  foreign lands
  à l'étranger abroad
étranglé(e) narrow
étrangler to strangle
être, m. being

étude, f. study
étudier to study, to examine
eux (to) them, they
évaluer to estimate, to judge
évasion, f. escape
éveiller to awaken, to wake
  (somebody)
événement, m. event
éventail, m. fan
éventrer to tear open
éventualité, f. possibility,
  contingency
évidemment of course, naturally
évident(e) obvious
éviter to avoid
évocation, f. conjuring up
évoquer to suggest, to recall
excédé(e) beside oneself
excuse, f. excuse
  faire des excuses to apologize
exemple, m. example
  par exemple for instance;
    indeed
  à son exemple like him (her),
    following his (her) example
exercer to practise
exhaler to exhale; to give out
exiger to demand
expéditif (ive) expeditious,
  quick
expédition, f. copying
  department, shipping
  department
expéditionnaire, m. copying
  clerk, shipping clerk
expirant dying
expliquer to explain
exprès specially
exprimer to express
  s'exprimer to be expressed; to
    express oneself
exténué(c) exhausted
extrémité, f. end

F

fabuliste, m. fabulist, fable
  writer
face, f. face
  en face facing, opposite
  face à before, facing
face-à-main, m. lorgnette
fâcher to anger
  se fâcher to get angry
facies, m. face
facilement easily
façon f. way, manner
  à la façon in the way, from
    the way
  de toute façon in any case
factionnaire, m. sentry
facultatif (ive) optional

faible, m. weakness
faible weak
faillir to fail, almost to . . .
faim, f. hunger, longing
  avoir faim to be hungry
fainéant, m. lazy person
faire to do, to make; to say; to
  eat, to play
  se faire to be made, to take
    place; to become
  cela fait . . . que for . . .
    (time)
  comment se fait-il? how is it?
fait, m. fact
  de fait in fact
  de ce fait because of this fact
  du fait de because of
  en fait in fact
fait(e) (bien . . .) handsome,
  well-built
falloir to be necessary
(p.p. fallu)
  il faut it is necessary
  comme il faut respectable
famélique half-starved,
  famished-looking
fameux (euse) famous, great
  (ironic)
familial(e) (belonging to the)
  family
familiariser (se) to become
  acquainted, to become
  familiar (with)
faner (se) to wilt
fantaisie, f. whim
farce, f. farce, joke
fardeau, m. load
fauché(e) broke (financially)
faucheuse, f. mower, reaper
faucille, f. sickle
faufiler (se) to move in and out
faune, f. fauna
fauteuil, m. armchair
faux, fausse false, wrong
favoriser to favour
fécondité, f. fruitfulness,
  fertility
feindre to pretend
féliciter to congratulate
femelle, f. female
fendre to split, to slit
fente, f. slit, crack
fer, m. iron
  fer à repasser flatiron
fermier, m. farmer
ferroviaire railway
fesse, f. buttock
fête, f. celebration, festival;
  holiday; holy day; party,
  pleasure
fêter to celebrate
feu, m. fire

feu follet will o' the wisp
feu de joie bonfire
feuillage, m. leaves, foliage
feuille, f. leaf; sheet
feuillet, m. leaf
feuilleter to turn over the pages
fève, f. bean
fiacre, m. cab (horse-drawn)
ficeler to tie up
ficelle, f. string
ficher (se) to pull (somebody's) leg
fidèle faithful
fiel, m. gall
fier, fière proud
fier (se) à to trust
fierté, f. pride
figure, f. face, appearance
figuré(e) figurative
figurer to represent
fil, m. thread
file, f. line
  en file indienne one behind the other
filer to run away, to slip by, to disappear
  filer le parfait amour to live love's young dream
fillette, f. girl
fils, m. son
fin, f. end
  à la fin finally; really
  arriver à ses fins to achieve one's goals
fin(e) fine, sharp
fin (+ adj.) quite
finesse, f. refinement
finir to finish
  finir par finally to
fixe steady
fixement fixedly
  regarder fixement to stare
flacon, m. flask
flairer to sniff
flamber to burn
flanc, m. flank, side
flâner to loiter, to loaf
flatteur (euse) flattering
fléau, m. plague
flèche, f. arrow
fléchir to bend, to move; to pity
fleurette, f. small flower
  conter fleurette to flirt, to whisper sweet nothings
fleuri(e) ornate
fleurir to flower, to bloom
fleuron, m. small flower ornament, laurel
fleuve, m. river
flocon, m. flake
flot, m. wave
flottage, m. floating

flotter to float
foi, f. faith
  ma foi my word, indeed
foie, m. liver
fois, f. time
  à la fois at the same time, both
  des fois sometimes
  Il était une fois Once upon a time, there was (were)
  une fois once
folie, f. madness
  faire des folies to be extravagant
folle, f. madwoman
follement madly
fonctionnaire, m. civil servant
fond, m. back, bottom; background
  au fond at (the) bottom, at the back
fonder to found
fondre to melt, to melt away
  se fondre to melt away
fonds, m. business, capital
fonts, m.pl. font
  tenir sur les fonts baptismaux to stand as godfather (godmother)
forban, m. bandit, rogue
force, f. strength
  à force de by means of
  par la force des choses owing to circumstances
forgeron, m. blacksmith
formidable terrific
fort(e) strong, thick, full, stout
  elle est forte, celle-là! that's too much!
fortement strongly, deeply
fortune, f. wealth
  faire fortune to become rich
fosse, f. grave
fossé, m. ditch
fou, m. madman, fool
fou, folle mad
fouet, m. whip
fouille, f. search
fouiller to dig into; to search
foulard, m. scarf
foule, f. crowd
fouler to tread, to walk on
four, m. oven
fourmillement, m. tingling, pins and needles
fournaise, f. furnace
fournir to provide
fournisseur, m. supplier
fourrage, m. fodder
fourrager to search, to rummage
foyer, m. hearth, home
fracas, m. din

fraîcheur, f. freshness, chilliness
frais, m.pl. expense(s)
frais, fraîche new, fresh
fraise, f. strawberry
framboise, f. raspberry
franc, franche frank, open
franchement frankly
franchise, f. frankness
franc-parler, m. frankness
frappant(e) striking
frapper to hit, to strike; to knock
  frapper du pied to stamp one's foot
frayer (un chemin) to clear the way, to make way
  se frayer un chemin to push one's way through
frein, m. brake
freiner to brake, to slow down
frémir to tremble
frémissant(e) shuddering, trembling
frémissement, m. rustle, shudder
friandise, f. sweet treat
frisson, m. shiver, shudder
frissonner to shiver, to shudder
frit(e) fried
froidement coldly
froncer to wrinkle
  froncer les sourcils to frown
front, m. forehead, brow
frotter to rub, to scratch
fruitier (ère) fruit-bearing
  arbre fruitier fruit tree
fuir to flee
fuite, f. flight
fumant(e) steaming
fumée, f. smoke
fumer to smoke
fumet, m. smell
fureur, f. fury
furieusement terribly
furtivement furtively, stealthily
fuseau horaire, m. time zone
fusée, f. rocket
fusil, m. gun
  coup de fusil shot
fustiger to beat, to thrash

G

gages, m.pl. wages
gagner to win
gai(e) merry
gaieté, f. mirth
gain, m. profit, earnings
gale, f. scabies
gant, m. glove
garde, f. watch, guard

monter la garde to mount guard
garde, m. ou f. keeper
prendre garde to take care
prendre garde à to beware of, to notice
garder to keep, to protect
Dieu vous garde (May) God protect you
se garder de to beware of
se garder de + inf. to take care not to
garde-robe, f. wardrobe
gare, f. station
gars, m. fellow, guy
gâter to spoil
gâteux (euse) senile
gauche, f. left
gaucherie, f. awkwardness
gazette, f. newspaper
gelé(e) frozen
gelé à bloc frozen solid
gelée, f. frost
geler to freeze
gémir to groan, to moan
gendre, m. son-in-law
gêné(e) embarrassed, hard-up
gêner to embarrass, to hinder
génie, f. genius
genou, m. knee
à genoux on one's knees, kneeling
se mettre à genoux to kneel down
genre, m. kind, gender; type
gens, m.pl. ou f.pl. people
jeunes gens young people, young men
gentil(le) kind, noble
gentillesse, f. kindness
geste, m. gesture
gesticulant(e) gesticulating
gigantesque gigantic
gilet, m. vest
glaçant(e) icy, chilling
glace, f. mirror; ice
glacé(e) icy
glisser to slide, to slip (into)
glisser à l'oreille to whisper
gloire, f. glory
golfe, m. gulf, bay
gonfler to swell
gorge, f. gorge; throat
gosse, m. ou f. child, kid
gouffre, m. abyss
goût, m. taste
goûter to taste; to enjoy, to appreciate
goutte, f. drop
gouttière, f. gutter, eaves
gouverneur, m. governor, tutor
grâce, f. pardon

grâce à thanks to
à la grâce de (Dieu) please (God)
demander grâce to ask for pity
en grâce for pity's sake
grain, m. grain, touch
grand(e) big, great, tall
grand ouvert wide open
grandeur, f. size
grandir to grow
grange, f. barn
grappe, f. cluster, bunch
gras(se) fat, plump
gratis free
gratte-ciel, m. skyscraper
gratter to scratch
grave serious; deep (of voice)
gravité, f. gravity, seriousness
gré, m. liking
contre son gré against his (her) will
grec, m. Greek
griffé(e) scratched
griffer to scratch
grille, f. grate, railing
grimper to climb
griot, m. sorcerer
griser to intoxicate
grive, f. thrush
grommeler to grumble, to mutter
grondement, m. roar
groseille, f. gooseberry
grossier (ère) rude
grossir to become fat, to grow larger
grouillement, m. wriggling
guère: ne . . . guère hardly, seldom, not much, only
guérir to cure
guérison, f. cure, recovery
guérisseur, m. healer, medicine-man
guerre, f. war
l'après-guerre, m. postwar period
guerrier, m. warrior
guet, m.
au guet de on the watch for
avoir l'oeil au guet to keep one's eyes open
guetter to watch (for)
gueule, f. mouth (animal); expression
guichet, m. ticket office
guillemet, m. quotation mark
guirlande, f. garland

H

habilement cleverly, skilfully

habileté, f. cleverness, skill
habiller to dress
s'habiller to get dressed
habit, m. costume
habits, m.pl. clothes
habitude, f. habit, custom
avoir l'habitude to be accustomed
comme d'habitude as usual
d'habitude usually, generally
habituer to accustom
s'habituer to become accustomed, to become used (to)
hache, f. axe
hagard(e) drawn, haggard
haillon, m. rag
haine, f. hatred
haïr to hate
hameau, m. hamlet
hanche, f. hip
hangar, m. shed
hanté(e) haunted
hanter to haunt
happé(e) caught
hardes, f.pl. clothes (old)
hareng, m. herring
hareng saur salt herring
hasard, m. chance, opportunity
par hasard by chance
hâte, f. haste
avoir hâte to look forward
hâter (se) to hasten, to hurry up
hausser to raise
hausser les épaules to shrug one's shoulders
haut, m. top
en haut above
de haut in height, high, tall
haut loud, aloud
haut(e) high, loud
hauteur, f. height, haughtiness
hélas alas
hennissement, f. neighing
herbe, f. grass
hérissé(e) bristling, rough
héritier, m. heir
hermine, f. ermine
hésiter to hesitate
heure, f. hour, time
à l'heure on time
sur l'heure immediately
tout à l'heure just now
heureusement fortunately
heureusement! good!
heureux, m. lucky person
heureux (euse) happy, fortunate
heurter to hit
hibou, m. owl
hier yesterday
hirondelle, f. swallow
histoire, f. history, story

que d'histoires! what a lot of fuss!

historique, m. historical account

hocher to shake (of head), to nod

holà! stop!, not so fast!

honnêteté, f. honesty

honneur, m. honour

  dame d'honneur lady-in-waiting

honte, f. shame

  avoir honte to be ashamed

  faire honte to put to shame

horloge, f. clock

horreur, f. horror

  avoir horreur to hate

hors de out of, from

hospice, m. home (for the sick, etc.)

hôte, m.f. guest, host

hôtel, m. mansion

houle, f. swell

houx, m. holly

huile, f. oil

huit eight

  en huit a week from

  huit jours a week

humeur, f. mood, humour

hurler to howl, to scream

hymne, m. hymn, anthem

I

ici here

  par ici this way

idée, f. idea

  a-t-on idée? can you imagine?

  se faire à l'idée to get used to the idea

idôlatrer to idolize

illusoire illusive

imagé(e) picturesque, full of images

immanquable inevitable

imperméable, m. raincoat, trenchcoat

impitoyable pitiless

impliquer to imply, to mean

importe (n') no matter

importer to matter

impressionner to impress

imprévu(e) unforeseen, unexpected

impuissance, f. powerlessness, helplessness

impure, f. impure, unchaste woman

inabordable forbidding, inaccessible

incendié(e) burnt

incertain(e) doubtful, vague

incessant(e) ceaseless

inclination, f. liking, attraction

incliner (s') to bow, to bow down

incompris, m. someone who is misunderstood

inconfort, m. lack of comfort

inconnu, m. unknown man

inconnu(e) unknown

inconsciemment unconsciously

inconscient(e) unaware (of what one does)

inconvénient, m. disadvantage

incroyable incredible

incroyant(e) not believing in God

indescriptible indescribable

indication, f. information, indication

indice, m. sign, indication, clue

indicible indescribable

indigne unworthy

indigné(e) indignant

indigner (s') to become indignant

inexactitude, f. lateness

infamant(e) defamatory

infatigable indefatigable, tireless

infirme handicapped, disabled, weak

informer to inform

  s'informer to enquire

infructueux (euse) fruitless

ingénieur, m. engineer

ingénument naïvely

injure, f. insult

inlassable untiring

inlassablement untiringly

innombrable innumerable

inouï(e) unheard of

inquiet, inquiète anxious, worried

inquiéter (s') to be worried, to be anxious

inquiétude, f. anxiety

insatisfaction, f. dissatisfaction

inscrire to inscribe, to write

  s'inscrire to register

insinuer to imply

insolite unwonted, strange

insouciance, f. carefree attitude

inspirer to inspire

  s'inspirer (de) to be inspired (by)

installer to install, to seat (someone)

  s'installer to settle (down), to settle oneself (in)

instruction, f. education

instruit(e) educated

insu, m.

à l'insu de without the knowledge of

insupportable unbearable

intercalé(e) inserted

interdire to forbid

intéresser to interest

  s'intéresser to take an interest, to be interested

interlocuteur, m. person with whom one is speaking

interlope shady

interprétation, f. interpretation, performance

interpréter to perform

interrogateur (trice) questioning

interrogatoire, m. examination

interroger to question

interrompre to interrupt

intervenir to intervene, to interfere, to play a part

intituler to entitle

invective, f. insult

isolement, m. isolation

ivre drunk, intoxicated

J

jadis formerly

  le temps jadis days of old

jalousie, f. jealousy

jamais never, ever

  plus jamais nevermore

  à jamais forever

jarre, f. jar

jatte, f. bowl

jaunissant(e) yellowing

jeter to throw, to throw away

  jeter un regard to glance

jeu, m. game; acting

  se faire un jeu to make light

  jeu de mots pun

jeune, m. ou f. young man, woman

  les jeunes, m.pl. young people

jeûner to fast

jeunesse, f. youth

joie, f. joy

joli(e) pretty

joue, f. cheek

jouer to play; to perform, to act; to gamble

jouet, m. toy

joueur, m. player

joufflu(e) chubby

joug, m. yoke

jouir (de) to enjoy

joujou, m. toy

jour, m. day

  au jour le jour from day to day

  de nos jours nowadays

de tous les jours everyday
d'un jour à l'autre from one day to the next
huit jours a week
le point du jour daybreak
quinze jours two weeks
journal, m. newspaper, diary
journalier (ère) daily, everyday
journée, f. day
jumeau, m. twin
jupon, m. petticoat
jurer to swear
ne jurer que par to swear by
juridiquement judicially, legally
juron, m. swearword
jusque, jusqu'à up to, until, as far as
juste correct; exactly
justement justly, precisely

L

la
à la in the style of, in the manner of
là there; then
par là that way
là-bas over there
là-haut up there
laborieux (euse) hard-working, toiling; difficult
laboureur, m. ploughman, farmer
lâche cowardly
lâcher to drop, to let go
laid(e) ugly
laine, f. wool
laisser to let, to allow; to leave (behind)
laissez! do not trouble! don't do that!
laisser faire to let things be
lambeau, m. scrap
en lambeaux in tatters, in rags
lampe, f. lamp
lampe torchère floor lamp
lampée, f. gulp
lancé(e)
être lancé(e) to have made a name
lancer to throw; to shout
lancer sur to set (a dog) on
se lancer to throw oneself
langue, f. tongue; language
donner des coups de langue to lick; to make cutting remarks
larme, f. tear
las(se) tired
lassitude, f. fatigue
lavande, f. lavender
lécher to lick

léger, légère light
légèrement lightly, slightly
légume, m. vegetable
lendemain, m. next day
lendemain matin next morning
lent(e) slow
lèpre, f. leprosy
lettre, f. letter
en toutes lettres in full
leur(s) their
les leurs their family
lever to raise, to lift
se lever to stand up, to get up
levier, m. lever
lèvre, f. lip
lézarder (se) to crack
liasse, f. bundle, wad
libéré(e) freed
librairie, f. bookstore
libre free
libre-échange, m. free trade
librement freely
lier to bind, to tie up
lieu, m. place, spot
au lieu de instead of
avoir lieu to take place
il y a lieu there is a reason
s'il y a lieu if necessary
lieue, f. league (une lieue = approx. 4 kilomètres)
linge, m. linen, underwear
lippu(e) thick-lipped
lire to read
(p.p. lu)
se lire to be read
livre, f. pound, franc
livrer to deliver, to give over
locataire, m. tenant
location, f. group of words, phrase
logement, m. accommodation
loger to lodge, to live, to put up (someone)
logis, m. home
loin far, far away
au loin in the distance
lointain, m. far away place, distance
lointain(e) distant
loisir, m. leisure
long, m. length
le long de alongside
tout le long du jour all day long
long, longue long
à la longue in time, in the long run
longer to border, to walk along
longtemps a long time, long
longuement for a long time
longueur, f. length

à longueur de journée all day long
loquace talkative
loque, f.
en loques in tatters
lorgnette, f. opera glasses
lorsque when
louable praiseworthy
louange, f. praise
loucher to squint
louer to rent, to hire
lourd(e) heavy
loyauté, f. loyalty
lubrique lewd
lueur, f. gleam, light
luisant(e) shining
lumière, f. light
à la lumière de in (the) light of
lune, f. moon
clair de lune, m. moonlight
lustre, m. chandelier
lutte, f. fight, battle
en lutte avec fighting against
lutter to fight

M

machinalement unconsciously, mechanically
magie, f. magic, wizardry
maigre thin
maigrir to lose (weight)
maître, m. master; teacher
maîtresse, f. mistress
majuscule, f. capital
mal, m. evil, pain, harm, bad thing
avoir du mal to have difficulty
avoir mal to have pain
faire mal to hurt
mal badly
pas mal de a good many
malade, m. sick man
malade imaginaire hypochondriac
maladie, f. illness
maladroit(e) clumsy
malentendu, m. misunderstanding
malgré despite
malgré que although
malheur, m. misfortune
malheur à cursed be . . . , woe to . . .
malheureusement unfortunately
malheureux, m. unfortunate man
malheureux (euse) unfortunate
malhonnête dishonest
malice, f. mischievousness

malin, maligne clever; wicked
malle, f. trunk
malpropre dirty
manche, f. sleeve
mangeoire, f. manger, trough
manger, m. food
manguier, m. mango (tree)
manier to handle
manière, f. manner, way
manifestement clearly
manifester (se) to reveal itself
manivelle, f. crank, handle
manque, m. lack
manquer to be missing, to lack, to miss, to be short of, almost to . . . , to fail
manteau, m. coat
manuel, m. textbook
maquillage, m. makeup
marbre, m. marble
marchand(e), m.(f.) salesman, saleswoman, merchant
marche, f. walk
  se mettre en marche to start
marché, m. market; bargain, deal
  par-dessus le marché on top of everything
  faire marché to make a deal
mare, f. pond
marge, f. margin
mari, m. husband
marier to marry, to give in marriage
  se marier to get married
marine, f. navy
maringouin, m. kind of mosquito
marmonner to mumble
marquant(e) important
marque, f. sign
marquer to influence; to indicate, to show
marron brown
marseillais(e) from Marseille
marteau, m. hammer
martyriser to torment
mater to master, to humble
maternel(le) maternal, motherly
  langue maternelle mother tongue
maudit(e) cursed, damned
mauvais(e) bad, wrong
maxillaire, m. jaw
massif (ive) heavy, solid
matelas, m. mattress
matière, f. matter
méchante, f. evil woman
méchant(e) wicked
mèche, f. fuse (for a gun)
médecin, m. doctor
  médecin légiste forensic surgeon

médiocrement indifferently
médisance, f. slander
méfait, m. misdeed
méfier (se) to beware, to be wary
meilleur(e) better, best
mélange, m. mixture
  sans mélange unadulterated; pure
mêler to mix, to mingle
  se mêler to mingle, to mix, to blend; to interfere
même very, self
  cela même the very thing
menace, f. threat
menacer to threaten
ménage, m. household; housework; couple
  entrer en ménage to set up house
  faire des ménages to clean (other people's) homes
ménager to spare
ménager (ère) sparing
mendiant, m. beggar
mendiante, f. beggar (woman)
mener to lead, to take (someone)
  mener à bien to bring to success, to carry out
mensonge, m. lie
  faire un mensonge to tell a lie
mensuel(le) monthly
menteur (euse) lying
mentir to lie
menton, m. chin
menuisier, m. carpenter
méprisable despicable
mépriser to despise
mer, f. sea
mériter to deserve
  se mériter to earn
merle, m. blackbird
merveille, f. marvel, wonder
mesquin(e) petty
mesquinerie, f. pettiness
messe, f. mass (religious)
mesure, f. measure
  à mesure (gradually) as
  à la mesure de the size of
métier, m. job, occupation
mettre to put, to place, to put on (p.p. mis)
  mettre (de l'argent) de côté to put (money) aside, to save up
  se mettre to place oneself
  se mettre à to begin
meuglement, m. lowing, mooing
meurtre, m. murder
meurtrier, m. murderer
midi, m. noon, midday

Midi, m. South
miel, m. honey
mieux better
  être au mieux to be on the best terms
  le mieux best
  tant mieux so much the better
mieux-être, m. better conditions
mignon(ne) dear, cute
milieu, m. environment, middle
mille, m. mile
mineur, m. miner
minuit, m. midnight
minuscule tiny
misanthrope misanthropist, detesting the human race
mise en scène, f. direction (of a play)
misérable wretched, miserable, poor
misère, f. misery, poverty, suffering
  misère noire deep poverty
miséricorde, f. mercy
mitraillette, f. repeater pistol
mixte mixed, co-ed
mode, m. way
mode, f. fashion, mood (for verbs)
  à la mode in style, in fashion
modèle, m. example, style
moindre lesser
  le moindre the least
moineau, m. sparrow
moins less
  au moins at least
  de moins en moins less and less
  du moins at least
  le moins the least
moisson, f. harvest
moissonneur, m. harvester
moissonneur (euse) harvesting
moitié, f. half, middle
  à moitié prix at half price
mollement slackly; softly
mollet, m. calf (of leg)
moment, m. moment
  par moments at times
monde, m. world, people
  du monde, beaucoup de monde many people
  tout le monde everybody
monnaie, f. change
monologuer to soliloquize; to speak to oneself
Monseigneur, m. My Lord, Your (His) (Royal) Highness, etc.
montant(e) rising
monter to go up, to climb, to rise, to put on (of plays)
  monter en courant to run up

461

montre, f. watch
montrer to show
moquer (se) to make fun of, to joke
morceau, m. piece
mordant(e) biting, caustic
mordre to bite, to damage
morne mournful
morne, m. hill
mort, f. death
mort(e) dead
mortel, m. mortal
mortel(le) fatal, deadly
mortifié(e) humiliated
mou, molle soft
mouche, f. fly
moucher (se) to blow one's nose
mouchoir (de poche), m. (pocket) handkerchief
mouiller to moor
moule, f. mussel
moulin, m. mill
   moulin à vent, m. windmill
mourir to die
   (p.p. mort)
mousse, f. moss
moustique, m. mosquito
mouvementé(e) lively, eventful
mouvoir (se) to move
moyen, m. means
   au moyen by means
   être en possession de tous ses moyens to be in full form
   trouver moyen to manage, to succeed
moyenne, f. average
Moyen-Orient, m. Middle-East
muet(te) mute, silent, speechless
   une carte muette a blank map
mugir to bellow
mur, m. wall
mûr(e) ripe
muraille, f. wall
murmurer to whisper
muscat, m. muscatel
musique à bouche, f. mouth organ
musulman, m. Muslim
mutisme, m. silence

N

nage, f. swimming
   être en nage to be soaked (with perspiration)
naïf, naïve naïve, innocent
naissance, f. birth
naissant(e) newborn
naître to be born; to come from
naïveté, f. innocence, naïvety, inexperience

narration, f. narrative
naturel, m. nature; character
navigateur, m. sailor
né(e) born
néanmoins nevertheless
néant, m. nothingness
   réduire à néant to reduce to nothing
néfaste harmful
nègre black
nègre, m. black man, Black
nerf, m. nerve
net(te) clean; clear
nettement clearly
neveu, m. nephew
nez, m. nose
   au nez de in front (of)
   rire au nez de quelqu'un to laugh in someone's face
ni . . . ni neither . . . nor
niaiserie, f. stupidity
niche, f. kennel
nid, m. nest
nier to deny
noir, m. darkness
noiraud(e) swarthy
noirci(e) blackened
nombre, m. number
   bon nombre a good many
nombreux (euse) numerous
nommé(e) so-called
nommer to name
notablement notably, especially
note, f. grade
nouer to knot, to tie
nourri(e) nourished, fed
nourrir to feed
nourriture, f. food
nouveau, m. something new
nouveau, nouvel, nouvelle new
   à, de nouveau again
   nouveau venu, m. newcomer
nouveau-né, m. newborn
nouvelle, f. news item; short story
   les nouvelles the news
noyer to drown
nu(e) naked
   à nu naked, exposed
nuage, m. cloud
nuée, f. cloud
nuire to harm
nuisible harmful
nuit, f. night
nul(le) none, no one
   nulle part nowhere
nullement not at all
nuque, f. nape of the neck

O

obéir to obey

obéissant(e) obedient
objecteur (de conscience), m. (conscientious) objector
observer to remark
obligatoire compulsory
obligation, f.
   avoir des obligations to be beholden, indebted
obliger to force
observateur, m. observer
obtenir to obtain
obtention, f. obtaining
obusier, m. howitzer
occasion, f. opportunity
   d'occasion secondhand
occuper to occupy
   s'occuper de to take care of, to attend to
oculaire
   témoin oculaire eyewitness
odieux (euse) odious, hateful
odorant(e) fragrant
oeuvre, f. work
offenser to offend
oie, f. goose
oiseau, m. bird
ombre, f. shade, shadow
   à l'ombre in the shade
omettre to omit
   (p.p. omis)
once, f. ounce
onde, f. wave
ongle, m. nail (of the hand)
opérer (s') to take place
opiniâtrement stubbornly
opiniâtrer (s') to remain stubborn, to persist in
or, m. gold
or now
orageux (euse) stormy
oraison (funèbre) eulogy
oranger, m. orange-tree
orbe, m. orb, globe
ordinateur, m. computer
ordonnance, f. prescription
ordonner to command
ordre, m. order
   rappeler à l'ordre to call to order
orgue, m. organ
   orgues, f.pl. organ
orgueil, m. pride
orienter (s') to find one's bearings
oriflamme, f. banner
originaire born, coming from
os, m. bone
   en chair et en os in flesh and blood
osciller to oscillate, to go back and forth
oser to dare

ôter to take off
ouais really
oublier to forget
ouïr to hear
ouragan, m. hurricane
ourlet, m. hem
outrance, f. excess
outre (que) besides
ouvert(e) open
ouvertement openly
ouvrage, m. work
ouvrier (ère) working-class
ouvrir to open
(p.p. ouvert)
ouvrir de grands yeux to open one's eyes wide

P

païen, m. heathen
paillasse, f. mattress
paille, f. straw
pair
au pair for board and lodging
paisible peaceful
paix, f. peace
la paix! quiet!
palais, m. palace
pâle pale, colourless
pâlir to go pale
palourde, f. clam
palpiter to throb
pâmer (se) to swoon, to faint away
panama, m. straw hat
panneau, m. signboard
pape, m. pope
paquebot, m. liner
paradis, m. paradise
paradis terrestre Garden of Eden
paraître to appear, to seem; to be published
il paraît que they say that
paralytique, m. ou f. paralyzed person
parapluie, m. umbrella
paravent, m. screen
parbleu! why!, to be sure!
parcelle, f. particle, fragment
par-dessus above, over
pardonner to forgive
pareil(le) same, such
pareil à like
parer to adorn, to decorate
se parer to deck oneself out
paresse, f. laziness
paresseux, m. lazy man
paresseux (euse) lazy
parfaire to improve, to perfect

parfaitement! that's it!, quite right!
parfois sometimes
parfum, m. perfume
parfumé(e) scented, perfumed
pari, m. bet
parier to bet
parmi among
paroisse, f. parish
parole, f. word, speech
tenir parole to keep one's word
ma parole! my word!
avoir la parole to have the floor
parsemé(e) strewn
part, f. share; portion, certain amount
à part aside; apart from
d'autre part on the other hand
de part et d'autre on either side
mis à part aside, excluded
partagé(e) shared, divided
amour partagé requited love
partager to share
parti, m. match
prendre son parti to decide, to make a decision
particulier (ère) private
partie, f. part, game, social gathering, picnic, party
faire partie de to belong to
se mettre de la partie to join in
partir to go away, to leave
à partir de from
partout everywhere
parvenir to succeed, to arrive
faire parvenir to send
pas, m. step
aller au pas to go slowly
passant, m. passer-by
passé, m. past
passé(e) past, last
passe d'armes, m. arguing back and forth
passer to pass; to spend; to go on
se passer to happen
pataud(e) clumsy
paternel(le) fatherly
patient, m. patient; person sentenced to death
patrie, f. country, motherland, homeland
patte, f. leg, paw
à quatre pattes on all fours
paume, f. palm
paupière, f. eyelid
pauvre poor

pauvreté, f. poverty
pavé, m. stone floor
paye, f. pay, wages
payer to pay
payer comptant to pay cash
pays, m. country, motherland; district, region
pays(e), m.(f.) person from the same country or region
paysage, m. landscape
paysan, m. peasant
paysans, m.pl. country folk
peau, f. skin
pêche, f. fishing
pêcher to fish
pêcheur, m. fisherman
peindre to paint
(pp. peint)
peine, f. sorrow, difficulty, trouble
à peine hardly, barely
ce n'est pas la peine it is not worthwhile
faire de la peine to hurt
peine capitale capital punishment
peiner to toil
pèlerin, m. pilgrim
peloton, m. ball
penché(e) leaning
pencher to lean
se pencher to lean
pendant during, for
pendant(e) hanging, flabby (cheeks)
pendarde, f. hussy
pendre to hang
pendule, f. clock
pénétrant penetrating, affecting
pénible painful, difficult
pénitence, f. penance
pénombre, f. semi-darkness
pensant(e) thinking
pensée, f. thought
penser to think, to believe
penseur, m. thinker
pension, f. boarding house; boarding school
pensionnat, m. boarding school
percevoir to perceive, to catch (a sound)
perdre to lose
se perdre to lose oneself, to lose one another
périmé(e) out of date
perle, f. pearl
perler to form beads
permettre to permit, to allow
permettez! excuse me!
se permettre to allow oneself, to dare
perron, m. flight of steps

(exterior)

perroquet, m. parrot
  faire le perroquet to repeat like a parrot; to ape
personnage, m. character
personne, f. person
  grande personne adult
personne nobody
perspicacité, f. perspicacity, insight
perte, f. loss, ruin
  à perte de vue as far as the eye can see
pesant(e) heavy
peser to weigh
pestiféré(e) plague-stricken
peu little
  un peu a little
  à peu près about, approximately
  peu à peu little by little
  peu de temps après shortly after
peuh! pooh!
peuple, m. people, nation
peuplé(e) populated
peupler to people, to populate
peureux (euse) fearful, timid
pharmacien, m. druggist
philosophe philosophical
phono, m. phonograph
phoque, m. seal
phrase, f. sentence
  faire des phrases to speak in an affected, showy manner
physionomie, f. face
piailleur (euse) squealing
piastre, f. dollar
pic (à) sheer
pièce, f. play
pied, m. foot
  à pied on foot
  mettre (le) pied to set foot
  perdre pied to lose one's footing
piège, m. trap
  tendre des pièges to lay traps
pierre, f. stone
piétinement, m. trampling, stamping
piétiner to trample, to stamp (on); to mark time
pieu, m. stake
pimbêche unpleasant, uppish
pince, f. claw
pincé(e) prim, supercilious
piocher to dig
piqué(e) studded
piquer to stick
piqûre, f. sting
pire worse
  le pire the worst

pis worse
  de mal en pis from bad to worse
  le pis the worst
  tant pis too bad!
piste, m. trail
pitié, f. pity
  faire pitié to inspire pity
pitoyable pitiful
pittoresque picturesque
plafond, m. ceiling
plaindre to pity
  se plaindre to complain
plaintif (ive) doleful
plaisant(e) amusing
plainte, f. complaint; moan
plaire to please
  (p.p. plu)
plaisanter to joke
plaisanterie, f. joking, joke
plaisir, m. pleasure
  par plaisir for pleasure
planté(e) standing
planter to set, to stick
plat, m. dish
plat(e) flat; dull
platée, f. dishful
plâtre, m. plaster
plein(e) full
  à pleines mains in handfuls
  en plein . . . in the middle of . . .
  en plein la femme the perfect woman
pleinement fully
pleur, m. tear
pleurer to weep
pleuvoir to rain
  (p.p. plu)
pli, m. pleat
plié(e) bent
plier to bend
plisser to fold, to crease
  se plisser to crease
plomb, m. lead
plonger to plunge, to immerse
ployer (se) to bend down
pluie, f. rain
plume, f. feather
plumer to pluck, to fleece
plupart (la) most
plus more
  de plus more
  de plus en plus more and more
  (le, la, les) plus the most
ne . . . plus no more, no longer
non plus neither, either
plus de . . . no more
plusieurs several
plutôt rather
pneu, m. tire

poêle, m. stove
poésie, f. poetry
point
  ne . . . point not
  point du tout not at all
poids, m. weight
poignée, f. handful
poignet, m. wrist
poil, m. hair
poing, m. fist
  au poing in hand
pointu(e) pointed, sharp
poitrine, f. chest, bust
poliment politely
Pologne, f. Poland
pompe, f. ceremony, pomp
pondeuse egg-laying
pondre to lay (eggs)
porte, f. door
  mettre à la porte to throw out; to dismiss
  sur la porte on the doorstep
portefeuille, m. wallet
porter to carry, to bear
porte-voix (en) as a spokesman
portrait, m. portrait, picture
  faire le portrait to make, paint the portrait, to do a character sketch
poser to place, to put down
  poser une question to ask a question
posséder to own, to possess
possible possible
  dans la mesure du possible as far as possible
poste, m. position, job; station
postier, m. mailman
poteau, m. post
pou, m. louse
pouce, m. thumb; inch
poudre, f. powder
pouffer de rire to burst out laughing
poumon, m. lung
  faire jouer ses poumons to set one's lungs in motion
pour for
  le pour et le contre the pros and the cons
  pour que so that
pour cent, m. percent
pourpoint, m. doublet
pourquoi why
poursuivre to pursue, to follow, to continue
pourtant however, yet; surely
pourvu que provided that
pousser to push; to heave; to drive; to grow
  pousser un cri to let out a cry
poussière, f. dust

poussin, m. chick
pouvoir can, to be able to
  il se peut que it is possible that
  n'en pouvoir plus to be worn out, to be at the end of one's rope
  ne rien pouvoir to be powerless
préalable (en) first, beforehand
précipitamment in a hurry
précipitation, f. hurry
précipiter (se) to rush
précis(e) precise
  à . . . heures précises at exactly . . . o'clock
prédire to predict
préférence, f. preference
  de préférence à rather than
prendre to take
  (p.p. pris)
  se prendre à to begin to
  s'y prendre to go about it, to manage
prénom, m. Christian name, first name
prénommer to give as a name
préoccuper (se) to care
préparatif, m. preparation
près (de) near; almost
  à peu près about
  de près close
  près de close to
présage, m. foreboding
présent, m. present (gift)
présent, m. present (of time)
  à présent now
présenter to introduce
presque almost
pressé(e) in a hurry
prêt(e) ready
prétendre to claim
prêter to lend, to loan
prêtre, m. priest
preuve, f. proof
  faire preuve to show
prévenir to warn, to inform
prévoir to foresee
prier to pray; to invite
  faire prier to have someone request
prière, f. prayer; request
princier (ère) princely
principal, m. the main thing
prisonnier, m. prisoner
priver to deprive
prix, m. price; prize
probité, m. honesty, integrity
procès, m. trial
prochain(e) next, coming
proche, m. close relative
proche close

procurer to provide, to bring
  se procurer to acquire
prodige, m. genius
  enfant prodige child prodigy
produire to produce
produit, m. product
profit, m. benefit
  mettre à profit to use to one's advantage
profiter to benefit; to take advantage
profond(e) deep
proie, f. prey
  être en proie à to be prey to
projeter to plan; to thrust
prolonger to prolong
  se prolonger to last
promenade, f. walk, avenue
promener (un regard) to cast (one's eyes)
promettre to promise
propos (à) by the way
  à propos de about
propre, m.
  c'est du propre it's disgusting
propre clean; own; literal
propriétaire, m. ou f. landlord, landlady, owner
propriété, f. estate
prosterné(e) prostrate
prosterner (se) to bow down
provenance, f. origin, source
provenir to come; to originate
province, f. province
  en province in the provinces (as opposed to Paris)
provisions, f.pl. food
provoquer to cause
prunelle, f. pupil (of the eye)
puant(e) smelly
publicitaire (pertaining to) advertising, publicity
publier to publish
pucelle, f. virgin
puis then
puiser to draw water
puisque since
puissant(e) powerful
puits, m. well
pulvériser to pulverize, to crush
punir to punish
putain, f. prostitute

Q

quai, m. quay, pier, platform
quand when
quant à as for
quart, m. quarter
  le quart d'heure de grâce the final quarter of an hour
quartier, m. district

quasiment as it were, one might say; almost
que what; that; whom, which; how; when
  que de what a lot of
quelque some; however
  quelques a few
  quelque chose something
  quelquefois sometimes
  quelque part somewhere
  quelqu'un someone, somebody
  quelques-un(e)s some, a few
quémandeur (euse) begging
querelle, f. quarrel
quereller (se) to quarrel
querelleur (euse) quarrelsome
quêter to collect; to seek
queue, f. tail; line
  faire la queue to line up
quinzaine, f. about fifteen
quitter to leave
quoi what
  après quoi after which
  de quoi the means
  hé quoi! what!
  quoi qu'il en soit whatever the case may be
quoique although
quotidien(ne) daily, everyday

R

raccourcir to shorten
raccrocher to get hold of; to hang up
raconter to tell, to recount
radeau, m. raft
radieux (euse) radiant, joyful
rafale, f. squall, gust, burst
raffiné(e) refined
ragoût, m. stew
raide stiff
  tomber raide mort to fall dead in one's tracks
raidir (se) to stiffen, to harden
railler to rail, to mock
raison, f. reason
  à raison de at the rate of
  avoir raison to be right
  comme de raison naturally
raisonner to reason
  se raisonner to try to be reasonable
ralentir to slow down
ramasser to pick up
ramener to bring back
rang, m. rank, row, line
ranger to arrange in rows, to put away
  se ranger to line up
ranimer to revive
rappeler to call to mind, to

recall, to remind
se rappeler to recall, to remember
rapport, m. report; rapport, relationship
  en rapport in keeping; in touch
  par rapport à with regard to
rapporter to bring back; to report, to relate
  se rapporter à to refer to, to rely on
rapprocher to bring closer
  se rapprocher to come closer
rasade, f. glassful
rasseoir (se) to sit down again
rassembler to assemble, to gather together
rassurer to reassure
  se rassurer to reassure oneself, to set one's mind at rest
rattacher (se) to be linked to, to refer to
rauque hoarse
ravi(e) delighted
ravir to delight, to enchant
rayé(e) scratched
rayon, m. ray
rayonner to radiate; to beam
réaliser to realize
  se réaliser to materialize, to come true
réalité (en) in fact
recette, f. recipe
recevoir to receive (**p.p. reçu**)
  être reçu (médecin, etc.) to qualify as (a doctor, etc.)
réchauffer to warm up
recherche, f. search; research
  à la recherche in search
rechigner to balk
récit, m. story, tale
récolte, f. harvest
recommencer to begin again
récompense, f. reward
récompenser to reward
réconfort, m. comfort
reconnaissant(e) grateful
reconnaître to recognize, to admit
recourbé(e) curved
recours, m. recourse; resort
  avoir recours à to resort to
reçu, m. receipt
recueil, m. collection
recueillir to gather together
reculer to draw back, to step back
  se reculer to draw back, to step back

récurer to scour
redevenir to become again (**p.p. redevenu**)
rédiger to draft, to write out
redingote, f. coat
redoubler (une classe) to repeat (a grade)
redresser to set straight, to correct
  se redresser to stand up straight
réduire to reduce
refaire to do again, to redo
refermer to close again
  se refermer to close up
réfléchir to think
refléter to reflect
  se refléter to be reflected
réflexion, f. thinking, reflection
refrotter to rub again, to scrub again
réfugier (se) to take refuge, shelter
refus, m. refusal
  ça n'est pas (point) de refus I accept gladly, I can't say no to that
regagner to go back to, to return to
regard, m. glance, look, eyes
  lever le regard to raise one's eyes
régie, f. stage management
règle, f. rule
régler to regulate
  se régler sur to follow (someone's) example
regret, m. regret
  à regret regretfully, against one's will
rein, m. kidney
  les reins (lower) back
  se donner un tour de rein(s) to strain one's back
reine, f. queen
rejeton, m. offspring
rejoindre to join, to meet, to go back to
réjouir (se) to rejoice, to be glad
relation, f. acquaintance
reléguer to relegate, to consign
relever to raise up, to pick up, to lift up, to point out
  se relever to get up
relief, m. relief
  en relief emphasized
  mettre en relief to emphasize
relier to link, to bind together
religieuse, f. nun
remarquer to notice, to remark
rembourser to reimburse
remède, m. remedy, cure

remercier to thank
remettre to give, to return; to put again (**p.p. remis**)
  remettre à sa place to put in his (her) place
  se remettre (de) to get better, to get over
  s'en remettre à to rely on
remonter to go back (in time)
remords, m. remorse
remous, m. eddy
rempli(e) full, filled
remplir to fill
remporter to win
remuement, m. moving, stirring
rémunéré(e) remunerated, paid
renâcler to sniff, to snort
renchaîner to chain up again
rencontre, f. meeting
  aller à la rencontre to go and meet
  faire la rencontre to meet
rencontrer to meet
rendez-vous, m. date, appointment
  donner rendez-vous to give an appointment
  se donner rendez-vous to arrange to meet
rendre to give back, to return; **+ adj.** to make
  se rendre to go
rendu(e) returned, reciprocated
renfermé(e) uncommunicative, secretive
renfermer to enclose, to contain
renforcer to reinforce
rengorger (se) to bridle up
renier to disown, to disavow
renommée, f. reputation
renoncer to give up
renseignement, m. piece of information
  Renseignements Information
renseigner to inform, to give information
  se renseigner to inquire
rente, f. income
rentrer to come back, to return
renverser to knock down
renvoi, m. dismissal
renvoyer to send back, to refer
repartir to leave again
repas, m. meal
repassage, m. ironing
repérer to find, to discover
répétition, f. repetition; rehearsal
replié(e) bent
replier (se) to fold up, to coil up
réplique, f. reply; lines, cue

reportage, m. report (media)
repos, m. rest
reposer (se) to rest
repousser to grow again; to push back
reprendre to take back; to resume, to reply
  se reprendre to correct oneself, to recover
représentation, f. performance
réprimande, f. reproof, reprimand
reprise, f.
  à plusieurs reprises again and again
reproche, m. reproach
  faire des reproches to reproach, to blame
reproduire to reproduce, to copy
  se reproduire to happen again
repu(e) satiated, full
répugner to repel, to disgust
requis(e) required
résoudre to resolve
respiration, f. breathing
respirer to breathe
ressemblance f. likeness
ressentir to feel
ressortir to come out again
  faire ressortir to bring out, to emphasize
rester to stay, to remain
  il reste there remains
résultat, m. result
résumer to summarize
rétablissement, m. recovery
retard, m. lateness, delay
retenir to hold back, to retain, to keep
retentir to resound, to blow (a whistle)
retirer to take out, to draw out, to withdraw
  se retirer to retire, to withdraw
retomber to fall back, to sink back
retour, m. return
  être de retour to be back
retourner to go back
  se retourner to turn around
retraite, f. retirement
  prendre sa retraite to retire
retraité(e) retired
retrouver to find again
  se retrouver to be back; to find one another again; to be found repeatedly
réunir to reunite, to assemble, to join together
réussi(e) successful

réussir to succeed
réussite, f. success
revanche, f. revenge
  en revanche on the other hand
rêve, m. dream
réveil, m. awakening, waking
réveiller to wake (somebody) up
revenir to come back
rêver to dream
réverbère, m. (street) lamp
révérence, f. curtsy
  faire la révérence to bow, to curtsy
revêtir to put on (clothes)
rêveur (euse) dreamy, lost in dreams
revoir to see again
revoler to fly again, to fly back
revue, f. periodical
ribambelle, f. swarm
ricaner to laugh derisively, to sneer
richesse, f. wealth, sumptuousness, exuberance
ride, f. wrinkle
rien nothing
rien, m. trifle
  ça ne fait rien it doesn't matter
  de rien du tout insignificant
  plus rien nothing more, nothing else
  rien que only
  un rien du tout an insignificant person
rieur, m. one who laughs, jokes
rieur (euse) laughing, merry
rime, f. rhyme
rire to laugh
  (p.p. ri)
  pour rire sham, mock
  rire de to laugh at
rire, m. laughter
rivière, f. river
riz, m. rice
robe, f. dress, robe, gown (doctor's, etc.)
roche, f. rock
roi, m. king
rôle, m. part, role
roman, m. novel
romancier, m. novelist (male)
romancière, f. novelist (female)
romanesque romantic, sentimental
rompre to break
  se rompre to break up; to exert oneself
rond, m. circle
rond(e) round
rond-de-cuir, m clerk,

bureaucrat
rondelet(te) plumpish
ronfler to snore
rongé(e) eaten away
ronronner to purr, to hum
rose pink
  roman rose romantic novel
rôtir to roast
rougir to blush
rouille, f. rust
rouillé(e) rusty, rust-coloured
rouleau, m. **(à la fin de son)** at the end of one's rope
roulement, m. roll, rattle (of voice)
rouler to roll
route, f. road
  en route on the way
rouvrir to open again
roux, rousse redheaded
royaume, m. kingdom
ruban, m. ribbon, decoration
rude rough, hard, uncouth
rue, f. road, street
ruée, f. rush
  la ruée vers l'or the gold rush
ruer (se) to rush, to dash
rugir to roar
rugueux (euse) rough
ruisseler to stream, to run (with perspiration)
ruse, f. wile
rusée, f. sly woman
rutiler to glow, to gleam
rythmé(e) rhythmic
rythmer to give rhythm

S

sabre, m. sabre, sword
sac, m. bag, sack
  sac de nuit overnight bag
sacrer to swear
sacro-saint Sacrosanct, very holy
sage wise, well-behaved
sagement wisely
sagesse, f. wisdom
saigner to bleed
saillir to protrude
sain(e) healthy
saint(e) holy
Saint Sacrement, m. Blessed Sacrament
saisir to seize, to grasp
saison, f. season
  à la belle saison in the summer months
sale dirty
salé(e) salty
salle, f. room, hall
  salle d'attente waiting room

salon, m. sitting room, lounge
saluer to greet
salut, m. greeting
sang, m. blood
  en sang covered with blood, bleeding
sanglant(e) bloody, covered with blood
sanglot, m. sob
  en sanglots sobbing
sangloter to sob
sanguinaire bloody, bloodthirsty
sans without
  sans que without
santé, f. health
sapin, m. pine
sapristi! damn!
Sardaigne, f. Sardinia
sarde Sardinian
satirique, m. satirist
satisfaisant(e) satisfactory
sauf except (for)
saut, m. jump, leap
sauter to jump
sauterelle, f. grasshopper
sauvé(e) saved
sauver to save
  se sauver to run away
savant, m. scientist, scholar
savant(e) learned
savoir to know, to know how to
  faire savoir to inform
savon, m. soap, cake of soap
savourer to savour, to enjoy
savoureux (euse) delightful, tasty
saynète, f. sketch, short play
scélérat, m. scoundrel
scène, f. scene; stage
  mettre en scène to stage, to depict
scolaire school
scripteur, m. writer
seau, m. bucket
sébile, f. bowl
sec, sèche dry; abrupt; brief
sécher to dry
seconder to help
secouer to shake
secourir to help
secours, m. help
séculaire lasting a hundred years, very long
sédentaire, m. sedentary person, homebody
seigneur, m. lord
  Notre Seigneur Our Lord
sein, m. bosom
seizième sixteenth
séjour, m. stay
séjourner to stay

selon according to
semblable same, such, like, similar
semblant (faire) to pretend
sembler to seem, to appear
semer to sow
  semer quelqu'un to lose (get rid of) someone
sens, m. meaning; direction
  le bon sens common sense
sensation, f. feeling, sensation
sensé(e) sensible
sensible sensitive
sentier, m. path
sentiment, m. feeling
sentir to smell
série, f. series, set
sérieux, m. seriousness
  prendre au sérieux to take seriously
serment, m. oath
  prêter serment to take an oath
sermonner to preach
serre, f. greenhouse
serré(e) tight
serrer to squeeze, to press
serviable obliging
service, m. service, favour
  rendre un service to do a favour
servir to serve, to be useful
  à quoi cela sert-il? what is the use?
  ne servir à rien to be useless
  se servir de to use
seuil, m. threshold, doorstep
seul(e) alone, single
  seul à seul just the two of us
seulement only; so much as
sève, f. sap
sévère strict
sévèrement strictly
sidéré(e) flabbergasted
siècle, m. century; society
siège, m. seat
sien (le), la sienne, les siens, les siennes his, hers
  les siens his (her) family
sieste, f. siesta
sifflant(e) hissing
sifflement, m. whistling
siffler to whistle
sifflet, m. whistle
  un coup de sifflet a whistle
signe, m. sign
  faire signe to signal
  c'est signe que it shows that
significatif (ive) significant, meaningful
signification, f. meaning
silencieux (euse) silent
sillon, m. furrow

similitude, f. similarity
simplement simply
simuler to simulate, to imitate
singe, m. monkey
sitôt que as soon as
situation, f. situation, job
situer (se) to take place
sobre temperate, subdued
soie, f. silk
soif, f. thirst
soigner to take care, to look after
soigneusement carefully
soin, m. care
  avoir (prendre) soin de to take care of, to look after
soirée, f. evening (often social)
soit! all right!
  soit . . . soit either . . . or
sol, m. soil, ground
soldat, m. soldier
soleil, m. sun, sunlight
  au soleil in the sun
  au grand soleil in full sun
solennel(le) solemn
sombre dark, gloomy
somme, f. sum, amount
  somme toute all things considered
sommeil, m. sleep
sommeiller to sleep lightly, to doze
son, m. sound
sondage, m. poll
songer to think
sonner to ring
sorcière, f. witch
sort, m. fate
sorte, f. kind, sort
  de la sorte this, this way
sortir to go out, to leave; to bring out
sot(te) foolish
sou, m. penny
souche, f. stock
souci, m. care, worry
soudain suddenly
soudainement suddenly, unexpectedly
souffle, m. breath, blast
  perdre le souffle to be out of breath
souffrant(e) suffering
souffrir to suffer, to accept, to endure
souhait, m. wish
souhaiter to wish
souillon, m. slattern
soûl, m. one's fill, all one wants
soulager to relieve
soulever to raise (up), to lift (up)
soulier, m. shoe

468

souligner to underline
soumettre to submit
   se soumettre to submit
soumission, f. submissiveness
soupçon, m. suspicion
soupçonner to suspect
souper, m. supper, dinner
soupir, m. sigh
soupirail, m. vent
soupirer to sigh
souple supple, flexible
sourcil, m. eyebrow
sourd(e) deaf
sourire, m. smile
sourire to smile
sous-entendu(e) understood
soutenir to uphold, to support; to maintain
soutien, m. support
souvenir, m. memory
souvenir (se) to remember
souvent often, frequently
souverain, m. sovereign
souverain(e) sovereign, supreme
statuer to decide
stupéfait(e) amazed, astonished
stupéfier to stupefy, to astonish
stupeur, f. stupefaction
subir to undergo, to feel
subvenir (à) to provide (for)
succès, m. success
   à succès successful
   succès fou huge success
sucre, m. sugar
sucrerie, f. sugar factory
suffire to suffice, to be enough
suffisance, f. self-complacency
Suisse, f. Switzerland
Suisse, m. Swiss
suite, f. succession
   à sa suite in its trail; behind him (her)
   par la suite later
suivant(e) following
suivre to follow
   (p.p. suivi)
sujet, m. subject
   au sujet de about
superbe proud, haughty
superflu, m. superfluity
suppliant(e) imploring
supplier to beg
supporter to bear, to put up with
suraigu, suraiguë high-pitched, shrill
sûrement surely, certainly
surélevé(e) raised
surgir to appear
surhomme, m. superman
surlendemain, m. the second day after, two days later
surnom, m. nickname
surprendre to surprise, to catch
sursauter to start
surtout especially, mainly, above all
surveillance, f. supervision
surveiller to supervise
survenant, m. an unexpected visitor
survivre to survive
   (p.p. survécu)
suspendre to hang, to fasten, to stop
sympathique likeable, attractive

T

tabac, m. tobacco
tableau, m. picture
tache, f. spot, stain
tâche, f. task
tâcher to try
taille, f. size, height; figure; waist, waistline
tailler to cut, to tear to pieces
taillis, m. bush
taire (se) to be silent
   (p.p. tu)
talon, m. heel
tambour, m. drum
tanné(e) bored
tant so much, so many, as much
   en tant que as
   tant . . . que . . . as well as . . .
tantôt just now
   tantôt . . . tantôt now . . . now
tapageur (euse) noisy
taper to hit, to slap, to tap; to type
tapoter to tap
taquin(e) (given to) teasing
tard late
tarte, f. pie
tâter to feel
teigne, f. scalp disease
teint, m. complexion
teinte, f. colour, tint
tel, telle such
tellement so much, so
témoin, m. witness
   être témoin to witness
tempe, f. temple
tempérer to temper, to moderate
tempête, f. storm
temps, m. time; weather; tense
   à temps on time
   combien de temps how long
   en même temps at the same time
de tout temps at all times, always
tenable bearable
tendance, f. tendency
   avoir tendance à to have a tendency to
tendre to stretch, to spread; to hold out; to lead, to be directed
   tendre un piège to set a trap
tendresse, f. tenderness, love
tendu(e) intent, strained
tenir to hold, to hold out, to keep
   tenez! look!, here you are!
   tenir à to insist on, to want to
   tenir à coeur to have one's heart set on
   tenir ce langage to speak that way
   tenir tête to hold one's own
   tiens! well!, you don't say!
   se tenir to stand, to be (of place)
tentative, f. attempt
tenter to attempt, to try
terme, m. end
   à terme till the appointed time
terme, m. word
   en d'autres termes in other words
terminaison, f. ending
terminer to finish, to complete
terne dull
terrain, m. piece of land
terrassement, m. digging
terrassier, m. digger, labourer
terre, f. land, soil, ground
   à terre on the ground, to the ground
   les terres lands, region
   un coin de terre a plot of land, a spot
terreux (euse) ashen
terrifiant(e) terrifying
terrine, f. earthenware pot
tête, f. head
   en avoir par-dessus la tête to be fed up
   faire tourner la tête to make someone's head spin, to make someone become infatuated
téter to suck
tige, f. stem
tilleul, m. lime (tree)
timbre, m. stamp
   timbre-poste, m. stamp
timide shy
tinter to jingle
tirade, f. speech

tirer to pull, to draw, to pull (out); to shoot
tiret, m. dash, hyphen
titre, m. title
tituber to reel
toile, f. linen, cloth, canvas
toit, m. roof
tombe, f. tomb, grave
tomber to fall
  tomber sur les bras to become dependent on
tonner to thunder
tordre to wring
  se tordre to writhe
torse, m. torso
tort, m. wrong
  avoir tort to be wrong
  faire tort to do wrong, to be prejudicial
tortiller to swing, to twist
tôt early
toucher to touch; to earn
tour, m. trick, turn
  avoir le tour to have the know-how
  faire le tour to play a trick
  jouer un tour to play a trick
tour, m. circumference
  faire le tour (du monde) to go around (the world)
  fermer (la porte) à double tour to double-lock (the door)
tourbillonner to whirl
tourmenter to torture
tournant, m. turn
  au tournant du siècle at the turn of the century
tourner to turn
  se tourner to turn
tourniquet, m. turnstile
tournure, f. structure, construction, phrase
tousser to cough
tout, m. the whole, the whole thing
tout(e) completely, entirely, quite
  tout à coup suddenly
  tout à fait completely
  tout de suite immediately
  tout en while
  pas du tout not at all
toutefois however
toute-puissance, f. omnipotence
tracasser (se) to worry
traduire to translate
trafiquant, m. trafficker
trahir to betray
train, m. train; pace, rate
  de ce train at that rate
  en train de busy

traîneau, m. sleigh
traîner to drag
trait, m. feature, characteristic; line
  avoir trait à to relate to, to refer to
  trait d'union hyphen
traiter to treat
  traiter de to call
traître, m. traitor
traître, traîtresse treacherous
traîtreusement treacherously
trajet, m. trip, journey
tranchée, f. trenches
tranquille quiet
tranquillement calmly
tranquillité, f. quiet, peace
transgresser to transgress, to break (the law)
transi(e) chilled, frozen
transmettre to transmit, to pass on, to convey
transparaître to show through, to betray itself
transpiration, f. perspiration
traquer to hunt down, to pursue
travail, m. work
travailler to work
travailleur, m. worker
travailleur (euse) hard-working, industrious
travers (à) through, across
  de travers badly, the wrong way
  en travers across
traverser to cross
tremble, m. aspen
trembler to tremble
tremper to dip, to soak
trentaine, f. around thirty
trésor, m. treasure
trêve, f. truce
tricot, m. knitting
trier to sort out
trimestre, m. three months, quarter
trimestriel(le) quarterly
Trinité, f. Trinity Sunday
tripes, f.pl. guts
triste sad
tristement sadly
trompé(e) betrayed
tromper to mislead, to betray
  se tromper to be mistaken, to make a mistake
tronc, m. trunk
trou, m. hole
trouble, m. confusion
trouble blurred
troublé(e) ill at ease, confused
troubler to confuse, to worry
  se troubler to become

flustered
troupe, f. company
troupeau, m. flock, herd
trouvaille, f. find
trouver to find, to think
  se trouver to be (in a place), to be present
truc, m. trick
truqué(e) dishonest
tuer to kill
  se tuer to kill oneself; to wear oneself out
tutoyer to say "tu"
tuyau, m. pipe

U

ultime last
unique only, single
uniquement only
unir to unite
universitaire (pertaining to) university
usage, m. use
usé(e) worn out
usine, f. factory
usurier, m. userer, money-lender
utile useful
utiliser to use

V

vacances (en) holiday (on)
  colonie de vacances, f. summer camp
vadrouille, f. mop
vain(e) useless, idle
vaincu(e) vanquished, conquered
vainement uselessly, vainly
valeur, f. value; courage
valise, f. case
valoir to be worth
  cela vaut cher it is worth a lot
  il vaut mieux it is better
vantard(e) boastful
vanter to boast
vase, f. mud
vaurien, m. rascal, good-for-nothing
végétations, f.pl. adenoids
végéter to vegetate
veille, f. the previous day, evening
veillée, f. evening (social)
veiller to take care, to see to it; to watch
veine, f. vein
velours, m. velvet
vendre to sell
venger to avenge

se venger to avenge oneself, to take revenge
vengeur (euse) avenging, vengeful
venin, m. venom
venir to come
  venir de to have just
  vouloir en venir à to drive at
vent, m. wind
vente, f. sale
venter to be windy
ventre, m. stomach, belly
venue, f. coming
vêpres, f.pl. vespers, afternoon prayers
ver, m. worm
  ver solitaire tapeworm
verdeur, f. vigour, boldness (of language)
verglas, m. ice (from freezing rain)
vérification, f. checking
véritable real
véritablement truly
vérité, f. truth
verre, m. glass, drink
vers, m. line (of poetry)
vers towards, around
vertigineusement at a dizzy pace
vertu, f. virtue, quality
  en vertu de by virtue of
vêtement, m. article of clothing
vêtir to dress
  (p.p. vêtu)
vêtu(e) dressed
veuve, f. widow
viande, f. meat
vide, m. void, empty space
vide empty
vider to empty
vie, f. life
  faire sa vie to lead one's own life
  gagner sa vie to earn one's living

vieille, f. old woman
vieillard, m. old man
  vieillards, m.pl. old people
vieillesse, f. old age
vieillir to grow old; to date
vieux, m. old man
  les vieux old people
vieux, vieille old
vif, vive lively, sparkling; quick
  avoir un vif succès to be a great hit
vigne, f. vineyard, vine
vigueur, f. vigour, strength
vin, m. wine
vindicatif (ive) vindictive, spiteful
vingtaine, f. about twenty
visage, m. face
viser to aim
visiblement visibly
visite, f. visit
  en visite visiting
vitesse, f. speed
  prendre de vitesse to outrun
vitrail, m. stained-glass window
vitre, f. window pane
vivant, m. lifetime
vivant(e) alive, living; convincing (of a character)
vivre to live
  (p.p. vécu)
  vive . . .! long live . . .!
voilà there is, that is, that's it, there we are
  voilà . . . que ago, for
  voilà qui est bien that's good
voile, f. sail
voir to see
  (p.p. vu)
  voyons! come now!
voire even
voisin, m. neighbour
voisin(e) neighbouring
voisinage, m. neighbourhood, neighbours
voiture, f. carriage, cab, car

voix, f. voice
  à mix-voix in a low voice
  à voix haute, à haute voix aloud
volage changeable, fickle
voler to fly; to steal
voleur, m. thief
volonté, f. will, wish
  bonne volonté good will
volontiers gladly, willingly
vouloir to want, to wish, to demand
  (p.p. voulu)
  en vouloir à to bear a grudge against
  que veux-tu? what do you expect?
voulu(e) required
vouvoyer to say "vous" (the polite form)
voyageur, m. traveller
  voyageur de commerce travelling salesman
voyelle, f. vowel
vrai(e) true, real
  à vrai dire as a matter of fact, strictly speaking
vraisemblablement probably
vrille (en) spinning
vue, f. sight
  en vue de with a view to, in order to

Y

yeux, m.pl. (of **oeil**)
  faire les yeux doux to make eyes
  pour les beaux yeux de for the love of

Z

zèle, m. zeal

INDEX GRAMMATICAL

ACKNOWLEDGEMENTS

The publisher wishes to thank Philippe Lafaury, who acted as French reviewer of this text.

The publisher wishes to thank the following individuals and agencies for granting permission to reproduce the photographs used in this text.

Agence de Presse Bernand   56, 70, 170, 210
Catherine Aikens   332
Archives Louis Hémon   234
Archives publiques Canada   10
Claude Philippe Benoit   139
Canapress Photo Service   21, 70, 81, 104, 162, 201, 232, 262, 280, 368, 380, 389, 404
Dr. Marcel Carbotte   39
Guy Dubois   396, 397
Georges Dutil   139
Éditions Buchet/Chastel   182
Les Éditions de la Treille   293
Éditions du Seuil   380
Éditions Pierre Tisseyre   280
André Le Coz   89, 280, 334
Librairie Plon   104
Miller Comstock Inc. (Malak)   8, 102, 116, 190, 378
David Novek et Associés   234
Radio-Québec   150, 162
Robert C. Ragsdale F.R.P.S.   28, 254
Alain Stanké   192
The Image Bank Canada (Marc Romanelli)
   cover, (Burton McNeely) 54,
   (Zao-Longfield)   278

Every endeavour has been made to acknowledge all sources of literary works and photographs used in this book. The publisher would be grateful if any errors or omissions were pointed out so that they may be corrected

1 2 3 4 5   4708-5   92 91 90 89 88